Stimmt!

EDEXCEL INTERNATIONAL GCSE (9–1)
GERMAN

Harriette Lanzer, Michael Spencer,
Carolyn Batstone, Lisa Probert, Christopher Warrington

Published by Pearson Education Limited, 80 Strand, London, WC2R 0RL.

www.pearsonglobalschools.com

Copies of official specifications for all Pearson qualifications may be found on the website: https://qualifications.pearson.com

Text © Pearson Education Limited 2020
Development edited by Justine Biddle
Copy edited by Jenny Gwynne
Proofread by Pat Dunn
Designed by © Pearson Education Limited 2020
Typeset by © Tech-Set Ltd, Gateshead, UK
Original illustrations © Pearson Education Limited 2020
Illustrated by © Tech-Set Limited
Cover design by © Pearson Education Limited 2020

Cover images: *Front:* **Shutterstock.com:** Franz12/Shutterstock
Inside front cover: **Shutterstock.com:** Dmitry Lobanov

The rights of Harriette Lanzer, Michael Spencer, Carolyn Batstone, Lisa Probert and Christopher Warrington to be identified as authors of this work have been asserted by them in accordance with the Copyright, Designs and Patents Act 1988.

First published 2020

23 22 21 20

10 9 8 7 6 5 4 3 2 1

British Library Cataloguing in Publication Data
A catalogue record for this book is available from the British Library

ISBN 978 1 292 30619 3

Printed in Slovakia by Neografia

All audio recorded at Alchemy Post for Pearson Education Ltd

Acknowledgements
We would like to thank Heba-t-allah El Sanhoury, Heidi MacNaughton and Sara Trentini for their invaluable help in the development and trialling of this course. We would also like to thank Rowan Laxton and Luciano Cipolla at Alchemy Post and Chatterbox Voices, and our audio cast: Britta Gartner, Walter Bohnacker, Carlos Bismarck, Nicolaus Bismarck, Hannah Robertson and Victoria Louisa Wulf.

Images:

(key: b-bottom; c-center; l-left; r-right; t-top)

123RF GB LIMITED: Arek_malang/Shutterstock(5d), luz/123RF 5(a), Ekaterina Pokrovsky/123RF 6(1), Krzysiek16ino/123RF 12(c), Luckybusiness/123RF 21t, Andrea De Martin/123RF 28c, Jakub Cejpek/123RF 32(g), Szefei/123RF 37(1), Cathy Yeulet/123RF 46(a), Matthew Antonino/123RF 57, Auremar/123RF 69(a), Aliaksei Hintau/123RF 71(h), Andrii Gorulko/123RF 71(j), Anton Harets/123RF 77, Marco Perger/123RF 81(b), Invictus99/123RF 90(a), Bloodua/123RF 95tr, Cristi180884/123RF 96(a), Jo Rodrigues/123RF 100(e), Josef Muellek/123RF 102(1), Yulia Grogoryeva/123RF 118(f), Lightboxx/123RF 124tr, Cathy Yeulet/123RF 126tr, Ilia Shcherbakov/123RF 136(3), Get4net/123RF 136(7), Aleksandr Frolov/123RF 144(c); **AKG-IMAGES LTD:** Philipp Mertens/Geisler-Fotopres/AKG Images 169; **ALAMY IMAGES:** Ulrich Niehoff/ImageBROKER/Alamy Stock Photo 4(c), Sergey Novikov/Alamy Stock Photo 4tr, Stockbroker/MBI/Alamy Stock Photo 6(3), Thomas Cockrem/Alamy Stock Photo 9, Peter Horree/Alamy Stock Photo 12(f), Attila Volgyi/Xinhua/Alamy Stock Photo 14(b), Hongqi Zhang/Alamy Stock Photo 14(e), Loetscher Chlaus/Alamy Stock Photo 33, Dpa picture alliance/Alamy Stock Photo 46(c), Epa european pressphoto agency/SDMG/Alamy Stock Photo 54r, Zoomphotographics/UpperCut Images/Alamy Stock Photo 58(c), Dpa picture alliance/Alamy Stock Photo 58(e), ImageBROKER/Alamy Stock Photo 58(f), Jarusha Brown/Caia image /Alamy Stock Photo 61, IS2008-09/Image Source/Alamy Stock Photo 69(e), Chromorange/

Bernhard/Alamy Stock Photo 94(a), GourmetPictureGuide/Image Professionals GmbH/Alamy Stock Photo 94(d), Marek Stepan/Alamy Stock Photo 96(g), Roberto Herrett/Alamy Stock Photo 100(c), Hendrik Schmidt/Dpa picture alliance archive/Alamy Stock Photo 100(g), St. Petersburg Times/ZUMA Press Inc/Alamy Stock Photo 102(4), Vario images GmbH & Co.KG/Alamy Stock Photo 124(e), Axel Heimken/dpa picture alliance/Alamy Live News/Alamy Stock Poto 124(h), Robert Schlesinger/dpa/Alamy Live News/Alamy Stock Photo 136(6), Dpa picture alliance/Alamy Stock Photo 143, Shoosh/Form Advertising/Alamy Stock Photo 148(g), Stephanie Pilick/Dpa picture alliance/Alamy Stock Photo 161, Hero Images Inc/Alamy 175t, Wolfgang Filser/Shutterstock 182, Pete Saloutos/Alamy Stock Photo 193, Monty Rakusen/Image Source/Alamy Stock Photo 204l; **COMSTOCK IMAGES:** 71(i); **FOTOLIA:** David_franklin/Fototia 4(e), Igorbukhlin/Fotolia 12(e), Dk-fotowelt/Fotolia 13, Dmitry Vereshchagin/Fotolia 25(3), Miguel Garcia Saaved/Fotolia 25(7), Thaitrash/Fotolia 25(10), Giulia186/Fotolia 28tl, Stepan Bormotov/Fotolia 29t2, Misbehaver77/Fotolia 29b2, Mma23/Fotolia 32(a), Petunyia/Fotolia 32(d), Gelpi/Fotolia 37(3), Asife/Fotolia 46(b), William87/Fotolia 46(e), Nkarol/Fotolia 48, Aleksandar Mijatovic/Fotolia 49l, Freeskyline/Fotolia 50, Highwaystarz/Fotolia 51, Michaeljung/Fotolia 55b, Joachim Opelka/Fotolia 58(b), Alexgres/Fotolia 59t, Fottoo/Fotolia 59b, Bernd Schmidt/Fotolia 70(a), Martin Rettenberger/Fotolia 70(c), Victoria. P/Fotolia 70(d), HLPhoto/Fotolia 70(e), Magdalena Kucova/Fotolia 70(f), Azurita/Fotolia 70(g), Pictures news/Fotolia 71(a), Szasz-Fabian Erika/Fotolia 71(b), Buriy/Fotolia 71(f), Margo555/Fotolia 71(g), Bergamont/Fotolia 71(k), Cristovao31/Fotolia 73, Boris Stroujko/Fotolia 75(a), Armin Staudt/Fotolia 75(b), Nastazia/Fotolia 76t, HLPhoto/Fotolia 80(4), A_Lein/Fotolia 80(2), Karepa/Fotolia 80(8), Thomas Francois/Fotolia 80(5), ExQuisine/Fotolia 80(10), Mizina/Fotolia 80(6), NCAimages/Fotolia 81(a), Visions-AD/Fotolia 81(c), Corinna Gissemann/Fotolia 81(e), Thomas Francois/Fotolia 81(g), Canovass/Fotolia 81(h), Connel_design/Fotolia 90(d), JLPfeifer/Fotolia 91(g), Shchipkova Elena/Fotolia 94tl, Bumann/Fotolia 94(e), Freesurf/Fotolia 95tl, JFL Photography/Fotolia 96(c, d), Photo 5000/Fotolia 96(e), ViennaFrame/Fotolia 96(f), VVoe/Fotolia 96(h), Vitaliy Hrabar/Fotolia 98br, Corvalola/Fotolia 100(a), A_Lein/Fotolia 100(d), Pitrs/Fotolia 100(f), Tupungato/Fotolia 100(h), MarcoMonticone/Fotolia 118(b), Sea and sun/Fotolia 118(d), Digitalstock/Fotolia 124(c), Lotharingia/Fotolia 124(b), Savvapanf Photo/Fotolia 126tr1, Mirek Kijewski/Fotolia 126tr2, Bbsferrari/Fotolia 126tr4, JCG/Fotolia 127(a), Fujipe/Fotolia 127(b), Okanakdeniz/Fotolia 127bl, Maslovskiy.xyz/Fotolia 136(1), Mabofoto@icloud.com/Fotolia 137(a), Monika Wisniewska/Fotolia 137(b), Photographee.eu/Fotolia 137(d), Pololia/Fotolia 148(e), Birdinparadise/Fotolia 148(f); **GETTY IMAGES INCORPORATED:** Tashi-Delek/E+/Getty Images 3, Tuned_In/iStock/Getty Images Plus/Getty Images 4(a), Robert Daly/Caiaimage/Getty Images 4(b), Vladimir Pcholkin/Getty Images 5(b), Pixland/Getty Images 5(e), M-imagephotography/iStock/Getty Images 7, SDI Productions/Getty Images 14(c), Hill Street Studios/DigitalVision/Getty Images 16, PeopleImages/Getty Images 21b, Anita Bugge/WireImage/Getty Images 27, Jacobs Stock Photography Ltd/DigitalVision/Getty Images 28(d), Jan Greune/LOOK-foto/Getty Images 32(c), Jason_V/iStock/Getty Images 32(e), Skynesher/Getty Images 32(j), JohnnyGreig/iStock/Getty Images 35, Julia August/iStock/Getty Images 38(c), A-Digit/DigitalVision Vectors/Getty Images 38(g), Lana Sundman/Imagezoo/Getty Images 38(h), Carol Yepes/Moment/Getty Images 46(d), Guerilla/Getty Images 47, Photo Alto/Laurence Mouton/Getty Images 49r, AFP/Getty Images 54(a), Dominique Charriau/WireImage/Getty Images 54c, Jozef Polc/500px Plus/Getty Images 55t, Andreas Rentz/Getty Images 58(d), Yulia Reznikov/Moment Mobile/Getty Images 58(g), MMI/iStock/Getty Images 65b, Fstop123/iStock/Getty Image Plus/Getty Images 69(b), Dreet Production/MITO images/Getty Images 69(c), Neustockimages/E+/Getty Images 69(d), Acilo/iStock/Getty Images 75(c), Florian Monheim/Getty Images 75(d), Cultura RM Exclusive/Luc Beziat/Getty Images 76b, 79, Lvinst/iStock/Getty Images 81(d), Pamela_d_mcadams/iStock/Getty Images 82(d), Suparat Malipoom/EyeEm/Getty Images 82(g), Andrew Bain/Lonely Planet Images/Getty Images 94(c), Janoka82/iStock/Getty Images 109, Peter Muller/Cultura/Getty Images 116tl, Vickie Flores/In Pictures/Getty Images 117, Buena Vista Images/DigitalVision/Getty Images 118(e), David Madison/Corbis/Getty Images 118br, Hill Street Studios/DigitalVision/Getty Images 120(2), Bokan76/iStock/Getty Images Plus/Getty Images 120br, Stretch Photography/Getty Images 122, Mb-fotos/iStock/Getty Images 124(a), Franziska Krug/German Select/Getty Images 124(d), No_limit_pictures/E+/Getty Images 131, Lumi Images/Dario Secen/Getty Images 136(2), Morsa Images/DigitalVision/Getty Images 136(4), alvarez/Getty Images 139, Image source/Getty Images 142(d), Westend61/Getty Images 144(a), Andrew Errington/Photographer's Choice/Getty Images 144(b), Atelier Binder/Ullstein bild dtl/Getty Images 147, PeopleImages/E+/Getty Images 152, SolStock/E+/Getty Images 158,

Text:

Endorsement statement

In order to ensure that this resource offers high-quality support for the associated Pearson qualification, it has been through a review process by the awarding body. This process confirms that this resource fully covers the teaching and learning content of the specification or part of a specification at which it is aimed. It also confirms that it demonstrates an appropriate balance between the development of subject skills, knowledge and understanding, in addition to preparation for assessment.

Endorsement does not cover any guidance on assessment activities or processes (e.g. practice questions or advice on how to answer assessment questions) included in the resource nor does it prescribe any particular approach to the teaching or delivery of a related course.

While the publishers have made every attempt to ensure that advice on the qualification and its assessment is accurate, the official specification and associated assessment guidance materials are the only authoritative source of information and should always be referred to for definitive guidance.

Pearson examiners have not contributed to any sections in this resource relevant to examination papers for which they have responsibility.

Examiners will not use endorsed resources as a source of material for any assessment set by Pearson. Endorsement of a resource does not mean that the resource is required to achieve this Pearson qualification, nor does it mean that it is the only suitable material available to support the qualification, and any resource lists produced by the awarding body shall include this and other appropriate resources.

INHALT

ÜBER DAS BUCH

International GCSE *Stimmt!* is a course which supports teachers and learners through cumulative language acquisition and practice, and encourages inter- and intra-personal as well as cognitive skills. Our resources use real life contexts and authentic materials to give sense of purpose and culture to language learning. The course promotes learner autonomy, for example, through its use of the self-study and grammar reference materials included.

The course is structured into eight themed modules, or *Kapitel*. Key grammar concepts and language points are revisited, recycled and revised from module to module, to embed understanding and allow practice within different contexts. An equal focus on all four skills and the interplay between them helps reinforce learning: students encounter grammar in reading and listening, and put it into practice in speaking and writing activities.

This Student Book is supported by online teacher resources and an audio pack.

Each module starts with one or two **Startpunkt** units which introduce the language to be learnt. Every unit is structured to provide gradual progression, ensuring accessibility for all students.

Lernziele or **Learning Objectives** Lessons are carefully tailored to address key assessment objectives of the course through language building and recycling.

Specification reference Every unit in the book is linked to an International GCSE sub-topic (see page x). Language taught and practised has been carefully chosen for suitability to the context. The units cover a good proportion of the topic vocabulary listed in the specification. The **Wörter** or **vocabulary** section at the end of each module provides themed lists useful for revision.

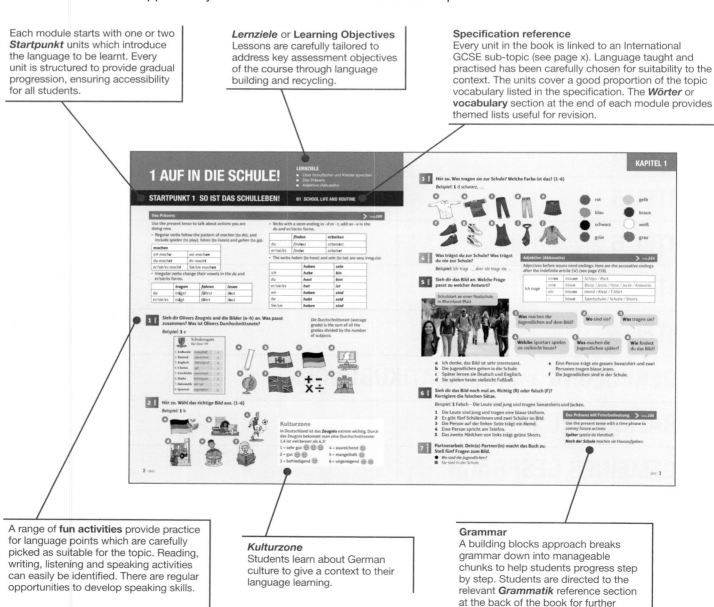

A range of **fun activities** provide practice for language points which are carefully picked as suitable for the topic. Reading, writing, listening and speaking activities can easily be identified. There are regular opportunities to develop speaking skills.

Kulturzone Students learn about German culture to give a context to their language learning.

Grammar A building blocks approach breaks grammar down into manageable chunks to help students progress step by step. Students are directed to the relevant *Grammatik* reference section at the back of the book for further support.

Dark blue **Glossary** boxes provide vocabulary support and synonyms to help do the activities.

Yellow **Tip** boxes give hints to aid learning, and support for approaching different types of activity.

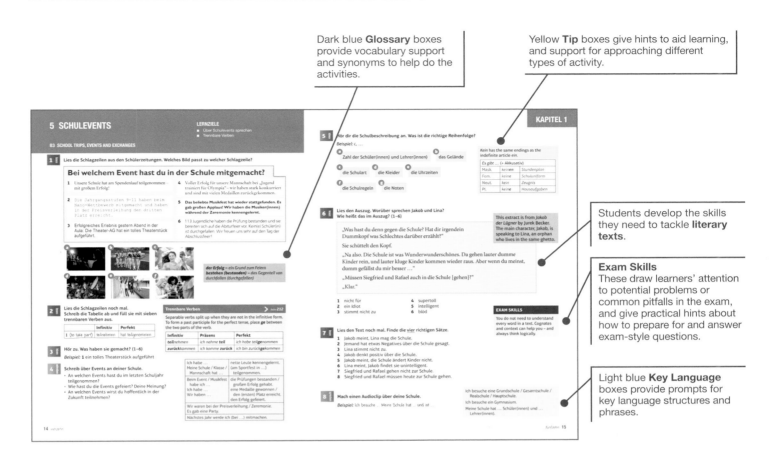

Students develop the skills they need to tackle **literary texts**.

Exam Skills
These draw learners' attention to potential problems or common pitfalls in the exam, and give practical hints about how to prepare for and answer exam-style questions.

Light blue **Key Language** boxes provide prompts for key language structures and phrases.

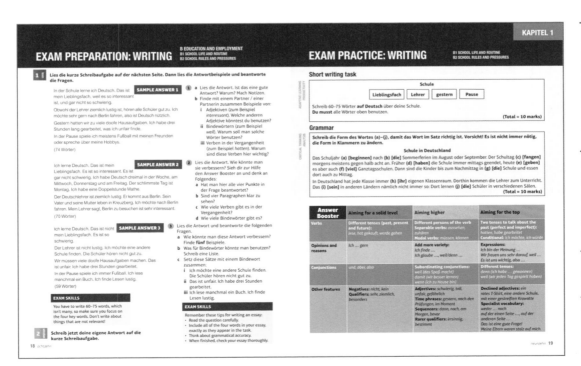

Each module includes **Exam Preparation** and **Exam Practice** to prepare students for the tasks that they will need to do in the exam papers. Guided preparation allows students to develop strategies for approaching the tasks.

All questions also help students to develop **Transferable Skills** such as critical thinking or problem solving. These skills are very important for further study and personal development.

The **Answer Booster** helps students to see how to write a good answer.

Sample answers help students understand what is required in the exam.

The *Wiederholung* or **Revision** section provides more practice of exam-style questions, and is intended to be done at the end of the course. It supports class-based revision for the International GCSE assessments. Two extra pages of **grammar revision** are also included in this section.

The **Extra** section is intended to provide for self-study practice at home, module by module.

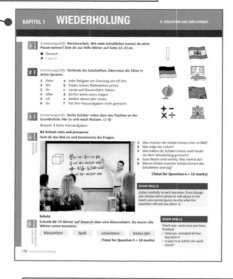
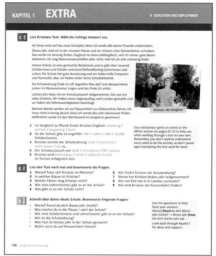

The *Allgemeines Gespräch* or **General Conversation** spread provides lists of examples of International GCSE topic-based questions to help students revise for the second part of the speaking exam.

The *Grammatik* section provides grammar reference and differentiated extra practice exercises (*Auf die Plätze! Fertig! Los!*). The green **Gut können!** pages present more basic grammar points. More difficult items are explained in the purple *Eindruck machen!* pages at the end of the section.

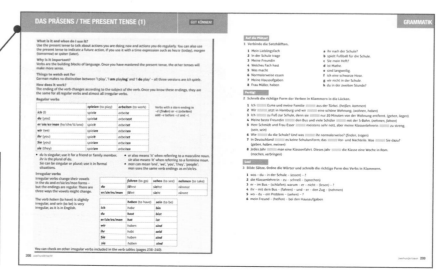

BEWERTUNGSÜBERSICHT

The following tables give an overview of the assessment for this course. You should study this information closely to help ensure that you are fully prepared for this course and know exactly what to expect in each part of the assessment.

PAPER 1	PERCENTAGE	MARKS	TIME	AVAILABILITY
LISTENING Written exam paper Paper code 4GN1/01 Single tier of entry	25%	40	30 minutes	June exam series First assessment June 2019

PAPER 2	PERCENTAGE	MARKS	TIME	AVAILABILITY
READING AND WRITING Written exam paper Paper code 4GN1/02 Single tier of entry	50%	40 + 40 = 80	1 hour 45 minutes Students should spend approximately 52 minutes on each section (Reading and Writing).	June exam series First assessment June 2019

PAPER 3	PERCENTAGE	MARKS	TIME	AVAILABILITY
SPEAKING Spoken exam paper Paper code 4GN1/03 Single tier of entry	25%	40	8–10 minutes	June exam series First assessment June 2019

All papers assess skills across five topic areas:
- Home and abroad
- Education and employment
- Personal life and relationships
- The world around us
- Social activities, fitness and health.

Sub-topics A3, C3, C5, D2 and E4 will not be assessed in the speaking paper. The speaking examination is made up of three tasks (A, B and C). Students will present and answer questions on a picture. They will also discuss two different topics, chosen at random by Pearson.

ASSESSMENT OBJECTIVES AND WEIGHTINGS

SECTION	ASSESSMENT OBJECTIVE	DESCRIPTION	% IN INTERNATIONAL GCSE
READING	AO1	Understand and respond, in writing, to spoken language	25%
WRITING	AO2	Communicate in writing, using a register appropriate to the situation, showing knowledge of a range of vocabulary in common usage and of the grammar and structures prescribed in the specification, and using them accurately	25%
LISTENING	AO3	Understand and respond, in writing, to written language	25%
SPEAKING	AO4	Communicate in speech, showing knowledge of a range of vocabulary in common usage and of the grammar and structures prescribed in the specification, and using them accurately	25%

THEMENÜBERSICHT

All three exam papers assess skills across five topic areas. The papers will feature questions drawn from a variety of sources, which all relate to the topics. The sources should be considered as different contexts in which students can understand and produce German. Specialist and/or technical German vocabulary or detailed specialist knowledge of the topics are not required.

This table shows which lessons in *Stimmt!* cover the different topic areas.

INTERNATIONAL GCSE (9-1) TOPICS AND SUB-TOPICS	*STIMMT!* UNITS
A HOME AND ABROAD	
1 Life in the town and rural life	6.4, 6.5
2 Holidays, tourist information and directions	5.2, 5.3, 6 Startpunkt 1, 6.1, 6.2, 6.3
3 Services (e.g. bank, post office)*	5.6, 7.4
4 Customs	8.1, 8.2
5 Everyday life, traditions and communities	4.1, 8 Startpunkt 1 & 2
B EDUCATION AND EMPLOYMENT	
1 School life and routine	1 Startpunkt 1 & 2, 1.2
2 School rules and pressures	1.1, 1.3
3 School trips, events and exchanges	1.4, 1.5
4 Work, careers and volunteering	7 Startpunkt 1 & 2, 7.1, 7.2, 7.5
5 Future plans	7.3
C PERSONAL LIFE AND RELATIONSHIPS	
1 House and home	4 Startpunkt 1, 4.2
2 Daily routines and helping at home	4.3, 4.4
3 Role models*	3.4
4 Relationships with family and friends	3 Startpunkt, 3.1, 3.2
5 Childhood*	3.5
D THE WORLD AROUND US	
1 Environmental issues	8.3, 8.4
2 Weather and climate*	6 Startpunkt 2, 6.3
3 Travel and transport	5 Startpunkt, 5.1
4 The media	2.1, 2.2, 2.3
5 Information and communication technology	2.5, 2.6
E SOCIAL ACTIVITIES, FITNESS AND HEALTH	
1 Special occasions	3.6
2 Hobbies, interests, sports and exercise	2 Startpunkt, 2.4, 3.3
3 Shopping and money matters	5.5
4 Accidents, injuries, common ailments and health issues*	5.7
5 Food and drink	4 Startpunkt 2, 4.5, 5.4

*Sub-topics A3, C3, C5, D2 and E4 will not be assessed in Paper 3: Speaking

KURSSTRUKTUR

Kapitel 7 *Rund um die Arbeit* Topics: A Home and abroad
B Education and employment

Kapitel 8 *Eine wunderbare Welt* Topics: A Home and abroad
D The world around

Wiederholung

1 AUF IN DIE SCHULE!

STARTPUNKT 1 SO IST DAS SCHULLEBEN! B1 SCHOOL LIFE AND ROUTINE

Das Präsens > *Seite* **208**

Use the present tense to talk about actions you are doing now.

- Regular verbs follow the pattern of *machen* (to do), and include *spielen* (to play), *hören* (to listen) and *gehen* (to go).

machen	
ich mach**e**	wir mach**en**
du mach**st**	ihr mach**t**
er/sie/es mach**t**	Sie/sie mach**en**

- Irregular verbs change their vowels in the *du* and *er/sie/es* forms.

	tragen	*fahren*	*lesen*
du	tr**ä**gst	f**ä**hrst	l**ie**st
er/sie/es	tr**ä**gt	f**ä**hrt	l**ie**st

- Verbs with a stem ending in –*d* or –*t*, add an –*e* in the *du* and *er/sie/es* forms.

	finden	*arbeiten*
du	find**e**st	arbeit**e**st
er/sie/es	find**e**t	arbeit**e**t

- The verbs *haben* (to have) and *sein* (to be) are very irregular.

	haben	*sein*
ich	**habe**	**bin**
du	**hast**	**bist**
er/sie/es	**hat**	**ist**
wir	**haben**	**sind**
ihr	**habt**	**seid**
Sie/sie	**haben**	**sind**

1 *lesen* **Sieh dir Olivers Zeugnis und die Bilder (a–h) an. Was passt zusammen? Was ist Olivers Durchschnittsnote?**

Beispiel: **1** e

Die Durchschnittsnote (average grade) is the sum of all the grades divided by the number of subjects.

Schulzeugnis für *Oliver Ott*		
1. Erdkunde	*mangelhaft*	5
2. Deutsch	*ausreichend*	4
3. Englisch	*befriedigend*	3
4. Chemie	*gut*	2
5. Geschichte	*ausreichend*	4
6. Mathe	*befriedigend*	3
7. Informatik	*sehr gut*	1
8. Spanisch	*ungenügend*	6

2 *hören* **Hör zu. Wähl das richtige Bild aus. (1–6)**

Beispiel: **1** b

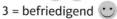

Kulturzone

In Deutschland ist das **Zeugnis** extrem wichtig. Durch das Zeugnis bekommt man eine Durchschnittsnote: 1,4 ist viel besser als 4,3!

1 = sehr gut 😊😊😊   4 = ausreichend 😐
2 = gut 😊😊   5 = mangelhaft ☹
3 = befriedigend 🙂   6 = ungenügend ☹☹

3 *hören* Hör zu. Was tragen sie zur Schule? Welche Farbe ist das? (1–6)

Beispiel: **1** d schwarz, …

rot
gelb
blau
braun
schwarz
weiß
grün
grau

4 *schreiben* Was trägst du zur Schule? Was trägst du nie zur Schule?

Beispiel: Ich trage …, aber ich trage nie …

Adjektive (Akkusativ)   > *Seite 224*

Adjectives before nouns need endings. Here are the accusative endings after the indefinite article ('a') (see page 218).

Ich trage	ein**en**	blau**en**	Schlips / Rock.
	ein**e**	blau**e**	Bluse / Jeans / Hose / Jacke / Krawatte.
	ein	blau**es**	Hemd / Kleid / T-Shirt.
	–	blau**e**	Sportschuhe / Schuhe / Shorts.

5 *lesen* Sieh dir das Bild an. Welche Frage passt zu welcher Antwort?

Schulstart an einer Realschule in Rheinland-Pfalz

1 **Was** machen die Jugendlichen auf dem Bild?

2 **Wo** sind sie?

3 **Was** tragen sie?

4 **Welche** Sportart spielen sie vielleicht heute?

5 **Was** machen die Jugendlichen später?

6 **Wie** findest du das Bild?

a Ich denke, das Bild ist sehr interessant.
b Die Jugendlichen gehen in die Schule.
c Später lernen sie Deutsch und Englisch.
d Sie spielen heute vielleicht Fußball.

e Eine Person trägt ein graues Sweatshirt und zwei Personen tragen blaue Jeans.
f Die Jugendlichen sind in der Schule.

6 *lesen* Sieh dir das Bild noch mal an. Richtig (R) oder falsch (F)? Korrigiere die falschen Sätze.

Beispiel: **1** Falsch – Die Leute sind jung und tragen Sweatshirts und Jacken.

1 Die Leute sind jung und tragen eine blaue Uniform.
2 Es gibt fünf Schülerinnen und zwei Schüler im Bild.
3 Die Person auf der linken Seite trägt ein Hemd.
4 Eine Person spricht am Telefon.
5 Das zweite Mädchen von links trägt grüne Shorts.

Das Präsens mit Futurbedeutung   > *Seite 208*

Use the present tense with a time phrase to convey future actions:

Später *spielst du Handball.*

Nach der Schule *machen sie Hausaufgaben.*

7 *sprechen* Partnerarbeit. Dein(e) Partner(in) macht das Buch zu. Stell fünf Fragen zum Bild.

● *Wo sind die Jugendlichen?*
■ *Sie sind in der Schule.*

STARTPUNKT 2 ES BEGINNT MIT DER GRUNDSCHULE

B1 SCHOOL LIFE AND ROUTINE

LERNZIELE
- Über das Schuletui sprechen
- Das Imperfekt (1)
- Das Perfekt

1 *lesen*

**Lies die Sätze und sieh dir die Bilder an.
Was passt zusammen?**

1 An der Grundschule hatten wir keine Hausaufgaben.
2 Nach der vierten Stunde gab es eine Mittagspause.
3 Jeden Tag hatte die Klasse sechs Stunden und drei Pausen.
4 Wir waren oft auf dem Schulhof.
5 Um 13:40 Uhr war die Schule aus.
6 Donnerstag war mein Lieblingstag, weil es immer einen Film gab.

Kulturzone

In Deutschland geht man mit ungefähr sechs Jahren in die **Grundschule**. Am ersten Schultag nehmen die neuen Schülerinnen und Schüler eine **Schultüte** mit zur Schule.

Das Imperfekt
> *Seite* **214**

Use the imperfect tense to describe things in the past. You need to add an ending to match the pronoun (*ich, wir,* etc.):

*Ich hatt**e** / Wir hatt**en** keine Hausaufgaben.*
*Ich war / Wir war**en** jung.*
*Es **gab** eine Pause.*
*Es **gab** zwei Pausen.*

2 *lesen*

Übersetze die Sätze aus Aufgabe 1 in deine Sprache.

3 *hören*

Hör zu. Was hat man für die Schultasche gekauft? (1–6)

4 *sprechen*

Gruppenarbeit. Was hast du für den Schulanfang gekauft?

● *Was hast du für den Schulanfang gekauft?*
■ *Ich habe einen roten Spitzer gekauft. Was hast du gekauft?*
▲ *Ich habe einen roten Spitzer und ein blaues Lineal gekauft. Was hast …*

Was hast du (für den Schulanfang / die neunte Klasse) gekauft?			
Ich habe	einen	(blauen) Spitzer / Radiergummi / Kuli (Kugelschreiber) / Bleistift / Taschenrechner (Rechner) / Rucksack	gekauft.
	eine	(blaue) Schultasche / Mappe	
	ein	(blaues) Schuletui / Lineal	
	–	(blaue) Filzstifte	

5 hören

Hör zu. Wer spricht? (1–6) Wähl das passende Bild aus.

Das Perfekt mit *haben* > *Seite 212*

Use the perfect tense to talk about actions you have done in the past.

Some verbs form the perfect tense with a part of *haben* (to have) and a past participle:

*ich **habe ge**sagt; er **hat ge**tragen.*

ich	habe	einen Kuli	**ge**kauf**t**
du	hast	Mathe	**ge**lern**t**
er/sie/es/man	hat	Fußball	**ge**spiel**t**
wir	haben	Hausaufgaben	**ge**mach**t**
ihr	habt	eine Jeans	**ge**trag**en**
Sie	haben	einen Film	**ge**seh**en**
sie	haben	ein Buch	**ge**les**en**

6 sprechen

Partnerarbeit. Wer kann die meisten Sätze bilden?

● *Letztes Jahr habe ich viele Filzstifte gekauft, aber dieses Jahr kaufe ich einen Kugelschreiber.*

■ *Letztes Jahr habe ich oft ein rotes Kleid getragen, aber dieses Jahr trage ich immer eine blaue Hose.*

lernen	**fahren**	**spielen**	**gehen**

7 schreiben

Schreib die richtige Form des Wortes in Klammern. Welches Wort war schon richtig?

1 Gestern habe ich ein blaues T-Shirt [**tragen**].
2 Letztes Jahr [**sein**] wir mit dem Bus gefahren.
3 Letzten Monat [**sein**] ich nicht in die Schule gegangen.
4 Sie haben jeden Tag Fußball [**spielen**].
5 In der Grundschule [**haben**] die Lehrer coole Kleider getragen.
6 Gestern habe ich ein Schuletui [**kaufen**].

Das Perfekt mit *sein* > *Seite 212*

Some verbs, especially those showing movement from one place to another, form the perfect tense with a part of *sein* (to be) and a past participle:

*ich **bin ge**gangen*
*er **ist ge**fahren.*

ich bin	
du bist	
er/sie/es ist	***ge**gangen*
wir sind	***ge**fahren*
ihr seid	
Sie/sie sind	

1 MIT FREUDE IN DIE SCHULE?

B2 SCHOOL RULES AND PRESSURES

1 lesen **Lies die Texte und sieh dir die Bilder an. Worauf freuen sie sich (nicht)? Schreib die Tabelle ab und füll sie aus.**

	☺	☹
1	h	

① Ich freue mich besonders auf meine Freundinnen und Freunde, denn sie sind mir sehr wichtig. Ich freue mich gar nicht auf das Zeugnis – letztes Jahr habe ich oft schlechte Noten bekommen.
Lena

② Im neuen Schuljahr freue ich mich nicht auf den Druck. Ich mag aber immer die Klassenfahrt und dieses Jahr freue ich mich echt sehr auf die Klassenfahrt, weil wir in die Berge fahren.
Selim

③ Ich freue mich total auf die Sport-AGs, weil Sport mein Lieblingsfach ist! Ich freue mich aber nie auf die Hausaufgaben, denn ich spiele am Nachmittag lieber Volleyball.
Hazan

④ In der neunten Klasse freue ich mich am meisten auf neue Fächer, wie zum Beispiel Bürgerkunde. Ich freue mich aber weniger auf die Schularbeiten und die Prüfungen. Ich habe immer Angst vor schlechten Noten. David

a  **b**  **c**  **d**

> *ich freue mich auf (sich freuen auf) =* positiv über etwas (in der Zukunft) denken

e  **f**  **g**  **h**

2 hören **Hör zu. Sieh dir die Bilder noch mal an. Schreib die Resultate der Umfrage auf.**

Beispiel: **h** Freunde/Freundinnen – 64 Schüler(innen)

3 sprechen **Partnerarbeit. Worauf freust du dich (nicht) im neuen Schuljahr?**

- ● *Worauf freust du dich im neuen Schuljahr?*
- ■ *Ich freue mich (sehr) auf …*
- ● *Worauf freust du dich nicht?*
- ■ *Ich freue mich (gar) nicht auf …*

Make your language more descriptive by including qualifiers.

Ich freue mich	*am meisten besonders total (echt) sehr*	*auf*	*den* Druck. *die* Klassenfahrt. *das* Zeugnis. *die* Prüfungen. neue Fächer.
	weniger (gar) nicht nie		

Sich freuen auf is used with the accusative case, so the masculine article (*der*) changes to **den**.

4 lesen **Lies Bettinas Blog. Wähl die richtige Antwort aus.**

Sechs Wochen Sommerferien sind vorbei, und heute ist der erste Schultag in der neunten Klasse. Ich freue mich natürlich nicht auf die erste Schularbeit, weil sie (1) einfach / stressig ist, aber ich freue mich irrsinnig auf die AGs, (2) weil / denn sie sind mir sehr wichtig. Die neunte Klasse ist (3) nie / sehr schwierig und ich freue mich gar nicht auf den Druck, weil es so viele (4) Hausaufgaben / Filzstifte gibt. Ich freue mich auch nicht auf die Noten, denn ich (5) war / hatte letztes Jahr ein schlechtes Zeugnis. In diesem Schuljahr freue ich mich aber besonders auf die Klassenfahrt, weil wir im Oktober auf eine Wanderwoche in die Alpen (6) spielen / fahren. Meine Freunde freuen sich aber gar nicht auf die Klassenfahrt, denn (7) sie / wir sitzen lieber zu Hause am PC.

vorbei = in der Vergangenheit
irrsinnig = extrem

5 lesen **Lies Bettinas Blog noch mal und beantworte die Fragen.**

1 Wie lange waren die Sommerferien?
2 Worauf freut sich Bettina nicht?
3 Worauf freut sich Bettina sehr?
4 Wie war Bettinas Zeugnis letztes Jahr?
5 Was macht Bettina im Oktober?
6 Wer freut sich nicht auf die Klassenfahrt?

> **denn und weil** ⟩ *Seite* **230**

Denn and weil mean 'because', but they use different word order, which adds variety to your writing and speaking.

*Ich freue mich auf die Klassenfahrt, **denn** wir **fahren** in die Alpen.*

*Ich freue mich auf die Klassenfahrt, **weil** wir in die Alpen **fahren**.*

6 hören **Hör zu. Worauf freuen sie sich (nicht)? Schreib die Tabelle ab und füll sie aus. (1–8)**

	☺	☹	Warum?
1		Hausaufgaben	schwierig

7 sprechen **Gruppenarbeit. Diskussion: Der Schulanfang.**

● *Freust du dich auf das Zeugnis?*
■ *Was? Du spinnst! Ich freue mich gar nicht darauf.*
▲ *Warum nicht?*
■ *Weil (ich oft schlechte Noten bekomme). Freust du dich …*

Instead of repeating a noun, you can say:

*Ich freue mich **darauf**.*

*Die Schularbeit ist morgen. Ich freue mich nicht **darauf**.*

8 schreiben **Freust du dich auf das neue Schuljahr? Warum (nicht)? Schreib ein Blog darüber.**

• Worauf freust du dich (nicht) im neuen Schuljahr?
• Warum?
• Wie war das letzte Schuljahr? Warum?
• Was machst du im neuen Schuljahr?

2 DER SCHULTAG

LERNZIELE
- Über die Schulroutine sprechen
- Fragen stellen und beantworten

B1 SCHOOL LIFE AND ROUTINE

1 *hören* **Hör zu. Sieh dir den Stundenplan an. Welcher Tag ist das? (1–6)**

Beispiel: **1** Dienstag

Stundenplan der Klasse 9f					
	Montag	**Dienstag**	**Mittwoch**	**Donnerstag**	**Freitag**
1. Std. 08:00–08:45	Geschichte	Spanisch	Physik	Mathe	PGW
2. Std. 08:50–09:35	Geschichte	PGW	Physik	*Wahlfach 1*	Chemie
20 Min. kleine Pause					
3. Std. 09:55–10:40	Erdkunde	Chemie	Deutsch	Geschichte	Biologie
4. Std. 10:45–11:30	Biologie	Englisch	Deutsch	*Wahlfach 3*	Spanisch
5. Std. 11:35–12:20	Deutsch	Mathe	Mathe	Deutsch	Englisch
40 Min. Mittagspause					
6. Std. 13:00–13:45	Englisch	*Wahlfach 2*	Sport	Spanisch	Mathe
7. Std. 13:50–14:35	*Wahlfach 1*	*Wahlfach 2*	Sport	Erdkunde	*Wahlfach 3*
Wahlfächer: Französisch, Italienisch, Informatik, Kunst, Musik, Religion, Theater, Psychologie					

EXAM SKILLS

Be careful when pronouncing cognates: the words may look similar to the English, but they sound different. Listen to the pronunciation in exercise 1.

g	→	*Biolo**g**ie*
ch	→	***Ch**emie*
sch	→	*Engli**sch***
sp	→	***Sp**ort*
th	→	*Ma**th**e*

PGW = Politik, Gesellschaft, Wirtschaft
das Wahlfach = man kann dieses Fach wählen
das Pflichtfach = man muss dieses Fach lernen

2 *sprechen* **Partnerarbeit. Sieh dir den Stundenplan an und stell Fragen.**

● *Was hat die Klasse 9f in der ersten Stunde am Montag?*
■ *Geschichte. Was hat die Klasse in …*

in der ersten / zweiten / dritten / vierten / fünften / sechsten / siebten Stunde am (Montag)

3 *hören* **Hör zu. Schreib die Tabelle ab und füll sie aus. (1–6)**

	Fach	Stunden pro Woche	Meinung	Tag	Uhrzeit
1	Mathe	4	schwierig	Donnerstag	08:00

Use either the 24- or the 12-hour clock when talking about time.

Um …		
13:00	*dreizehn Uhr*	*ein Uhr*
13:10	*dreizehn Uhr zehn*	*zehn nach eins*
14:15	*vierzehn Uhr fünfzehn*	*Viertel nach zwei*
15:30	*fünfzehn Uhr dreißig*	*halb **vier*** ⚠
16:40	*sechzehn Uhr vierzig*	*zwanzig vor fünf*
17:45	*siebzehn Uhr fünfundvierzig*	*Viertel vor sechs*

4 *sprechen* **Partnerarbeit. Vergleich deinen Stundenplan mit dem Stundenplan oben.**

● *Die Klasse 9f hat am Montag um 11 Uhr 35 Deutsch. Hast du am Montag Deutsch?*
■ *Ja, ich habe am Montag Deutsch, aber die Stunde beginnt um 14 Uhr 30. Ich mag Deutsch (sehr/nicht). Die Klasse 9f hat […]. Hast du […]?*

Fragen stellen (Inversion) ➤ *Seite* **228**

Du hast am Montag Deutsch. → **Hast du** am Montag Deutsch?
Du magst Deutsch. → **Magst du** Deutsch?

5 lesen **Lies das Interview mit Tanya. Beantworte die Fragen.**

Tanya, Schülerin an einer deutschsprachigen Gesamtschule in Namibia

1: Wann **beginnt die Schule?**
Unser Unterricht beginnt um 08:00 Uhr morgens.

2: Wie viele **Stunden hast du pro Tag?**
Wir haben sechs Stunden pro Tag und jede Stunde dauert 50 Minuten.

3: Um wie viel Uhr **endet dann die Schule?**
Die Schule endet um halb zwei.

4: Wie oft **hast du Deutsch?**
Ich habe sechsmal pro Woche Deutsch, weil Deutsch eine wichtige Sprache an meiner Schule ist.

5: Was **ist dein Lieblingsfach?**
Ich mag Biologie sehr, denn ich möchte später Medizin studieren. Mein Lieblingsfach ist aber Mathe.

6: **Ist Mathe wirklich dein Lieblingsfach?** Warum?
Weil ich Mathe einfach finde. Ich bekomme immer gute Noten.

7: Welches **Fach machst du nicht gern?**
Englisch mache ich nicht so gern, weil es sehr schwierig ist. Es ist aber wichtig und ist natürlich ein Pflichtfach.

8: Was **machst du in der Pause?**
Ich schwatze mit meinen Freundinnen auf dem Hof – ich freue mich immer sehr darauf.

9: Wie **findest du den Schultag?**
Ich finde den Schultag echt ermüdend! Ich bin in der 10. Klasse und es gibt viel Druck, weil wir in Deutsch, Mathe und Englisch Prüfungen haben.

schwatzen = *plaudern*

1 Wie viele Fächer hat Tanya pro Tag?
2 Wie oft übt Tanya die deutsche Sprache? Warum?
3 Warum mag Tanya eine Naturwissenschaft?
4 Was ist Tanyas Lieblingsfach? Warum?
5 Warum muss Tanya die englische Sprache lernen?
6 Wie findet Tanya die Pause? Woher weißt du das?
7 Warum ist Tanya dieses Jahr unter großem Druck?

Kulturzone

Vor 1915 gab es eine deutsche Kolonie mit dem Namen Deutsch Südwestafrika. Jetzt heißt das Land Namibia, und Deutsch ist bis heute eine wichtige Sprache.

vor = *bevor*
die Sprache = *z. B. Italienisch, Englisch*

6 lesen **Lies Tanyas Antwort zu Frage 10. Wähl die richtige Antwort aus.**

10: Was **machst du nach der Schule?**
Normalerweise gehe ich schnell nach Hause und esse zu Mittag, aber am Mittwoch habe ich am Nachmittag eine Theater-AG. Von halb vier bis Viertel vor sechs mache ich Hausaufgaben. Ich lerne im Moment für die Prüfungen, weil sie mir wichtig sind. Gestern war besonders lang, denn wir haben eine Physikarbeit geschrieben.

1 Tanya isst zu Mittag **zu Hause** / **in der Schule** / **im Restaurant** / **nicht**.

2 Tanya beendet die Schularbeit um
 / / /

3 Gestern hat Tanya eine Prüfung in **Sprachen** / **Mathe** / **Informatik** / **Naturwissenschaften** gehabt.

7 sprechen **Partnerarbeit. Mach einen Audioclip über deinen Schultag. Stell und beantworte die Fragen aus den Aufgaben 5 und 6.**

● *Wann beginnt die Schule?*
■ *Die Schule / Unser Unterricht beginnt um … Uhr.*

Adapt Tanya's responses by changing the details to reflect your school day:

Welches Fach machst du nicht gern? → *Spanisch* mache ich nicht so gern, weil **ich schlechte Noten bekomme**.

Fragewörter > *Seite 228*

To ask a question, use a <u>question word</u> + **verb** + subject/object.

<u>Wann</u> **beginnt** die Schule?
<u>Was</u> **machst** du in der Pause?

3 ORDNUNG MUSS SEIN!

LERNZIELE

- Über die Schulregeln sprechen
- *müssen, können, dürfen*
- *in* + Dativ

B2 SCHOOL RULES AND PRESSURES

1 *hören*

Hör zu. Sieh dir den Schulgeländeplan und die Bilder (a–f) an. Was passt zusammen? (1–6)

Beispiel: **1** 6 d

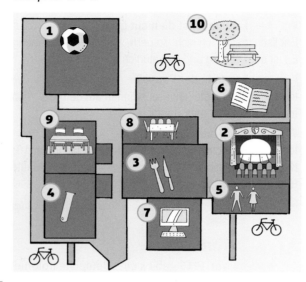

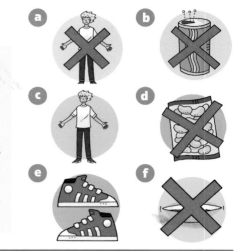

1 die Turnhalle
2 die Aula
3 der Speisesaal
4 das Labor
5 die Toiletten
6 die Schulbibliothek
7 der Computersaal
8 das Lehrerzimmer
9 das Klassenzimmer
10 der Hof

Modalverben: *müssen, können, dürfen*   **>** *Seite* **210**

Modal verbs work with another verb in its infinitive form at the end of the clause: *Man **darf** nicht in der Bibliothek **essen**. Man **muss** den Lehrern **zuhören**.*
Use *man* with modal verbs to mean 'you' generally.

	müssen (to have to)	**können** (to be able to)	**dürfen** (to be allowed to)
ich	*muss*	*kann*	*darf*
du	*musst*	*kannst*	*darfst*
er/sie/es/man	*muss*	*kann*	*darf*
wir	*müssen*	*können*	*dürfen*
ihr	*müsst*	*könnt*	*dürft*
Sie/sie	*müssen*	*können*	*dürfen*

2 *schreiben*

Schreib sechs Regeln für deine Schule auf.

Man	muss kann darf darf nicht	im Computersaal in der Aula im Klassenzimmer in den Toiletten auf dem Hof	essen. trinken. ruhig sein. Handball spielen. Sportschuhe tragen.

3 *lesen*

Lies den Text. Welches Wort passt in welche Lücke? Manche Wörter brauchst du nicht.

Unser **1** ———— an der Hauptschule ist ziemlich klein und der Schulhof ist eng wie ein Gang. Man darf dort nie Ball spielen, aber wir haben eine große **2** ———— und dort kann man Handball oder Federball spielen. Die Klassenzimmer **3** ———— alle eine moderne Ausrüstung und man darf seinen eigenen Laptop mitbringen, **4** ———— jedes Klassenzimmer Anschluss ans Schulnetzwerk hat. Man kann normalerweise gut im Speisesaal essen und trinken, aber man darf natürlich nicht in der Bibliothek **5** ————. Letzte Woche war meine Klasse oft in der Aula, weil es in unserem Klassenzimmer Renovierungen **6** ————. Ich mag das nicht, denn man **7** ———— in der Aula irrsinnig ruhig sein, weil die Rezeption nebenan ist.

a haben	**f** gab	**k** hatte
b lesen	**g** Lehrer	**l** weil
c Gelände	**h** darf	**m** essen
d muss	**i** Toilette	**n** Turnhalle
e denn	**j** sind	

in + Dativ   **>** *Seite* **222**

To say where something happens, use *in* + the dative case.
in + *der* → *in dem (**im**)*
in + *die* → *in der*
in + *das* → *in dem (**im**)*
in + *die* → *in den*

***der Gang** = der Korridor*
***die Ausrüstung** = Geräte*
***nebenan** = neben*

lesen 4   **Lies die Schulordnung. *Dürfen* oder *müssen*? Ergänze die Regeln am SHG.**

Beispiel: **1** dürfen

Die Schulordnung am St. Hubertus Gymnasium (SHG)

1 Wir ——— weder schlagen noch mobben.

2 Wir ——— höflich, pünktlich und respektvoll sein.

3 Wir ——— nicht auf dem Schulgelände rauchen.

4 Wir ——— keine Schimpfwörter sagen.

5 Wir ——— den Müll trennen.

6 Im Klassenzimmer ——— wir keinen Kaugummi kauen.

7 Wir ——— im Computersaal weder essen noch trinken.

8 Wir ——— in der Schulbibliothek ruhig sein.

9 Wir ——— immer Hochdeutsch sprechen. Keine Dialekte!

10 Wir ——— weder Jogginghosen noch Mützen tragen.

Und Schneeballwerfen ist auf dem Schulgelände streng verboten!

If you can't work out a word from picture clues, context, cognates or part of the word, you can always check it in a dictionary. Make sure the translation you choose makes sense in the context, as words can have more than one meaning.

weder ... noch = *entweder ... oder (nur im Negativ „neither ... nor")*
Hochdeutsch = *Deutsch ohne Dialekt*

 sprechen 5   **Partnerarbeit. Wie findest du die Schulordnung am SHG?**

● *Die erste Regel: Wir dürfen weder schlagen noch mobben. Das finde ich sehr gut. Und du?*

■ *Ja, das finde ich fair. Die zweite Regel: ...*

zu ✔✔✔	streng schrecklich
sehr ✔✔	unglaublich (un)fair
ziemlich ✔	gut
	notwendig

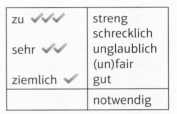

hören 6   **Zur Faschingszeit ist die Schulordnung am SHG ganz anders! Hör zu. Schreib die Tabelle ab und füll sie aus. (1–6)**

	Nummer	Faschingsregel	Meinung
1	2	Man muss montags unpünktlich sein.	sehr lustig

die Faschingszeit = *die Karnevalstage*

sprechen 7   **Gruppenarbeit. Diskussion: Deine Schulordnung.**

● *Im Klassenzimmer dürfen wir keinen Kaugummi kauen. Ich finde das unfair, weil ich Kaugummi liebe.*

■ *Tja, ich stimme da nicht zu. Ich finde das gut, weil Kaugummi schrecklich ist.*

▲ *Du hast recht! Ich bin ganz deiner Meinung, denn Kaugummi kann man in der Pause auf dem Hof kauen.*

In group talk tasks, you need to agree or disagree with each other:

Ich stimme da zu.	*Ich stimme da nicht zu.*
Du hast recht.	*Ich bin nicht deiner*
Ich bin ganz deiner Meinung.	*Meinung.*
	Nein, das finde ich ...

You will also need to give reasons for your opinion:

weil ...	*denn ...*
das schrecklich ist	*man muss respektvoll sein*
ich (...) liebe	*man kann dort gut lernen*
das (nicht) notwendig ist	*das ist (un)wichtig*

schreiben 8   **Schreib deine eigene Faschings-Schulordnung auf.**

Beispiel:

1 Die Lehrer müssen im Klassenzimmer Hausaufgaben machen.

LERNZIELE

- Über einen Schulaustausch und eine Klassenfahrt sprechen
- Das Futur

1 lesen **Lies die FAQ-Liste. Welches Bild passt zu welcher Frage?**

● ● ●

Nächstes Jahr **werden** wir wieder einen Schulaustausch **organisieren**. **Werdet** ihr auf Austausch **fahren**? Lest weiter …

FAQ-Liste zum Schulaustausch

1 Wann werden wir nächstes Jahr auf Austausch fahren?

2 Wer wird auf Austausch fahren?

3 Wo werden wir hinfahren?

4 Welche Sprache werden unsere Austauschpartner(innen) sprechen?

5 Wie viel wird es kosten?

6 Was müssen wir mitnehmen?

2 hören **Hör zu. Schreib Antworten zu den FAQ aus Aufgabe 1 auf.**

3 lesen **Lies das Austauschprogramm. Wann werden sie was machen? (1–10)**

Beispiel: **1** Mittwoch

Mittwoch Wir werden alle um 6:15 Uhr mit Ausweis/Reisepass zum Gymnasium kommen. Wir werden dann nach Steenwijk in den Niederlanden fahren. Den Abend werden wir bei Gastfamilien verbringen.

Donnerstag Wir werden einen Schultag an der Austauschschule erleben. Wir werden gemeinsam mit unseren Partnern ein Kunstprojekt machen. Am Nachmittag werden wir das Zirkusmuseum besuchen.

Freitag Die deutsche Klasse wird einen Tagesausflug zum Park Rams Woerthe machen. Am Abend werden wir ins Hallenbad gehen.

Samstag Am Morgen werden wir eine Fahrradtour machen. Am Nachmittag werden wir in der Altstadt bummeln, die Sehenswürdigkeiten besichtigen und Andenken kaufen.

Sonntag Am Morgen wird es eine Abschiedsparty in der Partnerschule geben. Wir werden dann um 11:30 Uhr wieder nach Hause fahren.

1 den Abend bei einer Familie verbringen
2 eine holländische Stadt besuchen
3 einen Tag anderswo verbringen
4 zusammen arbeiten
5 die Austauschpartner(innen) verlassen
6 den Schultag erleben
7 alte Gebäude besuchen
8 schwimmen gehen
9 über Akrobaten damals und heute lernen
10 Rad fahren

der Tagesausflug = die Reise (ein Tag)
das (die) Andenken = Souvenir(s)

Das Futur 〉 Seite 215

Use a form of *werden* (to become) with an infinitive at the end of the clause to talk about what you <u>will</u> do:

Wir **werden** *die Sehenswürdigkeiten* **besichtigen.**
Er **wird** *einen Tagesausflug machen.*

ich	werde	erleben
du	wirst	verbringen
er/sie/es	wird	besuchen
wir	werden	bummeln
ihr	werdet	machen
Sie/sie	werden	gehen

4 schreiben **Schreib ein Schulaustauschprogramm für eine tolle Woche auf.**

Beispiel: (Am Samstag) werden wir (um 12:20 Uhr) zur Schule kommen. Wir werden (am Nachmittag) nach … fahren. Am …

5 lesen

Lies Lottes Bericht von der Klassenfahrt zu einem Schullandheim. Welcher Absatz ist das?

1 Letztes Jahr bin ich fünf Tage mit dem Bus auf Klassenfahrt in die Schweiz gefahren. Ich war leider reisekrank 😞 und die Reise hat drei Stunden gedauert.

2 Dieses Jahr verbringen wir eine Woche mitten im Nationalpark Harz. Es gibt hier ein Freibad und einen Tennisplatz, aber es gibt leider keine Freizeithalle. 👎

3 Gestern sind wir zur ehemaligen innerdeutschen Grenze gefahren. Das war ein sehr interessanter Tagesausflug. Unsere Großeltern durften früher diese Grenze nie überqueren, das finde ich schrecklich!

4 Einige Schüler haben natürlich Heimweh, aber die Lehrer geben ihnen Schokolade! Wir haben alle unsere Handys mit, aber leider gibt es hier kein WLAN. Für manche ist das eine Katastrophe!

5 Nächstes Jahr werde ich mit meiner Familie wieder hierher kommen, denn das wird viel Spaß machen. Meine Eltern werden bestimmt die Sehenswürdigkeiten besichtigen. Mein Bruder und ich werden einen Tag im Freizeitpark erleben, weil der eine Reise wert ist!

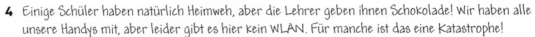

> *die ehemalige Grenze* = *die frühere Trennungslinie zwischen der Bundesrepublik und der DDR*
> *Heimweh haben* = *traurig sein, wenn man weg von zu Hause ist*
> *das WLAN* = *Wi-Fi*

a ein Ausflug (ganzer Tag) **b** Probleme

c das Schullandheimgelände **d** Dauer **e** Zukunftspläne **f** Transportmittel

6 lesen

Lies die fünf Absätze in Lottes Bericht noch mal. Welche Zeitform ist das? Schreib die Tabelle ab und füll sie aus.

Vergangenheit	Präsens	Futur
1, …		

EXAM SKILLS

Use time expressions as clues to work out the tenses.

7 hören

Hör zu. Wähl die richtige Antwort aus.

1 Tobias fährt nicht / heute / später auf Klassenfahrt.
2 Tobias ist reisekrank / war reisekrank / wird nicht reisekrank sein.
3 Die Klasse hat vier / fünf / sechs Tage in der Schweiz verbracht.
4 Am letzten Tag ist Tobias ins Freibad gegangen / hat Tobias eine Fahrradtour gemacht / hat Tobias die Sehenswürdigkeiten besichtigt.
5 Eine Lehrerin hat keinen Ausweis / hatte keinen Ausweis / wird keinen Ausweis haben.
6 An der Grenze gibt es ein Problem / gab es ein Problem / wird es ein Problem geben.
7 Tobias freut sich besonders auf den Tagesausflug / den Freizeitpark / das Essen.

Kulturzone

Jedes Jahr freuen sich deutsche, österreichische und schweizerische Schülerinnen und Schüler auf die Klassenfahrt. Jede Klasse fährt von der Schule weg und lernt einander besser kennen.

Ich 🖤 Klassenfahrtstreiche!

8 sprechen

Bereite eine Präsentation über einen Austausch oder eine Klassenfahrt vor.
- Was hast du letztes Jahr gemacht?
- Was machst du dieses Jahr?
- Was wirst du nächstes Jahr machen?

Vergangenheit	Präsens	Futur
letztes Jahr	*dieses Jahr*	*nächstes Jahr*
habe … gespielt bin … gefahren hatte / war / gab …	*habe / bin / fahre …*	*werde … machen*

LERNZIELE
- Über Schulevents sprechen
- Trennbare Verben

 1 Lies die Schlagzeilen aus den Schülerzeitungen. Welches Bild passt zu welcher Schlagzeile?

Bei welchem Event hast du in der Schule mitgemacht?

1 Unsere Schule hat am Spendenlauf teilgenommen – mit großem Erfolg!

2 Die Jahrgangsstufen 9–11 haben beim Nano-Wettbewerb mitgemacht und haben in der Preisverleihung den dritten Platz erreicht.

3 Erfolgreiches Erlebnis gestern Abend in der Aula: Die Theater-AG hat ein tolles Theaterstück aufgeführt.

4 Voller Erfolg für unsere Mannschaft bei „Jugend trainiert für Olympia"– wir haben stark konkurriert und sind mit vielen Medaillen zurückgekommen.

5 Das beliebte Musikfest hat wieder stattgefunden. Es gab großen Applaus! Wir haben die Musiker(innen) während der Zeremonie kennengelernt.

6 113 Jugendliche haben die Prüfung bestanden und sie bereiten sich auf die Abiturfeier vor. Kein(e) Schüler(in) ist durchgefallen. Wir freuen uns sehr auf den Tag der Abschlussfeier!

> **der Erfolg** = ein Grund zum Feiern
> **bestehen (bestanden)** = das Gegenteil von durchfallen (durchgefallen)

2 Lies die Schlagzeilen noch mal.
Schreib die Tabelle ab und füll sie mit sieben trennbaren Verben aus.

	Infinitiv	Perfekt
1 (to take part)	teilnehmen	hat teilgenommen

Trennbare Verben *Seite* **212**

Separable verbs split up when they are not in the infinitive form. To form a past participle for the perfect tense, place **ge** between the two parts of the verb.

Infinitiv	Präsens	Perfekt
teilnehmen	ich nehme **teil**	ich habe teil**ge**nommen
zurückkommen	ich komme **zurück**	ich bin zurück**ge**kommen

 3 Hör zu. Was haben sie gemacht? (1–6)

Beispiel: **1** ein tolles Theaterstück aufgeführt

4 Schreib über Events an deiner Schule.
- An welchen Events hast du im letzten Schuljahr teilgenommen?
- Wie hast du die Events gefeiert? Deine Meinung?
- An welchen Events wirst du hoffentlich in der Zukunft teilnehmen?

Ich habe … Meine Schule / Klasse / Mannschaft hat …	nette Leute kennengelernt. (am Sportfest in …) teilgenommen.
Beim Event / Musikfest habe ich … Ich habe … Wir haben …	die Prüfungen bestanden / großen Erfolg gehabt. eine Medaille gewonnen / den (ersten) Platz erreicht. den Erfolg gefeiert.
Wir waren bei der Preisverleihung / Zeremonie. Es gab eine Party.	
Nächstes Jahr werde ich (bei …) mitmachen.	

5 hören **Hör dir die Schulbeschreibung an. Was ist die richtige Reihenfolge?**

Beispiel: c, …

a Zahl der Schüler(innen) und Lehrer(innen)

b das Gelände

c die Schulart **d** die Kleider **e** die Uhrzeiten

f die Schulregeln **g** die Noten

Kein has the same endings as the indefinite article *ein*.

Es gibt … (+ Akkusativ)		
Mask.	*kein***en**	*Stundenplan*
Fem.	*kein***e**	*Schuluniform*
Neut.	*kein*	*Zeugnis*
Pl.	*kein***e**	*Hausaufgaben*

6 lesen **Lies den Auszug. Worüber sprechen Jakob und Lina?**
Wie heißt das im Auszug? (1–6)

This extract is from *Jakob der Lügner* by Jurek Becker. The main character, Jakob, is speaking to Lina, an orphan who lives in the same ghetto.

„Was hast du denn gegen die Schule? Hat dir irgendein Dummkopf was Schlechtes darüber erzählt?"

Sie schüttelt den Kopf.

„Na also. Die Schule ist was Wunderwunderschönes. Da gehen lauter dumme Kinder rein, und lauter kluge Kinder kommen wieder raus. Aber wenn du meinst, dumm gefällst du mir besser …"

„Müssen Siegfried und Rafael auch in die Schule [gehen]?"

„Klar."

1 nicht für
2 ein Idiot
3 stimmt nicht zu
4 supertoll
5 intelligent
6 blöd

EXAM SKILLS

You do not need to understand every word in a text. Cognates and context can help you – and always think logically.

7 lesen **Lies den Text noch mal. Finde die <u>vier</u> richtigen Sätze.**

1 Jakob meint, Lina mag die Schule.
2 Jemand hat etwas Negatives über die Schule gesagt.
3 Lina stimmt nicht zu.
4 Jakob denkt positiv über die Schule.
5 Jakob meint, die Schule ändert Kinder nicht.
6 Lina meint, Jakob findet sie unintelligent.
7 Siegfried und Rafael gehen nicht zur Schule.
8 Siegfried und Rafael müssen heute zur Schule gehen.

8 sprechen **Mach einen Audioclip über deine Schule.**

Beispiel: Ich besuche … Meine Schule hat … und ist …

Ich besuche eine Grundschule / Gesamtschule / Realschule / Hauptschule.

Ich besuche ein Gymnasium.

Meine Schule hat … Schüler(innen) und … Lehrer(innen).

EXAM PRACTICE: LISTENING

Schulfächer

CRITICAL THINKING
DECISION MAKING

1 Hör zu und schreib den richtigen Buchstaben auf.

A 	B BONJOUR!	C	D
E	F	G GUTEN TAG!	H

Beispiel: ___E___

a _____   b _____   c _____   d _____

(Total for Question 1 = 4 marks)

Fabians Schule

CRITICAL THINKING
ADAPTABILITY

2 Was hört man im Bericht? Schreib den richtigen Buchstaben auf.

A	ungern	B	in der Nähe	C	monatlich	D	wenige
E	Zentrum	F	erlaubt	G	mehrere	H	immer
I	weit	J	verboten	K	früher	L	täglich
M	gern						

Beispiel: Fabians Schule liegt im ___E___ .

a   Seine Wohnung ist _____ von der Schule entfernt.
b   In der Schule findet man _____ Computersäle.
c   Fabian lernt Biologie _____ .
d   Sport war für Fabian _____ uninteressant.
e   Fabian besucht das neue Sportzentrum _____ .
f   Es ist in der Schule _____ , Mützen zu tragen.

(Total for Question 2 = 6 marks)

Ein Schulaustausch

ADAPTIVE LEARNING
ANALYSIS

3 Marion spricht über ihren Schulaustausch. Was sagt sie?
Mach Notizen __auf Deutsch__. Vollständige Sätze sind nicht nötig.

	Positiv		Negativ
Beispiel: Zürich	malerisch		Dialekt
Tagesausflüge	a	b	c
Nächstes Jahr	d	e	f

(Total for Question 3 = 6 marks)

EXAM PRACTICE: READING

Kevins Schulleistungen

1 Lies den Auszug aus dem Text. Eine Lehrerin denkt über einen Studenten nach.

> ### *Zu Hause ist Kevin ganz anders* von Wilma Pause
>
> Nach der sechsten Stunde sitze ich im Lehrerzimmer und denke nach: Kevins Noten machen mir große Sorgen. Ich als Klassenlehrerin muss mich bei Frau Balz melden, denn irgendetwas muss passieren. Also nehme ich den Hörer des Telefons in die Hand und rufe Frau Balz an.
> „Hallo?"
> „Hallo, hier spricht Pause, die Klassenlehrerin von Kevin. Spreche ich mit Kevins Mutter?"
> „Ja. Hier ist Balz."
> „Frau Balz, ich rufe an, weil Kevins Leistungen sich immer noch nicht seit unserem ersten Gespräch verbessert haben. So wie es aussieht, fällt sein nächstes Zeugnis noch schlechter aus. Gerade heute hat sein Mathelehrer mir gesagt, dass er wahrscheinlich eine Sechs bekommen wird."
> „Ach je, das ist nicht gut."
> „Nein, gar nicht. Kevin muss unbedingt etwas tun. Vielleicht könnten Sie mit ihm zusammen Hausaufgaben machen."
> „Es tut mir furchtbar Leid, Frau Pause. Ich spreche mit ihm. Er möchte Arzt werden, und muss also unbedingt härter arbeiten."

EXAM SKILLS

Do not panic if the text includes unfamiliar vocabulary. You may be able to work out a word from another word you already know. For example, *hören* means 'to hear', so you can work out that *Hörer* is a telephone receiver.

Mach Notizen. Schreib die Tabelle ab und füll sie <u>auf Deutsch</u> aus, oder benutz Zahlen.

Beispiel: Frau Pause sitzt: im Lehrerzimmer

a   Frau Pause arbeitet als: ____   (1)
b   Kevins Schulleistungen: ____   (1)
c   Frau Balz ist: ____   (1)
d   Kontakt mit Frau Balz: ____   (1)
e   Wie oft Frau Pause und Frau Balz
    zusammen gesprochen haben: ____   (1)
f   Wie das nächste Zeugnis vielleicht
    sein wird: ____   (1)
g   Mögliche Mathenote: ____   (1)
h   Wie Frau Balz helfen kann: ____ und ____   (2)
i   Warum Kevin härter arbeiten muss: ____   (1)

(Total for Question 1 = 10 marks)

Florians Blog

2 Was steht im Text? Wähl die richtige Antwort aus.

> Letztes Jahr in der neunten Klasse hatte ich ein schreckliches Zeugnis und meine Eltern waren total enttäuscht. Ich musste das Schuljahr wiederholen, weil ich eine Durchschnittsnote von 5,3 hatte.
>
> Dieses Jahr helfen die Lehrer mir viel, meine Noten zu verbessern. Ich habe in den Naturwissenschaften Erfolg gehabt, weil die Lehrerin alles besonders klar und geduldig erklärt. In der Pause gehe ich oft ins Labor und mache dort meine Hausaufgaben, weil es schön ruhig ist.
>
> Ich habe viele nette Leute in der Klasse kennengelernt und nächste Woche fahren wir alle auf Klassenfahrt nach Belgien. Ich freue mich sehr darauf, weil wir in einem alten Schloss übernachten werden.

A	weniger	B	besser	C	Fortschritte	D	Eltern
E	still	F	9.	G	Mitschülern	H	furchtbar
I	Ärger	J	mehr	K	heiß	L	schlechter
M	fantastisch						

Beispiel: Letztes Jahr war Florian in der __F__ Klasse.

a   Florians Zeugnis war letztes Jahr
    ____ .
b   Florian bekommt jetzt ____ Hilfe
    von den Lehrern.
c   Besonders in Naturwissenschaften
    hat Florian ____ gemacht.
d   Es ist oft ____ im Labor.
e   Florian fährt mit seinen ____ nach
    Belgien.
f   Dieses Jahr war offenbar ____ für
    Florian.

(Total for Question 2 = 6 marks)

EXAM PREPARATION: WRITING

B EDUCATION AND EMPLOYMENT
B1 SCHOOL LIFE AND ROUTINE
B2 SCHOOL RULES AND PRESSURES

1 Lies die kurze Schreibaufgabe auf der nächsten Seite. Dann lies die Antwortbeispiele und beantworte die Fragen.

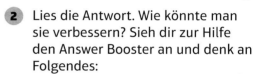
SAMPLE ANSWER 1

In der Schule lerne ich Deutsch. Das ist mein Lieblingsfach, weil es so interessant ist, und gar nicht so schwierig.

Obwohl der Lehrer ziemlich lustig ist, hören alle Schüler gut zu. Ich möchte sehr gern nach Berlin fahren, also ist Deutsch nützlich.

Gestern hatten wir zu viele doofe Hausaufgaben. Ich habe drei Stunden lang gearbeitet, was ich unfair finde.

In der Pause spiele ich meistens Fußball mit meinen Freunden oder spreche über meine Hobbys.

(74 Wörter)

SAMPLE ANSWER 2

Ich lerne Deutsch. Das ist mein Lieblingsfach. Es ist so interessant. Es ist gar nicht schwierig. Ich habe Deutsch dreimal in der Woche, am Mittwoch, Donnerstag und am Freitag. Der schlimmste Tag ist Montag. Ich habe eine Doppelstunde Mathe.

Der Deutschlehrer ist ziemlich lustig. Er kommt aus Berlin. Sein Vater und seine Mutter leben in Kreuzberg. Ich möchte nach Berlin fahren. Mein Lehrer sagt, Berlin zu besuchen ist sehr interessant.

(70 Wörter)

SAMPLE ANSWER 3

Ich lerne Deutsch. Das ist nicht mein Lieblingsfach. Es ist so schwierig.

Der Lehrer ist nicht lustig. Ich möchte eine andere Schule finden. Die Schüler hören nicht gut zu.

Wir müssen viele doofe Hausaufgaben machen. Das ist unfair. Ich habe drei Stunden gearbeitet.

In der Pause spiele ich immer Fußball. Ich lese manchmal ein Buch. Ich finde Lesen lustig.

(59 Wörter)

EXAM SKILLS

You have to write 60–75 words, which isn't many, so make sure you focus on the four key words. Don't write about things that are not relevant!

1
  a Lies die Antwort. Ist das eine gute Antwort? Warum? Mach Notizen.
  b Finde mit einem Partner / einer Partnerin zusammen Beispiele von:
    i Adjektiven (zum Beispiel *interessant*). Welche anderen Adjektive könntest du benutzen?
    ii Bindewörtern (zum Beispiel *weil*). Warum soll man solche Wörter benutzen?
    iii Verben in der Vergangenheit (zum Beispiel *hatten*). Warum sind diese Verben hier wichtig?

2 Lies die Antwort. Wie könnte man sie verbessern? Sieh dir zur Hilfe den Answer Booster an und denk an Folgendes:
  a Hat man hier alle vier Punkte in der Frage beantwortet?
  b Sind vier Paragraphen klar zu sehen?
  c Wie viele Verben gibt es in der Vergangenheit?
  d Wie viele Bindewörter gibt es?

3 Lies die Antwort und beantworte die folgenden Fragen.
  a Wie könnte man diese Antwort verbessern? Finde **fünf** Beispiele.
  b Was für Bindewörter könnte man benutzen? Schreib eine Liste.
  c Setz diese Sätze mit einem Bindewort zusammen:
    i Ich möchte eine andere Schule finden. Die Schüler hören nicht gut zu.
    ii Das ist unfair. Ich habe drei Stunden gearbeitet.
    iii Ich lese manchmal ein Buch. Ich finde Lesen lustig.

EXAM SKILLS

Remember these tips for writing an essay:
- Read the question carefully.
- Include all of the four words in your essay, exactly as they appear in the task.
- Think about grammatical accuracy.
- When finished, check your essay thoroughly.

2 Schreib jetzt deine eigene Antwort auf die kurze Schreibaufgabe.

EXAM PRACTICE: WRITING

B1 SCHOOL LIFE AND ROUTINE
B2 SCHOOL RULES AND PRESSURES

PRODUCTIVITY

Short writing task

Schule

| Lieblingsfach | Lehrer | gestern | Pause |

Schreib 60–75 Wörter **auf Deutsch** über deine Schule.
Du musst alle Wörter oben benutzen.

(Total = 10 marks)

ANALYSIS

Grammar

Schreib die Form des Wortes (a)–(j), damit das Wort im Satz richtig ist. Vorsicht! Es ist nicht immer nötig, die Form in Klammern zu ändern.

Schule in Deutschland

Das Schuljahr **(a) [beginnen]** nach **(b) [die]** Sommerferien im August oder September. Der Schultag **(c) [fangen]** morgens meistens gegen halb acht an. Früher **(d) [haben]** die Schule immer mittags geendet, heute **(e) [geben]** es aber auch **(f) [viel]** Ganztagsschulen. Dann sind die Kinder bis zum Nachmittag in **(g) [die]** Schule und essen dort auch zu Mittag.

In Deutschland hat jede Klasse immer **(h) [ihr]** eigenen Klassenraum. Dorthin kommen die Lehrer zum Unterricht. Das **(i) [sein]** in anderen Ländern nämlich nicht immer so: Dort lernen **(j) [die]** Schüler in verschiedenen Sälen.

(Total = 10 marks)

Answer Booster	Aiming for a solid level	Aiming higher	Aiming for the top
Verbs	**Different tenses (past, present and future):** *lese, hat gekauft, werde gehen*	**Different persons of the verb** **Separable verbs:** *aussehen, zuhören* **Modal verbs:** *müssen, können*	**Two tenses to talk about the past (perfect and imperfect):** *hatten, habe gearbeitet* **Conditional:** *ich möchte, ich würde*
Opinions and reasons	*Ich … gern*	**Add more variety:** *Ich finde …* *Ich glaube …, weil/denn …*	**Expressions:** *Ich bin der Meinung …* *Wir freuen uns sehr darauf, weil …* *Es ist uns wichtig, also …*
Conjunctions	*und, aber, also*	**Subordinating conjunctions:** *weil (das Spaß macht)* *damit (wir besser lernen)* *wenn (ich zu Hause bin)*	**Different tenses:** *denn (ich habe … gewonnen)* *weil (wir jeden Tag gespielt haben)*
Other features	**Negatives:** *nicht, kein* **Qualifiers:** *sehr, ziemlich, besonders*	**Adjectives:** *schwierig, toll, unfair, gefährlich* **Time phrases:** *gestern, nach den Prüfungen, im Moment* **Sequencers:** *dann, nach, am Morgen, bevor* **Rarer qualifiers:** *irrsinnig, bestimmt*	**Declined adjectives:** *ein rotes T-Shirt, eine andere Schule, mit einer gestreiften Krawatte* **Specialist vocabulary:** *weder … noch* *auf der einen Seite …, auf der anderen Seite …* *Das ist eine gute Frage!* *Meine Eltern waren stolz auf mich.*

EXAM PREPARATION: SPEAKING

Picture-based discussion

1 *hören*

Sieh dir Bild 1 und die Fragen auf der nächsten Seite an. Dann hör dir Marias Antwort auf Frage 1 an.

a Welche Ausdrücke benutzt Maria, um zu sagen, wo etwas auf dem Bild ist? Notiere **drei** Ausdrücke.

b Wie beschreibt Maria, wie die Studenten aussehen?

2 *hören*

Hör dir Marias Antwort auf Frage 2 an.

a Welche Adjektive benutzt Maria in ihrer Antwort, um den jungen Mann zu beschreiben? (Gib **fünf** Details.)

b Was heißt vielleicht „ich bin nicht sicher"?

3 *hören*

Hör dir Marias Antwort auf Frage 3 an.

a Notiere die Zeitausdrücke. Was passiert mit der Wortstellung?

b Notiere die Verben in der Vergangenheit. Es gibt **vier** Beispiele.

c Notiere einen Ausdruck, um eine Meinung zu sagen.

4 *hören*

Hör dir Marias Antwort auf Frage 4 an.

a Füll die Lücken aus.
Ja, ich **1** _____ auch dieser Meinung. Wenn du eine neue Sprache **2** _____ , **3** _____ du mit anderen Menschen in ihrer Sprache **4** _____ . Du **5** _____ auch viel mehr über die Kultur und das Leben von anderen Menschen **6** _____ .

b Welchen Ausdruck benutzt Maria, um ihre Meinung zu sagen?

5 *hören*

Hör dir Marias Antwort auf Frage 5 an.

a Notiere **eine** Verbform im Futur und **eine** in der Vergangenheit.

b Notiere **zwei** Ausdrücke, die Maria benutzt, um etwas zu vergleichen.

6 *sprechen*

Sieh dir Bild 2 und die Fragen auf der nächsten Seite an. Beantworte die Fragen für dich.

General conversation

1 *hören*

Lies die Fragen auf der nächsten Seite. Hör dir Toms Antwort auf Frage 1 an.

a In welcher Reihenfolge erwähnt Tom Folgendes?
i was er in der Grundschule gemacht hat
ii wann er die Grundschule begonnen hat
iii Hausaufgaben
iv Krawatte
v Gefühle der Eltern
vi ob es Spaß gemacht hat

b Wie beschreibt Tom seine Uniform? Warum ist seine Beschreibung besser als eine einfache Liste?

2 *hören*

Hör dir Toms Antwort auf Frage 2 an.

a Suche mit Hilfe vom Answer Booster **zwei** Ausdrücke, die Tom benutzt, um seine Meinungen zu begründen.

b Was würde Tom tun? Mach eine Liste.

3 *hören*

Hör dir Toms Antwort auf Frage 3 an und finde mit Hilfe vom Answer Booster <u>sechs</u> Beispiele von Ausdrücken oder Wörtern, die Tom benutzt, um seine Antwort zu verbessern.

4 *sprechen*

Lies Fragen 4–6 auf der nächsten Seite und beantworte sie für dich.

EXAM PRACTICE: SPEAKING

Task A Picture-based discussion
Photo 1
B3 School trips, events and exchanges

1 Was kannst du auf diesem Bild sehen?
2 Beschreib mir bitte den Mann im roten T-Shirt.
3 Was haben die Studenten vielleicht am Morgen gemacht?
4 Jeder soll eine neue Sprache lernen. Was meinst du?
5 Was sind die Vor- und Nachteile von einem Schulaustausch?

> **EXAM SKILLS**
>
> Use the following phrases to help you to describe where something is on a picture:
> *im Hintergrund* – in the background
> *im Vordergrund* – in the foreground
> *links* – on the left
> *rechts* – on the right
> *in der Mitte* – in the centre

Photo 2
B1 School life and routine
B2 School rules and pressures

1 Erzähl mir etwas über dieses Bild.
2 Was machen vielleicht diese jungen Studenten?
3 Was werden sie vielleicht am Abend machen?
4 Deiner Meinung nach, inwiefern sind Hausaufgaben nützlich?
5 Inwiefern sind Prüfungsnoten wichtig für die Zukunft?

(Total for Task A = 12 marks)

Task B/C General conversation

1 Wie war es für dich in der Grundschule?
2 Wie könntest du deine Schule verbessern, meinst du?
3 Welche Pläne hast du für nach den Prüfungen?
4 Welche Fächer lernst du am liebsten und warum?
5 Was sind die Vor- und Nachteile einer Schuluniform, deiner Meinung nach?
6 Warum wollen vielleicht manche Jugendliche vor der Universität im Ausland arbeiten?

(Total for Task B/C = 28 marks)

> **EXAM SKILLS**
>
> When preparing for your speaking test, remember these timings so you have an idea of how much you need to say.
> **Task A** Describing a picture: 2 to 3 minutes.
> **Task B/C** A discussion on a topic different from the topic area in Task A: each conversation should last between 3 minutes and 3 minutes 30 seconds.

WÖRTER

Schulfächer — School subjects

Sprachen:	languages:	Erdkunde	geography
Deutsch	German	Bürgerkunde / Gesellschaft	citizenship
Englisch	English	Politik	politics
Französisch	French	Wirtschaft	economics
Spanisch	Spanish	Kunst	art
Naturwissenschaft(en):	science(s):	Musik	music
Biologie	biology	Theater	drama
Chemie	chemistry	Religion	RE
Physik	physics	Sport	PE, sport
Mathe(matik)	math(ematic)s	das Wahlfach	optional subject
Informatik	ICT	das Pflichtfach	compulsory subject
Geschichte	history		

Farben und Kleidung — Colours and clothes

blau	blue	eine Jeans	jeans
braun	brown	eine Hose	trousers
gelb	yellow	eine Jacke	a jacket
grau	grey	eine Krawatte / einen Schlips	a tie
grün	green	ein Hemd	a shirt
rot	red	ein Kleid	a dress
schwarz	black	ein T-Shirt	a T-shirt
weiß	white	Sportschuhe	trainers
Ich trage (nie) …	I (never) wear …	Schuhe	shoes
einen Rock	a skirt	Shorts	shorts
eine Bluse	a blouse		

Schulsachen — School items

Was hast du (für den Schulanfang / die neunte Klasse) gekauft?	What have you bought (for the start of the school year / Year 9)?	einen Kuli (Kugelschreiber)	a ballpoint pen
		einen Radiergummi	a rubber
Ich habe … gekauft.	I bought …	einen Taschenrechner (Rechner)	a calculator
einen Bleistift	a pencil	ein Schuletui	a pencil case
einen Spitzer	a sharpener	ein Lineal	a ruler
eine Schulmappe	a folder	Filzstifte	felt-tip pens

Der Schulanfang — The start of the school year

In der neunten Klasse freue ich mich (nicht) auf …	In Year 9, I'm (not) looking forward to …	am meisten	mostly
		besonders	especially
den Druck	the pressure	total	totally
die Klassenfahrt	the class trip	(echt) sehr	(really) very
das Zeugnis	the report	weniger	less
die Hausaufgaben	the homework	(gar) nicht	not (at all)
die (Sport-)AG(s)	the sport clubs	nie	never
die Schularbeiten	the tests	langweilig	boring
die Prüfungen	the exams	stressig	stressful
neue Fächer	new subjects	schwierig	difficult
meine Freunde/Freundinnen	my friends	interessant	interesting
die Noten	the grades	einfach / leicht	simple

Ein Schultag — A school day

Was hat (die Klasse 9) in der (ersten) Stunde am (Montag)?	What does (Year 9) have in the (first) lesson on (Monday)?	die (kleine) Pause	(short) break
		die Mittagspause	lunch break
zweite(n)	second	Wir haben … Stunden pro Tag.	We have … lessons per day.
dritte(n)	third	Jede Stunde dauert … Minuten.	Each lesson lasts … minutes.
vierte(n)	fourth	Ich habe vier Stunden pro Woche (Erdkunde).	I have four lessons of (geography) per week.
fünfte(n)	fifth		
sechste(n)	sixth	Ich habe viermal pro Woche (Mathe).	I have (maths) four times a week.
siebte(n)	seventh	Mein Lieblingsfach ist (Physik).	My favourite subject is (physics).
Die Schule beginnt / endet um …	School starts / ends at …		

Fragen stellen — Asking questions

Wann?	When?	Ist (Mathe) dein Lieblingsfach?	Is (maths) your favourite subject?
Wie viele?	How many?	Warum?	Why?
Um wie viel Uhr?	At what time?	Welches Fach?	Which subject?
Wie oft?	How often?	Wie?	How?
Was?	What?	Wer?	Who?

Die Schulregeln / School rules

der Computersaal	ICT room
der Schulhof / Hof	playground
der Speisesaal	dining room
die Aula	assembly hall
die Bibliothek	library
die Turnhalle	sports hall
das Klassenzimmer	classroom
das Labor	lab(oratory)
das Lehrerzimmer	staff room
die Toiletten	toilets
Wir dürfen nicht …	We are not allowed to …
Wir dürfen weder … noch …	We are allowed neither … nor …
schlagen	to hit
mobben	to bully
(auf dem Schulgelände) rauchen	to smoke (in the school grounds)
essen	to eat
trinken	to drink
Sportschuhe tragen	to wear trainers
Handball spielen	to play handball
Wir dürfen keine Schimpfwörter sagen.	We are not allowed to use swear words.
Wir dürfen keinen Kaugummi kauen.	We are not allowed to chew gum.
Wir müssen …	We have to …
den Müll trennen	separate the rubbish
immer Hochdeutsch sprechen	always speak standard German
ruhig sein	be quiet
höflich sein	be polite
pünktlich sein	be punctual
respektvoll sein	be respectful
zu	too
sehr	very
ziemlich	rather, quite
streng	strict
ärgerlich	annoying
schrecklich	dreadful
unglaublich	unbelievable
(un)fair	(un)fair
notwendig	necessary

Eine Klassenfahrt / A class trip

Was werden wir am (Mittwoch) machen?	What will we do on (Wednesday)?
Ich werde …	I will …
Deutsch sprechen	speak German
einen Schultag erleben	experience a school day
einen Tagesausflug machen	go on a day trip
eine Fahrradtour machen	go on a cycling tour
ein Kunstprojekt machen	do an art project
den Abend bei einer Gastfamilie verbringen	spend the evening with a host family
das (Zirkus-)Museum besuchen	visit the (circus) museum
den Freizeitpark besuchen	visit the theme park
die Sehenswürdigkeiten besichtigen	visit the sights
ins Hallenbad / Freibad gehen	go to the indoor / outdoor swimming pool
in der Altstadt bummeln	stroll around the old town
Andenken kaufen	buy souvenirs
(wieder) nach Hause fahren	go home (again)
Es wird … kosten.	It will cost …
Das wird Spaß machen.	That will be fun.
Heimweh haben	to be homesick
reisekrank sein	to be travel sick
Die Reise hat … gedauert.	The journey lasted …
Das war eine Katastrophe!	That was a catastrophe!
Es gab (kein) WLAN.	There was (no) Wi-Fi.

Schulevents / School events

An welchem Event hast du in der Schule teilgenommen?	What event have you taken part in at school?
Wir waren bei der Preisverleihung / Zeremonie.	We were at the prize-giving / ceremony.
Unsere Mannschaft hat einen Preis gewonnen.	Our team won a prize.
Ich habe an … teilgenommen.	I took part in …
dem Spendenlauf	the charity run
Wir haben ein Theaterstück aufgeführt.	We put on a play.
Wir haben neue Leute kennengelernt.	We got to know new people.
Wir haben beim Wettbewerb mitgemacht.	We took part in the competition.
Es gab großen Applaus.	There was great applause.
Ich bin mit vielen Medaillen zurückgekommen.	I came back with lots of medals.
Ich habe die Prüfung bestanden.	I passed the exam.
Ich bin bei der Prüfung durchgefallen.	I failed the exam.
Das war ein tolles Erlebnis.	That was a great experience.
Ich besuche …	I go to …
die Grundschule	primary school
die Gesamtschule	comprehensive school
die Hauptschule	a type of secondary modern school
die Realschule	a type of secondary modern school
das Gymnasium	grammar school
gemischt	mixed
staatlich	state

2 ZEIT FÜR FREIZEIT

LERNZIELE
- Über Hobbys sprechen
- *der, die, das / ein, eine, ein*

STARTPUNKT ICH RELAXE

E2 HOBBIES, INTERESTS, SPORTS AND EXERCISE

1 lesen **Lies den Bericht. Was ist die Prozentzahl für jedes Bild (a–i)?**

Was machen deutsche Jugendliche in ihrer Freizeit?

Die meisten jungen Deutschen sehen fern (74%), hören Musik oder Radio (31%) und nutzen die sozialen Medien (27%). Viele Jugendliche verbringen Zeit am Handy (42%). Manche spielen Computerspiele (20%) und ziemlich viele faulenzen und spielen zu Hause (54%)! Was machen sie sonst? Sie lesen (16%) oder vielleicht verbringen sie Zeit mit Freunden (25%). Und immer noch beliebte Freizeitaktivitäten: Deutsche Jugendliche treiben Sport (11%) und musizieren (5%) in ihrer Freizeit.

faulenzen = *nichts tun*

a **b** **c** **d** **e** **f** **g** **h** **i**

> **der, die, das / ein, eine, ein** > *Seite* **218**

All nouns have a **gender** (masculine, feminine, neuter) and a **number** (singular, plural). These affect the form of the **article** (*der*, *ein*, etc.).

The position of a noun in a sentence (its **case**) also affects the article: the subject is in the nominative case and the object is in the accusative case (but only the masculine form changes).

Der definite Artikel
Nominativ: *Der Roman / Die Komödie / Das Buch ist gut. Die Comics sind gut.*
Akkusativ: *Ich lese den Roman / die Komödie / das Buch / die Comics.*

Der indefinite Artikel
Nominativ: *Ein Mann / Eine Frau / Ein Kind geht ins Kino.*
Akkusativ: *Ich sehe einen Mann / eine Frau / ein Kind.*

	Mask.	Fem.	Neut.	Pl.
Nom.	*der*	*die*	*das*	*die*
Akk.	*den*	*die*	*das*	*die*
Nom.	*ein*	*eine*	*ein*	–
Akk.	*einen*	*eine*	*ein*	–

The **negative article** kein and **possessive adjectives** (*mein, dein, sein, ihr*) follow the same pattern as *ein*:
Nominativ: *Mein Computer / Meine Gitarre / Mein Handy ist zu Hause.*
Meine Bücher sind zu Hause.
Akkusativ: *Ich habe keinen Computer / keine Gitarre / kein Handy / keine Bücher.*

2 sprechen **Partnerarbeit. Stell und beantworte die Frage: Was machst du in deiner Freizeit?**

3 hören **Hör zu. Man spricht über Lesen.**
Schreib die Tabelle ab und füll sie aus. (1–4)

	liest	liest nicht
1	d	…

If you need help with a word, use a dictionary. Or refer to *Wörter* on pages 44–45.

a die Biografie(n)
b der Comic(s)
c der Bilderroman(e)
d die Horrorgeschichte(n)
e die Komödie(n)
f der Krimi(s)
g die Liebesgeschichte(n)
h das Science-Fiction-Buch (-Bücher)
i der Thriller(–)

4 lesen **Musizieren: „Ich spiele …". Vervollständige den Satz für jedes Bild.**   *musizieren = Musik machen*

Beispiel: **1** Ich spiele Klarinette.

When you say which instrument you play, don't use the article:
Ich spiele **Klavier**. *Sie spielt* **Gitarre**.

die Blockflöte(n)
die Flöte(n)
die Geige(n)
die (elektrische(n)) Gitarre(n)
die Klarinette(n)
die Trompete(n)

das Keyboard(s)
das Klavier(e)
das Saxofon(e)
das Schlagzeug(e), die Trommel(n)

Ich spiele kein Instrument.

5 schreiben **Schreib den Text ab und vervollständige ihn.**

Beispiel: **1** (sehr) sportlich

Ich bin **1** ▭, denn ich spiele **2** ▭ in einer Mannschaft und am Wochenende spiele ich **3** ▭ in einem Verein.

Abends nach der Schule **4** ▭ ich gern Musik – meine Lieblingsmusik ist **5** ▭. Ich bin aber **6** ▭ und ich spiele **7** ▭.

Ich **8** ▭ abends im Bett. Ich finde **9** ▭ toll. Als ich sieben Jahre alt war, habe ich **10** ▭ gesammelt, aber jetzt spiele ich oft am **11** ▭. Am Wochenende gehe ich in die **12** ▭ und ich **13** ▭ mit Freunden oder wir gehen ins **14** ▭.

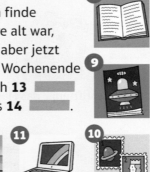

Ich bin	sehr ziemlich ein bisschen nicht sehr gar nicht	sportlich. musikalisch. faul. aktiv. …

Briefmarken / Spielzeuge / …	sammeln
Sport	machen treiben
Fußball / Hockey / Basketball / … Schach / Karten / … (k)ein Instrument	spielen
auf dem Computer / Mobiltelefon / Handy	
mit Freunden	schwätzen plaudern chatten (online)
in die Stadt / ins Kino / …	gehen
abends / am Wochenende / …	fernsehen
Filme / die Nachrichten / …	sehen
Bücher / Zeitschriften / Comics / …	lesen
Musik / Radio / Lieder / Rapmusik	hören

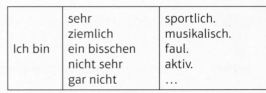

6 sprechen **Ändere den Text in Aufgabe 5 und sprich über dich und deine Freizeit.**

Beispiel: Ich bin nicht sehr sportlich, aber …

1 WER LIEST HEUTE NOCH BÜCHER?

LERNZIELE
- Über das Lesen sprechen
- Satzbau mit Adverbien

D4 THE MEDIA

1 lesen

Sieh dir die Statistik an. Schreib den Text ab und vervollständige ihn.

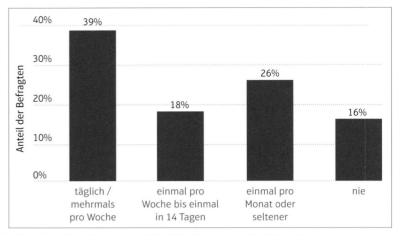

Wie oft liest du in einem gedruckten Buch?

Diese **1** .... zeigt eine Umfrage zum Lesen von Büchern bei 12- bis 19-Jährigen in **2** .... 16 Prozent der befragten Jugendlichen **3** .... nie in einem **4** ...., aber fast 40 **5** .... der Jugendlichen in Deutschland lesen **6** .... oder mehrmals pro Woche Bücher.

| | Buch | Deutschland | lesen | Prozent | Statistik | jeden Tag |

2 hören

Hör zu. Wie oft lesen sie? (1–4)

Beispiel: **1** c, g

- **a** täglich
- **b** ziemlich oft
- **c** ab und zu
- **d** selten
- **e** nie
- **f** dreimal pro Woche
- **g** zweimal pro Monat
- **h** einmal pro Jahr

Satzbau mit Adverbien > Seite **230**

- Adverbs (expressions of frequency and place) sometimes sound better at the beginning of a sentence, but remember to put the **verb** second, then the subject: *Einmal pro Woche **lese** ich die Zeitung.*
- If you have two or more adverbs together, they follow the order of Time – Manner – Place (wann – wie – wo): *Ich lese jeden Tag schnell ein Buch.* (wann?, wie?) *Ich lese heute im Auto.* (wann?, wo?)

3 hören

Hör noch mal zu. Schreib die Tabelle ab und füll sie aus. (1–4)

	Was lesen sie?	Wie oder wo?
1	e, f	im Bus / im Zimmer

- **a** das Blog(s)
- **b** das Taschenbuch(¨er)
- **c** der Comic(s)
- **d** das E-Book(s)
- **e** die Illustrierte(n)
- **f** die Zeitschrift(en) / das Magazin(e)
- **g** die Zeitung(en)

4 sprechen

Partnerarbeit. Was, wie oft und wo liest du?

- ● *Was liest du?*
- ■ *Ich lese ab und zu eine Zeitung im Bus.*
- ● *Liest du auch Bücher?*
- ■ *Ja, ich lese oft E-Books auf meinem E-Reader. Und du?*

| Ich lese | oft nie manchmal ab und zu selten | ein Buch eine Zeitung eine Zeitschrift einen Comic E-Books | auf meinem / einem Handy / E-Reader / elektronischen Gerät | im Bus. im Bett. in meinem Zimmer. |

5 lesen · **Lies den Auszug. Finde die vier richtigen Sätze.**

In jener Nacht – mit der so vieles begann und so vieles sich für alle Zeit änderte – lag eins von Meggies Lieblingsbüchern unter ihrem Kissen, und als der Regen sie nicht schlafen ließ, setzte sie sich auf, rieb sich die Müdigkeit aus den Augen und zog das Buch unter dem Kissen hervor. […] Aber jetzt musste erst einmal Licht her. In der Schublade ihres Nachttisches hatte sie eine Schachtel Streichhölzer versteckt. Mo hatte ihr verboten, nachts Kerzen anzuzünden […], aber schließlich war sie zwölf Jahre alt und konnte auf ein paar Kerzenflammen aufpassen. Meggie liebte es, bei Kerzenlicht zu lesen. […] Sie hielt das brennende Streichholz gerade an einen der schwarzen Dochte, als sie draußen die Schritte hörte. Erschrocken pustete sie das Streichholz aus […], kniete sich vor das regennasse Fenster und blickte hinaus. Und da sah sie ihn.

In this extract from *Tintenherz*, the author, Cornelia Funke, goes back to the moment when life changed for Meggie, the main character.

The past tense used in this text is the imperfect tense. You can recognise regular verbs and *hatte / musste / konnte* by the *–te* ending, but there are also several irregular verbs: *ließ* (*lassen*), *zog hervor* (*hervorziehen*), *war* (*sein*), *hielt* (*halten*), *sah* (*sehen*).

eine Kerze anzünden = Licht machen

1 Meggie hatte ein Spielzeug im Bett.
2 Da es regnete, war Meggie wach.
3 Im Zimmer war es dunkel.
4 Meggie hatte eine Lampe neben dem Bett.
5 Sie durfte keine Kerzen benutzen.
6 Meggie ist 14 Jahre alt.
7 Nachts liest Meggie nie.
8 Draußen gab es einen Besucher.

6 hören · **Hör Finn, Martha und Bella zu. Wer sagt was?**

Beispiel: **Finn** a, …

der Akku = eine umweltfreundliche Batterie
der Bildschirm = das Glas, wo man im Fernseher oder am Computer alles sieht

a Traditionelle Bücher sind tot.
b Ich finde traditionelle Bücher entspannend.
c Ich lese sehr gern, aber nur auf einem elektronischen Gerät.
d Jugendliche haben keine Zeit zum Lesen.
e Ich sehe immer Videoblogs – ich muss nicht lesen.
f Man kann nicht mehr lesen, wenn der Akku leer ist.
g Wir lesen jetzt anders.
h Wir verbringen zu viel Zeit vor dem Bildschirm.

7 schreiben · **Schreib die richtige Form des Wortes in Klammern. Welches Wort war schon richtig?**

1 Mein Bruder **[lesen]** immer im Bett.
2 Hast du die **[neu]** Zeitschrift gesehen?
3 Nachts **[lesen]** ich neue Bücher.
4 Er **[finden]** Romane sehr **[interessant]**.
5 Meine Mutter hat früher die **[ausgezeichnet]** Tageszeitung **[lesen]**.

Look for the noun which the adjective is describing and who is carrying out the action of the verb.

8 sprechen · **Gruppenarbeit. Diskussion: Sind gedruckte Bücher tot?**

● *Traditionelle Bücher sind tot! Ich lese nur auf meinem Handy.*
■ *Warum liest du denn keine Bücher? Bücher sind toll.*
▲ *Spinnst du? Sie sind schwer und nicht praktisch. Auf einem elektronischen Gerät hat man viele E-Books, Zeitschriften, …*

1 lesen **Lies die Texte. Schreib die Tabelle ab und füll sie aus.**

Musik ist sehr wichtig für mich. Ich spiele Keyboard und elektrische Gitarre und meine Lieblingsmusik ist Reggae. Ich höre auch viel klassische Musik in meinem Zimmer, aber ich mag Opernmusik überhaupt nicht. Ich habe meine ganze Musiksammlung auf meinem Handy, weil das so praktisch ist. Ab und zu bekomme ich Musik-Karten geschenkt, dann kann ich mehr Musik herunterladen.

Sara

Ich höre jeden Tag Musik, mal auf meinem Handy, mal auf dem Laptop. Ich interessiere mich für viele Musikrichtungen: Ich höre gern R&B und Country-und-Western-Musik, aber ich höre lieber Rapmusik, denn sie ist so lebhaft. Meine Freunde mögen Heavy Metal, aber das höre ich nicht gern. In der Grundschule habe ich Blockflöte gespielt, aber ich spiele jetzt kein Instrument, weil ich keine Zeit und keine Lust dazu habe.

Jakob

Ich höre nie klassische Musik. Jazz ist für mich die beste Musik, denn er hat einen so tollen Rhythmus. Das ist aber keine Party-Musik – bei einer Party höre ich lieber Popmusik, weil sie dynamisch ist. Am liebsten höre ich meine Musik auf meinem Smartphone im Bus, weil ich oft unterwegs bin. Ich lerne seit einem Jahr Saxofon und ich würde gern in einer Jazzband spielen. Im Sommer fahre ich auf ein Jazzfest nach Berlin – das wird toll sein, denn Livemusik ist cool!

Melina

	Sara	Jakob	Melina	Alex
Mag was für Musik?				
Mag nicht?				
Hört Musik wie?				
Spielt ein Instrument? (Welches?)				

gern, lieber, am liebsten > *Seite* **226**

 Ich höre **nicht gern** Rapmusik.
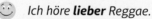 Ich höre **gern** klassische Musik.
 Ich höre **lieber** Reggae.
 Ich höre **am liebsten** House. / **Am liebsten** höre ich House.

2 hören **Hör zu und füll die Tabelle in Aufgabe 1 für Alex aus.**

3 schreiben **Schreib die richtige Form des Wortes in Klammern. Welches Wort war schon richtig?**

1 In der Grundschule hat Max Geige **[spielen]**.
2 Er **[lernen]** seit einem Jahr nicht gern Gitarre.
3 Am liebsten **[tanzen]** seine Schwester auf dem Festival.
4 Seine Mutter **[hören]** gern abends **[schön]** Klaviermusik.
5 Er wird morgen **[laut]** Musik auf seinem Handy **[hören]**.

4 lesen Lies das Forum und beantworte die Fragen.

Musik: Wie hörst du das?

Heute hören wir alle anders Musik! Viele Leute laden am liebsten ihre Lieblingslieder vom Internet herunter. Andere Musikfans finden vielleicht einen Streaming-Dienst ideal. Wie hörst du deine Musik?

 falkor27: Ich habe viele CDs, aber ich höre sie nie! Jetzt downloade ich alles auf mein Tablet. Mit einem guten Lautsprecher geht das supergut – und **das spart so viel Platz**. Das ist auch billiger – **du brauchst nicht das ganze Album zu downloaden**, nur die besten Lieder.

 33komma3: Download, Streaming, Filesharing – das alles ist nichts für mich, denn **der Ton auf einem Tablet ist nicht gut**. Ich kaufe lieber Vinyl, **weil die Qualität fantastisch ist**. Aber am liebsten höre ich Livemusik. Ich gehe zweimal pro Jahr auf ein Festival und mehrmals pro Monat auf Konzerte in der Stadt.

 sosogut: Ich würde gern auf Konzerte und Feste gehen, weil ich gern tanze. Die Atmosphäre ist toll, die Livemusik ist lebhaft, aber **die Eintrittskarten sind einfach zu teuer**. Musik muss billiger sein.

 bilbo2020: Wer braucht denn Geld, um Musik zu hören? Ich höre gern Radio. Da kann man alle Musikrichtungen kostenlos hören. **Ich gebe kein Geld für Musik aus**.

 geli-gela: Oder du machst deine Musik selber! Ich spiele Gitarre, meine Freunde spielen Geige, Flöte und Schlagzeug und wir spielen einmal pro Woche zusammen. Wir haben auch ein Konzert in der Schule gegeben. **Das ist ein tolles Gefühl**.

Wer ...

1 hört nicht gern Musik auf elektronischen Geräten?
2 geht oft auf Konzerte?
3 hört gern Musik, aber kauft keine?
4 hört alles auf einem elektronischen Gerät?
5 musiziert selber?
6 findet Konzerte zu teuer?
7 macht gern Musik?
8 hört nie seine CD-Sammlung?

5 lesen Übersetze die fett gedruckten Wörter in Aufgabe 4 in deine Sprache.

 6 hören Hör Lotte zu und beantworte die Fragen.

1 Wie hört Lotte Musik?
2 Wie hört sie Musik am liebsten? Warum?
3 Was hat Lotte neulich gemacht?
4 Was wird sie nächstes Jahr machen?
5 Was ist der Nachteil davon?
6 Wie lange wird das Event dauern?

7 sprechen Gruppenarbeit. Wie hörst du Musik? Warum?

● *Ich höre Musik auf meinem Smartphone, weil das so praktisch ist.*
■ *Ach, nein. Der Ton auf einem Smartphone ist nicht gut. Ich höre lieber durch einen guten Lautsprecher.*
▲ *Ja, aber im Bus geht das nicht! Am liebsten …*

 8 schreiben Schreib einen Artikel über Musik.

• Was für Musik hörst du? *Ich höre gern / nicht gern / am liebsten …*
• Wie hörst du Musik? *Ich höre … auf meinem Handy / Smartphone, weil …*
• Musizierst du? *Ich spiele seit … Jahren …*
• Bist du letztes Jahr auf ein Konzert gegangen? *Ich bin … gegangen.*
• Wirst du nächstes Jahr auf ein Festival gehen? *Nächsten Sommer werde ich …*

EXAM SKILLS

To improve your written work:
• organise your ideas with a mind map (*Gedankenkarte*)
• use language you feel confident with
• check your work carefully at the end:
  ○ are nouns in the right case?
  ○ are plurals correct?
  ○ are verbs in the correct tense?
  ○ are verb endings correct?
  ○ is the word order correct?
  ○ have you answered all the questions?

3 FILM UND FERNSEHEN

LERNZIELE
- Über Filme und Fernsehen sprechen
- Nomen im Plural

D4 THE MEDIA

1 Hör zu. Jens spricht über Filme und Fernsehsendungen. Sieh dir die Menüseite an und notiere das Genre.

Beispiel: **1** eine Serie

Meine Sendungen	
1 Gute Zeiten, schlechte Zeiten	**5** Türkisch für Anfänger
2 Tatort	**6** Mama gegen Papa
3 Deutschland sucht den Superstar	**7** Lola rennt
4 Rette die Million!	**8** Tief im Ozean

der Film(e)	die Fernsehsendung(en)
der Actionfilm(e)	die Seifenoper(n)
der Fantasyfilm(e)	die Serie(n)
der Gruselfilm(e)	die Gameshow(s)
die Komödie(n)	die Realityshow(s)
der Krimi(s)	die Dokumentation(en) /
der Liebesfilm(e)	die Doku(s)
der Science-Fiction-Film(e)	die Nachrichten (pl) / die
der Thriller(–)	Nachrichtensendung(en)
der Trickfilm(e)	

2 Hör noch mal zu. Wähl die richtige Antwort aus.

1 Jens findet Serien blöd / böse / brutal.
2 Er findet „Tatort" gruselig / gemütlich / großartig.
3 Er sieht jeden Abend / jeden Tag / jede Woche „Deutschland sucht den Superstar".
4 Er hat die Sendung „Rette die Million!" aufgenommen, weil sie unterhaltsam / schrecklich / ausgezeichnet ist.
5 „Türkisch für Anfänger" ist langweilig / komisch / zu lang, meint Jens.

6 Jens' Freundin hat „Mama gegen Papa" romantisch / aufregend / ausgezeichnet gefunden.
7 Jens sieht gern Thriller, weil sie so spannend / eindrucksvoll / rührend sind.
8 Er mag Dokumentationen über Tanzen / Tiere / Theater.

3 Partnerarbeit. Was siehst du gern? Warum?

● *Siehst du gern Realityshows?*
■ *Nein, ich finde sie zu dumm. Ich sehe lieber …, weil … Und du?*

Nomen im Plural > *Seite* **219**

Plurals are formed in several ways. Learn them with the noun. They are usually shown in brackets next to the noun in a dictionary.

(–e) / (¨e)	(–n) / (–en)	(–) / (¨)	(–er) / (¨er)	(–s)
Filme *Töne*	*Komödien* *Sendungen*	*Schauspieler* *Mütter*	*Bilder* *Wörter*	*Kinos* *Shows*

4 Lies die Texte. Sind die Sätze (1–6) richtig (R), falsch (F) oder nicht im Text (NT)?

Ich sehe gern lustige, satirische Sendungen wie „Die Simpsons", weil sie so unterhaltsam sind. Ich sehe viele amerikanische Serien – mit Satellitenfernsehen kann ich sie zu jeder Zeit schauen. Es gibt nur ein Problem, nämlich meine Schwester! Wir streiten immer über das Herumzappen, weil sie lieber romantische Filme sieht! Die gefallen mir nicht! **Tom**

Wir haben keinen Fernseher im Haus. Ich gucke heruntergeladene Filme und Sendungen auf meinem Computer oder meinem Tablet. So kann ich sehen, was ich will und wann ich will. Ich sehe die Nachrichten auf YouTube, weil sie für junge Zuschauer und nicht langweilig sind. Am liebsten sehe ich britische und amerikanische Filme in der Originalfassung mit Untertiteln. **Marta**

die Zuschauer = Personen, die zusehen (hier: Personen, die fernsehen)

1 Tom kann viele Sender sehen.
2 Am liebsten sieht Tom Trickfilme.
3 Er sieht Liebesfilme am liebsten.
4 Marta hat einen Fernseher im Schlafzimmer.

5 Sie sieht lieber die Nachrichtensendungen online, weil sie sie interessanter findet.
6 Die Filme, die den Text auf dem Bildschirm zeigen, helfen ihr beim Sprachenlernen.

5 Man spricht über Fernsehen. Hör zu und mach Notizen. (1–3)

Wie oft?	**Welches Programm?**	**Online oder Fernseher?**	**Meinung?**

6 lesen Zwei Filme, zwei Aspekte Deutschlands. Lies die Kurzfassungen.
Welches Wort passt in welche Lücke? Manche Wörter brauchst du nicht.

Das Wunder von Bern

Im Sommer 1954 **1** ━━━━ Richard Lubanski nach zehn Jahren als Kriegsgefangener nach Essen zurück. Seine älteren Kinder sind nicht mehr zu Hause und er hat seinen jüngsten Sohn Matthias noch nie **2** ━━━━. Matthias ist **3** ━━━━ Fußballfan – sein Vorbild ist Helmut Rahn, „der Boss" von Rot-Weiss Essen. Rahn spielt für Deutschland bei der Fußballweltmeisterschaft in der Schweiz und die Außenseiter aus **4** ━━━━ kommen bis ins Finale. Vater und Sohn fahren zum **5** ━━━━ und Rahn schießt das entscheidende Tor. Das bringt neue Hoffnung für die Familie und für Deutschland.

Good Bye, Lenin!

Kurz vor dem Fall der Mauer im Herbst 1989 fällt Christiane Kerner ins Koma. Sie wacht acht Monate **6** ━━━━ auf und die Welt ist ganz anders, denn die DDR existiert nicht mehr: Ost- und Westdeutschland sind wieder **7** ━━━━, der Kapitalismus ist gekommen. Sie **8** ━━━━ das nicht wissen, denn sie könnte vom Schock sterben. Ihr 21-jähriger Sohn Alex macht also alles in der Wohnung genau wie in der **9** ━━━━ DDR. Die DDR muss auf 79m² existieren – das ist für Alex nicht einfach und für die Zuschauer sehr **10** ━━━━.

die Kurzfassung(-en) = eine kurze Version

a	komisch	**g**	Deutschland
b	Spiel	**h**	alten
c	gesehen	**i**	großer
d	kommt	**j**	kommst
e	eins	**k**	später
f	Konzert	**l**	darf

Kulturzone

After the Second World War, Germany was placed under Russian, French, British and American control. The Russian sector became the **Deutsche Demokratische Republik (DDR)** and West Germany became the **Bundesrepublik Deutschland (BRD)**.

In 1989, the Berlin Wall was torn down and Germany was officially reunited in 1990. This period of change is known as **die Wende** (turnaround).

7 lesen Lies die Meinungen. Welcher Film aus Aufgabe 6 ist das? Ist das positiv (P) oder negativ (N)?

Ich habe den Film nicht gut gefunden. Er war langweilig und die Story ist total unrealistisch – so ein Trick ist blöd. Ich habe im ganzen Film nie gelacht und das soll lustig sein! **Markus**

Ich war sehr enttäuscht, denn der Film bringt nichts Neues. Meiner Meinung nach sind die Schauspieler unglaublich und das Thema der Beziehung zwischen Vater und Sohn finde ich schwach. **Anna**

Der Film ist fantastisch. Ich habe ihn dreimal gesehen und jedes Mal war ich davon begeistert. Er ist nicht zu lang, ein Film über Sport braucht keine Spezialeffekte, er ist perfekt. **Florian**

Ich habe diese Komödie rührend gefunden, denn der Film hat eine tolle Mischung von Emotion und Humor. Das gibt mir ein gutes Gefühl. Man sollte ihn sehen, weil er eine interessante Einsicht in die Wende gibt. **Lea**

die Einsicht(-en) = der Blick

8 hören Hör zu. Welchen Film besprechen sie? Wie finden sie den Film und warum? Mach Notizen. (1–6)

Ich habe (die Sendung / den Film) … gefunden.
Die Sendung / Der Film / Die Story war traurig / rührend / unglaublich / fantastisch / langweilig / (un)realistisch / lustig / schwach.
Die Schauspieler waren …
Ich bin von (der Sendung / dem Film) (nicht) begeistert, weil …
Die Sendung / Der Film ist (nicht) sehenswert, weil …

9 schreiben Schreib über Film und Fernsehen.

- Was siehst du gern? Wann und wo siehst du das? Warum?
- Welche Sendung oder welchen Film hast du neulich gesehen? Wie hast du das gefunden? Warum?

To make a sentence negative, add **nicht** or **nie**:
*Das ist **nicht** einfach. Er hat seinen jüngsten Sohn **nie** gesehen.*
To say 'not a / no', use **kein** (with the correct endings):
*Das ist **keine** Komödie.*

E2 HOBBIES, INTERESTS, SPORTS AND EXERCISE

1 hören **Hör zu. Über welche Sportarten sprechen Martin, Jasmin und Nadia?**

Beispiel: **Martin** h (schwimmen), …

ausprobieren = versuchen

a Ski fahren	**b** snowboarden	**c** rodeln	**d** eislaufen	**e** Curling spielen

f wandern	**g** klettern	**h** schwimmen	**i** Rad fahren	**j** Handball spielen

2 hören **Hör noch mal zu und mach Notizen.**

Martin
1 Mitglied seit
2 trainiert wie oft
3 trainiert wo
4 Nachteil des offenes Wassers (gib **zwei** Details)
5 Lieblingssport an der Schule

Jasmin
6 Ski fahren wie oft
7 snowboarden seit
8 macht lieber
9 Sommersport (gib **zwei** Details)
10 neuer Sport

Nadia
11 Mitglied seit
12 trainiert wann
13 eislaufen seit
14 Rodeln

> Use the <u>present</u> tense with **seit** to say for how long you have been doing something:
>
> *Ich fahre **seit** drei Jahren Ski.*

> **würde + Infinitiv (das Konditional)** ➤ *Seite 215*
>
> Use the conditional to say what you <u>would</u> do.
>
> | ich würde | (bestimmt) | + infinitive |
> |---|---|---|
> | du würdest | (vielleicht) | |
> | er/sie/es/man würde | (nicht) | |
> | wir würden | (nie) | |
> | ihr würdet | | |
> | sie/Sie würden | | |
>
> *Ich **würde** bestimmt Curling **spielen**.*

3 schreiben **Schreib die richtige Form des Wortes in Klammern. Welches Wort war schon richtig?**

1 Ich würde sicher Gewichtstraining [**machen**].
2 Würdest du eine [**warm**] Jacke kaufen?
3 Meine Schwester [**fahren**] gern Ski.
4 Er [**schwimmen**] gern durch das [**kalt**] Wasser.
5 Tanya [**haben**] letzte Woche nicht [**trainieren**].

4 sprechen **Partnerarbeit. Stell und beantworte Fragen über Sport.**

- Welche Sportart machst du gern?
- Seit wann machst du das?
- Welche Sportart hast du schon ausprobiert?
- Welche Sportart würdest du bestimmt machen? Warum?
- Was würdest du nie machen? Warum nicht?

> The past participle of verbs ending in *–ieren* does not add *ge–*.
> *Ich habe schon Segeln **ausprobiert**. Wir haben eine Stunde **trainiert**.*

Ich spiele gern (Fußball).
Ich turne seit (fünf Jahren).
Ich mache (nicht) gern Gewichtstraining.
Ich habe mit (sechs) Jahren angefangen, (Tennis) zu spielen.
Ich habe Inlineskaten im Alter von (sechs) Jahren gelernt.
Ich habe schon (Segeln) ausprobiert.
Ich würde bestimmt / nie (Skateboard fahren).
Ich trainiere (jeden Tag / einmal pro Woche) mit Freunden im Sportzentrum / Verein.

5 lesen **Lies den Bericht von Thomas und sieh dir die Bilder an. Was ist die richtige Reihenfolge (a–h)?**

Unter „Turnen" würde man normalerweise Gymnastik verstehen, aber das „Nationalturnen" ist eine traditionsreiche Sportart, die wir nur in der Schweiz machen. Das ist eigentlich nicht <u>eine</u> Sportart, sondern das sind <u>acht</u> Sportarten.

Der Wettkampf hat zwei Teile – sechs gymnastische Disziplinen: Schnelllauf (100-Meter-Lauf), Weitsprung, Hochweitsprung, Steinheben, Steinstoßen und Bodenübung; dann die zwei Zweikampfdisziplinen: Schwingen und Ringen.

Steinheben und -stoßen sind traditionell für die Schweiz: man muss einen großen Stein ab Kniehöhe so oft wie möglich heben. Und für Steinstoßen muss man den Stein möglichst weit werfen.

Schwingen und Ringen sind ähnlich, aber Schwingen würde man nicht außerhalb der Schweiz sehen. Auf einem Boden mit Sägemehl gestreut versucht man den Gegner auf den Rücken zu legen, aber man muss dabei immer mit einer Hand die spezielle „Hose" des Gegners fassen.

Die Sportart gefällt mir sehr, denn man muss Schnelligkeit, Kraft und Ausdauer haben. Ich würde gern mehr junge Leute beim Nationalturnen sehen. Im Moment gibt es nicht genug Jugendliche in diesem Sport.

a Bodenübung	**b** Hochweitsprung	**c** Ringen	**d** 100-Meter-Lauf

e Schwingen	**f** Steinheben	**g** Steinstoßen	**h** Weitsprung

> **EXAM SKILLS**
>
> You do not need to understand every word in the report to complete the task.

6 lesen **Lies den Bericht noch mal. Finde die <u>fünf</u> richtigen Sätze.**

1. *Nationalturnen* macht man nur in der Schweiz.
2. Wettbewerbe haben sechs Teile.
3. *Steinstoßen* macht man als Individuum.
4. Beim *Steinstoßen* muss man auf den Knien bleiben.
5. Beim *Schwingen* braucht man besondere Kleidung.
6. Wenn man auf dem Rücken landet, verliert man.
7. Die Konkurrierenden dürfen die Hände nicht benutzen.
8. Beim *Nationalturnen* muss man schnell und stark sein.
9. Viele junge Leute machen gern diese Sportarten.

7 sprechen **Gruppenarbeit. Diskussion über Nationalturnen.**

- ● *Welche Sportart oder welche Sportarten würdest du wählen?*
- ■ *Ich turne gern, also würde ich die Bodenübung machen.*
- ▲ *Ich würde gern ringen, aber ich würde kein Schwingen machen, weil die Hose zu komisch ist!*
- ◆ *Ringen und Schwingen sind nichts für mich. Ich laufe lieber …*
- ● *Ich habe … schon ausprobiert! Das war …*

> You can also use *gern* with *würde* to say what you <u>would like</u> to do. It is used in the same way as *Ich möchte …*

8 sprechen **Mach eine Präsentation über Sport.**

- Was machst du (nicht) gern im Winter / Sommer? Warum?
- Bist du in einem Verein / einer Mannschaft? Wie ist das?
- Was hast du schon ausprobiert? Wie war das?
- Was würdest du (nicht) gern machen? Warum (nicht)?
- Gibt es eine traditionelle Sportart in deiner Gegend? Beschreib sie.

> Aim to speak for about 3 minutes.
> You could talk to a partner, a group or make a video.
> Make brief notes of what you are going to say, but don't just read from them.
> Use the activities on these pages to help you.

1 *lesen* **Lies die Texte und sieh dir die Bilder (a–g) an. Wie kommunizieren sie am liebsten? Warum?**

Beispiel: **1** d – privat

Wie bleibst du mit deinen Freunden in Kontakt?

1 Ein Leben ohne Handy kann ich mir nicht vorstellen! Ich rufe meine Freunde abends vom Handy an, weil das privat ist. Ich will nicht, dass meine Geschwister alles hören!

2 Ich sende meistens E-Mails, wenn ich mit Freunden spreche. Per E-Mail kann man sich besser ausdrücken, finde ich. Besonders, wenn man schnell tippen kann!

3 Ich simse sehr gern, weil eine Kurznachricht billig und praktisch ist. Ich schicke immer eine SMS, wenn ich spät bin.

4 Meine Großeltern telefonieren regelmäßig per Festnetz, weil sie Angst vor modernen Technologien haben. Ich finde das sehr altmodisch.

5 Persönliche Gespräche sind für mich eine sehr wichtige Kommunikationsform, weil mir Blickkontakt und Körpersprache wichtig sind.

6 *Ich nutze soziale Netzwerke, wenn ich mit meinen Freunden rede. Wir laden Fotos hoch, teilen sie und schreiben auch Kommentare. Prima und einfach geht das!*

7 Zur Zeit wohnen meine Cousins in Thailand. Wenn wir Kontakt mit ihnen haben, telefonieren wir per Internet. Das macht Spaß, denn wir können einander auf dem Bildschirm sehen!

a  **b** **c** **d** **e** **f** **g**

2 *hören* **Hör zu. Tabea, Axel, Dinah und Volker sprechen über Kommunikationsformen. Füll die Tabelle aus. (1–4)**

	Hauptform	warum?	benutze nie	warum nicht?
1	Handy	privat	...	

wenn
> *Seite* **230**

Like *weil* (because), *wenn* (if, when) sends the verb to the end of the clause: **wenn** *ich spät* **bin**.

If *wenn* starts a sentence, the verb goes to the end of the clause. It is then followed by a comma before the next verb:
Wenn *ich mit Freunden* **rede**, **telefoniere** *ich immer per Handy.*

3 *sprechen* **Gruppenarbeit. Sieh dir die Grafik rechts an. Was machen sie gern? Wie stehst du dazu?**

● *SMS sind für 82% der deutschen Jugendlichen eine sehr wichtige Kommunikationsform. Wie findest du das?*
■ *Ich finde das ganz normal. Ich schicke täglich SMS, wenn ...*

Ich nutze soziale Netzwerke, wenn ich zu Hause bin.
Wenn ich mit Freunden rede, telefoniere ich per Handy.
Ich schicke eine SMS / Ich simse, weil das billig / praktisch ist.
Ich chatte nie online, weil mich das nicht interessiert.

Man hat Teenager gefragt: Was sind für dich die drei wichtigsten Formen der Kommunikation?
Kurznachrichten/SMS schicken
82% SMS

persönliche Gespräche haben
68%

per Festnetz telefonieren	soziale Netzwerke nutzen	per Handy telefonieren
24%	**91%**	**37%**
per Internet telefonieren	im Internet chatten (z.B. in Chatrooms)	E-Mails tippen **6%**
14%	**13%**	2 Briefe schreiben

4 Schreib die richtige Form des Wortes in Klammern. Welches Wort war schon richtig?

1 Mit den Kopfhörern [hören] ich überall gern Musik.
2 Jeden Tag [sehen] mein Bruder seine Lieblingsserie am Computer.
3 [haben] deine Schwester eine Smartwatch?
4 Ich [finden] den Laptop sehr nützlich, weil ich unterwegs gern Videoclips [sehen].
5 Gestern [haben] ich das Handy nicht mit, und ich [sein] echt sauer.
6 Man [können] allerlei Musikarten auf eine Smartwatch [herunterladen].

5 Arvid und Jasper machen eine Technologie-Umfrage.
Hör zu und wähl die richtige Antwort aus. (1–7)

1 Arvid benutzt einen Computer, um Fotos zu teilen /
Hausaufgaben zu machen / Computerspiele zu spielen.
2 Arvid benutzt einen Streaming-Dienst /
hört Musik online / hört nie Musik.
3 Arvids Familie hat neulich ein Smart-TV gekauft /
nicht gekauft / auf einer Wunschliste gehabt.
4 Arvid benutzt oft / immer / manchmal drei Bildschirme
zur gleichen Zeit.
5 Arvid findet den Fotoapparat am Handy kompliziert /
schnell / preiswert.
6 Arvid kauft lieber nichts / im Geschäft / online ein.
7 Arvid findet die letzte Frage gut / blöd / interessant.

Machen wir deine Technologie-Umfrage?

OK. Erste Frage …

6 Partnerarbeit. Mach Jaspers Technologie-Umfrage.

● *Erste Frage: Benutzt du lieber ein Tablet oder
einen Desktop-PC?*
■ *Zu Hause haben wir keinen Desktop-PC, aber
ich habe ein Tablet. Wenn ich Fotos hochlade,
benutze ich immer den Tablet-Computer, weil
er so praktisch ist. Und du?*

EXAM SKILLS

Use *wenn* in your answers, and
give reasons with *weil* or *denn*.

1	Benutzt du lieber ein Tablet oder einen Desktop-PC?
2	Hörst du Musik lieber über einen Streaming-Dienst oder im Internet?
3	Siehst du Filme und Sendungen lieber im Fernsehen oder auf der Smartwatch?
4	Spielst du lieber Online-Spiele oder Spiele auf einer Spielkonsole?
5	Machst du Fotos lieber mit einem Handy oder mit einer Digitalkamera?
6	Machst du Einkäufe lieber online oder im Geschäft?
7	Suchst du Informationen lieber im Internet oder in der Bibliothek?

7 Bist du total vernetzt? Schreib einen Forum-Beitrag.

• Spielt Technologie eine wichtige Rolle in deinem Leben?
• Welche Technologie benutzt du am liebsten?
• Wie oft setzt du dich vor einen Bildschirm?
• Wie und wo benutzt du Technologie?
• Was hast du letzte Woche am Computer gemacht?

To say how often you do the activities, use adverbs such as
ab und zu, nie, immer, manchmal, oft, gleichzeitig and *regelmäßig*.

Ich habe / benutze …
Ich möchte … haben.
Ich habe neulich … gekauft.
  (k)einen Desktop-PC /
   Musik-Streaming-Dienst / Bildschirm
  (k)eine Konsole / Digitalkamera /
   Smartwatch
  (k)ein Handy / Tablet / Smart-TV
  (keine) Kopfhörer

6 TECHNOLOGIEFEIND ODER -FREUND?

D5 INFORMATION AND COMMUNICATION TECHNOLOGY

LERNZIELE
- Über Vor- und Nachteile der Technologie sprechen
- *dass*

1 lesen **Sieh dir die SMS an. Was passt zusammen?**

1 Ich habe das wirklich traurig gefunden.
2 Ich finde das sehr positiv.
3 Das war äußerst überraschend.
4 Das finde ich total negativ.
5 Das habe ich gar nicht schlecht gefunden.
6 Ich finde das besonders lustig.

a   b

c   d

e   f

2 lesen **Lies die Beiträge. Ist das ein Vor- oder Nachteil der Technologie?**

Technologie: die Vor- und Nachteile

a Bildschirme sind für kleine Kinder gefährlich.
b Das Internet kann süchtig machen.
c Man bleibt mit Leuten aus aller Welt in Kontakt.
d Technologie kann teuer sein.
e Man kann immer neue Freunde finden.
f Man kann online lernen.

g Der Arbeitstag dauert immer länger.
h Das Internet kann zu Internet-Mobbing führen.
i Das Leben bleibt nie privat.
j Man langweilt sich nie.
k Man amüsiert sich gut am Bildschirm.
l Es gibt immer mehr und bessere Spiele.

 3 schreiben **Wähl sechs Beiträge in Aufgabe 2 aus. Schreib deine Meinung auf.**

Beispiel: **f** Ich finde es wirklich positiv, dass man online viel lernt.
i Das finde ich äußerst negativ, dass das Leben nie privat bleibt.

 4 hören **Hör zu und sieh dir die Beiträge in Aufgabe 2 an. Schreib die Tabelle ab und füll sie aus. (1–6)**

	Vorteil	Nachteil
1	e	

Opinion words are key here. Listen for trigger words like *Vorteil*, *gut* and *positiv* to lead you to an advantage, and *Nachteil*, *schlecht* and *negativ* to lead you to a disadvantage.

dass > Seite 230

Develop simple expressions with a *dass* clause. *Dass* sends the verb to the end of the clause (like *wenn* and *weil*):
Ich finde es negativ, **dass** *das Leben nie privat* **bleibt**.
With two verbs, the main verb goes at the end:
Man **kann** *online* **lernen**. → *Es ist sehr positiv,* **dass** *man online* **lernen kann**.

 5 sprechen **Gruppenarbeit. Diskussion: Technologie.**

● *Ein großer Vorteil der Technologie ist, dass man mit Leuten aus aller Welt in Kontakt bleibt.*
■ *Ja, das stimmt, aber schlecht daran ist, dass Technologie sehr teuer ist.*
▲ *Andererseits ist Technologie super, weil man sich nie langweilt.*

Ein großer Vorteil der Technologie ist,	**dass** man so viel online lernt.
Das Gute / Beste daran ist,	
Ein großer Nachteil der Technologie ist,	**dass** das Leben nie privat bleibt.
Schlecht / Ein ernstes Problem daran ist,	
Einerseits bin ich für das Internet, **weil** es bei … hilft.	
Andererseits / Auf der anderen Seite bin ich gegen das Internet, **denn** das Internet kann süchtig machen.	
Im Großen und Ganzen / Vor allem ist das positiv / negativ, **weil** …	
Das Internet kann zu Problemen führen.	
süchtig / teuer / schlecht / gefährlich / kreativ / super / lustig	

6 lesen **Lies den Artikel. Sind die Beiträge positiv (P), negativ (N) oder positiv und negativ (P+N)?**

1 jule *–*

Wenn ich nicht online bin, langweile ich mich furchtbar, also bin ich total für die moderne Technologie. Je mehr Stunden vor einem Bildschirm, desto besser, meine ich!

2  paul001

Letztes Jahr sind mir die Risiken des Internets klar geworden. Jemand hat meine persönlichen Daten für kriminelle Zwecke genutzt und das hat zu schrecklichen Problemen geführt. Ich habe jetzt kein Online-Leben, weil das zu gefährlich ist.

3  Ciara <3

In der achten Klasse hatte ich ein Problem mit Internet-Mobbing. Man hat mich nicht nur in der Schule sondern auch zu Hause gemobbt und das war total schrecklich für mich und meine Familie.

4  mAxxi

Das Beste an der Technologie ist das Internet, weil es bei den Hausaufgaben viel hilft. Es ist sehr einfach, Informationen zu suchen, aber auf der anderen Seite muss man aufpassen, dass man nicht alles direkt abschreibt. Sonst merkt das der Lehrer oder die Lehrerin!

5 LOS!

Seit der Grundschule verbringe ich zu viel Zeit mit Computerspielen und das Schlechte daran ist, dass ich jetzt computersüchtig bin. Nächste Woche werde ich zur Selbsthilfegruppe für süchtige Teens gehen. Ich freue mich nicht sehr darauf, aber hoffentlich wird die Gruppe mir Unterstützung geben.

> *der Zweck(-e)* = das Ziel
> *Mobbing* = wenn man sich gemein gegenüber einer anderen Person benimmt
> *abschreiben* = kopieren

7 lesen **Lies den Artikel noch mal und beantworte die Fragen.**

1. Wie findet jule *–* ein computerfreies Leben?
2. Warum will paul001 nicht online sein?
3. Wo war jemand gegenüber Ciara <3 gemein? (Gib **zwei** Details.)
4. Wovor warnt mAxxi?
5. Welches Problem hat LOS! und was wird sie dagegen machen?

8 hören **Hör Felix, Stefanie und Thomas zu. Was sind die Vor- und Nachteile der Technologie? Schreib die Tabelle ab und füll sie aus.**

	Nachteile	Vorteile
Felix	keine	am Tablet Informationen suchen

9 schreiben **Schreib die richtige Form des Wortes in Klammern. Welches Wort war schon richtig?**

1. Meiner Meinung nach **[sein]** das Internet positiv.
2. Man kann vieles online lernen, aber man muss **[gefährlich]** Webseiten vermeiden.
3. Gestern hat meine Schwester die Hausaufgaben online **[machen]**.
4. Mein Freund **[haben]** Informationen schnell online **[finden]**.
5. Nächstes Jahr **[werden]** ich Fotos vom Handy **[hochladen]**.

EXAM PRACTICE: LISTENING

CRITICAL THINKING
INTERPRETATION

Sport

1 **Wer macht das? L (Lena), J (Julian) oder G (Grete)? Schreib die richtigen <u>sechs</u> Buchstaben. Vorsicht! Eine Sportart brauchst du nicht.**

Beispiel:	A	B	C
D	**E**	**F**	**G**

Beispiel: _L_

A ____   B ____   C ____   D ____

E ____   F ____   G ____

EXAM SKILLS

Question 1 has only six marks but seven possible answers (A–G). Therefore one letter will be left blank.

(Total for Question 1 = 6 marks)

CRITICAL THINKING
ADAPTABILITY

Dalias Fernsehgewohnheiten

2 **Was hört man im Bericht? Schreib den richtigen Buchstaben auf.**

A nach der Schule	**B** konzentriert	**C** Bett	**D** chattet	**E** in der Schule	**F** Schauspielerin
G jeden Morgen	**H** etwas Anderes	**I** niemals	**J** nicht viel	**K** Schülerin	**L** zu Hause
M Handy					

Beispiel: Dalia ist ___K___ .

a Dalia sieht ____ fern.
b Der Fernseher läuft fast immer, wenn Dalia ____ ist.
c Beim Fernsehen macht Dalia oft ____ .

d Dalia ____ nicht so oft vor dem Fernseher.
e Von den meisten Sendungen hält Dalia ____ .
f Dalia schaut zur gleichen Zeit auf ihr ____ .

(Total for Question 2 = 6 marks)

ADAPTIVE LEARNING
ANALYSIS

Eine Filmkritik

3 **Hör zu. Mach Notizen über einen neuen Film. Schreib die Tabelle ab und füll sie <u>auf Deutsch</u> aus.**

Beispiel: Name von dem Film: Almanya

a Was für ein Film es ist: ____   (1)
b Woher die Familie kommt: ____   (1)
c Warum der Großvater nach Deutschland kam: ____ (1)
d Wie er sich in Deutschland fühlt: ____   (1)
e Wie lange die Familie in Deutschland ist: ____ (1)
f Was der Sohn im Heimatland macht: ____   (1)

EXAM SKILLS

Read the questions before you listen to the text. Remember that you do not need to answer in a lot of detail. One word is sometimes enough.

(Total for Question 3 = 6 marks)

EXAM PRACTICE: READING

Die Technologie

1 **Wer sagt das? N (Nela), M (Moritz) oder S (Silke)? Schreib die richtigen <u>acht</u> Buchstaben. Vorsicht! Einige Antworten gibt vielleicht keine oder mehr als eine Person.**

Soziale Netzwerke

Nela

Als ich jung war, waren die sozialen Netzwerke nur im Sportverein oder an der Schule zu finden. Heute ist jeder in den sozialen Netzwerken! Jung und Alt läuft durch die Fußgängerzone und kann den Blick nicht vom Smartphone lassen.

Moritz

Die heutige Jugend ist die erste richtige Technologie-Generation. Das heißt, sie ist mit mobilem Internet und sozialen Netzwerken aufgewachsen. Bei mir war das nicht so. In der Klasse meines Sohnes sind bis auf ein paar Leute eigentlich alle in sozialen Netzwerken aktiv.

Silke

Wir stehen unter Druck von unserer Tochter, die das neueste Smartphone verlangt, aber das werden wir nicht kaufen. Es ist sehr teuer und in einigen Monaten wird sie sicher wieder das neueste Modell verlangen. Ich habe auch Angst: Mit wem redet sie im Internet?

> **EXAM SKILLS**
>
> There are three texts, but seven questions. Some questions have two answers, and some questions have none. Remember to give eight answers in total.

Beispiel: Junge Leute wachsen zum ersten Mal mit dem Internet auf. __M__

a Technologie kann gefährlich für junge Menschen sein. ____

b Neue Geräte sind eine Geldverschwendung. ____

c Als Kind habe ich kaum Technologie benutzt. ____

d Jugendliche heute haben nie eine Welt ohne Technologie gekannt. ____

e Ich brauche unbedingt ein neues Smartphone. ____

f Es gibt heute niemand, der nicht online ist. ____

g Mein Kind möchte immer das modernste Handy. ____

(Total for Question 1 = 8 marks)

Lesen

2 **Beantworte die Fragen <u>auf Deutsch</u>. Vollständige Sätze sind nicht nötig.**

Teenager und Lesen: Alternatives Lesen

Weit verbreitet ist die Meinung, dass Jugendliche weniger lesen. Dagegen spricht, dass immer mehr Jugendliche sich für die Literatur interessieren. Ob sie durch Kinofilme zu Büchern kommen, darüber lässt sich streiten, aber im deutschen Kino kommen oft Werke von historischen Autoren vor. Der Lesestil der Jugendlichen hat sich vielleicht an ihr modernes Leben angepasst und damit verändert.

Man kann mit neuen Medien Bücher lesen und diese Medien werden sich in den kommenden Jahren wesentlich verbessern. Eine Möglichkeit sind Apps für das Smartphone oder das Tablet. Mit diesen Apps kann man sich beliebte Bücher als Datei aufs Handy laden und jederzeit lesen. Da der Bildschirm relativ klein und hell ist, ist es nicht jedermanns Sache. Wenn man dies unpraktisch und unhandlich findet, kann man auf die E-Book-Reader zurückgreifen. Man kann sie überall hin mitnehmen und hat alle Bücher, die man gekauft hat, immer griffbereit.

Trotzdem ist für viele Jugendliche ein traditionelles Buch das Richtige. Es kann bequemer sein, und manche mögen es einfach, ein Buch in der Hand zu haben. Es macht auch Spaß, ein besonders interessantes Buch an Freunde weiterzugeben.

Wir kamen dadurch zu dem Schluss: Jugendliche lesen immer noch gerne, aber manche anders als früher.

> **EXAM SKILLS**
>
> In the exam, you don't usually need to write full sentences for your answers, but you must make your answer clear. Check how many marks an answer is worth and give more detail where it is worth two marks rather than one.

a Was, denkt man, machen junge Leute nicht so viel? **(1)**

b Wodurch kommen vielleicht manche Jugendliche zur Literatur? **(1)**

c Was wird in Zukunft mit neuen Medien passieren? **(1)**

d Warum findet man das Lesen auf dem Smartphone vielleicht nicht so einfach? Gib **zwei** Details. **(2)**

e Welche Vorteile haben elektronische Lesegeräte für die Leser? Gib **zwei** Details. **(2)**

f Was halten manche Jugendliche von einem traditionellen Buch? Gib **ein** Detail. **(1)**

g Was machen manche mit einem Buch, nachdem sie es gelesen haben? **(1)**

h Welche Meinung über Spaß beim Lesen äußert man am Ende? **(1)**

(Total for Question 2 = 10 marks)

1 **Lies die kurze Schreibaufgabe auf der nächsten Seite. Dann lies die Antwortbeispiele und beantworte die Fragen.**

SAMPLE ANSWER 1

Ich habe meinen eigenen Fernseher. Im Winter sehe ich gern Sendungen wie Krimis und Talkshows, ich bin aber im Sommer lieber draußen.

Gestern habe ich einen tollen Krimi gesehen. Die Handlung fand zu Weihnachten in der Schweiz statt.

Mein Lieblingfernsehsstar ist Sibel Kekilli, weil sie lustig und intelligent ist. Ich meine, sie ist auch sehr schön.

Meine Freunde sehen viel im Internet, aber ich finde, dass ich wenig Zeit dafür habe.

(71 Wörter)

SAMPLE ANSWER 1

SAMPLE ANSWER 2

Ich habe einen *modernen* Fernseher. Wenn ich Zeit habe, sehe ich *Realityshows* oder *Fernsehserien*. Ich finde solche Sendungen *super*.

Gestern hatte ich leider *wenig* Zeit, um fernzusehen, ich habe aber *am Wochenende* „Deutschland sucht den Superstar" gesehen.

Ich mag *Hannelore Elsner* sehr. Sie ist eine *tolle* Schauspielerin. Wenn sie im Fernsehen ist, muss ich *immer* zuschauen.

An meinem Tablet sehen meine Freunde und ich *Filme* und *Musik*. Es ist sehr *lustig*.

(71 Wörter)

SAMPLE ANSWER 3

Ich sehe Nachrichten und Dokumentarfilme. Ich sehe nicht Filme oder Gameshows.

Ich habe keinen Lieblingsfernsehstar. Jonas Nay ist gut. Ich sehe Jonas in der Sendung „Deutschland 86".

Ich habe einen Computer. Ich spreche mit meinen Freunden. Ich höre meine Musik. Ich mache meine Hausaufgaben.

(44 Wörter)

1 **a** Lies die Antwort und beantworte diese Fragen. Kannst du durch Beispiele deine Antworten rechtfertigen?
  i Hat man alle Wörter in der Frage benutzt?
  ii Hat man verschiedene Zeitformen benutzt?
  iii Hat man mehr Verben als nur die Ich-Form benutzt?
  iv Hat man Adjektive benutzt?
  v Hat man Bindewörter benutzt?
  vi Hat die Antwort die richtige Länge?

b Glaubst du, nachdem du diese Fragen beantwortet hast, dass diese eine gute Antwort ist?

2 **a** Lies die Antwort. Welche anderen Wörter könnten die *kursiv gedruckten* Wörter im Aufsatz ersetzen?

b Was ist positiv an der Antwort und was ist nicht so gut? Wie könnte man die Antwort verbessern? Sieh dir zur Hilfe den Answer Booster an.

3 **a** Lies die Antwort und beantworte noch einmal die Fragen zu *Sample Answer 1*.

b Überlege mit einem Partner / einer Partnerin, wie du diese Antwort mit Hilfe der Fragen verbessern könntest.

EXAM SKILLS

Be careful with the position of the verb in a sentence and follow these rules:
- In a main sentence the verb comes second.
- Infinitives and past participles come at the end of the sentence.
- After many conjunctions, such as *wenn* or *weil*, the verb goes to the end of the clause.

EXAM SKILLS

Here is a really useful structure – try to include it in your essays:
conjunction subject ... verb , verb subject
Wenn sie im Fernsehen ist, muss ich immer zuschauen.

2 **Schreib jetzt deine eigene Antwort auf die kurze Schreibaufgabe.**

EXAM PRACTICE: WRITING

PRODUCTIVITY

Short writing task

Fernsehen

| Sendungen | gestern | Lieblingsfernsehstar | Internet |

Schreib 60–75 Wörter **auf Deutsch** über deine Fernsehgewohnheiten.
Du musst alle Wörter oben benutzen.

(Total = 10 marks)

ANALYSIS

Grammar

Schreib die Form des Wortes (a)–(j), damit das Wort im Satz richtig ist. Vorsicht! Es ist nicht immer nötig, die Form in Klammern zu ändern.

Jugendhobbys

Tiere sind bei Jugendlichen genauso beliebt wie Sport. Reiten **(a) [können]** du zum Beispiel in einer Reitschule, und im Tierheim **(b) [werden]** du mit Sicherheit helfen können.

Basteln **(c) [sein]** bei vielen Jugendlichen auch beliebt. Du sollst nicht nur Spaß **(d) [haben]**, sondern auch **(e) [dein]** Konzentration fördern.

Jugendliche **(f) [finden]** Mode sehr wichtig. Auch daraus lässt sich ein Hobby machen. Solange es Spaß **(g) [machen]**, kann man sich **(h) [jeder]** Tag damit beschäftigen und wer **(i) [wissen]**, vielleicht wird irgendwann aus dem Hobby sogar **(j) [ein]** Beruf.

(Total = 10 marks)

Answer Booster	**Aiming for a solid level**	**Aiming higher**	**Aiming for the top**
Verbs	**Different tenses (past, present and future):** *lese, habe gesehen, werde gehen*	**Different persons of the verb** **Separable verbs:** *zuhören, stattfinden* **Modal verbs:** *müssen, können, sollen*	**Separable verbs in the imperfect:** *fand … statt* **Two tenses to talk about the past (perfect and imperfect):** *Als Kind habe ich in der Schule Blockflöte gelernt, aber das war zu langweilig.* ***sein* in the perfect:** *sind … gegangen* ***sein* in the imperfect:** *war* **Conditional:** *ich möchte, ich würde*
Opinions and reasons	*Ich … gern*	**Add more variety:** *Ich finde …, weil/denn …* *Ich interessiere mich für …*	**Expressions:** *meiner Meinung nach … andererseits, trotzdem*
Conjunctions	*und, aber, deshalb*	**Subordinating conjunctions:** *weil die Gäste laut sind*	**Different tenses:** *denn (ich habe … gewonnen) weil (wir jeden Tag gespielt haben)*
Other features	**Negatives:** *keine, nie* **Qualifiers:** *immer, oft, häufig, relativ*	**Adjectives:** *neu, toll, nützlich* **Time phrases:** *am Wochenende, heutzutage* **Sequencers:** *dann, nach*	**Declined adjectives:** *eine tolle Schauspielerin, ein rotes T-Shirt, eine enge Sporthose* **Comparative adjectives:** *billiger, bequemer* **Specialist vocabulary:** *Krimis, Nachrichten*

EXAM PREPARATION: SPEAKING

Picture-based discussion

1 *hören*

Sieh dir Bild 1 und die Fragen auf der nächsten Seite an. Dann hör dir Saids Antwort auf Frage 1 an.

a **i** Was sagt Said über den Standort?
   ii Was machen die Männer im Bild, seiner Meinung nach?
   iii Was bedeutet vielleicht „überholt"?
b Notiere **drei** Adjektive mit einer Endung.

2 *hören*

Lies und hör dir Saids Antwort auf Frage 2 an. Füll die Lücken mit dem passenden Adjektiv aus.

Er trägt ein **a** ———-weißes Trikot, aber es wird ziemlich **b** ——— werden, weil er schwitzen muss. Mountainbike fahren ist sehr **c** ——— . Auf dem Kopf hat er einen **d** ——— Helm. Er hat auch eine enge **e** ——— Sporthose und **f** ——— Sportschuhe. An den Händen trägt er **g** ——— **h** ——— Handschuhe.

3 *hören*

Hör dir Saids Antwort auf Frage 3 an. Setze die Satzpaare mit dem Bindewort in Klammern zusammen.

a Sie haben für das Rennen geübt. Sie haben etwas gegessen. (*bevor*)
b Sie sind auf die Toilette gegangen. Sie waren sehr nervös. (*weil*)
c Sie haben mit ihren Freunden gesprochen. Sie haben Wasser getrunken. (*nachdem*)

4 *hören*

Hör dir Saids Antwort auf Frage 4 an.

a Wie drückt Said seine Meinung aus? Finde **fünf** Beispiele.
b Was heißt vielleicht „Kanufahren" und „Wildwasserkanufahren"? Will Said die Sportarten ausprobieren? Warum oder warum nicht?

5 *hören*

Hör dir Saids Antwort auf Frage 5 an. Notiere Wörter und Ausdrücke, die Said benutzt, um seine Antwort zu verbessern. Kannst du <u>sechs</u> Beispiele finden?

6 *sprechen*

Sieh dir Bild 2 und die Fragen auf der nächsten Seite an. Beantworte die Fragen für dich.

General conversation

1 *hören*

Lies die Fragen auf der nächsten Seite. Hör dir Sunitas Antwort auf Frage 1 an.

a Welche Zeitformen benutzt sie?
b Richtig (R) oder falsch (F)?
   i Sunita hört gern alle Musikarten.
   ii Sie spielt seit sechs Jahren Blockflöte.
   iii Sie komponiert Musik am Computer.
   iv Ihre Eltern hören gern ihre Musik.
   v Sie möchte zu einem Musikfest gehen.
   vi Das Fest dauert vier Tage.

2 *hören*

Hör dir Sunitas Antwort auf Frage 2 an. Finde mit Hilfe vom Answer Booster <u>sechs</u> Beispiele von Ausdrücken oder Wörtern, die Sunita benutzt, um ihre Antwort zu verbessern.

3 *hören*

Hör dir Sunitas Antwort auf Frage 3 an. Welche „versteckten" Fragen beantwortet sie?

4 *sprechen*

Lies Fragen 4–6 auf der nächsten Seite und beantworte sie für dich.

EXAM PRACTICE: SPEAKING

Task A Picture-based discussion

Photo 1

E2 Hobbies, interests, sports and exercise

1 Was kann man hier auf diesem Bild sehen?
2 Was trägt der Mann links?
3 Was haben die Radfahrer vielleicht vor dem Rennen gemacht?
4 Welche Sportart würdest du gern ausprobieren?
5 Inwiefern ist Radrennen gefährlich, meinst du?

> **EXAM SKILLS**
>
> Don't speak too quickly. Speak clearly and stay calm.
> Pay attention to your pronunciation.
> Practise as much as you can and you will soon sound like a real native German speaker.

Photo 2

D4 The media
E2 Hobbies, interests, sports and exercise

1 Erzähl mir etwas über dieses Bild.
2 Beschreib mir bitte den Jungen rechts.
3 Was wird dieses Schulorchester vielleicht am Abend machen?
4 Sollten deiner Meinung nach alle Jugendlichen lernen, ein Musikinstrument zu spielen?
5 In welchen Situationen ist es wohl nützlich, Musik zu hören?

(Total for Task A = 12 marks)

Task B/C General conversation

1 Was für eine Rolle spielt Musik in deinem Leben?
2 Wo siehst du am liebsten Filme?
3 Liest du gern?
4 Welche Rolle spielt das Fernsehen in deinem Leben?
5 Wofür hast du letztes Wochenende das Internet benutzt?
6 Warum sollte man Sport treiben, meinst du?

> **EXAM SKILLS**
>
> Develop your answers as much as you can. The question may seem simple but think what other 'hidden' questions (*„versteckte" Fragen*) you could answer.

(Total for Task B/C = 28 marks)

INITIATIVE
INITIATIVE
INITIATIVE

Freizeitaktivitäten — Leisure activities

die Freizeit	leisure time, free time
Briefmarken sammeln	to collect stamps
Plüschtiere sammeln	to collect soft toys
Sport / Gewichtstraining machen	to do sport / weight training
Sport treiben	to do sport
Fußball spielen	to play football
Hockey spielen	to play hockey
Basketball spielen	to play basketball
Schach spielen	to play chess
Karten spielen	to play cards
am Computer spielen	to play on the computer
Computerspiele spielen	to play computer games
im Internet surfen	to surf on the internet
im Internet chatten	to chat on the internet
mit Freunden reden	to chat with friends
chillen / relaxen	to chill
Freunde treffen	to meet friends
Zeit mit dem besten Freund / der besten Freundin verbringen	to spend time with your best friend
ins Kino gehen	to go to the cinema
in die Stadt gehen	to go into town
abends fernsehen	to watch TV in the evening
am Wochenende Videos gucken	to watch videos at the weekend
Filme / die Nachrichten sehen	to watch films / the news
Musik machen	to make music
Radio hören	to listen to the radio
Bücher lesen	to read books
faulenzen	to chill, laze about
nichts tun	to do nothing
Ich bin …	I am …
(nicht) sehr	(not) very
ziemlich	quite
ein bisschen	a bit
(gar) nicht	not (at all)
sportlich	sporty
musikalisch	musical
faul	lazy
aktiv	active

Instrumente — Instruments

die Blockflöte	recorder
die Flöte	flute
die Geige	violin
die (elektrische) Gitarre	(electric) guitar
die Klarinette	clarinet
die Trompete	trumpet
das Keyboard	keyboard
das Klavier	piano
das Saxofon	saxophone
das Schlagzeug, die Trommel(n)	drums
das Instrument	instrument
Ich spiele kein Instrument.	I don't play an instrument.
Ich musiziere.	I play music.

Bücher — Books

gedruckt	printed
das Buch(¨er)	book
das gedruckte Buch	printed book
die Biografie(n)	biography
der Comic(s)	comic book
der Bilderroman(e)	graphic novel
die Horrorgeschichte(n)	horror story
die Komödie(n)	comedy
der Krimi(s)	detective / crime story
die Liebesgeschichte(n)	love story
das Science-Fiction-Buch(-Bücher)	sci-fi book
der Thriller(-)	thriller
die Zeitung(en)	newspaper
die Zeitschrift(en), das Magazin(e)	magazine
die Illustrierte(n)	(glossy) magazine
das Blog(s)	blog
das E-Book(s)	e-book
das Taschenbuch(¨er)	paperback book
Ich lese (oft / nie) Taschenbücher …	I (often / never) read paperbacks …
auf meinem Handy / Smartphone / E-Reader	on my mobile phone / smartphone / e-reader
auf einem elektronischen Gerät	on an electronic device
im Bett	in bed
in meinem Zimmer	in my room
im Bus	on the bus
der Akku	rechargeable battery
der Bildschirm	screen

Musik — Music

Ich interessiere mich für viele Musikrichtungen.	I'm interested in lots of types of music.
die Musiksammlung	music collection
Ich höre (nicht) gern …	I (don't) like listening to …
Ich höre lieber …	I prefer to listen to …
Ich höre am liebsten …	I like listening to … best of all.
klassische Musik	classical music
Lieder	songs
Popmusik	pop music
Reggae	reggae
Rapmusik	rap
Jazzmusik	jazz
Livemusik	live music
Ich höre Musik auf meinem … Handy / Smartphone / Laptop	I listen to music on my … mobile phone / smartphone / laptop
Musik herunterladen / downloaden	to download music
Das ist praktisch.	That's practical.
Ich spiele seit (einem Jahr) Gitarre.	I have been playing guitar for (a year).
Ich downloade alles auf mein Handy.	I download everything onto my mobile phone.
Das spart so viel Platz.	That saves so much space.
Der Ton (auf einem Handy) ist nicht gut.	The sound (on a mobile phone) is not good.
Die Qualität ist fantastisch.	The quality is fantastic.
Die Eintrittskarten sind zu teuer.	The entry tickets are too expensive.
Ich gebe kein Geld für (Musik) aus.	I don't spend any money on (music).
Das ist ein tolles Gefühl.	That's a great feeling.

Film und Fernsehen — Film and television

der Film(e)	film, movie
der Actionfilm(e)	action movie
der Fantasyfilm(e)	fantasy film
der Horrorfilm(e)	horror film
die Komödie(n)	comedy
der Krimi(s)	detective / crime film
der Liebesfilm(e)	romance
der Science-Fiction-Film(e)	sci-fi film
der Thriller(–)	thriller
der Zeichentrickfilm(e)	cartoon
Ich sehe gern fern.	I like watching TV.
der Zuschauer(–)	viewer
das Fernsehen	television
die Fernsehsendung(en)	TV programme
die Serie(n)	series
die Gameshow(s)	game show
die Realityshow(s)	reality show
die Dokumentation(en)	documentary
die Nachrichten (pl), die Nachrichtensendung, die Tagesschau	the news
Ich finde (Serien) (blöd).	I find (series) (silly).
Ich habe (die Sendung / den Film) (großartig) gefunden.	I found (the programme / film) (great).
Die Sendung / Der Film / Die Handlung war …	The programme / film / plot, story line was …
Die Schauspieler waren …	The actors were …
(un)realistisch	(un)realistic
schwach	weak
enttäuschend	disappointing
überzeugend	convincing
humorvoll	humorous, amusing
rührend	moving
(Der Film) macht keinen Sinn.	(The film) doesn't make sense.
Ich bin von (der Sendung / dem Film) (nicht) begeistert, weil …	I'm (not) enthusiastic about (the programme / film) because …
Man sollte (die Sendung / den Film) sehen, weil …	You should see (the programme / film) because …

Sport — Sport

Ski fahren	to go skiing
snowboarden	to go snowboarding
rodeln	to sledge, toboggan
eislaufen	to ice skate
Curling spielen	to do curling
Gewichtstraining machen	to do weight training
wandern	to hike
klettern	to climb
schwimmen	to swim
Fahrrad / Rad fahren	to cycle
Handball / Fußball / Tennis spielen	to play handball / football / tennis
Ich spiele gern (Fußball).	I like playing (football).
Ich turne seit (fünf Jahren).	I have been doing gymnastics for (five years).
Ich mache (nicht) gern (Gewichtstraining).	I (don't) like doing (weight training).
Ich habe mit (sechs) Jahren angefangen, Tennis zu spielen.	I started to play tennis when I was (six) years old.
Ich habe Inlineskaten im Alter von (sechs) Jahren gelernt.	I learned to (rollerblade) at the age of (six).
Ich habe schon (Segeln) ausprobiert.	I have already tried (sailing).
Ich würde (nie) (Skateboard fahren).	I would (never) do (skateboarding).
Ich trainiere (jeden Tag) mit Freunden im Verein.	I train with friends at the club (every day).
die Bodenübung	floor work
der Hochweitsprung	high long jump
der 100-Meter-Lauf	100-metre sprint
das Ringen	wrestling
das Schwingen	another type of wrestling
das Steinheben	stone lifting
das Steinstoßen	stone tossing
der Weitsprung	long jump

Soziale Netzwerke und Technologie — Social networks and technology

simsen	to text
eine SMS schicken / senden	to send a text
per Handy / Internet telefonieren	to call on a mobile / via the internet
soziale Netzwerke nutzen	to use social networks
online / im Internet chatten	to chat online
im Internet surfen	to surf online
Fotos hochladen	to upload photos
Musik herunterladen	to download music
sich mit Freunden unterhalten	to chat with friends
E-Mails schreiben	to write emails
Briefe tippen	to type letters
einen Kommentar schreiben	to write a comment
der Bildschirm	screen
der Desktop-PC	desktop computer / PC
die Digitalkamera	digital camera
die Smartwatch	smart watch
der Musik-Streaming-Dienst	music streaming service
das Smart-TV	smart TV
das Tablet	tablet
die Konsole	console
das Handy	mobile phone
die Kopfhörer (pl)	headphones
gefährlich	dangerous
kreativ	creative
praktisch	practical
privat	private
schädlich	harmful
sicher	safe
spannend	exciting
süchtig	addicted
teuer	expensive
überraschend	surprising

Vor- und Nachteile der Technologie — Advantages and disadvantages of technology

Ein großer Vorteil ist, dass …	A big advantage is that …
Der größte Vorteil ist, dass …	The biggest advantage is that …
Ein großer Nachteil ist, dass …	A big disadvantage is that …
Der größte Nachteil ist, dass …	The biggest disadvantage is that …
Das Gute daran ist, dass …	The good thing about it is that …
Das Beste daran ist, dass …	The best thing about it is that …
Schlecht daran ist, dass …	What's bad about it is that …
Es gibt mehr Vorteile als Nachteile.	There are more advantages than disadvantages.
einerseits … andererseits …	on the one hand … on the other hand
auf der einen Seite	on the one hand
auf der anderen Seite	on the other hand
im Großen und Ganzen	by and large
Vor allem ist das positiv, weil …	Above all, that is positive because …
Das Internet kann zu Problemen führen.	The internet can lead to problems.

Oft benutzte Wörter — High-frequency words

aufregend	exciting, thrilling
ausgezeichnet	excellent
blöd	stupid, silly
eindrucksvoll	impressive
fantastisch	fantastic
großartig	great
gruselig	creepy, scary
lang	long
langweilig	boring
lustig	funny
romantisch	romantic
rührend	moving
schrecklich	terrible
spannend	exciting, suspenseful
unterhaltsam	entertaining

1 lesen **Lies die Beschreibungen und schreib alle Adjektive auf. Dann übersetze sie in deine Sprache.**

Beispiel: sportlich (sporty)

a Aaron ist 14 Jahre alt. Er ist ziemlich sportlich und ein sehr freundlicher Typ – er ist mein bester Freund. Er ist echt fleißig und auch dynamisch. Er hat kurze, blonde Haare und Sommersprossen.

b Veronika ist 15 Jahre alt. Sie ist eine sehr gute Freundin, ziemlich intelligent und abenteuerlustig. Sie ist auch ein total freundliches und kreatives Mädchen. Sie ist schlank und hat lange, braune Haare und dunkle Augen.

c Ich liebe MC Fitti! Er ist ein toller Rapper. Er ist sehr locker und ein origineller Musiker. Er hat einen großen Bart und er trägt immer eine coole Sonnenbrille.

d Hier ist meine kleine Schwester Maja mit unserem Großvater. Maja ist ein lustiges und ziemlich kluges Mädchen! Sie kann aber sehr, sehr unartig sein! Mein Opa ist sehr nett; er hat graue Haare und trägt eine Brille.

e Hier ist mein Freundeskreis. Marc und Felix sind total modisch und haben kurze, braune Haare. Johanna ist hübsch und hat glatte, rotbraune Haare und Philippa hat lange, schwarze Haare. Sie sind tolle Freunde – sie sind aktiv, selbstsicher, unterhaltsam und gar nicht langweilig!

Kulturzone

HANDY, HANDY IN MEINER HAND, WER IST DIE ATTRAKTIVSTE IN DIESEM LAND?

Adjektive

> *Seite* **224**

When you use an adjective <u>by itself</u>, it does not need an ending:
Er ist sportlich.
Sie ist intelligent.
When you use an adjective <u>before</u> a noun, it has a different ending depending on **gender**, **number** and **case**. These are the endings after *ein*, *kein* and the possessive adjectives (e.g. *mein* and *dein*):

	Nominativ (Subjekt)	Akkusativ (Objekt)
Mask.	*ein sportlicher Mann*	*einen sportlichen Mann*
Fem.	*eine sportliche Frau*	*eine sportliche Frau*
Neut.	*ein sportliches Mädchen*	*ein sportliches Mädchen*
Pl.	*sportliche Kinder*	*sportliche Kinder*
	keine sportlichen* Kinder	*keine sportlichen* Kinder*

*Er ist **ein** intelligent**er** Typ.*
*Sie ist **meine** best**e** Freundin.*
*Er hat **einen** groß**en** Bart.*
***Meine** lieb**en** Eltern sind wunderbar.*

*Adjective endings after *keine* and possessive adjectives change to –en in the plural.

2 hören **Hör zu. Leon beschreibt seine Freunde. Was passt zusammen?**

| Laura | Uwe | Kai | Michaela | Svenja |

3 hören **Hör noch mal zu und sieh dir Aufgabe 2 an. Welches Wort fehlt?**

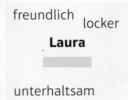 freundlich locker
Laura
unterhaltsam

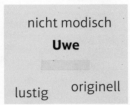 nicht modisch
Uwe
lustig originell

 intelligent unartig
Kai
selbstsicher

 kreativ dynamisch
Michaela
nicht abenteuerlustig

 sportlich
Svenja
cool originell

4 schreiben **Vervollständige die Beschreibungen dieser zwei Personen aus Aufgabe 2.**

Think carefully about the adjectives. Do they need endings? If so, what should they be?

Svenja
Svenja hat glatte, **1** _____ Haare und **2** _____ Augen. Sie ist
3 _____ und originell. Sie ist ein **4** _____ Mädchen und sie ist
nicht **5** _____ .

Kai
Kai ist relativ **1** _____ und hat **2** _____ Haare und **3** _____ Augen.
Er trägt auch eine Brille. Kai ist manchmal **4** _____ , aber er ist auch ein
5 _____ und fleißiger Junge. Ich denke, er ist **6** _____ .

5 sprechen **Partnerarbeit. Wer ist es? Wähl eine Person aus der Klasse aus und beschreib ihn oder sie.**

- ● *Er ist ziemlich groß und er hat kurze braune Haare. Er ist lustig und …*
- ■ *Ist das Henry?*
- ● *Ja, richtig! / Nein, er ist auch sportlich und …*

6 sprechen **Partnerarbeit. Beschreib das Bild.**

- Wer ist auf dem Bild?
- Wie sehen die Leute aus?
- Wie sind sie, deiner Meinung nach?
- Beschreib deinen besten Freund / deine beste Freundin.

LERNZIELE

■ Einen guten Freund / Eine gute Freundin beschreiben
■ Possessivadjektive

1 hören Hör zu. Wer sagt was? (1–8)

Wie ist ein guter Freund oder eine gute Freundin?

Ein guter Freund / Eine gute Freundin ...

a ... hat immer Zeit für mich.
b ... ist sympathisch.
c ... unterstützt mich immer.
d ... muss hilfsbereit und ehrlich sein.
e ... darf nicht auf andere Freunde eifersüchtig sein.
f ... muss viel Geduld haben.
g ... kann mit mir über alles reden.
h ... hat die gleichen Interessen.
i ... sieht gut aus.

2 lesen Sieh dir Aufgabe 1 noch mal an. Wie ist ein guter Freund / eine gute Freundin, deiner Meinung nach? Ordne die Eigenschaften von 1 bis 9 (1 ist am wichtigsten).

Beispiel: Nummer 1: Ein guter Freund muss viel Geduld haben.
Nummer 2: ...

Look closely at new vocabulary. You may be able to guess the meaning from part of the word (*hilfsbereit* from *helfen*) or from the context (*darf nicht auf andere Freunde ... sein*).

3 hören Hör zu. Till und Ilka ordnen die Eigenschaften. Schreib die Tabelle ab und füll sie aus.

	Nummer 1	Nummer 2	Nummer 3
Till	hat gleiche Interessen		
Ilka			

To say how important you think something is, use the adjective *wichtig* and its comparative and superlative forms:

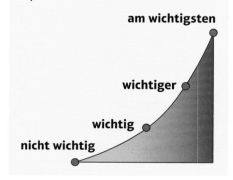

am wichtigsten

wichtiger

wichtig

nicht wichtig

4 sprechen Gruppenarbeit. Diskussion: Wie ist ein guter Freund / eine gute Freundin?

● *Ein guter Freund oder eine gute Freundin hat viel Geduld. Das ist für mich am wichtigsten. Was denkst du?*
■ *Das ist nicht so wichtig, meiner Meinung nach. Wichtiger für mich ist: Ein Freund ist immer ehrlich.*
▲ *Ich finde, ...*

5 lesen **Lies die Kommentare. Wer meint oder sagt das? Es können auch mehrere Personen oder keine Person sein.**

MELINA

Meine beste Freundin heißt Jasmin. Sie hat glatte, braune Haare und ist sehr hübsch, aber das Aussehen ist nicht wichtig! Ihr Lieblingshobby ist Schwimmen – sie ist eine sehr starke Schwimmerin und sie verbringt oft ihre Freizeit im Sportzentrum. Wir sind miteinander befreundet, weil wir so viele gleiche Interessen haben, wir mögen die gleichen Dinge. Wir lachen viel zusammen und können über alles reden. Das ist am wichtigsten. Ich hoffe, wir werden immer beste Freundinnen bleiben.

KEVIN

Max und ich sind sehr gute Freunde, oder wir *waren* gute Freunde, obwohl ich zwei Jahre jünger als er bin. Wir hatten früher immer viel Zeit für einander und wir haben unsere Freizeit oft vor dem Bildschirm verbracht. Es gibt aber jetzt ein richtiges Problem. Max ist sportlich und will fitter werden, aber ich interessiere mich nicht für Gewichtstraining oder Joggen. Er hat seit zwei Monaten einen neuen Fußballfreund, Konrad, und jetzt ist Konrad seine Priorität. Sie verbringen alle ihre Zeit im Sportzentrum zusammen und Max hat keine Zeit mehr für mich. Gute Freunde können gut kommunizieren, aber Max und ich können über dieses Problem nicht reden.

PAULA

Ich finde Freundschaften an der Schule kompliziert, aber ich habe einen wunderbaren Bruder. Er ist 25 Jahre alt und er ist super, weil er immer Zeit für mich hat. Er versteht mich sehr gut. Er ist immer glücklich, immer großzügig und noch wichtiger, er ist nie selbstsüchtig. Er sieht gut aus und ist ein begabter Musiker – sein großes Hobby ist Rockmusik, weil sie so dynamisch ist. Wir gehen oft zusammen auf Gigs aber nächstes Jahr wird er ein Austauschjahr in Vietnam machen und ich weiß schon, dass ich ihn sehr vermissen werde.

Wer ...

1 hat Schwierigkeiten, Freunde zu finden?
2 fühlt sich seit neulich alleine?
3 hat nie die gleichen Interessen mit der anderen Person geteilt?
4 lacht viel mit der anderen Person?
5 teilt dieselben Interessen mit der anderen Person?
6 findet das Aussehen unwichtig?
7 kann mit der anderen Person nicht sprechen?
8 beschreibt eine ältere Person?

miteinander befreundet sein = Freunde sein
großzügig = gern bereit, anderen etwas zu geben
selbstsüchtig = denkt nur an sich selbst

6 lesen **Lies die Kommentare noch mal und beantworte die Fragen.**

1 Warum sind Melina und Jasmin beste Freundinnen?
2 Warum braucht Paula keine beste Freundin?
3 Was findet Kevin bei einem Freund wichtig?
4 Worauf hofft Melina?
5 Warum haben Kevin und Max ein Problem?
6 Warum wird Paula nächstes Jahr traurig sein?

er, sie, es
Der Film ist spannend. — *Er ist spannend.*
Die Musik ist dynamisch. — *Sie ist dynamisch.*
Das Spiel ist toll. — *Es ist toll.*

Possessivadjektive ❯ *Seite* **224**

mein, dein, sein, ihr, unser, euer, ihr and *Ihr* are possessive adjectives and follow the same pattern as the indefinite article *ein*.

	Nominativ	Akkusativ
Mask.	mein (best**er**) Freund	mein**en** (best**en**) Freund
Fem.	mein**e** (best**e**) Freundin	mein**e** (best**e**) Freundin
Neut.	mein (groß**es**) Hobby	mein (groß**es**) Hobby
Pl.	mein**e** (best**en**) Freunde	mein**e** (best**en**) Freunde

Mein bester Freund heißt Tom. Wie heißt deiner?
Sie verbringt ihre Freizeit im Sportzentrum. Wo verbringst du deine?
Mein Hobby ist Lesen. Was ist deins?
Wir sehen unsere Freunde nicht so oft. Wie oft seht ihr eure?

7 hören **Hör zu und mach Notizen. (1–3)**
• wichtige Freunde? • warum befreundet?
• wie lange befreundet? • Probleme?

8 schreiben **Beschreib einen guten Freund oder eine gute Freundin. Wie ist eure Beziehung? Sieh dir Aufgabe 5 zur Hilfe an.**

2 WIR VERSTEHEN UNS GUT …
MANCHMAL!

C4 RELATIONSHIPS WITH FAMILY AND FRIENDS

 1 Hör Thomas zu.
Über wen spricht er?
Wie kommt er mit seinen
Familienmitgliedern aus?
(♥ / ✖)

meine Mutter

meine Tante Martina

mein Vater

meine Oma und mein Opa

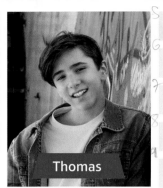

Thomas

mein Onkel Jürgen

mein Cousin und meine Cousinen

mein Bruder Timo

meine Schwester Gesine

meine Omi

2 Hör noch mal zu und lies die Sätze. Wer ist das?

1 Ich komme sehr gut mit dieser Person aus –
wir haben die gleichen Interessen.

2 Ich finde diese Person sehr sympathisch und
ich verstehe mich gut mit ihr.

3 Unsere Beziehung ist gut – diese Person ist
nicht sehr abenteuerlustig, aber seine Fähigkeiten
sind total nützlich.

4 Ich verstehe mich nicht gut mit dieser Person, weil
sie mir auf die Nerven geht!

5 Diese Person ist geduldig und liebt die gleiche
Sportart wie ich! Ich komme gut mit ihr aus.

6 Mit diesen Personen komme ich immer sehr gut
aus, weil wir viel miteinander lachen.

3 Partnerarbeit. Wie kommst du mit deinen
Familienmitgliedern aus?

- ● *Wie ist (dein Bruder / deine Schwester)?*
- ■ *(Mein Bruder) ist …*
- ● *Wie kommst du mit deinem Bruder / deiner
Schwester aus? Warum?*

4 Wähl ein Familienmitglied aus und beschreib
eure Beziehung. Beantworte die Fragen in
Aufgabe 3.

Ich komme gut / nicht so gut mit … aus.

Ich verstehe mich gut / nicht so gut mit …

Ich kann … nicht leiden!

… geht mir auf die Nerven.

Unsere Beziehung ist gut, weil …
er/sie sympathisch / lieb / hilfsbereit / ehrlich / geduldig ist.
er/sie viel Geduld / immer Zeit für mich hat.
er/sie mich unterstützt.

Unsere Beziehung ist nicht so gut, weil …
er/sie ärgerlich / vorsichtig / nicht hilfsbereit ist.
er/sie nicht viel Geduld / nie Zeit für mich hat.
er/sie mich nicht unterstützt.

---

mit + Dativ
> *Seite* **222**

Mask.	*meinem* Bruder
Fem.	*meiner* Schwester
Neut.	*meinem* Kind
Pl.	*meinen* Kindern

*Er kommt gut mit **seinem** Bruder aus.*
*Sie kommt gut mit **ihrer** Mutter aus.*
*Kommst du gut mit **deinen** Großeltern aus?*

*Dativplural = + –**n**:*
*Ich komme gut mit **meinen** Brüdern aus.*
*Kommst du gut mit **deinen** Onkeln aus?*

A noun can be replaced with a pronoun:

Mask.	*ihm*
Fem.	*ihr*
Neut.	*ihm*
Pl.	*ihnen*

*Er kommt gut mit **ihm** aus.*
*Sie kommt gut mit **ihr** aus.*
*Kommst du gut mit **ihnen** aus?*
*Wir kommen gut **miteinander** aus. / Wir verstehen **uns** gut.*

5 lesen Lies den Artikel und wähl die richtige Antwort aus.

● ● ●

Familien sind kompliziert

Astrid Heberle
Familientherapeutin

Die Beziehungen zwischen Freunden können kompliziert sein, aber die Beziehungen in der Familie sind auch nicht einfach.

Die Eltern arbeiten lange und kommen manchmal nicht gut miteinander aus. Am Abend sind sie oft müde, aber sie müssen ihren Kindern noch bei den Hausaufgaben und der Nachtroutine helfen. Leider wohnt Omi weit weg. Die Kinder finden den Druck an der Schule stressig und sie streiten sich die ganze Zeit.

In der weiteren Familie versteht sich der Onkel mit seinem älteren Bruder nicht so gut, weil sie sich auf die Nerven gehen. Die Tante hat seit Jahren nicht mehr mit ihren beiden Brüdern gesprochen, obwohl man nicht richtig weiß, warum.

Aber sie wissen, dass sie irgendwie zusammen gehören. Familie ist und bleibt Familie. Manchmal hilft der Onkel seiner Schwester finanziell, weil er mehr Geld als sie hat. Sie dankt ihm immer. Obwohl die Brüder nicht miteinander auskommen, gehen sie zusammen zur Geburtstagsparty der Großmutter, weil sie ihre Großmutter lieben.

1 Alle Beziehungen sind manchmal einfach / schwierig / schlecht / glücklich.
2 Die Eltern stehen unter Druck wegen der Arbeit / Geldsorgen / Müdigkeit / Wohnung.
3 In dieser Familie gibt es noch drei / keine / zwei / vier Geschwister.
4 Der ältere Bruder ist eifersüchtig / selbstsüchtig / lustig / großzügig.
5 Das Lieblingsfamilienmitglied ist der Onkel / die Mutter / die Oma / der Opa.

> **heiraten (geheiratet)**
> = ein Paar werden
> **gehören** = zusammenpassen

6 hören Hör zu. Schreib die Tabelle ab und füll sie aus. (1–4)

	beschreibt …	♥ oder ✖	Gründe
1 Melissa			

> **sich streiten** = kämpfen
> **zurzeit** = im Moment
> **die ganze Zeit** = immer

7 sprechen Partnerarbeit. Gibt es Streit in deiner Familie?

● *Streitest du dich mit (deinem Bruder / deiner Schwester)?*
■ *Ja, ich streite mich mit (meiner Schwester) um (die Musik).*
● *Warum?*
■ *(Sie) findet, (meine Musik ist zu laut und die Lieder sind ärgerlich). Das geht mir auf die Nerven! Und du?*

> Listen carefully for qualifiers used to emphasise opinions here: *wohl, richtig, einfach, ja, doch.*

Ich streite mich mit	meinem Bruder / ihm meiner Schwester / ihr meinen Geschwistern / ihnen	um	den Computer. die Kleidung / Musik. das Fernsehen / Tablet. die Freunde.
Wir streiten uns			
Wir haben uns (um …) gestritten.			
Er/Sie findet, Sie finden,	ich verbringe zu viel Zeit mit dem Tablet / am Computer. ich mache nicht genug Hausaufgaben. ich helfe (nie) im Haus / in der Wohnung. ich bin eifersüchtig auf (meine Schwester).		
Er/Sie mag Sie mögen	meine Kleidung / meine Musik / meine Freunde (nicht).		

1 lesen **Lies den Artikel und sieh dir die Bilder an. Was ist die richtige Reihenfolge?**

Wie sieht ein perfekter Sonntag aus?
Maximilian Mennicke (15 J.) aus dem Schwarzwald träumt ...

Es ist ein schöner Morgen, die Sonne scheint. Gemeinsam mit meinen Eltern und meinem Bruder Lukas werde ich auf dem Balkon frühstücken. Lukas und ich haben beide etwas vor. Lukas wird mit unserem Vater zu einem Fußballspiel fahren und danach zu einem Tischtennisturnier. Meine Mutter wird mich zu einem Judowettkampf bringen.

Am Nachmittag werden alle langsam nach Hause kommen. Wir werden vielleicht im Garten eine Wasserschlacht haben. Jeder gegen jeden und alle gegen Papa! Wir werden bestimmt grillen. Lukas wird der Grillmeister sein, denn er macht das so gern.

gemeinsam mit = *zusammen mit*
etwas vorhaben = *etwas planen*

 2 hören **Hör zu. Wer erwähnt das? (1–4)**

Das Futur wiederholen ❯ *Seite 215*

The two ways to express future actions:
- part of the verb *werden* + infinitive:

  *Ich **werde** Zeit mit Freunden **verbringen**.*
- present tense + time phrase such as *morgen, später* or *am Wochenende*:

  ***Später** verbringe ich Zeit mit Freunden.*

3 sprechen **Partnerarbeit. Diskussion: Deine Pläne für nächsten Sonntag.**

- *Was wirst du am Sonntag machen?*
- *Ich werde wahrscheinlich Hausaufgaben machen.*
- *Was, den ganzen Tag?*
- *Nein, ich werde auch …, aber ich werde nicht …*

Ich werde	am Sonntag am Wochenende	bestimmt wahrscheinlich vielleicht nicht	Rad fahren. spazieren gehen. ins Freibad gehen. im Internet surfen / soziale Netzwerke nutzen. Hausaufgaben machen. einkaufen gehen. Zeit mit der Familie / mit Freunden verbringen. grillen.

4 **lesen** Lies die Unterhaltung im Chat und beantworte die Fragen.

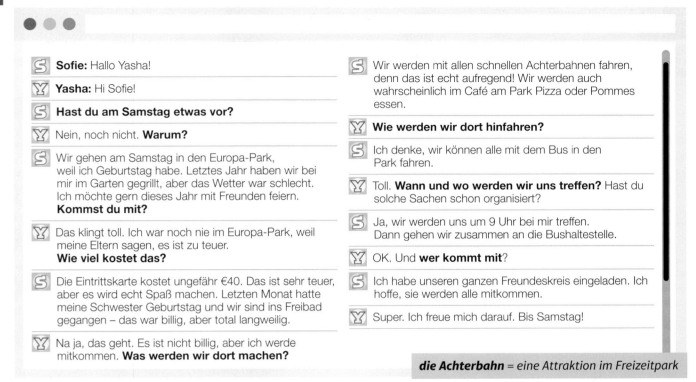

⬤ ⬤ ⬤

Sofie: Hallo Yasha!

Yasha: Hi Sofie!

Hast du am Samstag etwas vor?

Nein, noch nicht. **Warum?**

Wir gehen am Samstag in den Europa-Park, weil ich Geburtstag habe. Letztes Jahr haben wir bei mir im Garten gegrillt, aber das Wetter war schlecht. Ich möchte gern dieses Jahr mit Freunden feiern. **Kommst du mit?**

Das klingt toll. Ich war noch nie im Europa-Park, weil meine Eltern sagen, es ist zu teuer. **Wie viel kostet das?**

Die Eintrittskarte kostet ungefähr €40. Das ist sehr teuer, aber es wird echt Spaß machen. Letzten Monat hatte meine Schwester Geburtstag und wir sind ins Freibad gegangen – das war billig, aber total langweilig.

Na ja, das geht. Es ist nicht billig, aber ich werde mitkommen. **Was werden wir dort machen?**

Wir werden mit allen schnellen Achterbahnen fahren, denn das ist echt aufregend! Wir werden auch wahrscheinlich im Café am Park Pizza oder Pommes essen.

Wie werden wir dort hinfahren?

Ich denke, wir können alle mit dem Bus in den Park fahren.

Toll. **Wann und wo werden wir uns treffen?** Hast du solche Sachen schon organisiert?

Ja, wir werden uns um 9 Uhr bei mir treffen. Dann gehen wir zusammen an die Bushaltestelle.

OK. Und **wer kommt mit**?

Ich habe unseren ganzen Freundeskreis eingeladen. Ich hoffe, sie werden alle mitkommen.

Super. Ich freue mich darauf. Bis Samstag!

die Achterbahn = eine Attraktion im Freizeitpark

1 Was hat Sofie für ihren Geburtstag vor?
2 Wie hat Sofie ihren letzten Geburtstag gefeiert? Wie war das?
3 Warum war Yasha noch nie im Europa-Park?
4 Was möchte Sofie im Europa-Park machen?
5 Wie werden sie in den Park fahren?
6 Wer wird mitkommen?

Wechselpräpositionen (1) ❭ *Seite 222*

After some prepositions, including **in** and **an**, you need to use either the accusative or the dative case depending on whether there is movement involved.

Dativ *Ich bin …*		**Akkusativ** *Ich gehe …*	
Mask.	**im** *(in dem) Park.*	Mask.	*in **den** Park.*
Fem.	*in **der** Schule.*	Fem.	*in **die** Schule.*
Neut.	**im** *(in dem) Freibad.*	Neut.	**ins** *(in das) Freibad.*

- **in** + accusative = movement towards something
- **in** + dative = no movement towards something

 5 **hören** Hör zu. Oskar und Nils machen Pläne. Sieh dir Aufgabe 4 an und beantworte die fett gedruckten Fragen.

 6 **schreiben** Schreib die richtige Form des Wortes in Klammern. Welches Wort war schon richtig?

1 Nächsten Sonntag [werden] meine Freundinnen sich im Park amüsieren.
2 Ich werde in das [neu] Kino gehen.
3 Ich [sein] großer Filmfan und am liebsten sehe ich [spannend] Krimis.
4 Meine Schwester [werden] bald an die [sonnig] Küste fahren.
5 Meine Mutter [lieben] die [groß] Wellen am Strand.

Here it is **an** + accusative, because the person is going TO the coast. They are not there yet!

 7 **sprechen** Partnerarbeit. Rollenspiel: Du machst mit einem Partner / einer Partnerin Pläne für nächsten Samstag. Benutz die Fragen aus Aufgabe 4.

1 *lesen* Lies die Diskussion in den sozialen Netzwerken. Welches Wort passt in welche Lücke? Manche Wörter brauchst du nicht.

Anita

Gandhi ist ein **1** ————, der für viele Leute ein großes Vorbild ist. Sein Verhalten inspiriert mich, weil er sich für soziale **2** ———— interessiert hat. Ich finde ihn so ein gutes Vorbild, denn er hat in seinem Leben vielen Leuten **3** ————, und was mir am wichtigsten ist, er war immer gegen Gewalt. Ich habe vor ihm viel Respekt.

das Verhalten = wie man sich benimmt
die Gewalt = Brutalität

Alina

Emma Watson ist ein Vorbild für mich. Sie ist eine Frau, die sowohl berühmt als auch **4** ———— ist, und ich bewundere sie. Obwohl Emma schon als **5** ———— Mädchen Schauspielerin war, war ihr die Schule auch sehr wichtig. Ich finde sie total beeindruckend und begabt und sie hilft mir in meinem Leben, weil ich sie nachmachen möchte. Ich möchte nämlich eine erfolgreiche **6** ———— und gute Studentin sein.

Elias

Ich habe mehrere **7** ————, weil ich die Mitglieder vom THW (Technisches Hilfswerk) wirklich bewundere. Sie sind alle tolle Vorbilder, die viel helfen. Meine Freunde und ich sind Mitglieder der THW-Jugend und das THW **8** ———— uns, weil es Menschen in Not unterstützt. Letztes Jahr haben wir einige Mitglieder beim Training getroffen und sie haben **9** ———— stark beeinflusst. Nächstes Jahr werden wir mit ihnen ein Hilfsprojekt für Flüchtlinge organisieren.

ein Mitglied(-er) = jemand, der zu einer Organisation gehört
der Flüchtling(-e) = jemand, der aus seinem Land flieht

---

a uns	**j** Vorbilder		
b selbstsüchtig	**k** gedankt		
c geholfen	**l** Modells		
d stört	**m** Junge		
e junges	**n** beeinflusst		
f Mann	**o** großes		
g intelligent	**p** Schauspielerin		
h niemanden	**q** Netzwerke		
i Probleme	**r** Schauspieler		

Some verbs such as **helfen**, **geben** and **danken** always take the dative:

*Sie hilft **mir** in meinem Leben. Er gibt **ihr** oft Geschenke. Ich danke **dir**!*

Pronomen
> Seite **220**

Relativpronomen

Mask.	*Ein Mann, **der** berühmt ist.*
Fem.	*Eine Frau, **die** intelligent ist.*
Neut.	*Ein Tier, **das** lieb ist.*
Pl.	*Leute, **die** hilfsbereit sind.*

Pronomen
Pronouns (*ich, du, er/sie/es, …*) change depending on which case they are in:

Nom.	*Er ist mein Vorbild.*
Akk.	*Ich finde **ihn** ein gutes Vorbild.*
Dat.	*Soziale Probleme sind **ihm** wichtig.*

Nominativ	Akkusativ	Dativ
ich	mich	mir
du	dich	dir
er	ihn	ihm
sie	sie	ihr
es	es	ihm
wir	uns	uns
ihr	euch	euch
Sie/sie	Sie/sie	Ihnen/ihnen

---

2 *hören* Hör zu. Schreib die Tabelle ab und füll sie aus. (1–5)

	Vorbild	Gründe
1	Usain Bolt	berühmter Sportler

3 *sprechen* Partnerarbeit. Diskussion: Vorbilder.

● *Wer ist ein Vorbild für dich?*
■ *… ist mein großes Vorbild. Er/Sie beinflusst mich, weil …*

4 hören Hör das Radioprogramm an. Wo finden Jugendliche ihre Vorbilder heute? Was ist die richtige Reihenfolge?

die Pfadfinder = eine Freizeitorganisation für Kinder und Jugendliche

| **a** in der Gesellschaft | **b** beim Sport | **c** in den Medien |

5 hören Hör noch mal zu. Schreib alle Arten von Vorbildern auf.

Beispiel: berühmte Leute, …

6 lesen Lies die Forumbeiträge. Wer meint oder sagt das? Es können auch mehrere Personen oder keine Person sein.

Vorbilder: Positiver oder negativer Einfluss?

Elsa15

Unsere Schulläuferin Hanna Gels ist mein großes Vorbild, weil sie so eine tolle Sportlerin ist. Ich bewundere sie, weil ich auch sportlich bin und ich möchte eines Tages auch so begabt und erfolgreich werden wie sie. Letztes Jahr bin ich mit der Klasse zur Schulleichtathletik-Weltmeisterschaft gefahren – es war ein Event, das mich total beeinflusst hat. Meiner Meinung nach sind Sportler sehr gute Vorbilder, denn sie sind eine Inspiration für die jüngere Generation. Ich weiß jedoch, nicht alle begabten Sportler werden berühmt.

yusuf_21

Für mich sind Vorbilder sehr wichtig, weil sie mir eine Art Orientierungshilfe geben. Manche Leute suchen ihre Vorbilder in den Medien oder in der Politik, aber ich habe kein berühmtes Vorbild – ich finde das unnötig. Ich glaube, ein Vorbild ist jemand, der Zeit für mich hat und jemand, der immer ehrlich ist. Das ist mir am wichtigsten. Mein Volleyballtrainer ist mein großes Vorbild, weil er vielen Leuten hilft. Ich werde immer viel Respekt vor ihm haben.

laufsteg_1

Ob jemand berühmt ist oder nicht, das macht nichts. Ich brauche keine Vorbilder – ich lebe für mich und ich habe meinen eigenen Stil. In Zukunft möchte ich Model werden, aber ich glaube, berühmte Models sind keine guten Vorbilder, und sie haben oft einen sehr negativen Einfluss auf junge Leute. Manchmal sind Models nicht gesund – ich finde sie oft zu dünn oder vielleicht sind sie sehr selbstsüchtig. Jeden Tag gibt es viele Fotos im Internet, die diese Probleme zeigen. Das finde ich gar nicht beeindruckend.

Wer …

1 hat ein Vorbild, das nicht berühmt ist?
2 strebt danach, in Zukunft wie das Vorbild zu sein?
3 bespricht die Nachteile der Vorbilder?
4 meint, Vorbilder sind inspirierend für junge Leute?
5 hat ein sportliches Vorbild?
6 meint, ein Vorbild muss ehrlich sein?
7 findet Onlinebilder unrealistisch und dumm?
8 hat ein politisches Vorbild?

To say that you respect somebody, use *Ich habe Respekt vor* + dative.
Ich strebe nach + dative means you aspire to somebody / something.

7 schreiben Schreib einen Text über Vorbilder für deine Schulwebseite.

• Hast du ein Vorbild? Warum / Warum nicht?
• Beschreib dein Vorbild.
• Ist es dir wichtig, ob ein Vorbild berühmt ist?
• Sind Vorbilder deiner Meinung nach ein positiver oder ein negativer Einfluss?

Eine Meinung äußern

Meiner Meinung nach …
Für mich …
Ich finde / meine / denke, …

1 *lesen* **Lies die Berichte. Wer meint oder sagt das? Es können auch mehrere Personen oder keine Person sein.**

Mia
Als ich ein Kind war, war das Leben ziemlich schwer. Mutti war oft krank, deshalb musste ich ihr immer zu Hause helfen. Ich musste zum Beispiel meinen Bruder in die Schule bringen, alleine einkaufen gehen und zu Hause kochen. Ich konnte nach der Schule nie Zeit mit Freunden verbringen und ich durfte niemanden zu mir nach Hause einladen. Heutzutage muss ich viel weniger machen, weil meine Oma bei uns wohnt und mich unterstützt. Ich will mich in Zukunft mehr auf mich konzentrieren und nicht nur auf die Familie.

Leon
Mit zehn Jahren durfte ich nicht alleine in die Schule gehen, obwohl die meisten anderen Kinder in meiner Klasse alleine gehen durften. Mein Zwilling und ich mussten mit Vati mit dem Auto hinfahren und das war so unfair! Im Moment ist es besser, denn ich darf samstags mit meinen Freunden in die Stadt gehen, aber ich muss um 21 Uhr nach Hause kommen und das finde ich zu früh. Ich will länger ausgehen – ich bin doch kein Kind mehr!

Julian
Früher konnte ich immer am Wochenende meine Hausaufgaben machen. Jetzt bin ich im Orchester und muss am Wochenende Cello spielen; das bedeutet, dass ich während der Woche meine Hausaufgaben machen muss. Ich konnte früher abends klettern oder Volleyball mit meinen Freunden spielen, aber ich habe keine Zeit mehr für diese Sachen. Ich liebe mein Cello, aber es ist mir manchmal ein bisschen zu viel, und ich will eine bessere Balance finden.

Vary your language!

As well as saying *mit zehn Jahren*, you can use *als*, which means 'when' when referring to something in the past.

Als sends the verb to the end of the sentence: *Als ich zehn Jahre alt war* …

If the *als* phrase starts the sentence, the next part has a comma and then the verb: ***Als** ich ein Kind **war**, **war** das Leben schwer.*

niemand = *keine Person*
der Zwilling(e) = *Geschwister mit der gleichen Geburtszeit*

Wer ...
1 fand die frühere Kindheit unfair?
2 musste oft im Haushalt helfen?
3 konnte samstags und sonntags für die Schule arbeiten?
4 musste auf ein Familienmitglied aufpassen?
5 ist mit dem Leben unzufrieden?
6 hat keine Zeit für Freunde?

2 *lesen* **Übersetze einen Bericht aus Aufgabe 1 in deine Sprache.**

3 *hören* **Hör zu. Schreib die Tabelle ab und füll sie aus. (1–5)**

	als Kind	Meinung	jetzt	Meinung
1	mit 4 Jahren – konnte Radfahren	hat ihm gefallen – er konnte draußen mit den Geschwistern spielen		

4 *sprechen* **Partnerarbeit. Diskussion: Dein Leben als Kind und jetzt als Teenager.**

- ● *Wie war deine Kindheit? Was durftest du (nicht) machen?*
- ■ *Als Kind durfte ich …, aber ich durfte nicht … Das war …*
- ● *Und wie ist es jetzt als Teenager?*
- ■ *Jetzt (darf / kann / muss) ich …, aber ich will …*

Modalverben > *Seiten 210, 214*

Use *wollen* and modal verbs *können*, *müssen* and *dürfen* with an infinitive at the end of the sentence or clause:

*Ich **will** eine bessere Balance **finden**.*

ich will	wir wollen
du willst	ihr wollt
er/sie/es/man will	Sie/sie wollen

Modalverben (Imperfekt)

To talk about the past, use the imperfect tense of modal verbs. Remove the *–en* from the infinitive (and the umlaut, if there is one) and add these endings:

ich muss**te**	wir muss**ten**
du muss**test**	ihr muss**tet**
er/sie/es muss**te**	Sie/sie muss**ten**

*Wir **mussten** Hausaufgaben **machen**.*
*Er **durfte nicht** alleine in die Schule **gehen**.*

5 lesen **Lies Darios Biografie. Welcher Titel (a–e) passt zu welchem Absatz (1–5)?**

Dario: Mein Leben

1 Mit zehn Jahren habe ich die Schule gewechselt und ich musste aufs Gymnasium gehen. Als Kind war ich sehr schüchtern, weil viele andere Schüler älter waren als ich. Ich finde, ich habe noch wie ein kleines Kind ausgesehen. Ich hatte lange, dunkle Haare wie mein Vorbild (der Musiker Bob Marley), denn ich wollte genauso aussehen wie er. Er hat mich sehr beeinflusst!

2 Jetzt bin ich älter und erwachsener. Ich habe mir die Haare schneiden lassen und darf meine eigene Kleidung kaufen. Ich habe meinen eigenen Stil und meine eigene Stimme. Ich brauche keine Vorbilder mehr, weil ich selbstsicher bin.

3 Als Kind waren meine besten Freunde Mona und Carsten. Wir waren in der gleichen Klasse und haben alles zusammen gemacht. Wir durften zusammen Radtouren machen oder ins Freibad gehen. Jetzt machen wir ganz wenig, denn Mona und Carsten besuchen jetzt eine neue Schule. Das ist für sie schön, aber für mich nicht, weil sie dort neue Freunde kennengelernt haben.

4 Obwohl ich nicht so viel mit meinen alten Freunden mache, habe ich inzwischen einen neuen Freundeskreis und mache viel mit diesen Freunden. Ich habe viel Freiheit, ich darf zum Beispiel abends ausgehen, ich darf mein Handy so viel benutzen, wie ich will; und ich kann soziale Netzwerke nutzen, ohne dass meine Eltern mich ausschimpfen.

5 Früher habe ich mich oft mit meinen kleinen Schwestern gestritten. Ich konnte sie nicht leiden – sie waren so nervig. Ich musste abends meine Hausaufgaben machen, aber sie wollten immer mit mir spielen. Sie waren unglaublich laut und unartig. Jetzt ist es viel besser, weil sie älter sind. Wir verstehen uns ziemlich gut, aber manchmal gehen sie mir immer noch auf die Nerven! In Zukunft will ich auf die Uni gehen, wo ich mehr Freiheit haben werde. Ich muss aber zuerst fleißig in der Schule lernen und gute Noten bekommen.

> **erwachsen (erwachsener)** = 18+ Jahre alt sein
> **inzwischen** = in der Zwischenzeit
> **ausschimpfen** = sich über etwas beklagen
> **unartig** = unhöflich und wild

a Wir waren früher die besten Freunde
b Familienbeziehungen ändern sich
c Wie ich mich gefühlt habe
d Ich entscheide für mich selbst
e Neue Freundschaften, neue Freiheiten

 6 lesen **Lies Darios Biografie noch mal. Beantworte die Fragen.**

1 Warum hatte Dario lange Haare, als er ein Kind war?
2 Was denkt Dario jetzt über Vorbilder?
3 Wie war Darios Beziehung zu Mona und Carsten früher?
4 Wie ist ihre Beziehung jetzt? Warum?
5 Was darf Dario jetzt machen? (**drei** Details)
6 Warum gab es früher Streit mit Darios Schwestern und wie ist ihre Beziehung jetzt?

 7 hören **Hör zu. Welches Bild ist das? Vergangenheit, Präsens oder Futur? (1–5)**

 8 schreiben **Stell dir vor, du bist jetzt Opa oder Oma. Beschreib dein Leben als Teenager.**

Beispiel: Als ich Teenager war, mussten wir Hausaufgaben auf dem Computer machen! Ich durfte am Wochenende nicht …und ich musste oft … Das war … Ich wollte immer …

1 *lesen* **Lies die Texte und sieh dir die Bilder an. Was passt zusammen?**

1 Frohes Neues Jahr
Silvester ist am 31. Dezember: Man feiert das Ende des alten und den Beginn des neuen Jahres. Es gibt überall Feuerwerke und um Mitternacht sagt man „Prosit Neujahr!".

Der 1. Januar heißt Neujahrstag und ist ein gesetzlicher (offizieller) Feiertag, also ein Tag, an dem man nicht arbeitet, auch wenn es normalerweise ein Arbeitstag ist.

2 Karneval!
Die offizielle Saison für den Karneval beginnt am 11.11. um 11:11 Uhr, weil die Zahl 11 eine gute Zahl ist. Der richtige Karneval findet im Februar statt. Eine Woche lang feiert man mit Festzügen, Musik, Tanz, tollen Kostümen und viel, viel Spaß. Klasse!

3 Frohe Ostern!
Zu Ostern bringt der Osterhase bunte Ostereier und man isst viel Schokolade! Karfreitag und Ostermontag sind gesetzliche Feiertage im März oder April.

4 Der Maitag
Der 1. Mai, der Tag der Arbeit, ist auch ein gesetzlicher Feiertag. Politische Organisationen organisieren oft Proteste, aber die meisten Arbeiter ruhen sich aus oder verbringen Zeit mit der Familie. Es gibt viele Volksfeste, manchmal mit einem Maibaum.

5 Überall Volksfeste
Im ganzen Jahr gibt es regionale Volksfeste. Das größte und berühmteste ist das Münchner Oktoberfest, aber es gibt auch große und kleine Feste, Schützenfeste, Kirmessen und Feten überall in Deutschland. Es gibt viele Gründe zum Feiern!

6 Die Mauer fällt!
Von 1949 bis 1990 war Deutschland in die DDR und die BRD geteilt. Am 3. Oktober feiert man die Wiedervereinigung Deutschlands mit dem Tag der Deutschen Einheit. An diesem gesetzlichen Feiertag gibt es Reden, Feste und Konzerte.

7 Fröhliche Weihnachten!
Die Weihnachtszeit beginnt mit dem Advent. Am Nikolaustag, dem 6. Dezember, bekommen die guten Kinder kleine Geschenke. Der 24. Dezember heißt Heiligabend: am Abend hat man das Weihnachtsessen und man tauscht die Geschenke unter dem Weihnachtsbaum aus.

sich ausruhen = *chillen, relaxen*
austauschen = *einander geben*

2 *lesen* **Lies die Texte noch mal. Welches Fest oder welche Feste (1–7) beschreibt man?**

1 Es gibt einen Baum.
2 Man muss an diesem Tag nicht arbeiten.
3 Es findet im zweiten Monat des Jahres statt.
4 Jede Region feiert anders.
5 Es hat nichts mit Religion zu tun.
6 Es ist ein politisches Fest.
7 Geschenke gehören dazu.
8 Es gibt bunte Lichter am Himmel.

3 *hören* **Hör zu. Schreib die Tabelle ab und füll sie aus. (1–6)**

	Event	Datum	Feiern
1	Weihnachten	24/12	mit Großeltern

Listening for dates:
- 'on' a date is **am …**
- ordinal numbers up to 19th (**19.**) end in **–ten**
- ordinal numbers 20th (**20.**) and higher end in **–sten**.
E.g. **am elften** November, **am einunddreißigsten** Dezember

4 lesen **Lies Ninas Bericht und wähl die richtige Antwort aus.**

Die Vorweihnachtszeit kann voller Stress sein und die Kaufhäuser mit ihrem Schoko-Nikolaus-Kommerz gehen mir schon seit September auf die Nerven, also freue ich mich jedes Jahr auf den Weihnachtsmarkt.

Anfang Dezember bin ich auf den berühmten Nürnberger Christkindlesmarkt gegangen. Das war für mich der Höhepunkt des Jahres. Es waren unheimlich viele Leute auf dem Markt, aber die Stimmung war super, denn es hat geschneit.

Wenn man auf einem Markt ankommt, merkt man sofort, wie gut es riecht: Zimt und Orangen im Kinderpunsch, kandierte Äpfel, geröstete Mandeln und Maronen, heiße Waffeln, Bratwürste – mmm, lecker! Ich habe einen sehr großen Nürnberger Lebkuchen gegessen – das ist eine Spezialität der Region.

An den vielen Ständen kann man auch zahlreiche Geschenke kaufen. Es gibt Spielzeug aus Holz, Weihnachtsschmuck, Kerzen – alles Mögliche! Ich habe mir eine neue Wollmütze und eine Holzfigur gekauft, aber das meiste Geld habe ich für Essen ausgegeben! Am Ende des Tages war ich völlig satt.

1 Nina meint, die Weihnachtstage sind echt toll / positiv und negativ / total schrecklich.
2 In Nürnberg war das Wetter kalt / heiß / sonnig.
3 Auf dem Markt gab es Kleider / Obst / Trommeln.
4 Auf dem Markt hat Nina viel Geld für das Essen / die Kleidung / das Geschenk ausgegeben.
5 Nina hat ein Spielzeug / Instrument / Kleidungsstück gekauft.

unheimlich viele = *irrsinnig viele*
zahlreich = *mehrere*
aus Holz = *aus Material vom Baum*

To say 'of the', use **der** for feminine nouns. Use **des** for masculine and neuter nouns and also add **–(e)s** to the noun. This is known as the genitive case.

Find these phrases in the text and use the context to translate them.

*eine Spezialität **der** Region*
*am Ende **des** Tages*
*der Höhepunkt **des** Jahres*

Zeitformen benutzen
> Seiten **208–215**

The texts on these pages contain information about the present, past and future. Here are some verbs you might use in the context of festivals and celebrations.

Infinitiv	das Präsens	die Vergangenheit (das Perfekt)	das Futur	das Konditional
feiern	ich feiere	ich habe … gefeiert	ich werde … feiern	ich würde … feiern
essen	ich esse	ich habe … gegessen	ich werde … essen	ich würde … essen
gehen	ich gehe	ich bin … gegangen	ich werde … gehen	ich würde … gehen

Remember also the imperfect tense verbs: *ich hatte, es war, es gab.*

5 hören **Hör Sara zu. Über welches Fest spricht sie? Welcher Zeitpunkt ist das? Mach Notizen über jedes Fest. (1–4)**

Vergangenheit	Präsens	Konditional	Futur

6 schreiben **Schreib einen Bericht über ein Fest in den letzten Monaten.**

- Was war das?
- Wo hast du gefeiert? Warum?
- Was hast du gemacht?
- Wie war das?
- Machst du das jedes Jahr?
- Wirst du das nächstes Jahr machen?
- Würdest du gern auf ein anderes Fest gehen? Welches?

Be sure to include at least one example of each tense.

Use the texts on these pages to help you.

EXAM PRACTICE: LISTENING

C PERSONAL LIFE AND RELATIONSHIPS
C4 RELATIONSHIPS WITH FAMILY AND FRIENDS
C5 CHILDHOOD
E SOCIAL ACTIVITIES, FITNESS AND HEALTH
E2 HOBBIES, INTERESTS, SPORTS AND EXERCISE

CRITICAL THINKING ADAPTABILITY

Organisation „Kinder und Jugendliche – Hilfs-Aktionen"

1 Was hört man im Bericht? Schreib den richtigen Buchstaben auf.

A Geld	**B** heute	**C** leicht
D Beziehungsprobleme	**E** möglich	**F** kleine Kinder
G Schüler(innen)	**H** sprechen	**I** stellen
J keine Geduld	**K** Unterstützung	**L** Zukunftschancen
M in Zukunft		

Beispiel: Viele junge Leute brauchen ⎯ B ⎯ Hilfe.

a Die Organisation unterstützt ⎯⎯ .
b Die Helfer in der Organisation ⎯⎯ mit Jugendlichen.
c Die Jugendlichen brauchen ⎯⎯ .
d Für manche Jugendliche ist es nicht ⎯⎯ , mit einem Lehrer zu sprechen.
e Junge Menschen haben oft ⎯⎯ .
f Das Hauptziel ist, gute ⎯⎯ zu haben.

EXAM SKILLS

Read your answers several times to make sure they make sense in the context of the sentence.

(Total for Question 1 = 6 marks)

INTERPRETATION DECISION MAKING

Ein Austausch

2 Hör zu. Wer sagt das? Lena (L), Mehmet (M) oder Lena und Mehmet (L+M)? Kreis die richtige Antwort an.

Beispiel: Meine Eltern erlauben mir, den Austausch zu machen. (L)/ M / L+M

a Meine Mutter hat einen Austausch gemacht.   L / M / L+M
b Ich muss ein Formular ausfüllen.   L / M / L+M
c Ich habe meine Familie nicht beschrieben.   L / M / L+M
d Ich treibe gern Sport.   L / M / L+M
e Ich mag nicht zu Hause sitzen.   L / M / L+M
f Mein Austauschpartner soll ähnliche Interessen haben.   L / M / L+M

(Total for Question 2 = 6 marks)

INTERPRETATION ANALYSIS

Familienbeziehungen

3 Hör zu. Mach Notizen über das Problem in der Familie. Schreib die Tabelle ab und füll sie <u>auf Deutsch</u> aus.

Beispiel: Name der Frau Doktor: Jansen

a Wer streitet: ⎯⎯   (1)
b Wie Frau Doktor das sieht: ⎯⎯   (1)
c Warum wohl vorteilhaft: ⎯⎯   (1)
d Problem für wen: ⎯⎯   (1)
e Was für Kinder wichtig ist: ⎯⎯   (1)
f Wie die Zukunft wird: ⎯⎯   (1)

(Total for Question 3 = 6 marks)

EXAM PRACTICE: READING

Frankfurts arme Kinder

1 Lies den Bericht über Kinderarmut in Frankfurt.

Wenn er groß ist, möchte Lukas Rechtsanwalt werden. Der Neunjährige ist in Frankfurt/Oder aufgewachsen, tief im Osten Deutschlands, zwischen Einkaufszentren und Hochhäusern. Er hat eine Schwester und drei Brüder, seine Mutter ist arbeitslos. Für sich und ihre Kinder bekommt sie das Arbeitslosengeld. Viel ist das nicht: Für Lukas' Mahlzeiten dürfte sie 5 Euro am Tag ausgeben, in Frankfurt bekommt man dafür ungefähr ein Hähnchenschnitzel, einen Apfel und eine Flasche Cola.

Lukas zählt zu der knappen Hälfte aller Kinder in Frankfurt, die armutsgefährdet sind. Der Junge mit hellblondem Haar und strahlendem Lächeln hungert nicht, er hat ein Dach über dem Kopf, aber was für andere Kinder in seinem Alter selbstverständlich ist, kann er gar nicht: ins Sportzentrum gehen, Urlaub machen, teure Kleidung bekommen. Aber Lukas möchte sein Leben nicht ändern.

EXAM SKILLS

Don't worry if you can't understand all the words in a text. Look for the words which you recognise and you can often make a sensible guess about others.

Mach Notizen. Schreib die Tabelle ab und füll sie <u>auf Deutsch</u> aus, oder benutz Zahlen.

Beispiel: Lukas' Wunschberuf: Rechtsanwalt

a	Lukas' Alter: _____	**(1)**
b	Wohnort: _____	**(1)**
c	Geschwister: _____	**(2)**
d	Arbeit der Mutter: _____	**(1)**
e	Geld fürs tägliche Essen: _____	**(1)**
f	Prozentzahl der Frankfurter Kinder in Armut: _____	**(1)**
g	Lukas' Haarfarbe: _____	**(1)**
h	Wie oft Lukas ins Sportzentrum geht: _____	**(1)**
i	Lukas' Meinung zu seinem Leben: _____	**(1)**

(Total for Question 1 = 10 marks)

Freunde

2 Wer sagt das? P (Pauline), R (Raphael) oder T (Theresa)? Schreib die richtigen <u>acht</u> Buchstaben. Vorsicht! Einige Antworten gibt vielleicht keine oder mehr als eine Person.

Beispiel: Ich wohne in Dortmund. R

Brauchen alle jungen Menschen Freunde?

Pauline Schäfer aus Rostock sagt: „Ich habe seit Jahren eine beste Freundin. Wir können über alles reden und streiten uns nie. Ich hoffe, wir werden immer die besten Freundinnen bleiben."

Raphael Stein aus Dortmund erzählt: „Freunde sind mir nicht sonderlich wichtig, weil mir die Familie wichtiger ist. Ich weiß, dass meine Eltern immer für mich da sein werden und nur das Beste für mich wollen. Sie haben viel Geduld und sind nicht besonders streng. Wir kommen immer toll miteinander aus."

Theresa Haas aus Salzburg hatte früher einen großen Freundeskreis, obwohl es ihr jetzt lieber ist, Zeit mit ihrer besten Freundin zu verbringen, weil sie die gleichen Interessen haben und es Spaß macht, zusammen auszugehen. Das, findet sie, sind die Gründe, warum man miteinander befreundet sein soll.

a Freunde müssen Freizeitaktivitäten zusammen machen. _____

b Ich habe eine beste Freundin. _____

c Familienbeziehungen sind am wichtigsten. _____

d Zeit mit nur einer Freundin ist das Beste. _____

e Meine Eltern mögen meine Freunde nicht. _____

f Zwischen uns gibt es gar keinen Streit. _____

g Ich will niemals meine beste Freundin verlieren.

_____

(Total for Question 2 = 8 marks)

EXAM PREPARATION: WRITING

 1 **Lies die lange Schreibaufgabe. Notiere für jeden der vier Punkte:**
- welche Zeitform und welche andere Strukturen du benutzen sollst
- weitere Einzelheiten, die die Antwort verbessern.

Gute Freunde sein

Schreib einen Bericht für die Schülerzeitung über Freundschaften und warum Freunde so wichtig sind.

Du musst Folgendes erwähnen:
- warum Freunde wichtig sind
- wie du deine Freunde kennengelernt hast
- die Vor- und Nachteile von einem besten Freund / einer besten Freundin
- wie du in Zukunft deine Freundschaften verbessern wirst.

Schreib zwischen 130–150 Wörter **auf Deutsch**.

(Total = 20 marks)

---

 2 **Lies Bens Antwort und beantworte die Fragen.**

SAMPLE ANSWER

Für mich sind gute Freunde sehr wichtig, weil es Spaß macht, mit Freunden Zeit zu verbringen. Und wenn *man sich gut versteht* und die gleichen Interessen hat, kann man viele Aktivitäten zusammen machen.

Ich habe einen sehr großen *Freundeskreis* und auch einen besten Freund, Mirko, der sechzehn Jahre alt ist. Er ist intelligent und lustig. Wir kennen uns *seit der Grundschule*. Als wir in die Schule gekommen sind, waren wir in der gleichen Klasse. Am Anfang habe ich ihn sehr nervig gefunden, aber jetzt *kommen wir sehr gut miteinander aus*.

Mirko *hilft mir und unterstützt mich*. Das sind für mich die Vorteile von unserer Freundschaft. Es gibt aber auch einen Nachteil. Manchmal ist Mirko etwas *eifersüchtig*, weil ich ein guter Schwimmer im Verein bin und nicht immer Zeit habe.

Ich hoffe, wir werden *immer gute Freunde bleiben*. Ich möchte ein guter Freund sein und immer *in Kontakt bleiben*.

(148 Wörter)

a Was bedeuten die *kursiv gedruckten* Ausdrücke?

b Finde mit Hilfe vom Answer Booster **acht** Beispiele von Wörtern und Ausdrücken, die Ben benutzt, um seine Antwort zu verbessern.

---

3 **Schreib jetzt deine Antwort auf die lange Schreibaufgabe auf der nächsten Seite. Denk an den Answer Booster.**

EXAM SKILLS

Try to adapt words and phrases from the sample answer in order to use them in your own work.

EXAM PRACTICE: WRITING

Long writing task

Familie

Schreib einen Bericht über deine Familie.
Du musst Folgendes erwähnen:

- Details von deiner Familie
- deine Erinnerungen an deine Kindheit in der Familie
- die Vor- und Nachteile vom Familienleben
- wie du in Zukunft Harmonie in der Familie haben wirst.

Schreib zwischen 130–150 Wörter **auf Deutsch**.
(Total = 20 marks)

EXAM SKILLS

Justify your ideas and opinions. For example, use *weil* or *denn* to explain **why** you are saying something. Give examples too of what you mean, e.g. *Er unterstützt mich, zum Beispiel wenn ich Probleme habe.*

EXAM SKILLS

Always read your work back, checking it for accuracy. You can take each grammatical point in turn, e.g. check all the verb endings, then word order, then capital letters, and so on.

Grammar

Schreib die Form des Wortes (a)–(j), damit das Wort im Satz richtig ist. Vorsicht! Es ist nicht immer nötig, die Form in Klammern zu ändern.

Ein Familienwochenende

(a) [letzt] Wochenende **(b) [sein]** ich mit meinen Eltern in die Stadt **(c) [fahren]**. Zuerst sind wir in **(d) [der]** Park gegangen, wo wir einen Spaziergang machten und die Enten fütterten. Wir haben **(e) [mein]** Tante und meinen Cousin getroffen. Mein Cousin ist sehr **(f) [groß]** und hat **(g) [blond]** Haare. Mama ist mit Tante Marta einkaufen **(h) [gehen]**, bevor wir zu Mittag ein **(i) [wunderbar]** Essen in einem Restaurant gegessen haben. Nächste Woche **(j) [werden]** mein Opa uns besuchen. Ich hoffe, dass wir nochmal in die Stadt gehen, um einkaufen zu gehen.
(Total = 10 marks)

Answer Booster	Aiming for a solid level	Aiming higher	Aiming for the top
Verbs	**Different tenses (past, present and future):** *versteht, habe … gefunden, werden … bleiben*	**Different persons of the verb** **Separable verbs:** *auskommen, einkaufen* **Reflexive verbs:** *sich verstehen, sich kennen, sich streiten* **Modal verbs:** *müssen, können, sollen*	*seit* **+ the present tense:** *seit der Grundschule* **Modal verbs in the imperfect:** *ich musste* **Conditional:** *ich würde*
Opinions and reasons	*weil / denn* *ich glaube* *ich denke* *ich finde*	**Add more variety:** *für mich* *meiner Meinung nach* *ich hoffe*	**Expressions:** *Ich bin der Meinung / Ansicht, dass …* *Am besten ist es …* *das macht Spaß, alles in allem, auf jeden Fall, natürlich*
Conjunctions	*und, aber, oder, denn*	*weil …* *wenn man …, kann man*	**Different tenses:** *als ich jünger war …, als wir in die Schule gekommen sind*
Other features	**Negatives:** *nicht, kein* **Adverbs of time:** *manchmal, oft, früher, am Anfang*	**Prepositions with the accusative and the dative:** *ins Kino, neben der Mutter, auf dem Tisch* **Dative plural endings:** *mit Freunden*	**Adjectives:** *eifersüchtig* **Declined adjectives:** *einen besten Freund, in der gleichen Klasse* **Varying your range of vocabulary:** *gut miteinander auskommen, viel gemeinsam haben* **Pronouns:** *ich kann ihn nicht leiden* **Word order (inversion):** *zuerst sind wir …*

EXAM PREPARATION: SPEAKING

Picture-based discussion

1 *hören* **Sieh dir Bild 1 und die Fragen auf der nächsten Seite an. Dann hör dir Bonnies Antwort auf Frage 1 an.**

a Notiere mit Hilfe vom Answer Booster **fünf** Ausdrücke, die Bonnie benutzt, um zu beschreiben, wo etwas auf dem Bild ist.

b Welche Ideen hat Bonnie? Wie rechtfertigt sie sie?

2 *hören* **Hör dir Bonnies Antwort auf Frage 2 an.**

a Notiere **fünf** Adjektive mit einer Endung, die Bonnie in ihrer Antwort benutzt.

b Was heißt vielleicht „sie lachen ihn alle an"?

3 *hören* **Hör dir Bonnies Antwort auf Frage 3 an.**

a Notiere mit Hilfe vom Answer Booster **drei** Ausdrücke, die Bonnie benutzt, um ihre Meinung zu sagen.

b Die Antwort auf diese Frage braucht Verben in der Vergangenheit. Wie viele kannst du notieren?

4 *hören* **Hör dir Bonnies Antwort auf Frage 4 an und füll die Lücken aus.**

Ich **a** ⎯⎯ , es gibt positive und auch negative Punkte. Auf der einen Seite ist es gut, **b** ⎯⎯ zu haben, denn man kann zusammen spielen, und wenn man Probleme hat, kann man sie miteinander **c** ⎯⎯ . Ich habe eine ältere Schwester und sie **d** ⎯⎯ mir sehr viel mit meinen Hausaufgaben. Auf der anderen Seite kann es **e** ⎯⎯ sein, Geschwister zu haben. Ich mag es nicht so, mein **f** ⎯⎯ zu teilen.

5 *hören* **Hör dir Bonnies Antwort auf Frage 5 an. Was heißt „je mehr … desto besser" und „viel gemeinsam haben"?**

6 *sprechen* **Sieh dir Bild 2 und die Fragen auf der nächsten Seite an. Beantworte die Fragen für dich.**

General conversation

1 *hören* **Lies die Fragen auf der nächsten Seite. Hör dir Arturs Antwort auf Frage 1 an.**

a Notiere, in welcher Reihenfolge Artur Folgendes erwähnt:

i was Artur und Anthony letztes Wochende gemacht haben

ii wann Artur und Anthony sich treffen

iii Beschreibung von Anthony

iv was Artur und Anthony nächstes Wochenende machen

v was Artur mit seinen Brüdern gemacht hat

b Notiere **vier** Zeitausdrücke, die Artur benutzt.

2 *hören* **Hör dir Arturs Antwort auf Frage 2 an. Welche „versteckten" Fragen beantwortet Artur, um seine Antwort zu entwickeln? Notiere sie.**

3 *hören* **Hör dir Arturs Antwort auf Frage 3 an. Notiere mit Hilfe vom Answer Booster <u>sechs</u> Ausdrücke, die Artur benutzt, um seine Antwort zu verbessern.**

4 *sprechen* **Lies Fragen 4–6 auf der nächsten Seite und beantworte sie für dich.**

EXAM PRACTICE: SPEAKING

Task A Picture-based discussion
Photo 1
C4 Relationships with family and friends

1 Beschreib mir bitte das Bild.
2 Kannst du bitte den Vater hier rechts beschreiben?
3 Was hat die Familie wohl früher am Tag gemacht?
4 Inwiefern ist es ein Vorteil, wenn man Geschwister hat?
5 Was ist für dich eine ideale Familie?

> **EXAM SKILLS**
>
> Listen carefully to your teacher or the examiner and be sure that you have understood the question correctly. Be sure to respond in the correct tense.

Photo 2
C4 Relationships with family and friends
E1 Special occasions

1 Erzähl mir etwas über dieses Bild.
2 Beschreib mir bitte die Oma in der Mitte.
3 Was wird die Familie wohl nach dem Essen machen?
4 Wie hast du das letzte Fest in deinem Land gefeiert?
5 Inwiefern ist es gut, Feste mit der Familie zu feiern?

(Total for Task A = 12 marks)

Task B/C General conversation

1 Hast du einen guten Freund / eine gute Freundin?
2 Wie hast du deinen letzten Geburtstag gefeiert?
3 Streitest du manchmal mit deinen Freunden?
4 Hast du Geschwister? Wie verstehst du dich mit ihnen?
5 Beschreib mir ein Familienmitglied.
6 Wie möchtest du das nächste große Fest in deinem Land feiern?

(Total for Task B/C = 28 marks)

> **EXAM SKILLS**
>
> Use as many tenses as you can when answering the questions, as this is something the examiner will want to assess.
> For example, in question 4 of the general conversation questions, you may also talk about what you **did** recently with your brothers and sisters. If you are an only child, you might want to say what you **would do** if you had a brother or sister.

WÖRTER

Charaktereigenschaften	Personal characteristics	langweilig	boring
Er/Sie ist ...	He/She is ...	locker	laid-back
abenteuerlustig	adventurous	lustig	funny
aktiv	active	modisch	fashionable
cool	cool	nett	nice
dynamisch	dynamic	originell	original
fleißig	hard-working	selbstsicher	self-confident
freundlich	friendly	sportlich	sporty
intelligent	intelligent	unartig	naughty
klug	clever	unterhaltsam	entertaining
kreativ	creative		

Aussehen	Appearance		
Sie hat (braune) Haare.	She has (brown) hair.	hell	light
blond	blonde	Er/Sie hat (blaue) Augen.	He/She has (blue) eyes.
braun	brown	Er/Sie trägt ...	He/She wears ...
grau	grey	eine Brille	glasses
schwarz	black	eine Sonnenbrille	sunglasses
rotbraun	auburn	Er hat einen Bart.	He has a beard.
kurz	short	Sie hat Sommersprossen.	She has freckles.
lang	long	Er/Sie ist ...	He/She is ...
glatt	straight	hübsch	pretty
dunkel	dark	schlank	slim

Wie ist ein guter Freund / eine gute Freundin?	What makes a good friend?		
Ein guter Freund / Eine gute Freundin ...	A good friend ...	Das ist für mich ...	That is ... to me.
		(nicht) wichtig	(not) important
hat immer Zeit für mich	always has time for me	wichtiger	more important
ist sympathisch	is nice	am wichtigsten	most important
unterstützt mich immer	always supports me	Wir sind miteinander befreundet, weil ...	We are friends with each other because ...
muss hilfsbereit / ehrlich sein	must be helpful / honest		
darf nie auf andere Freunde eifersüchtig sein	may never be jealous of other friends	wir die gleichen Interessen haben	we have the same interests
muss viel Geduld haben	must have lots of patience	wir viel zusammen lachen	we laugh a lot together
kann mit mir über alles reden	can talk to me about everything	wir über alles reden können	we can talk about everything
hat die gleichen Interessen	has the same interests	Wir haben uns (in der Grundschule) kennengelernt.	We met (at primary school).
sieht gut aus	looks good		

Beziehungen	Relationships		
Ich komme (nicht so) gut mit ... aus.	I (don't) get on (so) well with ...	Ich streite mich mit ...	I argue with ...
Ich verstehe mich (nicht so) gut mit ...	I (don't) get on (so) well with ...	meinem Bruder / ihm	my brother / him
Ich kann ihn/sie nicht leiden!	I can't stand him/her!	meiner Schwester / ihr	my sister / her
Er/Sie geht mir auf die Nerven.	He/She gets on my nerves.	meinen Geschwistern / ihnen	my brothers and sisters / them
Unsere Beziehung ist (nicht so) gut, ... weil er/sie ... ist	Our relationship is (not so) good... because he/she is ...	Wir streiten uns um ...	We argue about ...
		den Computer	the computer
toll	great	die Kleidung	clothes
sympathisch	nice	das Tablet	the tablet PC
lieb	kind	die Musik	music
hilfsbereit	helpful	die Freunde	friends
ehrlich	honest	Wir haben uns um ... gestritten.	We argued about ...
ärgerlich	annoying	Er/Sie findet, ...	He/She thinks ...
(zu) vorsichtig	(too) careful	Sie finden, ...	They think ...
nicht hilfsbereit	not helpful	ich verbringe zu viel Zeit mit dem Tablet / am Computer	I spend too much time on my tablet PC / on the computer
weil er/sie (viel / keine) Geduld hat	because he/she has (a lot of / no) patience	ich mache nicht genug Hausaufgaben	I don't do enough homework
weil er/sie (immer / nie) Zeit für mich hat	because he/she (always / never) has time for me	ich helfe (nie) zu Hause	I (never) help at home
weil er/sie mich (nicht) unterstützt	because he/she supports me / doesn't support me	ich bin eifersüchtig auf (meinen Bruder / meine Schwester)	I'm jealous of (my brother / my sister)
		Er/Sie mag meine Kleidung nicht.	He/She doesn't like my clothes.
		Sie mögen meine Freunde nicht.	They don't like my friends.

Mein Wochenende / My weekend

Ich werde am Sonntag / am Wochenende …	On Sunday / At the weekend I will …
Rad fahren	go cycling
spazieren gehen	go for a walk
ins Freibad gehen	go to the open-air pool
im Internet surfen	surf the internet
soziale Netzwerke nutzen	use social networks
Hausaufgaben machen	do homework
einkaufen gehen	go shopping
Zeit mit Familie / Freunden verbringen	spend time with family / friends
grillen	have a barbecue
Musik hören	listen to music
einen Film gucken	watch a film
fernsehen	watch TV
bestimmt	definitely
wahrscheinlich	probably
vielleicht	perhaps
nicht	not

Vorbilder / Role models

(Gandhi) ist ein (großes) Vorbild für mich.	(Gandhi) is a (great) role model for me.
Ich habe kein (berühmtes) Vorbild.	I don't have a (famous) role model.
Er/Sie inspiriert mich.	He/She inspires me.
Ich bewundere ihn/sie.	I admire him/her.
Ich habe vor ihm/ihr viel Respekt.	I have a lot of respect for him/her.
Ich strebe danach, immer hilfsbereit zu sein.	I aspire to always be helpful.
Ich finde ihn/sie …	I find him/her …
großzügig	generous
begabt	talented
Sie helfen mir in meinem Leben, weil …	They help me in my life, because …
sie Menschen in Not unterstützen	they support people in need
sie mir eine Art Orientierungshilfe geben	they give me direction in life
sie eine Inspiration für uns sind	they are an inspiration for us
Er/Sie hilft mir in meinem Leben, weil …	He/She helps me in my life, because …
er so ein toller Sportler ist	he's such a great sportsman
er vielen Leuten hilft	he helps many people
… denn …	… because …
er hat sich für soziale Probleme interessiert	he was interested in social problems
er hat in seinem Leben vielen Leuten geholfen	he helped many people in his life
er war immer gegen Gewalt	he was always against violence

Damals und heute / Then and now

Als ich ein Kind war, …	When I was a child …
Mit (zehn) Jahren …	At age (ten) …
Früher …	Before …
war das Leben ziemlich schwer	life was quite hard
war Mutti oft krank	my mum was often ill
musste ich immer zu Hause helfen	I always had to help at home
konnte ich nie Zeit mit Freunden verbringen	I could never spend time with my friends
durfte ich niemanden nach Hause einladen	I was never allowed to invite anybody to my house
durfte ich nicht alleine (zur Schule) gehen	I was not allowed to go (to school) on my own
konnte ich abends schwimmen	I could swim in the evenings
Das war so unfair!	That was so unfair!
Heutzutage muss ich viel weniger machen.	Nowadays I have to do a lot less.
Im Moment ist es besser.	At the moment it's better.
Ich darf mit meinen Freunden …	I'm allowed to … with my friends.
Ich muss um 21 Uhr nach Hause kommen.	I have to be home by 9 p.m.
Das ist …	That is …
zu früh	too early
ein bisschen zu viel	a bit too much
Ich will länger ausgehen.	I want to stay out later.
Ich habe keine Zeit mehr für …	I no longer have any time for …
Ich will eine bessere Balance finden.	I want to find a better balance.
Ich muss …	I must …
fleißig in der Schule lernen	study hard at school
gute Noten bekommen	get good grades
Ich habe viel Freiheit.	I have a lot of freedom.
Ich darf …	I am allowed to …
abends ausgehen	go out in the evenings
mein Handy so viel benutzen, wie ich will	use my mobile as much as I want
soziale Netzwerke nutzen	use social networks
Ich bin doch kein Kind mehr!	After all, I'm not a child any more!

Feste und Feiertage / Celebrations and holidays

am 24. Dezember (usw.)	on the 24th December (etc.)
feiern	to celebrate
(Zeit) verbringen	to spend (time)
stattfinden	to take place
zu Ostern	at Easter
zu Weihnachten	at Christmas
der Feiertag(e)	public holiday
der Festzug(¨e)	procession
der Karneval	carnival
der Fasching	carnival
der Maibaum(¨e)	may pole
die Fete(n)	party
das Fest(e)	festival, fair
das Feuerwerk(e)	fireworks (pl)
das Geschenk(e)	present
das Volksfest(e)	(traditional) folk fair
Es gibt …	There is / are …
Reden / Feste / Konzerte	speeches / celebrations / concerts
Musik / Tanz / tolle Kostüme	music / dancing / great costumes
Proteste / ein Feuerwerk	protests / fireworks
Ich bin (auf den Weihnachtsmarkt) gegangen.	I went (to the Christmas market).
Das war der Höhepunkt des Jahres.	That was the highlight of the year.
Die Stimmung war super.	The atmosphere was great.
Ich habe (Lebkuchen) gegessen / gekauft.	I ate / bought (gingerbread).
Am Ende des Tages war ich (völlig satt / müde).	At the end of the day I was (totally full / tired).

STARTPUNKT 1 SO IST ES BEI MIR

C1 HOUSE AND HOME

1 *lesen*

Sieh dir das Bild an.
Welches Wort passt in welche Lücke?
Manche Wörter brauchst du nicht.

1 Die Katze … in der Garage.
2 Frau Klein arbeitet im …
3 Herr Klein liest ein Buch im …
4 Das Baby trinkt Milch im …
5 Julia … Sportschuhe im Schlafzimmer.
6 Die … isst Gras im Garten.
7 Sebastian sieht in der … fern.
8 Der Ball ist im …
9 Moritz … das Kaninchen im Badezimmer.
10 Du … Rad im Flur.

a fährst	**i** Keller
b Küche	**j** Garage
c Wohnzimmer	**k** wäscht
d schläft	**l** Arbeitszimmer
e wasche	**m** Frau
f schlafen	**n** Esszimmer
g Schildkröte	**o** trägst
h fahren	**p** trägt

Unregelmäßige Verben (Präsens) ⟩ *Seite 208*

These verbs have a vowel change in the *du* and *er/sie/es* forms:

	essen	*schlafen*	*lesen*	*arbeiten*
ich	esse	schlafe	lese	arbeite
du	**i**sst	schl**ä**fst	l**ie**st	arbeit**e**st*
er/sie/es	**i**sst	schl**ä**ft	l**ie**st	arbeit**e**t*

* Stems ending in *–d* or *–t* keep the *–e* of the infinitive.

2 *hören*

Hör zu. Sieh dir das Haus in Aufgabe 1 an.
Was beschreibt Julia? (1–8)

Beispiel: **1** i, h

3 *schreiben*

Schreib die Sätze in Aufgabe 1 anders auf.
Je blöder, desto besser! 😊

Beispiel: **1** Die Katze liest ein Buch im Keller.

Kulturzone

In Deutschland wohnen rund 30 Millionen Personen im **eigenen Haus** und etwa 4,6 Millionen Personen leben in einer **Eigentumswohnung**.
Zirka 36,5 Millionen Personen **mieten** entweder ein Haus oder eine Wohnung.

der Flur / Keller / Garten
die Garage / Küche
das Arbeitszimmer / Badezimmer / Esszimmer / Schlafzimmer / Wohnzimmer

The preposition *in* takes the dative case when you describe <u>where something is</u> or <u>where you are doing something</u>.
der → *in de**m** (im)*
die → *in der*
das → *in de**m** (im)*

4 lesen

Lies die Beiträge zur Rund-ums-Essen-Webseite. Sieh dir die Bilder an. Was passt zusammen?

Like *in*, the prepositions *auf* and *vor* take the dative case when you describe <u>where something is</u> or <u>where you are doing something</u>.

FORUM Rund-ums-Essen

> Wie isst man bei dir?

1 **Petra1995** Das Abendessen essen wir um sechs Uhr. Im Sommer können wir das oft auf der Terrasse essen.

2 **Wolf-15** Das Mittagessen essen wir bei uns immer im Esszimmer. Wir essen das nach der Schule, so um Viertel nach zwei.

3 **iSuche** Ich frühstücke auf dem Weg zur Schule, weil ich immer zu spät aufstehe!

4 **KinoFan** Und wo esse ich am liebsten? Vor dem Fernseher! Leider darf man das bei uns nicht sehr oft machen. Aber das ist mein Traum-Abendbrot!

5 **BellA123** Gestern habe ich in der Schule kein zweites Frühstück gegessen, denn ich habe meinen Rucksack im Bus gelassen. Mensch, war ich sauer!

bei uns = in unserem Haus

5 lesen

Lies die Beiträge noch mal. Welche Mahlzeit beschreiben sie?

Beispiel: **1** Petra1995 – das Abendessen

6 hören

Hör zu und sieh dir das Bild an. Richtig (R) oder falsch (F)? (1–6)

Beispiel: **1** Richtig

7 sprechen

Partnerarbeit. Stell Fragen zum Bild.

• Was kannst du auf diesem Bild sehen?
• Was machen die Leute?
• Was werden die Leute nach der Mahlzeit machen, deiner Meinung nach?
• Wo isst du zu Hause und wann?
• Was hast du gestern zu Hause gemacht?

STARTPUNKT 2 LECKERBISSEN?!

LERNZIELE
- Über Speisen und Getränke sprechen
- Trennbare Verben (Präsens)
- Mengen

E5 FOOD AND DRINK

 1 lesen **Lies die Beiträge und sieh dir die Bilder an. Schreib die Tabelle ab und füll sie aus.**

	Person	Bild	Meinung
1	iSuche	c	lecker

 FORUM Rund-ums-Essen

> Was hast du zu Besuch gegessen?

 1 iSuche Beim Austausch haben wir oft Kartoffelchips und Eis auf dem Sofa im Wohnzimmer gegessen. Das war lecker!

 2 Wolf-15 Ich habe jeden Tag zum zweiten Frühstück Gebäck wie Kekse, Torten und Berliner gegessen. Wunderbar!

 3 KinoFan Bei meinem Freund hat man einen Zucchinikuchen mit Vanillesoße zu Mittag serviert. Das hat erstaunlich gut geschmeckt.

 4 KuechenKoenig Ich esse gern Hähnchen, aber bei meiner Freundin hat die Mutter eine Hammelfleisch gebraten, und das war extrem würzig.

 5 Petra1995 Zu Besuch bei Freunden hat der Vater mir ein Spiegelei zum Abendbrot gemacht. Zu Hause esse ich sowas nicht gern, aber hier war es echt appetitlich.

 6 frischja Das Mittagessen bei meiner Oma ist immer klasse. Es steht immer geräucherter Lachs auf dem Tisch – mein Lieblingsessen.

 7 BellA123 Zum Frühstück hat man Pampelmusensaft, Kräutertee oder fettarme Milch in der Küche getrunken. Das war besonders köstlich!

 a
 b
 c
 d
 e
 f
 g

EXAM SKILLS

Use qualifiers when you are writing or speaking: *besonders, echt, erstaunlich, extrem …*

Trennbare Verben > *Seite* **210**

Separable verbs are made up of a prefix and a verb. In the present tense, the prefix separates from its verb and goes to the end of the clause:
***vor**bereiten → Ich **bereite** einen Salat **vor**.*
***aus**wählen → Ich **wähle** die Gurke **aus**.*
***ein**kaufen → Ich **kaufe** nie Paprika **ein**.*

2 sprechen **Gruppenarbeit. Diskussion: Wie findest du die Speisen und Getränke oben?**

● *Magst du Kräutertee?*
■ *Ja, Kräutertee trinke ich oft. Der ist echt klasse.*
▲ *Was? Du trinkst oft Kräutertee? Ich trinke lieber …*

3 hören **Hör zu. Die Gemüsewahl: Was wählt jede Person aus? (1–6)**

Beispiel: **1** b

der Knoblauch / Kohl / Blumenkohl
die Paprika / Karotte / Erbse / Tomate / Zwiebel / Gurke

 a
 b
 c
 d
 e
 f
 g
 h
 i

4 hören **Vor einem Besuch. Hör zu. Welche Artikel klickt Frau Zocher an? Schreib sie in der richtigen Reihenfolge auf.**

Beispiel: j, …

Mein Warenkorb   Zur Kasse

5 sprechen **Gruppenarbeit. Diskussion: Was isst du zu Hause?**

● *Bei mir kaufen wir (immer) viele (Äpfel und Orangen) ein, und das finde ich (echt langweilig). Ich klicke lieber … an, weil sie … sind!*

■ *Ich esse keine …, aber ich esse gern … Im Café wähle ich immer ein Glas Traubensaft aus, denn das schmeckt mir gut.*

▲ *Bei uns darf man am Wochenende … (auf der Terrasse) essen. Am Samstag bereite ich das vor, und am Sonntag bereitet mein Bruder das vor. Das ist unser Lieblingsessen!*

6 lesen **Was klickst du (nicht) beim Online-Supermarkt an? Warum (nicht)? Schreib einen Beitrag für ein Forum.**

Beispiel: Ich klicke immer (eine Flasche Ananassaft) an, weil (Ananas mein Lieblingsobst ist). Sie schmeckt (köstlich). Ich klicke aber nie …, weil …

Mengen

ein Kilo Äpfel   **eine Flasche** Traubensaft
ein Glas Orangensaft   **eine Packung** Erdbeeren

der Pfirsich(e) / Apfel (Äpfel)
die Orange(n) / Apfelsine(n) / Traube(n) / Himbeere(n) / Erdbeere(n) / Ananas / Birne(n) / Zitrone(n) / Kirsche(n) / Banane(n)

Ich wähle (viele / mehrere / einige / wenige / keine …) aus.
Ich kaufe … ein.
Ich klicke (eine Packung / ein Kilo …) an.
Ich bereite … vor.
Ich bestelle ein Glas / eine Flasche …
Ich esse gern / lieber / am liebsten …
… schmeckt/schmecken mir (nicht) gut.
… ist/sind lecker / köstlich / mein Lieblingsessen / mein Lieblingsobst.
… ist/sind geschmacklos / scharf / sauer.

1 HERZLICH WILLKOMMEN!

LERNZIELE

- Einen/Eine Austauschpartner(in) begrüßen
- *du*, *Sie*, *ihr*

A5 EVERYDAY LIFE, TRADITIONS AND COMMUNITIES

1 hören **Hör zu und lies. Was fragt man, wenn …? (1–5)**

Beispiel: **1** c

a man eine Übersetzung ins Deutsche braucht?

b man das deutsche Wort nicht versteht?

c man eine Frage nicht kapiert?

d jemand zu schnell spricht?

e man etwas noch mal hören möchte?

2 lesen **Lies den Text noch mal. Was hat Jack nicht verstanden? Übersetze die Sätze 1–5 von der Familie Weber in deine Sprache.**

Beispiel: **1** (Welcome, Jack!) …

3 hören **Hör zu. Welches Register benutzen die Leute: *du*, *ihr* oder *Sie*? (1–6)**

Beispiel: **1** du

EXAM SKILLS

Use context to help you. Jack has just arrived from England. What sort of things might the host family ask about?

du, *Sie* und *ihr* Seite **220**

Use *du* for a person your own age or whom you know well, and *Sie* for adults. The plural of *du* is *ihr*, so use *ihr* for a group of friends.

Subjekt	du	Sie	ihr
Akkusativ	dich	Sie	euch
Dativ	dir	Ihnen	euch
Possessiv	dein	Ihr	euer

4 sprechen

Gruppenarbeit. Neuer Satz = neues Register!
Sieh dir den Dialog in Aufgabe 1 an.

- ● *Herzlich willkommen!* *Wie geht's Ihnen?*
- ■ *Wie bitte? Ich verstehe deine Frage nicht.*
- ▲ *Habt ihr eure Hausschuhe mitgebracht?*
- ◆ *Was bedeutet „Hausschuhe"?*
- ● *Zu Hause dürfen Sie …*

Wie geht's dir / Ihnen / euch?
Hast du / Haben Sie / Habt ihr Hunger / Durst?
Hast du / Haben Sie / Habt ihr eine Frage für uns?
Hast du / Haben Sie / Habt ihr … mitgebracht?
Hier darfst du / dürfen Sie / dürft ihr (nicht) …

Kulturzone
Händeschütteln ist in
Deutschland normal!

5 lesen

**Lies Jacks Willkommensheft und beantworte
die Fragen.**

Ein Willkommensheft für dich, Jack!

Hier sind einige Tipps für deinen Besuch bei uns.

- *Die Hauptmahlzeit isst man in unserer Familie zu Mittag nach der Schule. Wir essen immer in der Küche. Wir essen vielleicht Schnitzel mit Kartoffeln, Spiegeleier mit Pommes oder Fisch mit Reis. Gemüse oder ein gemischter Salat gehören auch dazu. Am Abend essen wir etwas Leichtes, zum Beispiel eine Suppe, Brot, Käse und Obst. Was ist dein Lieblingsessen? Was isst du nicht gern?*

- *Wir wohnen in einem Wohnblock und hier gibt es eine strenge Hausordnung! Fahrräder muss man unten im Keller abstellen; man muss die Treppen und den Bürgersteig vor dem Wohnblock sauber halten;*

man muss den Müll ordentlich trennen … Unser Hausmeister ist gar nicht freundlich, also musst du aufpassen!

- *Hier gibt es feste Ruhezeiten: Montag bis Freitag von 13:00 bis 15:00 Uhr ist Mittagsruhe und ab 19:00 Uhr abends ist wieder Ruhezeit. Das heißt, man muss ruhig sein! Man darf zu dieser Zeit keine laute Musik im Schlafzimmer spielen, nicht musizieren, nicht mit dem Ball spielen und absolut nie das Auto vor der Garage waschen! Am Sonntag und an Feiertagen ist den ganzen Tag Ruhezeit!*

1 Welche Mahlzeit ist für Gregor die größte?
2 Was isst er zu diesem Zeitpunkt? Gib **zwei** Details.
3 Wie ist das Abendessen anders?
4 Wovor warnt Gregor Jack?
5 Was muss man mit alten Packungen und Papieren machen?
6 Was darf man abends nach sieben Uhr nicht machen? Gib **zwei** Details.

6 schreiben

Was ist das? Finde die Wörter im Willkommensheft.

7 hören

**Shenia, Meike, Christine und Dagur sprechen über ihren Austausch.
Hör zu und mach Notizen zu den Kategorien a–e. (1–4)**

| **a wo?** | **b wie lange?** | **c Unterkunft?** | **d Unterschiede?** | **e Meinung?** |

8 schreiben

Schreib ein Willkommensheft für einen Gast oder mehrere Gäste. Benutz das *du*-, *ihr*- oder *Sie*-Register.

- Was darf man (nicht) bei dir machen?
- Wann, was und wo hast du gestern bei dir gegessen?
- Was wird bei dir für den/die Besucher(in) anders sein?
- Stell dem Gast / den Gästen eine Frage.

2 RUND UM MEIN ZUHAUSE

LERNZIELE
- Dein Zuhause beschreiben
- Wechselpräpositionen (2)
- *seit* + Präsens

C1 HOUSE AND HOME

1 hören **Hör zu. Wo findet man das bei Gregor? (1–6)**

Beispiel: **1** Küche – e

 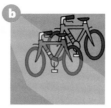    

2 hören **Akkusativ oder Dativ? Hör zu und schreib die Sätze auf. Übersetze sie dann in deine Sprache. (1–10)**

3 lesen **Lies den Text und wähl die richtige Antwort aus.**

> This extract is from *Das Tagebuch der Anne Frank*. Anne is describing the *Hinterhaus* in Amsterdam, where she and her family hid from the Nazis during the Second World War.

Wechselpräpositionen (2) ❯ *Seite* **222**

These prepositions are followed by the accusative case if there is **movement towards** an object, or the dative case if there is **no movement**:

an / auf	über
hinter	unter
in	vor
neben	zwischen

	Mask.	Fem.	Neut.
Nominativ	der	die	das
Akkusativ	den	die	das
Dativ	dem	der	dem

Direkt gegenüber der Eingangstür ist eine steile Treppe, links ein kleiner Flur und ein Raum, der Wohn- und Schlafzimmer der Familie Frank werden soll. Daneben ist noch ein kleineres Zimmer, das Schlaf- und Arbeitszimmer der beiden jungen Damen Frank. Rechts von der Treppe ist eine Kammer ohne Fenster mit einem Waschbecken und einem abgeschlossenen Klo und einer Tür in Margots und mein Zimmer.

> **Eingangstür** = Eingang + Tür
> **daneben** = da + neben
> **Kammer** = Zimmer / Raum
> **Klo** = Toilette

1 Der Korridor ist auf der rechten Seite / am Anfang der Treppen / auf der linken Seite / zwischen zwei Zimmern.

2 Im größeren Raum liest und tanzt / kocht / wäscht / schläft die Familie.

3 Der kleinere Raum ist für zwei Mädchen / zwei Jungen / zwei Erwachsene / ein Mädchen.

4 Das Badezimmer ist hell / bunt / dunkel / nutzlos.

5 Anne Frank teilt ein Zimmer / hat ihr einziges Zimmer / schläft im Wohnzimmer / hat kein Zimmer.

> The prepositions *von, mit* and *gegenüber* <u>always</u> take the dative case.

4 lesen **Lies die Anzeigen und sieh dir die Bilder an. Was passt zusammen?**

Zimmersuche

1 Modern möbliertes Zimmer mit Herd, Spülmaschine, Waschmaschine und Tiefkühltruhe im Hochhaus in der Stadtmitte. Die Wohnung liegt im elften Stock …

2 Zimmer im Dachboden im angenehmen hellen Reihenhaus in einem Bonner Vorort. Vor dem Haus gibt es einen eigenen Autostellplatz …

3 Zimmer im Einfamilienhaus mitten auf dem Land im Schwarzwald; Garten, Terrasse und Privatbad …

4 Schönes Zimmer mit freundlichen Nachbarn nebenan; das Zimmer hat schöne Vorhänge, weiße Wände, einen frischen Teppichboden und schwedische Möbel. Im 6-Zimmer-Haus gibt es bereits eine Mitbewohnerin mit zwei Katzen …

5 lesen **Lies die Anzeigen noch mal. Wer passt am besten zu welcher Anzeige?**

a Ich suche einen ruhigen Wohnort außerhalb der Stadt.
b Ich mag einen frischen, modernen Wohnstil und will nicht in einem Wohnblock wohnen.
c Ich hasse das Abwaschen.
d Der Wagen ist eine Priorität für mich und ich will ihn nicht auf der Straße parken.

6 hören **Hör zu. Schreib die Tabelle ab und füll sie aus. (1–5)**

	wie lange?	Unterkunft?	wo?	Zimmer: ✓	Zimmer: ✗
1	4 Jahre	Wohnblock	in einem Vorort	Schlafzimmer, …	Arbeitszimmer

weder … noch = entweder … oder (im Negativ)

seit + Präsens > Seite 210

Use seit + present tense to say for how long you have been doing something:
Ich **wohne** seit acht Jahren hier.

7 sprechen **Partnerarbeit. Wo wohnst du?**

● Wo wohnst du?
■ Ich wohne in …
● Seit wann wohnst du dort?
■ Seit … Jahren wohne ich … und ich finde …
● Wie ist dein Haus / deine Wohnung?
■ Die Wohnung ist im … Stock. Es gibt …

8 schreiben **Beschreib dein Zuhause.**

Beispiel: Ich wohne seit zwei Jahren in einem Haus auf dem Land. …

Ich wohne (seit vier Jahren) …
in einer Kleinstadt
in einer Großstadt
in der Stadtmitte
in einem Vorort
auf dem Land
in einem Einfamilienhaus
in einem Reihenhaus
in einem Hochhaus
in einem Wohnblock
in einer 3-Zimmer-Wohnung im (zweiten) Stock

Im Untergeschoss / Erdgeschoss gibt es … / Wir haben …
(k)einen Autostellplatz
(k)einen Dachboden
(k)einen Garten
(k)einen Keller
(k)eine Dusche
(k)eine Terrasse
(k)ein Privatbad

3 EIN TAG IN MEINEM LEBEN

LERNZIELE
■ Einen typischen Tag beschreiben
■ Reflexivverben

C2 DAILY ROUTINES AND HELPING AT HOME

1 lesen **Was will Jack herausfinden? Übersetze seine Fragen in deine Sprache.**

1 Wann stehen wir auf?

2 Um wie viel Uhr frühstücken wir?

3 Wann fahren wir ab?

4 Was essen wir zu Mittag?

5 Wie amüsieren wir uns am Nachmittag?

6 Mit wem treffen wir uns am Abend?

7 Was machen wir am Wochenende?

2 hören **Was sind die Antworten auf Jacks Fragen in Aufgabe 1? Hör zu und mach Notizen.**

Time expressions are important. Listen for these ones:

an einem Schultag	dann
täglich	anschließend
während der Woche	stundenlang
am Abend / Nachmittag	immer
zuerst	nie

Watch out for separable verbs!
aufstehen, **ab**fahren, **fern**sehen

Wir stehen um sechs Uhr **auf**. Ich bin auf**ge**standen.
Am Abend sehe ich **fern**. Ich habe fern**ge**sehen.

3 hören **Hör dir Silas Tagesablauf-Videoblog an. Wähl die richtige Antwort aus.**

1 Sila setzt sich stundenlang an den PC / vor den Fernseher.
2 In der neunten Klasse geht Sila oft / nie schwimmen.
3 Sila trifft sich mit Freunden in der Eisdiele / im Cyberland.
4 Sila findet die Tagesroutine entspannend / langweilig.
5 Am Nachmittag bleibt Sila zu Hause / geht Sila aus.
6 Am Abend macht Sila Telefonanrufe / Schularbeit.
7 Sila freut sich auf die Ferien / das Wochenende.

4 schreiben **Adaptiere die Sätze in Aufgabe 3 und beantworte die Frage: Hast du eine interessante Tagesroutine?**

Beispiel: Jeden Abend setze ich mich stundenlang vor den Fernseher. Ich sehe besonders gern … In der … Klasse …

Reflexivverben > *Seite* **210**

• Reflexive verbs such as ***sich*** *treffen*, ***sich*** *amüsieren*, ***sich*** *langweilen* and ***sich*** *setzen* need an accusative reflexive pronoun:

ich treffe **mich**	wir treffen **uns**
du triffst **dich**	ihr trefft **euch**
er/sie/es trifft **sich**	Sie/sie treffen **sich**

• Reflexive verbs such as ***sich*** *die Zähne putzen* and ***sich*** *die Haare bürsten* need a dative reflexive pronoun, which differs in the *ich* and *du* forms only:

| ich putze **mir** |
| du putzt **dir** |
| er/sie/es putzt **sich** |

• Note the position of a reflexive pronoun in the perfect tense:

*Ich habe **mich** gestern mit Freunden getroffen. Am Freitag habe ich **mir** die Haare nicht gebürstet.*

5 lesen **Lies den Artikel. In welchem Absatz lernt man das?**

Was macht ein deutscher Teenie den ganzen Tag ❓

1 Idealerweise schläft man 9 Stunden und 15 Minuten pro Nacht, aber heute schlafen Teens nur 8 Stunden und 6 Minuten. Schüler(innen) möchten wohl lieber erst um 8:30 Uhr oder um 9:00 Uhr mit der Schule anfangen.

2 In Deutschland setzen sich zwei von drei 11- bis 15-Jährigen täglich zum Frühstück hin. Mädchen sind morgens rund 28 Minuten im Badezimmer, bei den Jungs sind es 24 Minuten.

3 7 Stunden und 30 Minuten verbringen Teenager im Durchschnitt in der Schule oder mit schulischen Aktivitäten wie Hausaufgaben. Fast drei Viertel der Schüler arbeiten mindestens einen Tag pro Wochenende für die Schule.

4 Rund 6 Stunden und 34 Minuten Freizeit stehen Teenies täglich zur Verfügung. Jungs machen rund 1 Stunde und 12 Minuten länger Sport, sitzen länger vor dem Fernseher (113 Minuten) als Mädchen und doppelt so lang vor dem PC wie Mädchen (134 Minuten). **Jeder vierte Teenager** musiziert selber oder ist im Chor aktiv (24 Prozent).

zur Verfügung stehen = bereit sein

a Eine Statistik über **ein Viertel der Schüler**
b Eine Aktivität, womit Jungen mehr Zeit als Mädchen verbringen
c Eine Tatsache über 75% der Schüler
d Eine Aktivität, womit Mädchen mehr Zeit als Jungen verbringen
e Die Dauer einer Aktivität, die kein Hobby ist
f Jugendliche, die zu wenig Zeit mit einer Aktivität verbringen

EXAM SKILLS

Look for **synonyms** in the text and the questions: 'a quarter of pupils' can also be described as 'every fourth pupil'.

6 schreiben **Beantworte die Fragen rechts (1–4). Benutz den Artikel in Aufgabe 5 zur Hilfe.**

7 sprechen **Partnerarbeit. Stell so viele Fragen zur Tagesroutine wie möglich.**

● *Wie viele Stunden pro Nacht schläfst du?*
■ *An einem Schultag gehe ich um 10 Uhr ins Bett und ich stehe um … Uhr auf, also schlafe ich … Am Wochenende … Und du?*

1 Wie viele Stunden pro Nacht schläfst du?
2 a Was und wo frühstückst du?
   b Wie viel Zeit verbringst du morgens im Badezimmer?
3 Wie viele Stunden verbringst du pro Tag mit der Schule?
4 Wie viele Stunden Freizeit hast du pro Tag? Was machst du in deiner Freizeit?

An einem Schultag / Am Wochenende …
   stehe ich um … Uhr auf.
   frühstücke ich / gehe ich ins Bett.
   sehe ich fern.
   setze ich mich an den Computer.
   amüsiere / langweile ich mich.
   treffe ich mich mit Freunden.

EXAM SKILLS

Use a variety of expressions and sentence structures when you speak. You can use *an einem Schultag, dienstags* and *während der Woche* to avoid repeating *am Dienstag*.

4 TÜCHTIG IM HAUSHALT

C2 DAILY ROUTINES AND HELPING AT HOME

 1 **Lies den Zeitungsartikel. Welches Bild passt zu welcher Person?**

SOLLTEN KINDER IM HAUSHALT HELFEN?

Sollte ein Kind im Vorschulalter im Haushalt schon helfen?

Tina Dem stimme ich nicht zu. Ich denke, dass man noch zu jung ist. In diesem Alter macht man nur Unordnung. Vielleicht kann man schon ein bisschen helfen, zum Beispiel die Wäsche zur Waschmaschine schleppen, aber sonst nichts.

Sollte ein Kind im Grundschulalter im Haushalt helfen?

Sam Da man in den Grundschuljahren noch sehr jung ist, sind Hausarbeiten vielleicht noch zu viel. Ein kleines Kind kann wohl jeden Tag sein Zimmer aufräumen, wenn es wirklich will, aber das Bett frisch beziehen und ordentlich abspülen? Das ist unmöglich!

Sollte man unter 16 Jahren im Haushalt helfen?

Joseph Ja, das ist eine gute Idee, obwohl Jugendliche Geld dafür bekommen sollten. Ich bin 15 Jahre alt und ich helfe mit großem Vergnügen im Haushalt, weil ich dabei noch Taschengeld verdiene. Ich mache jeden Tag das Bett, decke mittags den Mittagstisch und stelle nachher alles in die Geschirrspülmaschine. Ab und zu mähe ich den Rasen und sauge Staub.

Sollte man ab 16 Jahren im Haushalt helfen?

Bree Da stimme ich gar nicht zu! Man sollte das vielleicht machen, aber man hat dafür sehr wenig Zeit. Ich habe Schule, AGs, Hausaufgaben und noch Freunde und Hobbys, also Hausarbeit, nein danke!

Oli Ich bin 17 Jahre alt und helfe viel im Haushalt, weil meine Eltern beide ziemlich lange auf Arbeit sind und keine Zeit dafür haben. Ich bereite immer das Frühstück vor, ich gehe oft einkaufen und ich leere den Müll. Ab und zu bügele ich sogar!

> *Seite 230*

Unterordnende Konjunktionen

Some conjunctions change the word order. They send the following verb to the end of the clause:

als da dass ob obwohl weil wenn	ich ~~VERB~~ ...	bin mache helfe arbeite mag

... **dass** man ~~ist~~ noch zu jung **ist**.

... **wenn** es ~~will~~ wirklich **will**.

2 **Lies den Artikel noch mal und finde die <u>vier</u> richtigen Sätze.**

1. Tina glaubt, dass kleine Kinder im Haushalt nur wenig helfen können.
2. Niemand glaubt, dass man Geld für Hausarbeit bekommen sollte.
3. Für Hausarbeit braucht man Zeit, und die fehlt oft leider.
4. Junge Kinder sind meistens sehr ordentlich.
5. Oli hilft im Haushalt, weil seine Eltern beide berufstätig sind.
6. Bree glaubt, dass Jugendliche nie im Haushalt helfen sollten.
7. Joseph erledigt vieles im Haushalt.

3 **Hör dir die Radiosendung an. Vier Jugendliche besprechen den Zeitungsartikel. Mach Notizen. (1–4)**

| Grund | Wann? | Was? | Meinung | Plan für die eigenen Kinder |

4 *sprechen*

Gruppenarbeit. A stellt die Fragen und B gibt die Antworten dazu. C ist damit einverstanden. D ist nicht damit einverstanden.

- *Sollte ein Kind im Vorschulalter / Grundschulalter im Haushalt helfen?*
- *Sollte ein Kind unter / ab 16 Jahren im Haushalt helfen?*
- *Werden deine Kinder im Haushalt helfen?*

5 *lesen*

Lies Emils Brief an die Zeitung. Finde Beispiele von a–e. Wie viele findest du? Und dein(e) Partner(in)?

Ich bin total mit Bree einverstanden. Meiner Meinung nach sollten Kinder gar nicht im Haushalt helfen, weil sie einfach keine Zeit dafür haben. Als ich in der Grundschule war, habe ich ab und zu mein Zimmer aufgeräumt und manchmal auch den Tisch gedeckt. Aber jetzt muss ich für die Schule lernen, fit bleiben, Klavier üben usw. und ich finde das alles sehr anstrengend. Vielleicht werde ich selber Kinder haben, und dann wird es interessant sein, ob ich noch der selben Meinung bin!

Emil

a Zukunftsformen   **c** Verben im Präsens   **e** Meinungen
b unterordnende Konjunktionen   **d** Verben im Perfekt

6 *lesen*

Lies den Brief noch mal. Richtig (R), falsch (F) oder nicht im Text (NT)?

1 Emil meint, dass Teenager keine Hausarbeiten machen sollten.

2 Als er jünger war, machte Emil weniger im Haushalt.

3 Emil findet das Leben ermüdend.

4 Emils Eltern arbeiten nicht.

5 Emil wird die Hausarbeiten immer wie jetzt betrachten.

Man könnte	die Wäsche in die Waschmaschine alles in die Geschirrspülmaschine	stellen.
In diesem Alter sollte man	das Zimmer aufräumen / den Müll leeren.	
Wenn ich Kinder habe, werden sie	das Bett frisch beziehen. staubsaugen / bügeln. den Tisch decken / abdecken. den Rasen mähen / einkaufen gehen.	
Ich decke (oft) den Tisch ab.		
jeden Tag / nachmittags / abends / ab und zu / manchmal / immer / oft / nie		

7 *schreiben*

Stimmst du dem Artikel aus Aufgabe 1 zu? Schreib einen Brief an die Zeitung, in dem du Folgendes erwähnst:

welcher Person du zustimmst

wie / seit wann du zu Hause hilfst

deine Meinung

ob deine Kinder im Haushalt helfen werden und warum (nicht)

1 **Hör zu und sieh dir die Liste an. Was ist die Reihenfolge für Gregors Familie?**

Beispiel: 10. der Sauerbraten

HITLISTE *das Lieblingsessen der Deutschen*

AUF PLATZ …

10	der Sauerbraten
9	das Gulasch
8	der Spargel
7	die Lasagne
6	die Gemüsesuppe
5	das Rindersteak
4	die Rinderroulade
3	die Pizza (Margherita)
2	das Wiener Schnitzel
1	die Spaghetti Bolognese (jede Art Nudeln mit Tomaten-Fleischsoße)

2 **Hör noch mal zu und wähl die richtige Antwort aus.**

1 Gregors Familie isst Sauerbraten zu Ostern / Neujahr / Geburtstag / jeder Zeit.
2 Die Deutschen essen gern Gerichte aus Japan / Italien / Ungarn / Indien.
3 In Gregors Familie isst jeder nur Gemüse / Fleischwaren / nur Obst / keine Eier.

4 Für Gregors Familie ist eine Rinderroulade ein seltenes / tägliches / monatliches / besonderes Gericht.
5 Frau Weber kocht gern mit Hähnchen / Gemüsesorten / Öl / Schokolade.
6 Spargel schmeckt Gregor ein bisschen / manchmal / gar nicht / gut.

3 **Partnerarbeit. Diskussion: Die Hitliste der deutschen Lieblingsessen.**

● *Isst du gern (Schnitzel)?*
■ *Nein, ich bin Vegetarier(in) und ich esse nie Fleisch. Ich esse aber gern …, weil das besonders …*

> Zu Weihnachten / Ostern / An einem Feiertag / Am Sonntag esse ich …
> Ich esse (sehr) gern … / Ich esse (gar) nicht gern …
> Mein Lieblingsessen ist …
> Ich bin Vegetarier(in).
> Das ist / schmeckt …
>   lecker / köstlich / salzig / würzig / fettig / (un)appetitlich
> die Hühnersuppe / das Lammfleisch / Nudeln mit Tomaten-/Fleischsoße

4 lesen — Lies die Texte und sieh dir die Bilder an. Wann hat man das (a–h) beim Austausch gegessen? Schreib *Frühstück*, *Mittagessen*, *Abendbrot* oder *Kaffee und Kuchen*.

Beispiel: **a** Abendbrot

1 Meine Austauschpartnerin hatte Geburtstag und auf dem Frühstückstisch gab es eine riesige Auswahl an Brotsorten und Brötchen. Dazu gab es Honig, Marmelade, Butter, Käse und Eier. In der Mitte des Tisches gab es eine wunderbare Geburtstagstorte! Wir haben Limonade oder Saft getrunken, und die Erwachsenen haben Kaffee getrunken! **Sarah**

2 Ich war in Stuttgart zu Besuch und dort haben wir oft Spätzle zu Mittag gegessen. Spätzle sind eine Spezialität aus Mehl, Eiern und Milch. Wir haben sie statt Nudeln gegessen, und mit einer Fleischsoße haben die echt köstlich geschmeckt. Wir haben glücklicherweise kein Sauerkraut gegessen! Fertiggerichte vor dem Fernseher hat man nie serviert – jede Mahlzeit haben wir im Esszimmer gegessen! **Peter**

> **die Fertiggerichte** = *vorbereitete Speisen aus dem Supermarkt*

3 Bei meinem Austauschpartner hat man pünktlich um Viertel nach sechs zu Abend gegessen. Das Essen war kalt und nicht sehr appetitlich. Es gab nicht viel auf dem Tisch, manchmal nur Brot mit Käse oder Eier. Zur Nachspeise hat man Aprikosen, Apfelsinen und Trauben gegessen und wir haben Mineralwasser oder Früchtetee getrunken. Das war enttäuschend. **Jack**

4 Beim Austausch in Österreich gab es am Sonntag Kaffee und Kuchen. Auf dem Tisch war eine köstliche Auswahl an hausgemachten Torten – wie Pflaumenkuchen und Apfelstrudel – und Sahne war natürlich immer dabei! **Louise**

5 lesen — Lies die Beiträge noch mal. Richtig (R) oder falsch (F)? Korrigiere die falschen Sätze.

1 Zum Geburtstag hat Sarah Kaffee getrunken.
2 Spätzle, eine Art Nudeln, isst man in Stuttgart.
3 In Stuttgart hat man die Mahlzeiten im Wohnzimmer gegessen.
4 Jack war vom Abendbrot enttäuscht.
5 Jack hat Obsttorte zur Nachspeise gegessen.
6 Kaffee und Kuchen in Österreich waren ein großer Erfolg.

6 hören — Was haben die Gäste zum Abendessen bekommen? Wie war das? Hör zu und mach Notizen. (1–6)

7 schreiben — Gestern warst du zu Gast beim Abendessen. Beschreib das Erlebnis!

• Was hast du gegessen / getrunken?
• Beschreib die Mahlzeit und die Spezialitäten.

> **Meinungen äußern (Vergangenheit)** ❯ *Seiten* **212, 214**
>
> *Ich **habe** (Brot) **gegessen** und (Saft) **getrunken**.*
> *Ich **habe** die (Torten) (köstlich) **gefunden**.*
> *Das (Fleisch) **hat** (gut) **geschmeckt**.*
> *Die Roulade **hatte** eine Füllung aus (Spargel).*
> *Sie **war** typisch (deutsch).*
> *Das (Sauerkraut) **war** (appetitlich).*
> *Mein Lieblingsessen / Die Spezialität **war** (eine Gemüseroulade).*

EXAM PRACTICE: LISTENING

C PERSONAL LIFE AND RELATIONSHIPS
C1 HOUSE AND HOME
C2 DAILY ROUTINES AND HELPING AT HOME
E SOCIAL ACTIVITIES, FITNESS AND HEALTH
E5 FOOD AND DRINK

CRITICAL THINKING
DECISION MAKING

Frühstück

1 **Wer sagt das? Noah (N), Mia (M) oder Ben (B)? Schreib die richtigen <u>sechs</u> Buchstaben. Vorsicht! Einige Antworten sind vielleicht keiner Person zuzuordnen.**

Beispiel:

A

B

C

D

E

F

G

Beispiel: —N—

A —————

B —————

C —————

D —————

E —————

F —————

G —————

(Total for Question 1 = 6 marks)

DECISION MAKING
ADAPTABILITY

Bei einer österreichischen Familie

2 **Hör zu. Sind Pias Meinungen über ihren Austausch P (positiv), N (negativ) oder P+N (positiv und negativ)?**

Beispiel: Austauschfamilie —P—

a Reise —————

b Zimmer —————

c Essen —————

d Austauschpartnerin —————

e Bruder —————

f Internetspiele —————

EXAM SKILLS

Listen right to the end and don't jump to conclusions! Don't assume something is positive; listen carefully for negatives.

(Total for Question 2 = 6 marks)

ADAPTIVE LEARNING
DECISION MAKING

Frau Glanz' Tagesroutine

3 **Frau Glanz spricht über ihre Tagesroutine zu Hause und bei der Wiener Modewoche. Was sagt sie? Mach Notizen <u>auf Deutsch</u>. Vollständige Sätze sind nicht nötig.**

	zu Hause		bei der Modewoche	
Beispiel: Aufstehen	sechs Uhr		fünf Uhr	
Morgenroutine	a	b	c	d
Frühstück	e		f	

(Total for Question 3 = 6 marks)

EXAM PRACTICE: READING

Hilfe im Haus

DECISION MAKING

1 Was steht im Text? Wähl die richtige Antwort aus.

Ich heiße Marko. Bei uns zu Hause müssen alle bei der Hausarbeit mitmachen. Meine Eltern arbeiten und haben also wenig Zeit.

Jeden Tag räume ich mein Zimmer auf und mache das Bett. Letzten Samstag habe ich den Rasen gemäht, was immer echt langweilig ist, aber zum Glück bekomme ich dafür ein paar Euro.

Meine Schwester kann gut kochen und sie bereitet mit meinem Vater das Abendessen zu, da Mama erst um 20 Uhr nach Hause kommt. Morgen hoffe ich, dass er seine Spezialität Nudeln mit Käse zubereitet und nicht Reis wie gestern. Das war das dritte Mal in dieser Woche!

Mein Bruder ist aber ziemlich faul und sein Zimmer ist sehr unordentlich. Aber er füttert unseren Hund und macht das Aquarium sauber.

A wenig	B Pasta	C Bonbons
D früher	E Geschwister	F Fische
G in der Woche	H lange	I Reis
J später	K Geld	L Hunde
M am Wochenende		

Beispiel: Marko hat zwei ___E___ .

a Markos Eltern arbeiten _____ .
b Marko hat den Rasen _____ gemäht.
c Für seine Hilfe bekommt Marko _____ .
d Der Vater kommt _____ als die Mutter nach Hause.
e Marko möchte am nächsten Tag _____ essen.
f Der Bruder kümmert sich um die _____ .

(Total for Question 1 = 6 marks)

Das Zimmer

DECISION MAKING

2 Wähl die richtige Antwort aus.

Das Brandopfer von Albrecht Goes

Dann führte sie mich in das Zimmer; es war ein Zimmer im dritten Stock, ein helles Zimmer mit einer erfreulichen Aussicht. Das Mobiliar – ein Schlafsofa, ein Schrank, ein Tisch, dazu Waschkommode und Stühle – war, man sah es auf den ersten Blick, ganz neu aus leichtem Holz. Was mir auffiel war: es gab keine Häkeldecken, keine Familienbilder an den Wänden und keine sonstigen Bürgergreuel – dafür eine ganz moderne Arbeitslampe und als einzigen Wandschmuck Rembrandts Tobias in einer vorzüglichen Reproduktion. „Sie richten sich das sicher am liebsten nach Ihrem eigenen Geschmack vollends ein", sagte Frau Walker, und auf dieses Wort hin war ich endgültig entschlossen, hier zu mieten.

Beispiel: Der Autor sah sich ein Zimmer ___A___ an.

A im dritten Stock	B in einem Bungalow
C im Dachgeschoss	D im Untergeschoss

a Vom Zimmer hatte man _____ .

A keinen schönen Blick	B eine hässliche Aussicht
C einen tollen Blick	D keine erfreuliche Aussicht

b Im Zimmer konnte man _____ finden.

A keinen Tisch	B kein Bett
C keinen Schrank	D keine Lampe

c Die Möbel im Zimmer war meistens _____ .

A aus neuem Metall	B aus altem Holz
C aus altem Metall	D aus neuem Holz

d An den Wänden im Zimmer fand man _____ .

A nur ein Bild	B viele Bilder
C ein Familienbild	D keine Bilder

e Frau Walker sagte, es war _____ , das Zimmer zu ändern.

A unmöglich	B verboten
C nötig	D erlaubt

f Der Autor entschloss sich, das Zimmer _____ zu mieten.

A vielleicht	B nicht
C bestimmt	D auf keinen Fall

(Total for Question 2 = 6 marks)

EXAM SKILLS

An answer may not be immediately obvious and you may need to work it out in a couple of steps. For example, in a multiple-choice question, first try to eliminate two of the possibilities and then decide which of the remaining two is correct.

EXAM PREPARATION: WRITING

1 lesen **Lies die lange Schreibaufgabe. Notiere für jeden der vier Punkte:**
- welche Zeitform und welche andere Strukturen du benutzen sollst
- weitere Einzelheiten, die die Antwort verbessern.

Mein Zuhause

Du wohnst in einem Wohnblock. Schreib ein Blog über dein Zuhause.

Du musst Folgendes erwähnen:
- Details von der Wohnung
- wie du die Hausordnung findest
- wie du gestern zu Hause geholfen hast
- wo du in der Zukunft wohnen möchtest.

Schreib zwischen 130–150 Wörter **auf Deutsch**.

(Total = 20 marks)

EXAM SKILLS

Do not worry too much if you do not immediately recognise a word. The question above includes the word *Hausordnung*. You should know *Haus*, and you can take a good guess at *Ordnung*. Now try and guess what *Hausordnung* means? Long German words are not always scary!

---

2 lesen **Lies Gretes Antwort und beantworte die Fragen.**

> **SAMPLE ANSWER**
>
> Seit drei Jahren wohne ich in einer schönen Wohnung *am Stadtrand*. Ich bin froh, dass wir hier wohnen, weil das eine ruhige, freundliche Gegend ist. Wir wohnen im dritten Stock, von wo wir *einen tollen Blick auf die Stadt* haben.
>
> Meiner Meinung nach ist *die Hausordnung* kein Problem. Man darf nicht nach 22 Uhr zu laut sein und jede Familie muss einmal im Monat *das Treppenhaus* putzen. Das habe ich gestern nach der Schule gemacht.
>
> Ich habe auch gestern meiner Mutter in der Wohnung geholfen. Bevor ich *beim Kochen* geholfen habe, habe ich gebügelt. Ich finde es wichtig, dass jeder in der Familie hilft, besonders weil meine Mutter einen stressigen Job hat.
>
> Ich spreche oft mit Leuten über das ideale Zuhause, und wir meinen, am liebsten würden wir *in einem kleinen Wohnblock* in der Stadtmitte wohnen, wo man gut mit den *Mitbewohnern* auskommt und wo es viel zu tun gibt.
>
> (150 Wörter)

a Was bedeuten die *kursiv gedruckten* Ausdrücke? Vielleicht könntest du diese Ausdrücke in deinen Aufsätzen benutzen.

b Finde mit Hilfe vom Answer Booster **acht** Beispiele von Wörtern und Ausdrücken, die Grete benutzt, um ihre Antwort zu verbessern.

---

3 schreiben **Schreib jetzt deine Antwort auf die lange Schreibaufgabe auf der nächsten Seite. Denk an den Answer Booster.**

EXAM PRACTICE: WRITING

C2 DAILY ROUTINES AND HELPING AT HOME
E5 FOOD AND DRINK

Long writing task

Essen und Trinken

Schreib einen Artikel über Essgewohnheiten für das Schulmagazin.
Du musst Folgendes erwähnen:

- was du und deine Freunde am liebsten esst und warum
- inwiefern deine Essgewohnheiten sich in den letzten Jahren verändert haben
- wie deine Tagesroutine eine Wirkung auf deine Essgewohnheiten hat
- wie du deine Diät wohl verbessern möchtest.

Schreib zwischen 130–150 Wörter **auf Deutsch**.

(Total = 20 marks)

Grammar

Schreib die Form des Wortes (a)–(j), damit das Wort im Satz richtig ist. Vorsicht! Es ist nicht immer nötig, die Form in Klammern zu ändern.

Meine Tagesroutine

Mein Wecker **(a) [klingeln]** um kurz vor 6 Uhr. Nachdem ich **(b) [aufstehen]** bin, frühstücke ich mit **(c) [mein]** Familie in der Küche. Meine Mutter isst Toast und trinkt einen **(d) [heiß]** Tee, während mein Bruder lieber kalte Milch trinkt und Cornflakes isst. Wir essen ein **(e) [klein]** Frühstück und ich **(f) [nehmen]** ein Brot mit in die Schule. Gestern **(g) [haben]** ich ein Käsebrot **(h) [essen]**. Am Abend machen meine Schwester und ich unsere Hausaufgaben, bevor wir das Abendbrot essen. Ich muss meiner Mutter **(i) [helfen]**, aber ich finde das in Ordnung, denn ich kann kochen, was ich **(j) [wollen]**.

(Total = 10 marks)

Answer Booster	Aiming for a solid level	Aiming higher	Aiming for the top
Verbs	**Different tenses (past, present and future):** *teilen, hat … gebacken, werden … essen*	**Different persons of the verb** **Imperfect tense of** *sein*: *es war* **Separable verbs:** *auskommen, zubereiten, abspülen* **Reflexive verbs:** *sich verändern, sich fühlen* **Modal verbs:** *müssen, dürfen*	**Two tenses to talk about the past (perfect and imperfect)** **Conditional:** *ich würde*
Opinions and reasons	*weil / denn* *ein großer Nachteil, das war schrecklich*	**Add more variety:** *meiner Meinung nach* *mir ist klar* *ich bin für*	**Expressions:** *auf der einen Seite …, auf der anderen Seite …, am wichtigsten ist, es scheint mir, im Großen und Ganzen*
Conjunctions	*und, aber, also*	*ich bin froh, dass …* *eine schöne Küche, wo …*	*obwohl, bevor* **Different tenses:** *… weil meine Mutter einen stressigen Job hat. Bevor ich beim Kochen geholfen habe …*
Other features	**Negatives:** *nicht, kein* **Qualifiers:** *sehr, besonders, lieber, am liebsten*	**Time phrases:** *nach der Schule, seit drei Jahren, stundenlang, jeden Tag*	**Declined adjectives:** *in einer schönen Wohnung* **Prepositions:** *an den PC, mit meinen Freunden*

EXAM PREPARATION: SPEAKING

Picture-based discussion

1 *hören*

Sieh dir Bild 1 und die Fragen auf der nächsten Seite an. Dann hör dir Ludmillas Antwort auf Frage 1 an.

a Wie entwickelt Ludmilla ihre Antwort? Welche „versteckten" Fragen beantwortet sie?

b Notiere mit Hilfe vom Answer Booster die **vier** Bindewörter, die Ludmilla in ihrer Antwort benutzt.

2 *hören*

Hör dir Ludmillas Antwort auf Frage 2 an.

Notiere:

a das Essen und Trinken, das Ludmilla in ihrer Antwort erwähnt

b wie Ludmilla beschreibt, wo etwas auf dem Tisch ist.

3 *hören*

Hör dir Ludmillas Antwort auf Frage 3 an und notiere mit Hilfe vom Answer Booster <u>fünf</u> Ausdrücke, die Ludmilla benutzt, um ihre Antwort zu verbessern.

4 *hören*

Hör dir Ludmillas Antwort auf Frage 4 an und füll die Lücken aus.

Ich muss sagen, das ist **a** ▬▬▬ nicht mein **b** ▬▬▬ . So etwas finde ich ziemlich **c** ▬▬▬ . Ich finde auch, dass Fast Food oft zu **d** ▬▬▬ und auch sehr **e** ▬▬▬ sein kann. Meiner Meinung nach ist es viel besser, einen **f** ▬▬▬ oder eine **g** ▬▬▬ zu essen, wenn man Hunger hat, und nicht **h** ▬▬▬ oder **i** ▬▬▬ . Ich finde auch, dass so viel Essen wie möglich **j** ▬▬▬ sein soll.

5 *hören*

Hör dir Ludmillas Antwort auf Frage 5 an.

a Welche **drei** der folgenden Sätze entsprechen Ludmillas Meinung?

i Dass die Familie zusammen isst, finde ich eine gute Idee.

ii Beim Essen kann man über den Tagesablauf sprechen.

iii Ich finde es in Ordnung, wenn die Kinder früher essen.

iv Beim Familienessen kann man besser relaxen.

v Probleme soll man nicht beim Essen diskutieren.

b Welche Ausdrücke benutzt Ludmilla, um ihre Meinung zu sagen? Kannst du **vier** davon mit Hilfe vom Answer Booster notieren?

6 *sprechen*

Sieh dir Bild 2 und die Fragen auf der nächsten Seite an. Beantworte die Fragen für dich.

General conversation

1 *hören*

Hör dir Cams Antwort auf Frage 1 an. Notiere, ob diese Sätze richtig (R) oder falsch (F) sind.

a Ich habe als Kind in einem Haus gewohnt.

b Es war nicht so toll dort.

c Ich wohne jetzt auf dem Land.

d Ich habe einen sehr kleinen Garten.

e Ich spiele nach der Schule im Garten.

f Ich fühle mich jetzt unsicher zu Hause.

g Es gibt keinen Streit mit meinen Geschwistern.

2 *hören*

Hör dir Cams Antwort auf Frage 2 an und notiere:

a **drei** Meinungsausdrücke

b **drei** Bindewörter

c **vier** Ausdrücke mit Präpositionen

3 *hören*

Hör dir Cams Antwort auf Frage 3 an und notiere ein Verb:

a in der Vergangenheit

b im Präsens

c im Futur

d im Konjunktiv

4 *sprechen*

Lies Fragen 4–6 auf der nächsten Seite und beantworte sie für dich.

EXAM PRACTICE: SPEAKING

Task A Picture-based discussion
Photo 1
E5 Food and drink

1 Beschreib mir bitte das Bild.
2 Was für Essen siehst du auf dem Bild?
3 Was wird die Familie wohl nach dem Essen machen?
4 Wie findest du Fast Food?
5 Inwiefern ist es wichtig, als Familie zusammen zu essen?

Photo 2
C1 House and home

1 Was kannst du auf diesem Bild sehen?
2 Beschreib bitte den Mann hier rechts.
3 Was hat das Paar wohl am Morgen gemacht?
4 Ist es deiner Meinung nach besser, in einem Haus oder in einer Wohnung zu leben?
5 Was sind wohl die Vor- und Nachteile vom Leben auf dem Land?

(Total for Task A = 12 marks)

Task B/C General conversation

1 Erzähl mir über dein Zuhause.
2 Wie ist dein Zimmer?
3 Was wirst du heute Abend zu Hause essen?
4 Wie kann man die Tagesroutine wenig stressig machen?
5 Inwiefern ist es wichtig, im Haus zu helfen?
6 Was hast du gestern zu Hause gemacht?

(Total for Task B/C = 28 marks)

EXAM SKILLS

Use as many different tenses as you can in your responses, but only if it makes sense to do so. For example, if you are asked about your daily routine, you can also add information about what you did the day before.

EXAM SKILLS

The number of questions you are asked will depend on the length of your answers. However, as each section lasts about 3 minutes, try hard within that time to show exactly what you know. Use different tenses, adjectives and conjunctions and vary your language as much as you can.

Zu Hause — *At home*

der Flur	hall	in einem Vorort	in a suburb
der Keller	cellar, basement	auf dem Land	in the countryside
der Garten	garden	das Einfamilienhaus	detached house
die Garage	garage	das Reihenhaus	terraced house
die Küche	kitchen	das Hochhaus	high-rise building
das Arbeitszimmer	study	der Wohnblock	block of flats
das Badezimmer	bathroom	die 3-Zimmer-Wohnung	3-room flat
das Esszimmer	dining room	im zweiten Stock	on the second floor
das Schlafzimmer	bedroom	im Untergeschoss	in the basement
das Wohnzimmer	sitting room	im Erdgeschoss	on the ground floor
Ich wohne (seit vier Jahren) …	I have been living … (for four years).	der Autostellplatz	parking space
in einer Kleinstadt	in a small town	der Dachboden	loft, attic
in einer Großstadt	in a city	die Terrasse	terrace, patio
in der Stadtmitte	in the town centre		

Essen und trinken — *Eating and drinking*

Es schmeckt (erstaunlich / besonders / echt) …	It tastes (amazingly / particularly / really) …	die Auswahl	choice, selection
lecker / köstlich / klasse / wunderbar	tasty / delicious / great / wonderful	auswählen	to choose
würzig / appetitlich	spicy / appetising	einkaufen	to buy, to shop
scharf / sauer	hot, spicy / sour	anklicken	to click on
salzig / fettig	salty / fatty	vorbereiten	to prepare
Ich esse (nicht) gern …	I (don't) like eating …	eine leckere Spezialität aus …	a tasty speciality from …
Ich esse lieber …	I prefer eating …	das Frühstück	breakfast
Ich esse am liebsten …	I like eating … best.	das Mittagessen	lunch
das Lieblingsessen	favourite meal	das Abendessen, Abendbrot	dinner, evening meal
Ich bin Vegetarier(in).	I am vegetarian.	Das (Abendbrot) essen wir um …	We eat (dinner) at …

Zum Frühstück oder Abendessen — *For breakfast or dinner*

das Brot	bread	die Marmelade	jam
die Brotsorte	type of bread	der Honig	honey
das Brötchen	bread roll	der Pampelmusensaft	grapefruit juice
die Butter	butter	der Kräutertee	herbal tea
der Käse	cheese	die Milch	milk
das Ei (die Eier)	egg	die fettarme Milch	skimmed milk
das Spiegelei(er)	fried egg	der Früchtetee	fruit tea
der Lachs	salmon	der Kaffee	coffee
		der Saft	juice

Zum Mittag- oder Abendessen — *For lunch or dinner*

der Sauerbraten	dish of marinated braised beef	ein gemischter Salat	a mixed salad
das Gulasch	goulash	die Suppe	soup
der Spargel	asparagus	der Fisch	fish
das Schnitzel	schnitzel, escalope	(mit) Kartoffeln / Reis	(with) potatoes / rice
das Rindersteak	beef steak	die Pommes (pl)	chips
die Gemüsesuppe	vegetable soup	das Sauerkraut	sauerkraut
die Hühnersuppe	chicken soup	das Fertiggericht	ready meal
die Pizza (Margherita)	pizza (margherita)	die Limonade	lemonade
das Lammfleisch	lamb	das Mineralwasser	mineral water
die Nudeln (pl)	pasta, noodles	die Kartoffelchips (pl)	crisps
mit Tomaten- / Fleischsoße	with tomato / meat sauce		

Süßes und Nachspeisen — *Sweets and desserts*

die Nachspeise	dessert	der Berliner	doughnut
das Eis	ice cream	der (Zucchini-)Kuchen	(courgette) cake
das Gebäck	baked goods, pastries	die Vanillesoße	vanilla sauce, custard
das Mehl	flour	der Apfelstrudel	apple strudel
der Keks(e)	biscuit	der Pflaumenkuchen	plum cake
die Torte(n)	gâteau	mit Sahne	with cream
hausgemachte Torte(n)	homemade gâteau(x)		

Obst und Gemüse / Fruit and vegetables

das Obst	fruit	die Traube(n)	grape
das Gemüse	vegetables	die Zitrone(n)	lemon
die Ananas(–)	pineapple	der Blumenkohl(e)	cauliflower
der Apfel (Äpfel)	apple	die Erbse(n)	pea
die Banane(n)	banana	die Gurke(n)	cucumber
die Birne(n)	pear	die Karotte(n)	carrot
die Erdbeere(n)	strawberry	der Knoblauch	garlic
die Himbeere(n)	raspberry	der Kohl(e)	cabbage
die Kirsche(n)	cherry	die Paprika(s)	pepper
die Orange(n)	orange	die Tomate(n)	tomato
der Pfirsich(e)	peach	die Zwiebel(n)	onion

Mengen / Quantities

mehrere	several	ein Glas	a glass
einige	some	eine Flasche	a bottle
keine	not any	eine Packung	a packet
welches	any	ein Kilo	a kilo
viele	many, a lot of		

Auf Austausch / On an exchange visit

Herzlich willkommen!	Welcome!	Man muss …	We must …
Wie geht's dir / Ihnen?	How are you?	die Fahrräder im Keller abstellen	put the bikes in the cellar
Wie bitte?	Pardon?	die Treppen sauber halten	keep the stairs clean
Ich verstehe nicht.	I don't understand.	den Müll ordentlich trennen	separate the rubbish neatly
Hast du (Hausschuhe) mitgebracht?	Have you brought (slippers)?	in der Ruhezeit ruhig sein	be quiet during 'quiet time'
Können Sie bitte langsamer sprechen?	Can you speak more slowly, please?	die Hausordnung	house rules
		die Mittagsruhe	quiet time at midday
Kannst du das bitte wiederholen?	Can you repeat that, please?	die Ruhezeit	quiet time
Hast du / Haben Sie Hunger?	Are you hungry?	Man darf keine laute Musik spielen.	We are not allowed to play loud music.
Hast du / Haben Sie Durst?	Are you thirsty?	Man darf kein Instrument üben.	We are not allowed to practise an instrument.
Hast du eine Frage an uns?	Do you have a question for us?		
Was meinst du damit?	What do you mean?	Man darf nicht mit dem Ball spielen.	We are not allowed to play ball games.
Was bedeutet „Hausschuhe"?	What does 'Hausschuhe' mean?	Man darf nie das Auto vor der Garage waschen.	We are never allowed to wash the car in front of the garage.
Wie heißt „Wi-Fi-Code" auf Deutsch?	How do you say 'Wi-Fi code' in German?		
Was ist dein / Ihr Wi-Fi-Code, bitte?	What is your Wi-Fi code, please?		

Der Tagesablauf / Daily routine

An einem Schultag / Am Wochenende	On a school day / At the weekend	täglich	daily
stehe ich um … auf	I get up at …	während der Woche	during the week
frühstücke ich / gehe ich ins Bett	I have breakfast / go to bed	am Abend / Nachmittag	in the evening / afternoon
sehe ich fern	I watch TV	zuerst	first of all
setze ich mich an den Computer	I sit at the computer	anschließend	afterwards
amüsiere / langweile ich mich	I have fun / get bored	stundenlang	for hours
treffe ich mich mit Freunden	I meet up with friends	dann / immer / nie	then / always / never

Im Haushalt helfen / Helping around the house

Man kann / könnte …	You can / could …	den Rasen mähen	mow the lawn
In diesem Alter sollte man …	At this age, you should …	einkaufen gehen	go shopping
Wenn ich Kinder habe, werden sie …	If I have children, they will …	den Müll leeren	empty the rubbish
Mein Kind wird …	My child will …	im Haushalt helfen	help around the house
die Wäsche in die Waschmaschine / alles in die Geschirrspülmaschine stellen	put the washing in the washing machine / everything in the dishwasher	das Frühstück vorbereiten	prepare breakfast
		Ich decke (oft) den Tisch ab.	I (often) clear the table.
		jeden Tag / ab und zu	every day / now and again
das Zimmer aufräumen	tidy up	manchmal / immer / nie	sometimes / always / never
das Bett frisch beziehen / machen	change / make the bed	Ich räume auf, um Geld zu verdienen.	I tidy up in order to earn money.
staubsaugen	vacuum	Ich räume nie auf, weil ich keine Zeit habe.	I never tidy up because I don't have time.
bügeln	iron		
den Tisch decken / abdecken	lay / clear the table		

5 ICH ♥ WIEN

STARTPUNKT DIE VERKEHRSMITTELWAHL

1 hören
Hör zu. Welche Verkehrsmittel haben sie gestern benutzt? (1–6)

Beispiel: **1** a + h

Ich fahre gern / nie / manchmal mit …
Ich bin mit … gefahren.
Ich werde mit … fahren.
dem Bus / Zug / Auto / Fahrrad / Rad (Fahrrad)
der U-Bahn / S-Bahn / Straßenbahn
Ich gehe zu Fuß.
Ich fliege mit dem Flugzeug.

The preposition *mit* is always followed by the dative case.
*der Zug → mit **dem** Zug*
*die Straßenbahn → mit **der** Straßenbahn*
*das Auto → mit **dem** Auto*
⚠ *zu Fuß*

2 lesen
Lies die Texte. Welche Verkehrsmittel (a–i) benutzen sie? Warum? Mach Notizen.

Beispiel: **1** Bus – Seniorenkarte

1 Ich bin mit dem Bus nach Köln gefahren, weil ich eine Seniorenkarte habe.

2 Ich muss jeden Tag zu Fuß in die Schule gehen, weil meine Eltern kein Auto haben.

3 Ich werde mit dem Zug nach Spanien fahren, weil ich nie mit dem Flugzeug fliegen kann. Ich habe Angst vor dem Fliegen.

4 Ich fahre jeden Tag mit der Straßenbahn zum Büro, weil sie so schnell und pünktlich ist.

5 Als Studentin bin ich immer mit dem Rad zur Uni gefahren, weil ich dabei sehr fit geblieben bin.

6 In meiner Stadt fahre ich nie mit der Straßenbahn, weil man schneller mit der U-Bahn in die Stadt fahren kann und das finde ich toll.

Satzbau (1) > *Seiten 210, 212, 215*

Hauptsatz
When there are two verbs (or parts of a verb construction) in a clause, make sure you put the correct verb in the correct place:
*Ich **bin** mit dem Bus **gefahren**.*
*Ich **muss** zu Fuß **gehen**.*
*Ich **werde** mit dem Zug **fahren**.*

3 schreiben
Welche Verkehrsmittel benutzt du (nicht)? Warum?

4 *lesen*

Welches Wort passt nicht dazu? Zu welchem Verkehrsmittel gehören die anderen Wörter? Benutz ein Wörterbuch zur Hilfe.

1 volltanken / die Einzelfahrkarte / die Tankstelle / der Stau / der Motor
2 spazieren / der Ausgang / der Fußgänger / die Bahn / gehen
3 die Haltestelle / starten / landen / der Flughafen / der Abflug
4 das Luftkissenboot / die Bundesstraße / das Boot / das Schiff / die Fähre
5 der Kofferraum / der Führerschein / die U-Bahn / die Autobahn / die Vorfahrt
6 der Bahnsteig / das Gleis / der Eurotunnel / die Eisenbahn / die Landstraße

> **Satzbau (2)** 〉 *Seite 230*
>
> **Nebensatz**
> In subordinate clauses (e.g. after *weil*) the verb goes to the end. And if there are two verbs? They both go to the end!
> *Ich werde mit dem Zug fahren, **weil** ich nicht mit dem Auto **fahren kann**.*

5 *lesen*

Lies die Sätze. Wie viele Punkte bekommt jeder Satz?

1 Ich werde nie fliegen, denn ich bin ziemlich ängstlich.
2 Ich fahre in die Stadt.
3 Ich werde mit dem Zug fahren, weil meine Großmutter mich am Bahnhof treffen kann.
4 Der Mann ist mit dem Rad gefahren, weil er das gesund findet.
5 Meine Schwester ist mit dem Auto gefahren, weil sie ihre Bahnkarte verloren hat.
6 Gestern ist er nach Bangladesch geflogen.

Ein Satz mit:
• einem Verb = 1 Punkt
• zwei Verben oder Verbteilen = 2 Punkte
• einem Nebensatz (2+ Verben) = 3 Punkte
• einem Nebensatz (3+ Verben) = 4 Punkte

6 *sprechen*

Gruppenarbeit. Bilde Sätze über den Verkehr. Wer bekommt die meisten Punkte? Benutz die Punktzahl in Aufgabe 5.

● *Ich fahre mit dem Auto. (1 Punkt)*
■ *Gestern bin ich mit dem Luftkissenboot nach Frankreich gefahren. (2 Punkte)*
▲ *Ich werde morgen spazieren gehen, weil das gesund ist. (3 Punkte)*
◆ *Später werde ich zur Tankstelle fahren, weil ich volltanken muss. (4 Punkte)*

7 *schreiben*

Beantworte die Fragen mit Hilfe Sonjas Antwort.

Ich fahre jeden Morgen mit dem Bus zur Schule. Die Busfahrt dauert ungefähr 20 Minuten und sie ist praktisch und schnell. Am Wochenende fahre ich lieber mit dem Rad, wenn ich nur eine kurze Strecke in der Gegend fahren will. Wenn ich eine lange Reise machen muss, fahre ich natürlich lieber mit dem Auto oder mit dem Zug. Letztes Jahr sind wir auf Familienurlaub nach Vietnam geflogen und das war ein sehr langer Flug. Das Warten am Flughafen, die Verspätung des Flugzeugs und die langen Stunden unterwegs haben mir gar nicht gefallen. Nächstes Jahr werde ich sicher hier in der Nähe Urlaub machen!

1 Wie fährst du normalerweise zur Schule? Warum?
2 Fährst du lieber mit dem Auto oder mit dem Rad? Begründe deine Antwort.
3 Wohin bist du letztes Jahr einmal gefahren?
4 Wie bist du dorthin gefahren und wie war die Fahrt?

EXAM SKILLS

Think about time phrases and tenses when writing – the present tense, past tense (perfect and imperfect) and future tense can all be included. Always be on the lookout for ways to use them.

1 WIE FAHREN WIR NACH WIEN?

LERNZIELE
- Über eine Reise sprechen
- Komparative und superlative Adjektive

D3 TRAVEL AND TRANSPORT

1 hören **Hör zu und lies den Dialog. Was passt zusammen?**

1 langsamer als ein Zug	**2** umweltfreundlicher als andere Mittel	**3** schneller als der Zug
4 lustiger als ein Rad	**5** bequemer als ein Bus	**6** teurer als ein Bus

a **b** **c** **d** **e** **f**

Marek: OK. Wir haben uns entschieden: Wir werden eine Woche nach Wien in Österreich fahren. Fliegen wir mit dem Flugzeug dorthin? Das ist viel schneller als mit dem Zug.

Alicja: Ja, und viel teurer! Fahren wir nicht lieber mit dem Bus? Das ist sicher billiger als mit dem Zug.

Lisl: Ja, aber auch viel langsamer! Die Busfahrt dauert 5,5 Stunden und das ist länger als mit dem Zug! Meiner Meinung nach ist es mit dem Zug viel besser.

Ruben: Alicja, deine Mutter ist Taxifahrerin, nicht? Kann sie uns vielleicht mit dem Auto dorthin fahren? Das ist bequemer als mit dem Bus.

Alicja: Du spinnst! Ihr Taxi ist nicht größer als ein normales Auto und wir sind vier Personen! Nein, das geht nicht.

Marek: Machen wir vielleicht eine Radtour dorthin? Das ist umweltfreundlicher und billiger als die anderen Verkehrsmittel.

Lisl: Ja, aber Wien liegt über 400 Kilometer von München entfernt und die Radtour würde sehr anstrengend sein. Es würde vielleicht lustiger sein, mit dem Mofa dorthin zu fahren!

Alicja: OK, OK. Wir werden mit dem Zug nach Wien fahren, weil das praktischer ist. Habt ihr alle eine Bahnkarte?

Alle: Jawohl!

Alicja Kowalski   Marek Sadik
Ruben Engel   Lisl Lehmann

Komparative ➤ *Seite 226*

To compare two things, add –er to the end of the adjective:

schnell → schnell**er**
billig → billig**er**

When comparing two or more items, use *als* for 'than':
*Ein Rad ist langsamer **als** ein Auto.*

You already know the irregular comparative *gern* → **lieber** (like, prefer), and here are some more:

lang → l**ä**nger
groß → gr**ö**ßer
nah → n**ä**her
gut → **besser**

> Use a dictionary to check the gender or plural of nouns. First look up the English word 'aeroplane' or go straight to *Flugzeug* if you know the word. Then select the German word to find out more about it:
> *das Flugzeug* (sg./neut.)
> **die** *Flugzeuge* (pl./neut.)

2 schreiben **Bilde Komparativsätze.**

Beispiel: **1** Ein Flugzeug ist schneller als ein Zug.

1 Flugzeug – schnell – Zug
2 Fahrrad – umweltfreundlich – Motorrad
3 Taxis – teuer – Busse
4 Straßenbahn – gut – U-Bahn
5 Boot – groß – Auto

3 sprechen **Gruppenarbeit. Diskussion: Transportmittel.**

● *Ist es schneller, mit dem Zug zu fahren oder mit dem Flugzeug zu fliegen?*

■ *Du spinnst! Natürlich ist es schneller mit dem Flugzeug. Ist es umweltfreundlicher, mit dem Bus oder mit dem Taxi zu fahren?*

▲ *Tja, gute Frage, aber ich meine, …*

4 lesen | **Alicjas Mutter ist im Reisebüro. Schreib die Adjektive auf und übersetze sie in deine Sprache.**

FRAU KOWALSKI: Meine Tochter fährt nach Wien. Wie fährt man von München am besten dorthin?

BEAMTER: Am einfachsten fährt man mit der Bahn, aber am umweltfreundlichsten fährt man mit dem Rad. Man kann auch mit dem Flugzeug fliegen, aber das ist am teuersten. Am bequemsten fährt man mit dem Auto, aber für Teenager ist das nicht am praktischsten.

Watch out for city names in German which are different in other languages, e.g. these cities have different English names: *Köln* (Cologne), *Genf* (Geneva), *Rom* (Rome), *Wien* (Vienna) and *München* (Munich).

mit der Bahn = mit dem Zug

Superlative > *Seite 226*

To say something is 'the most …', use: *am* + adjective + *–(e)sten*.
schnell → **am schnellsten**
billig → **am billigsten**
Irregular superlative adjectives:
lang → **am längsten**
groß → **am größten**
nah → **am nächsten**
gut → **am besten**

5 hören | **Am Münchener Hauptbahnhof. Hör zu. Schreib die Tabelle ab und füll sie aus. Welcher Dialog gehört zu den Freunden? (1–4)**

	Zug nach	→ oder ⇄	Abfahrt	Gleis	Ankunft	direkt?
1	Berlin	⇄	12:51	22	19:18	✗

Timetable information is given using the 24-hour clock.
dreizehn Uhr zweiunddreißig = 13:32 Uhr

6 sprechen | **Partnerarbeit. Am Münchener Hauptbahnhof. Mach Dialoge und ändere die Details.**

● *Guten Tag. Kann ich Ihnen helfen?*
■ *Guten Tag. Ja, ich möchte eine Fahrkarte nach (Berlin), bitte.*
● *Einfach oder hin und zurück?*
■ *(Hin und zurück), bitte. Wann fährt der nächste Zug ab?*

● *Er fährt um (12:51) Uhr vom Gleis (22) ab.*
■ *Und wann kommt er an?*
● *Er kommt um (19:18) Uhr in (Berlin) an.*
■ *Fährt der Zug direkt oder muss ich umsteigen?*
● *Der Zug fährt (nicht) direkt. Sie müssen (nicht) umsteigen.*

7 schreiben | **Schreib einen kurzen Reisebericht.**

Beispiel:

Letzte Woche bin ich mit dem Zug von … nach … um … Uhr gefahren. Ich bin mit dem Zug gefahren, weil das … als mit dem Bus ist. Der Zug ist (nicht) direkt gefahren und ich bin um … Uhr in … angekommen.

2 WO ÜBERNACHTEN WIR?

A2 HOLIDAYS, TOURIST INFORMATION AND DIRECTIONS

1 lesen **Lies die Texte und sieh dir die Bilder (a–e) an. Wer würde (nicht) gern hier übernachten?**

DIE UNTERKUNFT ★★★★★

Ruben Ich würde gern in diesem Hotel übernachten, weil es hier ein tolles Freibad mit Sauna gibt.

Alicja Ich würde lieber in jenem kleinen Gasthaus wohnen, weil es billiger als das Hotel ist.

Lisl Ich würde am liebsten in dieser Ferienwohnung oder dieser Jugendherberge wohnen, weil sie beide näher an der Stadtmitte liegen.

Marek Ich würde gar nicht gern auf jenem Campingplatz übernachten, weil das sicher am lautesten und unbequemsten ist.

2 hören **Hör zu. Sie diskutieren die Unterkunft. Schreib zu jedem Stichpunkt (a–e) die Details auf. (1–4)**

Beispiel: **1** a Hotel, b …

a Unterkunft: was

b Unterkunft: Lage

c Beschreibung

d Was gibt es für Gäste?

e Meinung: am Ende

> Use clues and common sense to understand the dialogues. A *Klimaanlage* is useful to have when the weather is hot, so what could that be? A *Waschsalon* has washing machines. What do you think this is?

3 sprechen **Gruppenarbeit. Diskussion: Die Unterkunftsauswahl aus Aufgabe 1.**

- ● *Wo würdest du am liebsten übernachten?*
- ■ *Ich würde am liebsten in diesem Hotel übernachten.*
- ▲ *Ja, aber das ist teurer als jene Jugendherberge, denke ich*
- ◆ *Du hast recht, aber jene Jugendherberge sieht sehr altmodisch aus …*

---

dieser/diese/dieses/diese, jener/jene/jenes/jene > *Seiten* **218, 224**

The demonstrative article follows the same pattern as the definite article (*der, die, das, die*).

	Nominativ	**Akkusativ**	**Dativ**
Mask.	*dieser, jener*	*diesen*	*diesem*
Fem.	*diese, jene*	*diese*	*dieser*
Neut.	*dieses, jenes*	*dieses*	*diesem*
Pl.	*diese, jene*	*diese*	*diesen*

Adjectives after *dieser / jener* also follow the same pattern as after *der, die, das, die*:
*in dem klein**en** Hotel* → *in diesem / jenem klein**en** Hotel.*

Es liegt in der Stadtmitte / im Stadtzentrum / am Stadtrand / am nächsten (zum Bahnhof).
Es liegt (8 Kilometer von der Stadtmitte) entfernt.
Es gibt / hat …
einen Computerraum / Spieleraum / Fernsehraum / Garten / Supermarkt / Waschsalon
eine Klimaanlage / eine Sauna
ein Freibad mit Sauna.
Er/Sie/Es ist … / sieht … aus.
praktisch / modern / altmodisch / schmutzig / ruhig / (un)bequem / chaotisch

4 lesen

Lies die Texte. Sind sie positiv (P), negativ (N) oder positiv und negativ (P+N)?

Traum- oder Alptraumurlaub?

1 Das Zimmer war klein und schmutzig. **Es waren lange Haare in der Dusche und im Waschbecken.** Ich habe auch ab und zu eine kleine Maus neben dem Fahrstuhl gesehen. Vielleicht suchte sie den Ausgang?! **Ich war total unzufrieden und ich werde nie wieder in jenem Hotel übernachten.** *Walter v. F. aus Graz*

2 Diese Pension war sehr altmodisch und **hatte keinen Internetanschluss. Es gab auch keine Klimatisierung,** und im Sommer war das problematisch. Auf der anderen Seite war das große Zimmer besonders bequem. **Das Frühstück war auch ein Höhepunkt,** weil es immer eine leckere Auswahl auf dem Tisch gab.   *Ingrid D. aus den Niederlanden*

3 Bei der Ankunft in jener kleinen Ferienwohnung haben wir gesehen, **dass es dort große Renovierungsarbeiten und viel Lärm gab.** Wir sind sofort zur Jugendherberge nebenan weitergegangen. **Glücklicherweise hatten sie noch Zimmer frei.**   *Lisl und Freunde aus München*

4 Wir haben auf dem Campingplatz schlecht geschlafen, weil unser Zelt direkt neben dem Spieleraum und dem Waschsalon war. **Jede Nacht haben wir den Fernseher, die Discomusik und die Waschmaschinen gehört. Dieser Lärm war echt ärgerlich** und wir werden nie wieder auf diesem Campingplatz übernachten.   *Familie Andersen aus Dänemark*

> **der Alptraum** = schlechte Gedanken beim Schlafen
> **der Fahrstuhl** = der Lift
> **der Lärm** = der Krach

 5 lesen

Lies die Texte noch mal und übersetze die fett gedruckten Sätze in deine Sprache.

 6 lesen

Lies die Texte zum letzten Mal. Richtig (R) oder falsch (F)?
1 Das Zimmer im Hotel war nicht schön.
2 Walter würde gern wieder im Hotel übernachten.
3 Die Klimaanlage in der Pension war altmodisch.
4 Lisl war mit der Ferienwohnung unzufrieden.
5 Auf dem Campingplatz war es zu laut.

> Es waren lange Haare in der Dusche / im Waschbecken.
> Ich war total unzufrieden.
> Ich werde (nie) wieder in (diesem / jenem Hotel) übernachten.
> Die Pension hatte (keinen) Internetanschluss.
> Sie hatten noch Zimmer frei.
> Das Frühstück war …
> Es gab (k)eine Klimatisierung.
> Es gab Renovierungsarbeiten.
> Es gab viel Lärm.
> Jede Nacht haben wir … gehört.
> Dieser Lärm war echt ärgerlich.

 7 sprechen

Partnerarbeit. Wer hat in der schrecklichsten Unterkunft übernachtet?
● *Ich habe eine Maus im Restaurant gesehen.*
■ *Das ist nicht so schlimm. Ich habe eine Maus im Restaurant gesehen und das Bett war total unbequem.*

 8 schreiben

Wähl eine Unterkunft aus Aufgabe 1 aus und beschwer dich darüber.
• Wie war die Unterkunft auf den ersten Blick?
• Was wirst du in Zukunft machen?

> Bei der Ankunft habe ich … gesehen / gefunden. Es gab … Das war …
> (Dieses Hotel) war … Ich werde … Nächsten Sommer …

3 WIE KOMME ICH ZUM RATHAUS?

LERNZIELE
- Den Weg in Wien finden
- Der Imperativ
- *zu* + Dativ

A2 HOLIDAYS, TOURIST INFORMATION AND DIRECTIONS

1 hören **Hör zu. Schreib die Tabelle ab und füll sie aus. (1–4)**

	Name	☺	Grund	☹	Grund
1	Alicja	b	Filmfestival	...	...

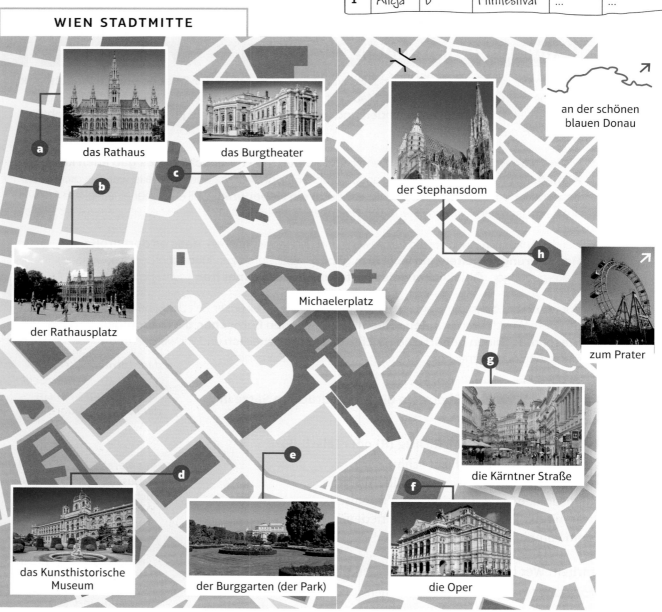

WIEN STADTMITTE

a — das Rathaus

c — das Burgtheater

der Stephansdom

an der schönen blauen Donau

b — der Rathausplatz

Michaelerplatz

h

zum Prater

g — die Kärntner Straße

d — das Kunsthistorische Museum

e — der Burggarten (der Park)

f — die Oper

2 sprechen **Partnerarbeit. Sieh dir deine Antworten aus Aufgabe 1 an und wähl eine Person aus.**

- ● *Ruben, würdest du lieber zur Kärntner Straße oder zum Burggarten gehen?*
- ■ *Ich würde nicht gern ... gehen, aber ich würde am liebsten ... gehen. Lisl, würdest du lieber ...?*

> Use *gern* 🖤, *lieber* 🖤🖤 and *am liebsten* 🖤🖤🖤 to give your preference.

zu + Dativ > Seite 222

Always use a dative ending with *zu*:
zu + *der* → *zu* **dem** (**zum**) (zum Rathausplatz)
zu + *die* → *zu* **der** (**zur**) (zur Oper)
zu + *das* → *zu* **dem** (**zum**) (zum Museum)

3 lesen **Lies den Auszug und beantworte die Fragen.**

This extract is from *Geschichten aus dem Wiener Wald* by Odön von Horváth. The captain (*der Rittmeister*) is speaking about an old friend who left Austria many years ago and has just returned.

die Staaten = die Vereinigten Staaten (USA)
heut = heute
kommen raus = kommen heraus
Schwips = (hier) Glück

VALERIE: Also ein Mister!
RITTMEISTER: Aber ein geborener Wiener! Zwanzig Jahr war der jetzt drüben in den Staaten, nun ist er zum erstenmal wieder auf unserem Kontinent. Wie wir heut vormittag durch die Hofburg gefahren sind, da sind ihm die Tränen in den Augen gestanden. – Er ist ein Selfmademan. […] Und jetzt zeig ich ihm sein Wien – schon den zweiten Tag – wir kommen aus dem Schwips schon gar nicht mehr raus […]

1 Woher kommt der Besucher?
2 Wie lange ist er weg aus seinem Land?
3 Wie oft hat er seitdem seine Heimatstadt besucht?
4 Wann haben sie eine Fahrt durch die Hofburg gemacht?
5 Wie hat der Besucher das gefunden?
6 Wie lange ist der Kapitän Reiseleiter in der Stadt?

4 lesen **Lies die Wegbeschreibungen (1–12). Zeichne jede Route. Für wen sind die Wegbeschreibungen?**

Beispiel: 1 🔄 ein Erwachsener oder mehrere Erwachsene

5 schreiben **Wähl fünf Wegbeschreibungen aus Aufgabe 4 aus und schreib sie dreimal auf: *du*, *ihr* und *Sie*.**

6 hören **Hör zu. Notiere das Ziel und die Wegbeschreibung. (1–12)**

Beispiel: 1 zum Park: Biegen Sie hier rechts ab.

7 sprechen **Partnerarbeit. Sieh dir den Stadtplan in Aufgabe 1 an. Du bist am Michaelerplatz. Wie kommt man zu …? Tauscht zwischen den *du*- und *Sie*-Formen.**

● *Entschuldigen Sie bitte, wie komme ich am besten zur Oper?*
■ *Gehen Sie hier geradeaus. Biegen Sie dann rechts ab.*

Entschuldige / Entschuldigen Sie. Wo ist der / die / das …?
Kannst du / Können Sie mir sagen, wie ich zum / zur … komme?
Kannst du / Können Sie mir den Weg zum / zur … zeigen?
Ich habe mich verlaufen. Kannst du / Können Sie mir helfen?

Wegbeschreibungen

1 Biegen Sie hier rechts ab.
2 Geh weiter bis zur Bank.
3 Geht geradeaus.
4 Geh an der Kreuzung rechts.
5 Gehen Sie bis zur Ampel.
6 Es ist auf der rechten Seite.
7 Nimm die zweite Straße links.
8 Überquert den Platz.
9 Biegen Sie an der Ecke links ab.
10 Geht über die Brücke.
11 Es ist hundert Meter entfernt.
12 Fahren Sie mit der U-Bahn-Linie 1 dorthin.

Der Imperativ > *Seite* **216**

Use imperatives to give commands, but make sure you use them in the correct register: *du* (to a friend), *Sie* (to an adult or adults) and *ihr* (to friends).

gehen:
du gehst → ~~du gehst!~~ → **geh!**
Sie gehen → **gehen Sie!**
ihr geht → ~~ihr geht!~~ → **geht!**

Watch out for irregular *du* forms:
du nimmst → **nimm!**
du isst → **iss!**
du fährst → **fahr!**

4 EIN WIENER SCHNITZEL, BITTE!

- Über Probleme im Restaurant sprechen
- *wenn* + Konjunktiv

E5 FOOD AND DRINK

1 hören

Hör zu und lies. Wo würden Ruben, Lisl, Marek und Alicja am liebsten essen gehen? Schreib es auf.

1 Ich würde gern im Schnellimbiss ein Wiener Schnitzel mit Pommes kaufen.

2 Wenn ich mehr Geld **hätte**, **würde** ich im Café Sacher **essen**.

3 Wenn ich hungriger **wäre**, **würde** ich an der Bude eine Spezi **trinken** und einen Hamburger mit Senf **essen**.

4 Wir **könnten** in diesem Restaurant hier **essen**. Ich habe Hunger – kommt mit!

die Spezi = Cola und Limonade
der Almdudler = österreichisches kaltes Getränk
die Apfelschorle = Apfelsaft mit Sprudel

2 schreiben

Schreib die richtige Form des Wortes in Klammern. Welches Wort war schon richtig?

1 Wenn ich in Wien **[sein]**, würde ich sicher hier **[essen]**.
2 Wenn die Touristin Geld **[haben]**, **[werden]** sie bestimmt jenes Restaurant besuchen.
3 Wenn meine Eltern hier **[sein]**, **[können]** sie sicher gut essen.
4 Wenn wir einen **[gut]** Stadtplan **[haben]**, **[können]** wir dieses Gasthaus schnell finden.

3 lesen

Was steht auf der Wiener Speisekarte? Übersetze sie mit Hilfe eines Wörterbuches in deine Sprache.
Beispiel: **1** Kartoffelsuppe (potato soup)

> **Der Konjunktiv** > *Seite 235*
>
> To convey hypothesis (e.g. If I had / were …, I would …) use the subjunctive forms of *haben* or *sein*: **hätte(n)** or **wäre(n)**.
>
> *Wenn ich Geld **hätte**, würde ich im Café essen.*
> *Wenn ich hungriger **wäre**, würde ich an der Bude essen.*
>
> You can also use the subjunctive forms of *können* + an infinitive at the end of the clause to say what you <u>could</u> do:
>
> *Wenn ich mehr Geld hätte, **könnte** ich in diesem Restaurant **essen**.*
> *Wenn diese Stadt billiger wäre, **könnte** ich hier **leben**.*

Restaurant zum Steffl

Vorspeisen
1 Alt-Wiener Kartoffelsuppe	€4,00
2 Rindsuppe	€4,90
3 Fischteller	€5,90
4 Gefüllte Champignons	€5,20

Hauptspeisen
5 Tagesgericht: Wiener Tafelspitz (Kalb)	€23,50
6 Geröstete Lammleber mit Zwiebelringen	€12,50
7 Wiener Schnitzel	€13,50
8 Hausgemachter Gemüsestrudel	€12,90

Als Beilage: 9 gemischter oder grüner Salat 10 grüne Bohnen
11 Sauerkraut 12 Pommes

Nachspeisen
13 Sachertorte mit Sahne	€7,50
14 Warmer Apfelstrudel mit Vanillesoße	€6,00
15 Eissorten	€3,00

Ihr(e) Kellner(in) bringt Ihnen unsere Getränkekarte.
Wir haben
16 Fruchtsäfte
17 Spezi
18 Wasser

Bedienung inbegriffen

4 hören

Hör zu. Sieh dir die Speisekarte oben an. Was bestellen sie? Wie viel wird das kosten? (1–6)

Beispiel: **1** 1 x Rindsuppe + 1 x Lammleber mit Sauerkraut = €17,40

98 *achtundneunzig*

5 sprechen

Gruppenarbeit. Immer etwas Anderes bestellen!

● *Was darf's sein?*
■ *Einmal Gemüsestrudel, bitte. Und Sie?*
▲ *Ich möchte (einmal) … Sind Sie so weit?*
◆ *Ja, ich würde …*

6 lesen

Man beschwert sich über ein Restaurant. Sieh dir die Bilder an. Was ist die richtige Reihenfolge?

Sehr geehrtes Restaurant-Team,

gestern Abend war ich bei Ihnen zu Gast und ich möchte mich jetzt darüber beschweren. Es war das schrecklichste Erlebnis! Ich habe die Fischsuppe bestellt, aber der Löffel war schmutzig. Diese Vorspeise hat mir sowieso nicht geschmeckt, weil sie geschmacklos war. Wir wollten eine erfrischende Spezi trinken, aber leider war ein Haar in meinem Glas. Total unappetitlich. Als Hauptspeise habe ich das Entenfleisch mit Bratkartoffeln bestellt, aber es war kalt. Meine Freundin hat das Tagesgericht bestellt, aber diese Speise war zu würzig. Als Beilage hatte sie Pommes. Sie waren zu salzig und fettig. Außerdem war der Tisch in der dunkelsten Ecke und es gab keine Aussicht. Ich würde dieses Restaurant nicht empfehlen.

Mit freundlichen Grüßen, Thomas W.

> **sich beschweren** = sich über etwas Negatives äußern

7 hören

Im Restaurant. Hör zu. Schreib die Tabelle ab und füll sie aus. (1–4)

	Gästezahl	Problem 1	Problem 2	Meinung
1	6	Tisch ohne Aussicht	der Fischteller war nicht lecker – zu viele Soße – konnte ihn fast nicht essen	bleibt nicht länger

8 sprechen

Partnerarbeit. Im Restaurant. Gib zwei Probleme und eine Meinung!

● *Guten Abend.*
■ *Guten Abend. Wir möchten … haben, bitte.*
● *Ja, natürlich, kommen Sie bitte her.*
■ *Nein, das geht nicht. Dieser Tisch hat / ist …*
● *Oh, das tut mir leid.*

[…]

● *Hat's geschmeckt? Alles in Ordnung?*
■ *Nein, das Essen war …*
● *Das tut mir leid.*
■ *Ich möchte mich beschweren!*

9 schreiben

Beschreib einen katastrophalen Abend im Restaurant.

• Wann warst du im Restaurant?
• Was hast du gegessen?
• Was für Probleme gab es?
• Würdest du wieder dort essen? Warum (nicht)?

Wir möchten bitte einen Tisch für vier Personen / in der Ecke / mit Aussicht haben.
Dieser Tisch hat keine Aussicht.
Dieser Tisch ist sehr laut.
Dieser Löffel ist sehr schmutzig.
Es ist ein Haar in diesem gemischten Salat.
Das Getränk / Die Spezi ist zu warm.
Dieses Entenfleisch war sehr fettig.
Das war (die schrecklichste Suppe).
Ich konnte (das Tagesgericht) nicht essen, weil … so unappetitlich war.
Ich möchte mich beschweren.
Ich möchte hier nicht länger bleiben.
Wir werden nie wieder hierher kommen.
Wo ist der/die Manager(in)?
Ich möchte sofort mit ihm/ihr sprechen.
Ich würde dieses Restaurant nicht empfehlen.

5 EINKAUFEN IN DER KÄRNTNER STRAßE

E3 SHOPPING AND MONEY MATTERS

1 hören

Hör zu. Was kosten die Wiener Souvenirs? Kaufen die Freunde sie oder nicht? (1–8)

Beispiel: **1** c – €9,20 ✓

In einem Wiener Souvenirladen

der preiswerte Schmuck

die grün-weiß gestreifte Tasse

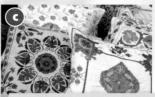
das weiche Kopfkissen

die leckeren Kekse

der bunte Kuli

die kleine Brieftasche

die schöne Tischdecke

die coolen Postkarten

2 lesen

Lies die Sprechblasen. Schreib die Tabelle ab und füll sie aus.

	was?	wie?	wo?	Problem?
Marek	Brieftasche	klein	Kaufhaus	kaputt

3 schreiben

Vervollständige die Sätze.

1. Dies_____ schön_____ Schmuck ist toll!
2. Ich finde dies_____ gestreift_____ Tasse praktischer.
3. Was kosten diese_____ bunt_____ Kulis?
4. Wo hast du dies_____ blau_____ Tischdecke gekauft?
5. Schmecken dies_____ lecker_____ Bonbons?

> Ich habe diese kleine Brieftasche im Kaufhaus gekauft, aber sie ist schon kaputt.

> Ich habe diesen gestreiften Kuli auf dem Markt gekauft, aber er funktioniert nicht.

> Ich habe dieses rote T-Shirt im Einkaufszentrum gekauft, aber es passt mir nicht. Es ist zu klein.

> Ich habe diese leckeren Kekse im Souvenirladen gekauft, aber ich habe sie schon alle aufgegessen!

Adjektivendungen
> Seiten **218, 224**

An adjective before a noun needs an ending to match the article (*der, die, das, die* or *dieser, diese, dieses, diese*). The adjective endings after the definite and the demonstrative article both follow the same pattern.

	Nominativ	**Akkusativ**
Mask.	*der/dieser preiswerte Schmuck*	*den/diesen preiswerten Schmuck*
Fem.	*die/jene große Brieftasche*	*die/jene große Brieftasche*
Neut.	*das/dieses weiße T-Shirt*	*das/dieses weiße T-Shirt*
Pl.	*die/jene billigen Bonbons*	*die/jene billigen Bonbons*

4 hören

Hör zu und lies den Dialog. Beantworte die Fragen.

Alicja:	Entschuldigen Sie, bitte. Ich suche ein T-Shirt als Geschenk für meinen Bruder.
Verkäufer:	Welche Größe hat er?
Alicja:	Er ist klein.
Verkäufer:	Welche Farbe mag er?
Alicja:	Seine Lieblingsfarben sind rot und blau.
Verkäufer:	Dieses blaue T-Shirt ist sehr preiswert.
Alicja:	Ja, aber ich denke, es ist zu kurz. Haben Sie andere T-Shirts?
Verkäufer:	Ja, natürlich. Diese gestreiften T-Shirts sind momentan sehr beliebt. Sie sind auch im Sonderangebot.
Alicja:	OK, ich nehme das gestreifte T-Shirt in Klein. Vielen Dank. Oh, warten Sie mal! Dieses T-Shirt hat ein Loch.
Verkäufer:	Entschuldigung. Hier, nimm bitte dieses T-Shirt.

1 Für wen ist dieser Einkauf?
2 Welche Größe sucht Alicja?
3 Was ist gut an dem blauen T-Shirt?
4 Was ist das Problem mit dem blauen T-Shirt?
5 Was ist gut an dem gestreiften T-Shirt? Gib **zwei** Details.
6 Was ist das Problem mit dem gestreiften T-Shirt?

> The T-shirt is described as having a *Loch*. What could this be? A tear, a hole, a mark? A Scottish loch is a lake, i.e. a 'water-filled hole'.
> *Im Sonderangebot* is an expression meaning 'on special offer'.

5 hören

Hör zu. Schreib die Tabelle ab und füll sie aus. (1–4)

	Für wen?	Größe / Alter	Vorschlag	Problem
1	Schwester			

6 sprechen

Partnerarbeit. Im Kaufhaus. Benutz den Dialog aus Aufgabe 4 als Hilfe.

- ● *Entschuldigen Sie, bitte. Ich suche (ein Sweatshirt) als Geschenk für (meine Schwester).*
- ■ *Welche Größe hat (sie)?*
- ● *(Sie) ist (klein / mittelgroß / groß / neun Jahre alt).*
- ■ *Wir haben diese … oder …*
- ● *Oh, das ist (zu lang). Haben Sie etwas Anderes?*

> Vary your language by describing different items of clothing, styles and colours. What might be wrong with each item?
> - teuer
> - altmodisch
> - schmutzig
> - lang / kurz

7 schreiben

Du bist im Geschäft und suchst ein Geschenk für einen Freund / eine Freundin. Schreib den Dialog.

- Für wen ist das Geschenk?
- Welche Größe / Farbe suchst du? Warum?
- Was gibt es im Geschäft?
- Was wählst du? Warum?
- Gibt es ein Problem damit?

1 lesen **Lies die Sprechblasen. Welches Wort (a–p) passt in welche Lücke? Manche Wörter brauchst du nicht.**

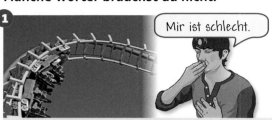

> Mir ist schlecht.

> Das war ein tolles Erlebnis, aber das Bein tut mir jetzt weh.

Ruben ist mit der Achterbahn gefahren, aber die **1** ▭ war zu hoch. Außerdem ist sein ganzes **2** ▭ aus der Tasche gefallen und er musste das danach am Boden suchen.

Alicja ist mit dem Monza Gokart gefahren, aber der **3** ▭ war ein bisschen zu klein und **4** ▭ unbequem.

> Mir ist kalt.

> Das war nicht nur peinlich, sondern auch **8** ▭. Aua!

Lisl ist mit der Wildwasserrutsche gefahren, aber leider ist sie **5** ▭ geworden und – noch schlimmer – sie hat die Armbanduhr ins **6** ▭ fallen lassen.

Marek war auf dem Trampolin, weil er gern **7** ▭, aber er hat nicht gut aufgepasst und er ist ausgerutscht.

a	Kleingeld	**e**	Wasser	**i**	trocken	**m**	Krankenhaus
b	sehr	**f**	Geschwindigkeit	**j**	nicht	**n**	schwimmt
c	Bauch	**g**	springt	**k**	Glas	**o**	schmerzhaft
d	Sitz	**h**	lustig	**l**	durchnässt	**p**	Temperatur

Unpersönliche Verben > Seite 210

German often uses dative pronouns where English does not:
mir ist kalt / heiß (**to me** is cold / hot → I am cold / hot)
*es tut **mir** leid* (**to me** is sorry → I am sorry)
*das Bein tut **mir** weh* (the leg **to me** hurts → my leg hurts)

Mir ist schlecht / heiß / kalt.
Das Bein / Der Arm tut mir weh.

Kulturzone

Im Prater findet man das berühmte und historische Riesenrad aus dem Jahr 1897. Man findet auch moderne Attraktionen auf diesem weltberühmten Freizeitpark – der Spaß beginnt hier!

2 hören **Hör zu. Im Informationsbüro im Prater. Wer hat welches Problem? Welche Lösung bekommen sie? Mach Notizen. (1–7)**

Use a dictionary if you hear any words you do not understand. Listen carefully to transcribe the word, then look it up. Make sure the meaning you select is the correct one to fit the context.

 a
 b
 **c**
 d
 **e**
 f
 g

3 lesen Lies das Formular und wähl die richtige Antwort aus.

Unfall- Verlust-
Verletzungs- (Diebstahlnotiz)

E-Mail-Adresse	weber92@stuttgart.de
Telefonnummer	06131 8 21 53
Datum	25.05.20
Uhrzeit	14:35
Nachname	Weber
Vorname	Yannik
Wo ist es passiert?	In der Wechselstube im Prater

Was ist passiert?

Zwei Jugendliche im Alter von 15 bis 18 Jahren versuchten, eine Tasche von Touristen an der Kasse in der Wechselstube zu stehlen. Am Samstag gegen 14:15 Uhr sah der Kassierer sie. Diese Jugendlichen fand er merkwürdig und es war ihm klar, sie wollten die Wechselstube mit der Tasche verlassen. Deshalb wählte der Sicherheitsdienst an der Tür den Notruf. Das war aber zu spät: Die Jugendlichen sind schnell mit der Tasche in die Richtung der Wildwasserrutsche verschwunden. In der Tasche gab es ein Portemonnaie mit Kleingeld, eine Kreditkarte und eine Debitkarte drinnen. Glücklicherweise hatte Herr Weber die Hausschlüssel und das Handy im Rucksack.

Ergebnis:

Leider hat die Polizei diesmal die Täter nicht erwischt, aber jetzt gibt es eine Alarmanlage am Ort, um solche Diebstähle zu verhindern und die Kunden zu schützen.

1 In der Notiz geht es um etwas Gefundenes / Verlorenes / Gestohlenes / Verletztes.
2 Das Ereignis passierte am Abend / Nachmittag / Vormittag / Mittag.
3 Das Ereignis ist beim Geldwechseln / Essen / Fahren / Einkaufen passiert.
4 Das Verhalten der Jugendlichen war normal / gut / seltsam / herzlich.
5 Ein Angestellter / Kassierer / Jugendlicher / Tourist hat die Polizei angerufen.
6 In der Tasche gab es keine Münzen / Schlüssel / Zahlungsmittel / Portemonnaies.
7 Diesmal war die Polizei erfolgreich / erfolglos / verletzt / erschöpft.

4 sprechen Partnerarbeit. Im Informationsbüro im Prater. Ändere die Details und mach Dialoge.

● *Hallo. Mein Kind ist gerade auf dem Bürgersteig vor dem Souvenirladen gefallen.*
■ *Ach nein, das tut mir leid.*
● *Danke, es ist nicht zu schlimm, aber der Arm tut ihr weh.*
■ *Soll ich den Notruf wählen?*
● *Nein, aber gibt es hier in der Nähe ein Krankenhaus?*
■ *Ja, Sie müssen hier rechts gehen und links um die Ecke gibt es ein Krankenhaus. Es ist nicht weit weg.*

Ich möchte einen Handy-Diebstahl melden.
Ich bin / Sie ist auf dem Bürgersteig gefallen.
Ich möchte mich über (die Toiletten) beschweren.
Ich suche einen Geldautomaten.
Ich habe (meine Schlüssel / meine Tasche) verloren.
Ich habe meinen Rucksack (im Café) gelassen.
Gibt es hier in der Nähe ein Fundbüro / eine Polizeiwache?

Sie müssen / Du musst …
  zur Polizeiwache / zur Apotheke / zum Fundbüro gehen.
  ins Krankenhaus gehen.
  dieses Formular ausfüllen.
Gehen Sie / Geh (links).
Ich werde es dem Manager / der Managerin sagen.
Ich werde den Notruf wählen.

5 schreiben Etwas Unangenehmes ist dir im Prater passiert. Schreib das Formular aus Aufgabe 3 ab und füll es für das Ereignis aus.

7 MIR IST SCHLECHT

E4 ACCIDENTS, INJURIES, COMMON AILMENTS AND HEALTH ISSUES

 1 | hören

Hör zu und lies die Telefonnachrichten. Was passt zusammen? (1–6)

 **a**    **b**    **c**    **d**    **e**    **f**

MONTAGVORMITTAG IN DER SPORTKLINIK

1 Ich habe gestern meinen rechten Fuß beim Fußballspielen verstaucht. Er tut jetzt furchtbar weh und ist sehr geschwollen.

2 Hallo? Letzte Woche war ich beim Skifahren und ich bin auf der Piste ausgerutscht. Seitdem habe ich furchtbare Rückenschmerzen. Haben Sie noch einen Termin frei?

3 Auatschee. Mein linkes Bein … mein Bein, das tut irrsinnig weh. Ich habe das verletzt. Ich kann es nicht bewegen. Ist das vielleicht gebrochen? Wenigstens habe ich ein Tor geschossen.

MONTAGVORMITTAG BEIM HAUSARZT

4 Ach, es geht mir sehr schlecht. Ich habe seit heute früh Fieber (39,3 Grad). Dazu habe ich auch Kopfschmerzen und ich kann weder trinken noch essen.

5 Frau Klein am Apparat. Der arme Elias hat seit über einer Woche Schnupfen und seit ein paar Tagen hat er jetzt auch Husten. Ich mache mir große Sorgen, weil er nichts isst und wenig trinkt. Meine Nummer ist …

6 Meine Freundin hat mir gerade eine SMS geschickt. Sie hat Bauchschmerzen und fährt morgen in ein Feriensportcamp. Was soll sie tun? Bitte rufen Sie mich unter der folgenden Nummer an 0 …

> *Bauchschmerzen* = *Magenschmerzen*

 2 | lesen

Lies die Telefonnachrichten noch mal und beantworte die Fragen. Vorsicht! Es können auch keine oder mehrere Nachrichten sein.

Wer …

- **a** hat Schwierigkeiten beim Essen?
- **b** hat ein Körperteil gebrochen?
- **c** ist seit mehreren Tagen krank?
- **d** hat sich den Rücken verletzt?
- **e** hatte in letzter Zeit Erfolg?
- **f** ruft für eine andere Person an?

Es geht mir (sehr) schlecht / gut.
Ich bin krank.

Ich habe seit	vorgestern heute früh einer Woche	Durchfall / Fieber / Schnupfen / Husten / Kopfschmerzen.	
Ich habe	gestern	meinen linken Fuß mein rechtes Bein	verstaucht. verletzt. gebrochen.

3 hören

Hör zu. In der Apotheke. Schreib die Tabelle ab und füll sie aus. (1–6)

	Symptom	warum	wie lange?	Lösung
1	Kopfschmerzen	leidet unter Migräne	4 Tage	eine Tablette dreimal pro Tag nehmen

EXAM SKILLS

Listen carefully for familiar words that might give you a clue to the rest of the sentence: for example, *Ich bin **auf der Treppe zum Ausgang** gefallen* in extract 6. Can you make a logical guess to work out what this speaker is referring to?

 Ich habe Kopfweh.

 Ich leide unter Migräne.

 Ich habe Zahnschmerzen.

 Ich habe mir den Arm verletzt.

 Ich bin müde / erschöpft.

 Ich habe Husten.

Ich habe Halsschmerzen.

Haben Sie oft (Kopfweh)?
Nehmen Sie zweimal pro Tag eine Tablette.
Sie müssen / könnten …
(dreimal pro Tag) Tabletten / Vitamine / Hustenbonbons nehmen.
eine Salbe benutzen.
beim Zahnarzt anrufen / einen Termin ausmachen / ins Krankenhaus gehen.

seit + Präsens und Imperfekt > *Seiten 210, 214*

- To say you have been doing something since / for a certain length of time, use *seit* + present tense.
  *Ich **habe seit** gestern Kopfweh.*
  *Mein Arm **tut** mir **seit** einer Woche weh.*
  Watch out for the expressions *erst seit* (just since) and *schon seit* (already since).
- To say that you had had something or had been doing something for a certain length of time, use *seit* + imperfect:
  *Ich **hatte seit** acht Tagen Rückenschmerzen.*
  I **had had** a sore back for eight days.

4 sprechen

Partnerarbeit. In der Apotheke. Mach Dialoge.

- *Guten Tag. Kann ich Ihnen / dir helfen?*
- *Guten Tag. Ich habe (Kopfweh).*
- *Oh, das tut mir leid. Seit wann haben Sie / hast du (Kopfweh)?*
- *Ich habe schon seit (vier Tagen) (Kopfweh).*
- *Oh je. Sie müssen / Du musst (diese Tabletten dreimal pro Tag nehmen).*
- *Vielen Dank.*

(Der Bauch) tut mir weh and *ich habe (Bauch-)Schmerzen* are different ways you can vary your language when talking about parts of your body which hurt.

5 schreiben

Du hast gestern einen Tagesausflug zum Prater gemacht. Schreib eine E-Mail an deine Familie, um den Tag zu beschreiben.

- Wie bist du zum Prater gefahren?
- Was hast du dort gemacht?
- Was für ein Problem hattest du dort / unterwegs?
- Möchtest du in Zukunft wieder zum Prater fahren? Warum (nicht)?

Draw on the language from all units of *Kapitel 5* to describe your day out to the Prater. You could write about what and where you ate, what the food was like, even about the souvenirs you bought. Don't forget to give an opinion about everything you mention!

A HOME AND ABROAD
A2 HOLIDAYS, TOURIST INFORMATION AND DIRECTIONS
D THE WORLD AROUND US
D3 TRAVEL AND TRANSPORT
E SOCIAL ACTIVITIES, FITNESS AND HEALTH
E4 ACCIDENTS, INJURIES, HEALTH

EXAM PRACTICE: LISTENING

In der Apotheke

INTERPRETATION
DECISION MAKING

1 Was hört man im Gespräch? Schreib den richtigen Buchstaben auf.

A Bein	B einer Woche
C zum Arzt gehen	D Zahnweh
E Zug	F Hustenbonbons nehmen
G Stuttgart	H Bus
I zwei Tagen	J Tübingen
K Arm	L Kopfschmerzen
M Tabletten nehmen	

Beispiel: Frau Dürr und ihr Mann sind in __G__ auf Urlaub.

a Herr Dürr hat ein Problem mit seinem _____ .
b Sie wollten gestern mit dem _____ fahren.
c Herr Dürr soll am besten _____ .
d Frau Dürr hat _____ .
e Sie fühlt sich seit _____ nicht gut.
f Sie soll als erstes _____ .

(Total for Question 1 = 6 marks)

EXAM SKILLS

When you have a selection of answers, it is likely that there will be pairs of answers from which you need to choose the correct one, for example two towns or two parts of the body. Listen carefully as both may feature in the exercise.

Reisepläne

ANALYSIS
DECISION MAKING

2 Hör zu. Was sagt Renate?
Wähl die richtige Antwort aus.

Beispiel: Renate macht Urlaub in __B__ .

A Paris	B Wien
C Berlin	D Salzburg

a Renate fährt mit _____ .

A Freundinnen	B der Familie
C der Oma	D dem Opa

b Renate geht besonders gern ins _____ .

A Kino	B Schwimmbad
C Theater	D Museum

c Das beste Transportmittel ist _____ .

A der Zug	B das Flugzeug
C das Auto	D der Bus

d Das Problem damit ist, _____ .

A es ist unbequem	B keines der Mädchen hat viel Geld
C eines der Mädchen fühlt sich schlecht	D es ist zu teuer

e Der Flughafen ist _____ von der Stadtmitte.

A fünf Minuten	B weit weg
C zwei Stunden	D in der Nähe

f Im Zug wird es vielleicht _____ sein.

A laut	B lebhaft
C heiß	D langweilig

(Total for Question 2 = 6 marks)

Urlaubsprobleme

INTERPRETATION
DECISION MAKING

3 Hör zu. Mach Notizen über die Urlaubsprobleme.
Schreib die Tabelle ab und füll sie auf Deutsch aus.

Beispiel: das größte Problem: Sauberkeit

a wo dieses Problem oft zu finden ist: _____ (1)
b das zweitgrößte Problem: _____ (1)
c Grund dafür: _____ (1)
d das drittgrößte Problem: _____ (1)
e Reaktion des Sprechers: _____ (1)
f wie sich die meisten deutschen Urlauber fühlen: _____ (1)

(Total for Question 3 = 6 marks)

A HOME AND ABROAD
A2 HOLIDAYS, TOURIST INFORMATION AND DIRECTIONS
A3 SERVICES
D THE WORLD AROUND US
D3 TRAVEL AND TRANSPORT

KAPITEL 5

EXAM PRACTICE: READING

DECISION MAKING

Im Fundbüro

1 Lies den Auszug aus dem Text.

Das Fundbüro von Siegfried Lenz

Vor Paulas Schreibtisch stand in lässiger Haltung ein Junge und schien etwas von ihr zu erwarten. Ein Junge von vierzehn oder fünfzehn, der eine verschossene Jeansjacke trug und an den Füßen Segeltuchschuhe, die ihre Farbe verloren hatten.

„Also eine Puppe sollst du holen, die Puppe deiner Schwester?"

„Ja," sagte der Junge.

„Und du weißt, in welchem Zug sie die Puppe verloren hat?"

„Sie waren zu Besuch in Emden, meine Schwester und meine Mutter. Der Zug kam aus Emden."

„Ein ICE?"

„Ein was?"

„Ein Inter-City-Express?"

„Die Puppe war im Zug aus Emden."

„Du hast mir gesagt, dass du die Puppe genau kennst...?"

„Meine Schwester hat sie oft bei sich schlafen lassen."

„Das hat auch meine Schwester getan," sagte Henry, „das kenne ich, und jetzt warte hier, ich glaube, wir haben das, was du suchst."

Er nickte Paula zu und zu Arthur sagte er: „Ich hole dir die Puppe, wir sind froh, wenn wir die Sachen loswerden."

Mach Notizen. Schreib die Tabelle ab und füll sie auf Deutsch aus, oder benutz Zahlen.

Beispiel: Name der Frau im Fundbüro: Paula

a Alter des Jungen: ____ (1)
b Beschreibung des Jungen: ____ ____ (2)
c Was verloren: ____ (1)
d Wo verloren: ____ ____ (2)
e Mit wem die Schwester unterwegs war: ____ (1)
f Was die Schwester mit dem Gegenstand macht: ____ (1)
g Name des Jungen: ____ (1)
h Wie Henry sich fühlt: ____ (1)

(Total for Question 1 = 10 marks)

EXAM SKILLS

When dealing with an authentic literary text, you may not recognise all the words; don't worry. Read the questions first so you know what you are looking for. You will find the answers in the same order as the text.

INTERPRETATION

Wie war die Reise?

2 Beantworte die Fragen auf Deutsch. Vollständige Sätze sind nicht nötig.

Leon: Ich bin mit Freunden mit dem Zug nach Prag gefahren. Da wir wenig Geld hatten, mussten wir uns bei der Ankunft einen Campingplatz suchen. Das war schrecklich und laut, und ich würde das niemandem empfehlen.

Maria: Wir sind mit dem Flugzeug nach Athen geflogen, aber der Flug hatte vier Stunden Verspätung. Als wir endlich angekommen sind, war kein Hotelzimmer frei. Wir mussten in der Jugendherberge wohnen und das war total unbequem. Es gab keine Klimaanlage und es war die heißeste Woche des Sommers!

Jonas: Letztes Jahr habe ich zwei Wochen mit Freunden auf Sylt verbracht. Meine Großeltern haben dort eine Ferienwohnung und sie liegt direkt am Strand. Diese Insel an der Nordseeküste ist ein echtes Urlaubsparadies und es hat sehr viel Spaß gemacht. Wir möchten alle unbedingt nächstes Jahr wieder dorthin fahren!

Zita: Meine Mutter ist nach Budapest gefahren, aber die Zugreise war viel zu lang, also bin ich mit meiner besten Freundin nach München gefahren. Wir haben zwei Betten für drei Nächte in der Jugendherberge reserviert. Das war superlustig, weil wir das Zimmer mit zwei britischen Mädchen geteilt haben.

a Warum musste Leon zelten? (1)
b Warum hat es Leon am Campingplatz nicht gefallen? (1)
c Wie war Marias Flug nach Athen? Warum? (2)
d Warum musste Maria in der Jugendherberge übernachten? (1)
e Warum ist Sylt ein praktisches Urlaubsziel für Jonas? (1)
f Was könnte man vielleicht in der Nähe der Ferienwohnung machen? (1)
g Warum ist es klar, dass der Urlaub Jonas gefallen hat? (1)
h Warum ist Zita nach München gefahren? (1)
i Wie viele Mädchen haben zusammen das Zimmer in der Jugendherberge geteilt? (1)

(Total for Question 2 = 10 marks)

EXAM SKILLS

Do not make any unnecessary errors. Underline the most important words and names in the text and questions, and read your answers through several times.

A HOME AND ABROAD
A2 HOLIDAYS, TOURIST INFORMATION AND DIRECTIONS
D THE WORLD AROUND US
D3 TRAVEL AND TRANSPORT
E SOCIAL ACTIVITIES, FITNESS AND HEALTH
E4 ACCIDENTS, INJURIES, HEALTH

EXAM PREPARATION: WRITING

1 lesen **Lies die lange Schreibaufgabe. Notiere für jeden der vier Punkte:**

- welche Zeitform und welche andere Strukturen du benutzen sollst
- weitere Einzelheiten, die die Antwort verbessern.

Ein Stadtbesuch

Schreib ein Blog über einen Stadtbesuch mit Freunden.

Du musst Folgendes erwähnen:

- wo du warst
- wie deine Meinung zu der Unterkunft war
- was du bei einem Stadtbesuch wichtig findest
- wohin du und deine Freunde nächstes Jahr fahren möchtet.

Schreib zwischen 130–150 Wörter **auf Deutsch**.

(Total = 20 marks)

---

2 lesen **Lies Jonas' Antwort und beantworte die Fragen.**

SAMPLE ANSWER

Letztes Jahr bin ich mit meinen Freunden nach Italien gefahren, *um Rom zu besuchen*. Ich fliege sehr gern, aber wir sind mit dem Zug gefahren, *weil das am billigsten war*. Ich habe meinen Rucksack im Zug gelassen und das war besonders ärgerlich, weil mein Fotoapparat darin war.

Wir sind zuerst zur Jugendherberge in der Stadtmitte gegangen, aber sie war sehr altmodisch und im Badezimmer *gab es* kein heißes Wasser. Wir wollten *stattdessen* ein Hotel finden.

Am ersten Tag in einer fremden Stadt ist es wichtig, eine Bustour zu machen, um die bekanntesten Sehenswürdigkeiten zu sehen. Da mir aber im Bus schlecht ist, steige ich oft aus und laufe durch die wunderschönen Straßen.

Im Großen und Ganzen war unsere Romreise *ein wunderbares Erlebnis*. Nächstes Jahr möchten wir auf eine griechische Insel fahren. *Wir könnten* dort schwimmen und uns am Strand sonnen, *weil das total schön wäre*.

(145 Wörter)

EXAM SKILLS

A good way to develop your answer is to use the conjunction *um … zu* (in order to). This allows you to add a further detail to your essay, and you just need to use the infinitive of the verb at the end.

a Was bedeuten die *kursiv gedruckten* Ausdrücke in der Antwort? Vielleicht könntest du diese Ausdrücke in deinen Aufsätzen benutzen.

b Finde mit Hilfe vom Answer Booster **acht** Beispiele von Wörtern und Ausdrücken, die Jonas benutzt, um seine Antwort zu verbessern.

3 schreiben **Schreib jetzt deine Antwort auf die lange Schreibaufgabe auf der nächsten Seite. Denk an den Answer Booster.**

EXAM PRACTICE: WRITING

CREATIVITY

Long writing task

Eine Reise mit dem Zug

Schreib einen Bericht über eine Reise mit dem Zug.
Du musst Folgendes erwähnen:

- wohin du gefahren bist
- was für Probleme du bei der Reise gehabt hast
- ob du gerne mit dem Zug fährst und warum
- welches Transportmittel du in Zukunft lieber benutzen willst.

Schreib zwischen 130–150 Wörter **auf Deutsch**.

(Total = 20 marks)

EXAM SKILLS

When writing your essay, pay attention to detail:
- Do not mistake a comparative for the basic adjective.
- Look closely at the tense of each verb.
- Take care to use the correct versions of words such as 'a', 'the', 'his', etc.

ANALYSIS

Grammar

Schreib die Form des Wortes (a)–(j), damit das Wort im Satz richtig ist. Vorsicht! Es ist nicht immer nötig, die Form in Klammern zu ändern.

Ein Urlaub in Wien

Im Urlaub bin ich **(a) [dieser]** Jahr nach Wien **(b) [fahren]**. Es ist eine **(c) [groß]** Stadt in Österreich und hat ein echt **(d) [toll]** Museum in der Stadtmitte. Am ersten Tag des Urlaubs sind wir zum Schloss Schönbrunn gegangen. Im Museum **(e) [können]** wir sehr bekannte Bilder sehen. Am **(f) [interessant]** war ein Bild von Klimt. Ich bin sehr froh, meinen Urlaub in Wien **(g) [machen]** zu haben. Wenn ich in der Zukunft die Wahl **(h) [haben]**, **(i) [werden]** ich mit meinen Freunden fahren, weil meine Eltern abends im Hotel bleiben **(j) [wollen]**.

(Total = 10 marks)

Answer Booster	Aiming for a solid level	Aiming higher	Aiming for the top
Verbs	**Different tenses (past, present and future):** *versteht, habe gefunden, werden bleiben*	**Different persons of the verb** **Imperfect tense:** *es gab, wir hatten, es war* **Separable verbs:** *vorbereiten, einkaufen, aussteigen, zubereiten* **Reflexive verbs:** *sich interessieren für, sich sonnen* **Modal verbs:** *müssen, können, sollen, wollen*	**Modal verbs in the conditional:** *könnten* **Modal verbs in the imperfect:** *wir wollten, konnten* **Future:** *das wird …* **Subjunctive:** *… weil das total schön wäre*
Opinions and reasons	*weil / denn* *ich glaube* *ich denke* *ich finde*	**Add more variety:** *Das wird ein Traum sein.* *Ehrlich gesagt …* *Es ist viel besser … Leider …*	**Expressions:** *im Großen und Ganzen,* *es geht mir auf die Nerven*
Conjunctions	*und, aber, oder, denn*	*wo, um … zu,* *um die bekanntesten Sehenswürdigkeiten zu sehen*	**Different tenses with subordinating conjunctions:** *Bevor er einsteigt, wartet er, bis die anderen Leute ausgestiegen sind.*
Other features	**Negatives:** *nicht, kein* **Qualifiers:** *sehr, besonders, total*	**Comparative of adjectives:** *lieber, besser, gesünder* **Superlative of adjectives:** *weil das am billigsten war*	**Da words:** *darin, danach, dafür, damit* **Declined adjectives:** *ein wunderbares Erlebnis, kein heißes Wasser* **Pronouns:** *mir, uns*

EXAM PREPARATION: SPEAKING

A HOME AND ABROAD
A2 HOLIDAYS, TOURIST INFORMATION AND DIRECTIONS
D THE WORLD AROUND US
D3 TRAVEL AND TRANSPORT
E SOCIAL ACTIVITIES, FITNESS AND HEALTH
E3 SHOPPING AND MONEY MATTERS
E5 FOOD AND DRINK

Picture-based discussion

1 *hören*

Sieh dir Bild 1 und die Fragen auf der nächsten Seite an. Dann hör dir Harriets Antwort auf Frage 1 an.

a Notiere **drei** Ausdrücke, die Harriet benutzt, um zu zeigen, wo etwas im Bild ist. Was für ein Wort kommt direkt danach?

b Was meinst du ist Harriets Meinung zum Bild?

2 *hören*

Hör dir Harriets Antwort auf Frage 2 an. Was bedeuten vielleicht die folgenden Ausdrücke?

a eine Aktentasche

b er wartet hier auf die Straßenbahn

c einen schicken Anzug

d er freut sich bestimmt auf sein Abendbrot

3 *hören*

Hör dir Harriets Antwort auf Frage 3 an.

a Notiere alle Verben in der Vergangenheit, die Harriet benutzt.

b Welche „versteckten" Fragen beantwortet sie?

4 *hören*

Hör dir Harriets Antwort auf Frage 4 an.

a Notiere **drei** Adjektive im Komparativ, die Harriet in ihrer Antwort benutzt, und **eins** im Superlativ.

b Notiere mit Hilfe vom Answer Booster **vier** weitere Ausdrücke, die Harriet benutzt, um ihre Antwort zu verbessern.

5 *hören*

Hör dir Harriets Antwort auf Frage 5 an und füll die Lücken aus.

Tja, das ist eine gute Frage. Ehrlich gesagt **a** _____ ich Stadtbesuche oft anstrengend und nervig. Natürlich **b** _____ ich mich mehr für die Museen und Galerien interessieren, wenn es dort weniger Touristen **c** _____ würde. Nächstes Jahr **d** _____ ich mit zwei guten Freunden nach Paris fahren, denn wir **e** _____ die Kunstwerke im Louvre sehen. Das **f** _____ ein Traum für mich sein, weil die Bilder dort fantastisch **g** _____ . Hoffentlich wird es dort nicht zu viele Besucher **h** _____ !

6 *sprechen*

Sieh dir Bild 2 und die Fragen auf der nächsten Seite an. Beantworte die Fragen für dich.

General conversation

1 *hören*

Hör dir Minhs Antwort auf Frage 1 an.

a Notiere, in welcher Reihenfolge Minh Folgendes erwähnt:

i Lösung von dem Problem

ii wohin Minh gefahren ist

iii mit wem Minh gefahren ist

iv warum geflogen

v Meinung

vi vergessener Reisepass

b Notiere **ein** Beispiel von dem Folgenden:

i Zeitausdruck

ii Meinungsausdruck

iii Adjektiv mit Endung

iv Adjektiv im Superlativ

2 *hören*

Hör dir Minhs Antwort auf Frage 2 an. Notiere mit Hilfe vom Answer Booster <u>sechs</u> Ausdrücke, die Minh benutzt, um seine Antwort zu verbessern.

3 *hören*

Hör dir Minhs Antwort auf Frage 3 an.

a Welche **vier** Zeitformen benutzt Minh? Finde Beispiele.

b Welche Details über den Vietnamurlaub gibt Minh in seiner Antwort? Mach eine Liste.

4 *sprechen*

Lies Fragen 4–6 auf der nächsten Seite und beantworte sie für dich.

EXAM PRACTICE: SPEAKING

Task A Picture-based discussion
Photo 1
A2 Holidays, tourist information and directions
D3 Travel and transport

1 Was kann man hier auf diesem Bild sehen?
2 Was macht der Mann hier links vorne?
3 Was haben vielleicht die anderen Personen an der Haltestelle am Tag gemacht?
4 Ist es besser, mit der Straßenbahn zu fahren, oder mit dem eigenen Auto?
5 Wie könnte ein Stadtbesuch interessanter sein?

Photo 2
D3 Travel and transport
E3 Shopping and money matters

1 Beschreib mir bitte dieses Bild.
2 Was macht der Mann hier mitten im Vordergrund in der schwarzen Jacke?
3 Was wird der Verkäufer rechts später machen?
4 Inwiefern ist es eine gute Idee, frisches Obst und Gemüse auf dem Markt zu kaufen?
5 Warum kaufen viele Touristen Souvenirs, wenn sie in einem anderen Land sind?

(Total for Task A = 12 marks)

Task B/C General conversation

1 Erzähl mir, wohin du letztes Jahr in Urlaub gefahren bist.
2 Was soll man tun, um sich auf einen Urlaub vorzubereiten?
3 Was möchtest du gern im nächsten Urlaub essen?
4 Warum kauft man oft Souvenirs im Urlaub?
5 Welches Verkehrsmittel findest du das beste? Warum?
6 Was für Probleme hast du im Urlaub gehabt?

(Total for Task B/C = 28 marks)

EXAM SKILLS

Produce a list of useful qualifiers such as *sonst*, *vielleicht*, *wahrscheinlich* and *möglicherweise*. Words like this help to add extra meaning to your spoken responses.

EXAM SKILLS

Develop your use of tenses beyond the present, past and future. Try to add the conditional. Talk about what you would do in certain situations, or what could be done to improve public transport or a holiday.

WÖRTER

Verkehrsmittel
Ich fahre …
    mit dem Zug / Bus / Auto / Rad
    mit der U-Bahn / S-Bahn /
    Straßenbahn

Forms of transport
I travel …
    by train / bus / car / bike
    by underground / urban railway /
    tram

Ich fliege mit dem Flugzeug.
Ich fliege.
Ich gehe zu Fuß.

I travel by plane.
I fly.
I go on foot. / I walk.

Fahrkarten kaufen
Ich möchte eine Fahrkarte nach
    Berlin, bitte.
Einfach oder hin und zurück?
Wann fährt der nächste Zug ab?
Er fährt um 12:51 Uhr vom
    Gleis 22 ab.

Buying train tickets
I'd like a ticket to Berlin, please.

Single or return?
When does the next train leave?
It leaves at 12:51 from platform 22.

Wann kommt er an?
Er kommt in Berlin um 19:18 Uhr an.
Fährt der Zug direkt oder muss ich
    umsteigen?

When does it arrive?
It arrives in Berlin at 19:18.
Does the train go direct or do I need
    to change?

Ferienunterkunft
das Hotel(s)
das Gasthaus(–häuser) /
    die Pension(en)
die Ferienwohnung(en)
die Jugendherberge(n)
der Campingplatz(–plätze)
Ich würde am liebsten (in diesem
    Hotel) übernachten.
in der Stadtmitte / im Stadtzentrum
am Stadtrand
am nächsten (zum Bahnhof)
(Der Bahnhof) liegt (100 m) entfernt.
der Computerraum(–räume)
der Fernsehraum(–räume)

Holiday accommodation
hotel
guest house / bed and breakfast

holiday apartment
youth hostel
campsite
I would like best to stay (in this
    hotel).
in the town centre
in the suburbs / outskirts
nearest (to the station)
(The station) is (100 m) away.
computer room
TV room

der Garten (Gärten)
der Spieleraum(–räume)
der Supermarkt(–märkte)
der Waschsalon(s)
die Klimaanlage(n)
das Freibad(–bäder) mit Sauna(s)
Er/Sie/Es ist … / sieht … aus.
    modern
    praktisch
    ruhig
    altmodisch
    chaotisch
    schmutzig
    (un)bequem

garden
games room
supermarket
launderette
air conditioning
open-air pool with sauna
It is / looks …
    modern
    practical / handy
    quiet
    old-fashioned
    chaotic
    dirty
    (un)comfortable

Urlaubsbeschwerden
Das Zimmer war klein und
    schmutzig.
Es waren lange Haare in der
    Dusche / im Waschbecken.
Ich war total unzufrieden.
Ich werde nie wieder in diesem
    Hotel übernachten.
Dieses Gasthaus hatte keinen
    Internetanschluss.

Holiday complaints
The room was small and dirty.

There were long hairs in the
    shower / in the washbasin.
I was totally dissatisfied.
I will never stay in this hotel again.

This guest house had no
    internet connection.

Es gab keine Klimaanlage.
Das Frühstück war ein Höhepunkt.
Es gab Renovierungsarbeiten.
Es gab viel Lärm.
Unser Zelt war direkt neben dem
    Spieleraum / Waschsalon.
Jede Nacht haben wir den
    Fernseher / die Discomusik /
    die Waschmaschinen gehört.

There was no air conditioning.
Breakfast was a highlight.
There were renovation works.
There was a lot of noise.
Our tent was right next to the
    games room / launderette.
Every night we heard the
    TV / disco music /
    the washing machines.

Wegbeschreibungen
Fahr / Fahren Sie …
Geh / Gehen Sie …
    rechts / links / geradeaus
    weiter bis zum/zur …
    über …
Nimm / Nehmen Sie …
    die erste / zweite Straße links
Bieg / Biegen Sie an der Ecke
    rechts ab.
Überquer / Überqueren Sie …
    die Ampel(n)
    den Platz (Plätze)
    die Brücke(n)
    die Donau
    die Kreuzung(en)

Directions
Go … [using a vehicle]
Go … [walking]
    right / left / straight on
    further until …
    over …
Take …
    the first / second road on the left
Turn right at the corner.

Cross …
    the traffic lights
    the square
    the bridge
    the Danube
    crossroads

das Rathaus(–häuser)
der Rathausplatz(–plätze)
das Museum (Museen)
die Oper(n)
Es ist hundert Meter entfernt.
Es ist auf der rechten Seite.
Kannst du / Können Sie …
    mir sagen, wie ich zum /
    mir den Weg zum / zur …
    zeigen?
Ich habe mich verlaufen.
Kannst du / Können Sie mir
    helfen?
Entschuldige / Entschuldigen Sie.
Wo ist der / die / das …?

town hall
town hall square
museum
opera house
It's one hundred metres away.
It's on the right.
Can you …
    tell me how to get to …?
    zur … komme?
    show me the way to …?
I'm lost.
Can you help me?

Excuse me.
Where is the …?

Die Speisekarte
die Vorspeise(n)
die Hauptspeise(n)
die Nachspeise(n)
die Beilage(n)
die Getränkekarte(n)
das Tagesgericht(e)
Bedienung inbegriffen

Menu
starter
main course
dessert
side dish
drinks menu
dish of the day
service included

gefüllt
gemischt
geröstet
hausgemacht
die (Apfel-)Schorle
der Fruchtsaft
die Spezi

filled, stuffed
mixed
roast
homemade
(apple) juice with sparkling water
fruit juice
cola and lemonade mix

Im Restaurant
Wir möchten einen
    Tisch … haben.
    für (vier) Personen
    mit Aussicht auf die Donau
    in der Ecke

In the restaurant
We'd like a table …

    for (four) people
    with a view of the Danube
    in the corner

hier links
Könnte ich bitte (die Speisekarte /
    Getränkekarte) haben?
Das Tagesgericht ist …

on the left here
Could I have (the menu /
    drinks menu), please?
The dish of the day is …

Restaurantbeschwerden

Restaurantbeschwerden	Restaurant complaints
Ich möchte mich beschweren!	I would like to make a complaint!
Dieser Löffel ist schmutzig.	This spoon is dirty.
Es ist ein Haar in diesem Salat.	There's a hair in this salad.
Dieser Tisch …	This table …
ist sehr laut	is very noisy
hat keine Aussicht	has no view
ist in der dunkelsten Ecke	is in the darkest corner
Das Getränk ist zu warm.	The drink is too warm.
Dieser Fischteller war sehr ….	This fish platter was very …
Das war (die schrecklichste Suppe).	That was (the most terrible soup).
Ich konnte (das Tagesgericht) nicht essen, weil es … war.	I couldn't eat (the dish of the day) because it was …

Souvenirs

Souvenirs	Souvenirs
der Kuli(s)	ballpoint pen
der Schmuck	jewellery
die Brieftasche(n)	wallet
das Portemonnaie(s)	purse
die Tasse(n)	mug, cup
das Bild(er)	picture
das Kopfkissen(–)	pillow, cushion
die Tischdecke	table cloth
der Keks(e)	biscuit
bunt	multi-coloured
(grün-weiß) gestreift	(green and white) striped
preiswert	inexpensive, good value
weich	soft

Einkaufen

Einkaufen	Shopping
der Markt (Märkte)	market
der Souvenirladen(–läden)	souvenir shop
das Kaufhaus(–häuser)	department store
das Einkaufszentrum(–zentren)	shopping centre
Ich suche (ein T-Shirt) als Geschenk für (meinen Bruder).	I'm looking for (a T-shirt) as a present for (my brother).
Welche Größe hat (er)?	What size is (he)?
klein / mittelgroß / groß	small / medium / large
Seine Lieblingsfarben sind …	His favourite colours are …
altmodisch	old-fashioned
beliebt	popular
kaputt	broken
kurz / lang	short / long
preiswert	inexpensive, good value
schmutzig	dirty
teuer	expensive
im Sonderangebot	on special offer
… funktioniert nicht	… doesn't work
… passt mir nicht	… doesn't fit me
… hat ein Loch	… has a hole

Ein Problem melden

Ein Problem melden	Reporting a problem
Ich möchte einen Handy-Diebstahl melden.	I'd like to report a mobile phone theft.
Ich möchte mich über (die Toiletten) beschweren.	I'd like to complain about (the toilets).
Ich suche einen Geldautomaten.	I'm looking for a cash point.
Ich habe (meine Schlüssel / meine Brieftasche) verloren.	I have lost (my keys / my wallet).
Ich habe meinen Rucksack (im Café) gelassen.	I left my rucksack (in the café).
Gibt es hier in der Nähe ein Fundbüro / eine Apotheke?	Is there a lost-property office / chemist near here?
Sie müssen / Du musst …	You must …
zur Polizeiwache gehen	go to the police station
zum Fundbüro gehen	go to the lost-property office
ins Krankenhaus gehen	go to hospital
das Formular ausfüllen	fill in the form
Ich werde es dem Manager sagen.	I will tell the manager.
Ich werde einen Krankenwagen rufen.	I will call an ambulance.

In der Apotheke

In der Apotheke	At the chemist's
Mir ist schlecht / kalt.	I feel ill / cold.
Das Bein tut mir weh.	My leg hurts.
Ich habe Kopfweh.	I have a headache.
Ich leide unter Migräne.	I suffer from migraines.
Ich habe Zahnschmerzen.	I have a toothache.
Ich habe mir den Arm verletzt.	I have injured my arm.
Ich bin müde / erschöpft.	I am tired / exhausted.
Ich habe Husten.	I have a cough.
Ich habe Halsschmerzen.	I have a sore throat.
(Meine Mutter) ist auf dem Bürgersteig gefallen.	(My mother) fell over on the pavement.
Sie müssen / könnten …	You must / could …
Tabletten / Vitamine / Hustenbonbons nehmen	take tablets / vitamins / throat sweets
eine Salbe benutzen	use an ointment
beim Zahnarzt anrufen	call the dentist
einen Termin ausmachen	make an appointment
ins Krankenhaus gehen	go to hospital

6 IM URLAUB UND ZU HAUSE

LERNZIELE
- Über beliebte Reiseziele sprechen
- *nach, in, an*

STARTPUNKT 1 BELIEBTE REISEZIELE

A2 HOLIDAYS, TOURIST INFORMATION, DIRECTIONS

1 *lesen* **Sieh dir die Grafik und die Landkarten an. Wo sind die beliebten Reiseziele? Schreib die Namen der Regionen und der Länder auf.**

Beispiel: **a** Berlin

Ziele im Inland

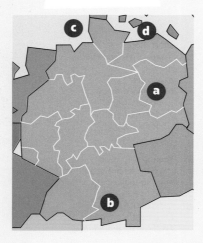

Ziele im Ausland (Europa)

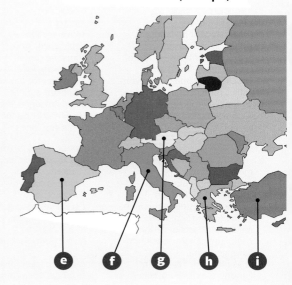

Die beliebtesten Reiseziele
Wohin fahren die Deutschen in Urlaub?

37% ins Inland

63% ins Ausland

Ziele im Inland:

10,1%	Ostsee
7,7	Bayern
7,4	Nordsee
4,8	Berlin

Ziele im Ausland:

9,8%	Spanien
9,5	Italien
8,1	Österreich
4,2	Türkei
4,1	Griechenland

2 *hören* **Hör zu und überprüfe deine Antworten aus Aufgabe 1. (1–9)**

3 *sprechen* **Partnerarbeit. Diskussion: Reiseziele.**

- *Wohin fährst du gern in Urlaub?*
- *Ich fahre sehr gern (nach Italien).*
- *Wohin bist du letztes Jahr gefahren?*
- *Ich bin letztes Jahr (in die Schweiz) gefahren. Und du?*

4 *hören* **Hör zu und sieh dir die Bilder an. Wohin fahren sie und warum? (1–5)**

a an den Strand

b in die Berge

c an die Küste

d an einen See

e in den Wald

---

nach, in, an   › *Seite 222*

Ways of saying 'to':
- For countries, federal states, cities and towns, use **nach**:
  *Ich fahre **nach** Deutschland, er fährt **nach** Bayern, wir fahren **nach** Berlin und Sie fahren **nach** Tübingen.*

  BUT

  *Ich fahre **in die** Schweiz, du fährst **in die** Türkei und sie fahren **in die** USA.*
- For lakes, rivers and seas, use **an** plus the accusative form of the definite article:
  *Ich fahre **an den** Bodensee, **an den** Rhein, **an die** Ostsee, **ans (an das)** Meer.*

Listen again to exercise 2 and make a note of which preposition you hear with each location.

As well as for lakes, rivers and seas, *an* is also used to say 'to the beach' or 'to the coast'. Note that in German, to say 'to the mountains' or 'to the woods' you use *in*.

5 lesen **Lies den Zeitungsbericht und finde die Wörter.**

Die Deutschen im Urlaub

47% der Deutschen haben eine Pauschalreise gebucht, 36% haben ihren Urlaub individuell gebucht und 17% sind losgefahren, ohne vorher zu buchen.

Und womit sind sie gereist?
47% sind mit dem Auto oder dem Wohnmobil gefahren, 37% sind mit dem Flugzeug geflogen, 9% sind mit dem Bus gefahren und 5% mit dem Zug. Nur wenige sind mit der Fähre gefahren.

Wo haben die deutschen Urlauber übernachtet?
50% haben in einem Hotel gewohnt, 22% haben eine Ferienwohnung gemietet, 7% haben in einer Pension übernachtet und 5% haben auf dem Campingplatz gezeltet.

1 ein Urlaub mit Flug, Unterkunft und Essen
2 wenn man etwas allein macht
3 sind abgefahren
4 reservieren
5 ein Transportmittel, in dem man nachts schläft
6 ein paar
7 ein Schiff
8 ein Urlaubsappartement
9 ein Gasthaus
10 ein Ort für Zelte

6 lesen **Lies den Bericht noch mal. Beantworte die Fragen.**

1 Was haben siebzehn Prozent der deutschen Urlauber gemacht?
2 Was ist das beliebteste Verkehrsmittel?
3 Welches Verkehrsmittel ist nicht beliebt?
4 Wo haben die meisten deutschen Urlauber übernachtet?
5 Wo haben die wenigsten deutschen Urlauber übernachtet?

7 schreiben **Füll die Lücken aus. (a–c)**

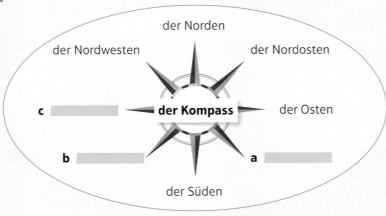

The points of the compass are masculine. The definite article (*der*) changes to *dem* when it is used after *in* to say where something is located: *in dem (im) Norden*.

If you want to say 'in the middle', use *in der Mitte*. For continents, use *in + Asien, Afrika, Australien, Europa, Südamerika, Nordamerika*.

8 schreiben **Sieh dir die Landkarten in Aufgabe 1 noch mal an. Schreib <u>sechs</u> Sätze auf.**

Beispiel: Bayern liegt im Südosten von Deutschland.

9 sprechen **Partnerarbeit. Stell und beantworte Fragen.**

• Wohin wirst du nächsten Sommer fahren?
• Wo liegt das?
• Wie wirst du dorthin fahren?
• Wo wirst du übernachten?

Remember to use *werden* with an infinitive verb to form the future tense.

LERNZIELE

■ Das Wetter beschreiben
■ *werden* (Präsens)

Kulturzone

Hitzefrei
In Deutschland ist es im Sommer oft sehr heiß. Wenn es zum Beispiel morgens schon 28 Grad heiß ist, müssen die Schülerinnen und Schüler nicht in der Schule bleiben.

Schneefrei
In manchen Gegenden kann es im Winter bitterkalt sein. Bei starkem Schneefall dürfen die Schülerinnen und Schüler zu Hause bleiben, denn tiefer Schnee kann gefährlich sein.

1 hören

Hör zu und lies den Wetterbericht. Was passt zusammen?

Beispiel: **1** c, …

Ich starte in Hamburg, im Norden von Deutschland. Hier ist es sehr stürmisch und es hagelt. Dann mache ich einen Abstecher über Berlin im Osten, wo es ziemlich neblig ist. Später komme ich dann in Hannover an. Dort klärt es etwas auf, es ist sonnig und die Temperaturen steigen, die Durchschnittstemperatur ist 21 Grad. Es bleibt aber wechselhaft.

In Frankfurt ist es leider nicht so schön; der Himmel ist grau, es ist wolkig und etwas kühler. Die Temperaturen liegen zwischen 15 und 18 Grad. Ich fahre weiter Richtung Stuttgart. Dort ist es windig und regnerisch. Es regnet, bis ich in Freiburg bin. Freiburg ist Deutschlands wärmster Ort, oder? Nein, heute nicht! Es ist kalt und frostig und heute schneit es sogar!

Morgen werde ich in die Schweiz weiterfahren. Dort wird es keine Wolken geben, aber es wird am Abend frieren und vielleicht gibt es auch Nebel.

1 Hamburg **2** Berlin
3 Hannover **4** Frankfurt
5 Stuttgart **6** Freiburg

 a die Wolken  **b** der Hagel

 c der Sturm   **d** die Sonne

 e der Schnee   **f** der Regen

 g der Wind   **h** der Nebel

 i der Frost

der Abstecher = eine alternative und längere Route
über = via

2 hören

Hör die Wettervorhersage an. Schreib die Tabelle ab und füll sie aus. (1–4)

	Wo?	Wetter heute?	Wetter morgen?
1	Hamburg	wolkig, …	

3 sprechen

Partnerarbeit. Diskussion: Das Wetter.

● *Wie ist das Wetter heute?*
■ *Heute ist es trocken, aber ziemlich windig.*
● *Und wie wird das Wetter morgen sein?*
■ *Morgen wird es nicht so windig sein, aber es wird vielleicht …*

Es ist bewölkt / heiß / kalt / sonnig / trocken / regnerisch / windig / wolkig / neblig / frostig / stürmisch / wechselhaft.

Es friert / hagelt / regnet / schneit.

Es gibt Nebel / Regen(–schauer) / einen Sturm / ein Gewitter.

Die Temperaturen liegen zwischen (15) und (18) Grad.

Die Temperatur ist hoch / niedrig.

Es wird windig / neblig sein.

Es wird frieren / regnen / schneien.

Es wird (keinen) Regen / (keine) Wolken geben.

4 lesen **Lies die Blogs. Welches Wort passt in welche Lücke? Manche Wörter brauchst du nicht.**

1 Ich habe im **1** ＿＿＿ Geburtstag. Das finde ich sehr schön. Der Frühling ist meine Lieblingsjahreszeit. Manche Leute sagen Frühling, andere **2** ＿＿＿. Ich liebe den Frühling, denn die Tage werden länger und das Wetter wird besser. Die Temperaturen werden wärmer und die Sonne **3** ＿＿＿ öfter.

2 Der Winter ist eine besondere Jahreszeit. Wenn der **4** ＿＿＿ auf dem Boden liegt, wenn der Himmel blau ist, wenn die Sonne scheint, obwohl es richtig **5** ＿＿＿ ist, dann bin ich glücklich. Die Nächte werden **6** ＿＿＿, aber meine Wohnung bleibt warm.

3 Für mich ist der Sommer die **7** ＿＿＿ Jahreszeit. Mir gefällt es, wenn es heiß und sonnig ist, und wenn wir draußen im Garten essen. Ich **8** ＿＿＿ Schnee, Regen, Hagel und kalte Temperaturen gar nicht! Im Sommer werden die Tage länger und **9** ＿＿＿.

4 Meiner Meinung nach ist der Herbst die beste Jahreszeit. Die **10** ＿＿＿ sind gelb, rot und orange und die Früchte werden reif. Ich mag den Herbst, weil man die **11** ＿＿＿ warmen Tage genießen kann, bevor der Winter kommt. Es kann **12** ＿＿＿ oder neblig sein, aber das mag ich.

a	Kleidungsstücke	**e**	schönste	**i**	mag	**m**	kälter
b	wärmer	**f**	Frühjahr	**j**	scheint	**n**	Schnee
c	schönen	**g**	früher	**k**	schneit	**o**	kalt
d	April	**h**	windig	**l**	Blätter	**p**	Regen

5 hören **Hör dir die Blogs an und überprüfe deine Antworten.**

6 lesen **Wähl einen Absatz aus Aufgabe 4 aus und übersetze ihn in deine Sprache.**

7 schreiben **Beschreib deine Lieblingsjahreszeit.**

Beispiel: Der Herbst ist meine Lieblingsjahreszeit, weil … Das Wetter wird … und die Tage werden …

8 schreiben **Schreib ein Blog über das Urlaubsbild.**

- Was machen die Leute?
- Wo sind sie?
- Welche Jahreszeit ist es, deiner Meinung nach?
- Wie findest du diese Jahreszeit? Warum?
- Was hast du letztes Jahr in dieser Jahreszeit gemacht?
- Was wirst du nächstes Jahr in dieser Jahreszeit machen?

werden (Präsens) > *Seite 240*

As well as being used with the infinitive of another verb to form the future tense, **werden** can be used in the present tense to mean 'to become':

*Das Wetter **wird** besser.*

*Die Tage **werden** länger.*

Make sure you use *werden* in the present tense in your answer.

1 DEIN URLAUBSSTIL

A2 HOLIDAYS, TOURIST INFORMATION AND DIRECTIONS

1 hören **Hör zu. Welcher Urlaub gefällt den Jugendlichen? (1–6)**

2 sprechen **Partnerarbeit. Diskussion: Dein Urlaubsstil.**

● *Was für ein Urlaub gefällt dir?*
■ *Ich mache sehr gern Strandurlaub, weil ich gern in der Sonne liege. Ich liebe auch Wassersport!*
● *Was für ein Urlaub gefällt dir nicht?*

Ich mache (nicht) gern	Aktivurlaub / Erlebnisurlaub / Strandurlaub / Winterurlaub / Sightseeingurlaub / Urlaub auf Balkonien	…, weil ich	abenteuerlustig bin. gern draußen bin. gern in der Sonne liege. gern andere Kulturen erlebe. mich für die Natur interessiere. mich entspannen will. mich schnell langweile. nichts tun will.
Ich gehe (nicht) gern	zelten		

3 lesen **Lies die Werbung. Was bedeuten die fett gedruckten Wörter?**

Sportliches Abenteuer in Tirol

Willst du unseren Erlebnisurlaub genießen? Während deines Urlaubs wirst du jeden Tag eine neue, **aufregende** Aktivität oder Sportart **erleben**. **In unserem Programm bieten wir** eine Raftingtour, eine Canyoningtour, einen Geocachingtrail und **der Höhepunkt** ist der Alpine Coaster, die längste Achterbahn in den Alpen! Du wirst dich nie langweilen!

Auch eine Minigolfanlage steht **zur Verfügung** und **auf unserer Liegewiese** kannst du ein Sonnenbad nehmen. Wegen unserer modernen Grillplätze kannst du sogar **unter dem Sternenhimmel** essen.

- Alter 14–21 Jahre
- **Übernachtung** entweder im Zelt oder in einer Hütte
- Preis: ab €350 (Voll- oder **Halbpension**) für 5 Tage
- ganzjährig geöffnet
- **Im Angebot!** Radverleih (ganzer Tag) €30

4 lesen **Lies die Werbung noch mal. Richtig (R) oder falsch (F)?**

1 Der Urlaub ist für abenteuerlustige Jugendliche.
2 Während des Urlaubs wirst du dich entspannen.
3 Du wirst in den Alpen Ski fahren.
4 Man kann nicht Minigolf spielen.
5 Man kann abends draußen essen.
6 Es gibt unterschiedliche Unterkünfte.
7 Der Urlaub ist nur von Mai bis September verfügbar.
8 Man kann ein Fahrrad mieten.

5 hören **Hör dir die Werbung an. Mach Notizen.**

a wo?   b Urlaubsart?   c Aktivitäten?   d Was gibt es am Ort?   e Sonstiges?

6 lesen **Lies die Bewertungen. Wie heißt das (1–8)? Finde die Wörter im Text.**

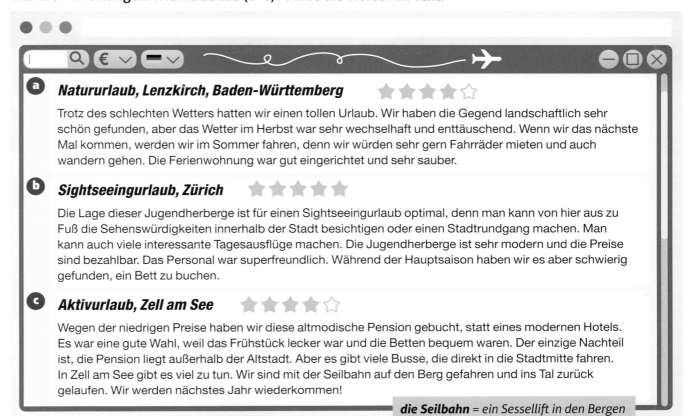

a Natururlaub, Lenzkirch, Baden-Württemberg ★★★★☆

Trotz des schlechten Wetters hatten wir einen tollen Urlaub. Wir haben die Gegend landschaftlich sehr schön gefunden, aber das Wetter im Herbst war sehr wechselhaft und enttäuschend. Wenn wir das nächste Mal kommen, werden wir im Sommer fahren, denn wir würden sehr gern Fahrräder mieten und auch wandern gehen. Die Ferienwohnung war gut eingerichtet und sehr sauber.

b Sightseeingurlaub, Zürich ★★★★★

Die Lage dieser Jugendherberge ist für einen Sightseeingurlaub optimal, denn man kann von hier aus zu Fuß die Sehenswürdigkeiten innerhalb der Stadt besichtigen oder einen Stadtrundgang machen. Man kann auch viele interessante Tagesausflüge machen. Die Jugendherberge ist sehr modern und die Preise sind bezahlbar. Das Personal war superfreundlich. Während der Hauptsaison haben wir es aber schwierig gefunden, ein Bett zu buchen.

c Aktivurlaub, Zell am See ★★★★☆

Wegen der niedrigen Preise haben wir diese altmodische Pension gebucht, statt eines modernen Hotels. Es war eine gute Wahl, weil das Frühstück lecker war und die Betten bequem waren. Der einzige Nachteil ist, die Pension liegt außerhalb der Altstadt. Aber es gibt viele Busse, die direkt in die Stadtmitte fahren. In Zell am See gibt es viel zu tun. Wir sind mit der Seilbahn auf den Berg gefahren und ins Tal zurück gelaufen. Wir werden nächstes Jahr wiederkommen!

die Seilbahn = ein Sessellift in den Bergen

1	gute Möbel	**5**	eine Stadt zu Fuß besuchen
2	gar nicht schmutzig	**6**	wieviel etwas kostet
3	die Situation	**7**	die Arbeiter
4	z. B. Museen, Galerien, historische Gebäude	**8**	nicht zentral gelegen

Genitivpräpositionen > *Seiten 220, 222*

Prepositions used with the genitive case: ***außerhalb***, ***innerhalb***, ***statt***, ***trotz***, ***während***, ***wegen***.

Mask.	eines*	des*
Fem.	einer	der
Neut.	eines*	des*
Pl.	–	der

* adding **–s** or **–es** to the noun

7 lesen **Lies die Bewertungen noch mal. Mach eine Liste von den positiven und negativen Seiten von jedem Urlaub.**

	positiv	negativ
a	schöne Landschaft …	

8 hören **Hör zu. Beantworte die Fragen (a–e) für jede Person. (1–3)**

a Wohin sind sie in Urlaub gefahren?
b Was für ein Urlaub war es?
c Was gibt es dort zu tun?
d Was war positiv / negativ?
e Würden sie den gleichen Urlaub noch mal machen?

Do not copy what you hear word for word, but aim to note down a summary of what is said, using your own method of shorthand: abbreviations, sketches and even words in your own language for later translation.

9 schreiben **Beschreib einen Urlaub, den du gemacht hast. Beantworte die Fragen (Aufgabe 8) für dich.**

Don't forget to include some genitive prepositions.

2 WIE WAR DER URLAUB?

A2 HOLIDAYS, TOURIST INFORMATION AND DIRECTIONS

1 lesen **Lies die Blogs. Welches Bild passt zu welchem Blog?**

blogshare

1 Wir sind früher oft nach Frankreich gefahren. Die Reise dorthin war immer furchtbar, weil wir stundenlang im Auto sitzen mussten. Es gab immer einen Verkehrsstau auf der Autobahn. So langweilig! Meine Brüder und ich haben uns die ganze Zeit gestritten: zwei Eltern, drei Kinder und ein Zelt in einem Auto – wir hatten nicht genug Platz. Aber trotz der schrecklichen Reise haben wir den Urlaub immer genossen. Das Wetter in Frankreich war immer wunderschön.
Leon

2 Meine Mutter konnte früher in den Schulferien nicht Urlaub nehmen und deshalb sind meine Schwester und ich oft mit dem Zug zu unseren Großeltern in die Schweiz gefahren. Die Fahrt hat immer ewig gedauert und manchmal hatte der Zug auch Verspätung.

Während des Urlaubs haben wir im Wald gespielt und sind in den Bergen wandern gegangen. Das Beste war aber, ein Lagerfeuer im Wald zu bauen und dort Leckerbissen zu grillen!
Nina

3 Vor drei Jahren hatten wir einen katastrophalen Urlaub. Zuerst ist unser Gepäck nach Istanbul geflogen statt nach Griechenland. Als wir schließlich unser Hotel gefunden hatten, war das Bad schmutzig und die Dusche hat nicht funktioniert. Und dann hat es jeden Tag geregnet!

Ich werde trotzdem noch mal nach Griechenland fahren, weil die Landschaft sehr schön war und mir das Essen auch sehr gut geschmeckt hat. **Jan**

2 lesen **Lies die Blogs noch mal. Wie heißt das? Finde die Wörter im Text.**

1 viele Autos auf der Straße, die sich nicht bewegen
2 der Urlaub hat Spaß gemacht
3 sehr lange
4 später als erwartet
5 ein Ort mit vielen Bäumen
6 total schrecklich
7 z. B. der Rucksack, die Tasche, der Koffer
8 eine Kochstelle im Freien

3 hören **Hör dir die Voicemails an. Schreib die Tabelle ab und füll sie aus. (1–4)**

	positiv	negativ	Meinung 👎👍
1	tolle Aktivitäten, …		

4 sprechen **Partnerarbeit. Stell und beantworte Fragen über Urlaube.**

- Wie war dein letzter Urlaub?
- Was war positiv?
- Was war negativ?

5 lesen **Lies die E-Mail und beantworte die Fragen.**

> Liebe Sandra,
>
> letztes Wochenende habe ich Florian und seine Familie in der Schweiz besucht.
>
> Florians Schwester Felizitas hatte mich eingeladen und sie hatte alles vorher sehr gut organisiert. Ich bin am Samstagmorgen mit dem Zug in die Schweiz gefahren. Felizitas hatte einen tollen Ort für unsere Übernachtung gewählt denn das Haus der Familie ist sehr klein – eine Hütte in den Bergen. Die Landschaft war unglaublich schön und wegen der isolierten Lage war es ganz anders als zu Hause. Florians Eltern hatten leckeres Essen im Supermarkt gekauft, damit wir nicht oben in den Bergen hungrig wären, und sein Cousin hatte Schlafsäcke organisiert.
>
> Am Sonntag musste ich nach Hause fahren und auf dem Weg zum Bahnhof war ich schnell ins Café gegangen, aber ich hatte meine Brieftasche in der Hütte vergessen! Ich musste sie holen und dann gab es leider keine Zeit fürs Frühstück. Schade!
>
> Bis bald,
> Bruno

1 Wer wohnt in einem anderen europäischen Land?
2 Wer hatte Bruno eingeladen?
3 Warum konnten Bruno und seine Familie nicht bei Florian übernachten?
4 Wo konnten sie übernachten?
5 Wie hatte Florians Cousin geholfen?
6 Wohin war Bruno am Sonntagmorgen gegangen?
7 Warum konnte Bruno nicht frühstücken?

Das Plusquamperfekt *Seite 234*

The pluperfect tense (*das Plusquamperfekt*) is used to talk about events which **had** happened in the past. It is formed with the imperfect tense of *haben* or *sein* and a past participle:

ich hatte *du hattest* *er/sie/es/man hatte* *wir hatten* *ihr hattet* *sie/Sie hatten*	*das Essen*	*organisiert*
ich war *du warst* *er/sie/es/man war* *wir waren* *ihr wart* *sie/Sie waren*	*ins Café*	*gegangen*

---

6 lesen **Lies die E-Mail (Aufgabe 5) noch mal. Finde die Sätze im Plusquamperfekt und übersetze sie in deine Sprache.**

Beispiel:
Florians Schwester hatte mich eingeladen.
(Florian's sister had invited me.)

7 schreiben **Schreib die Sätze im Plusquamperfekt.**

Beispiel: **1** Ich hatte die Schlafsäcke organisiert.

1 Ich organisiere die Schlafsäcke.
2 Wir kaufen leckere Lebensmittel.
3 Sie fährt mit dem Zug nach Österreich.
4 Ihr habt uns eingeladen.
5 Er ist zum Einkaufszentrum gegangen.
6 Du wirst im Herbst mit deiner Familie an den Bodensee fahren.

No matter what the tense, German word order <u>always</u> follows this pattern:

time	manner	place

Ich war am Samstagmorgen mit dem Zug in die Schweiz gefahren.

---

8 sprechen **Erzähl von einem Besuch. Nimm eine Voicemail auf MP3 auf. Sieh dir zur Hilfe Aufgabe 5 an.**

(Mein Freund / Meine Freundin) hatte mich zu Besuch / zur Übernachtung … eingeladen.
Ich hatte … organisiert.
Meine Freunde hatten … gekauft.
Wir haben (gekocht / … gemacht / gegessen).
Ich war (zum Bahnhof gefahren), aber ich hatte (meine Brieftasche / mein Handy) in … vergessen.

3 REISELUST

- Über Urlaubspläne sprechen
- Infinitivsätze mit *zu*

A2 HOLIDAYS, TOURIST INFORMATION AND DIRECTIONS
D2 WEATHER AND CLIMATE

---

1 **Lies die Reise-Checkliste. Rat mal: Wie heißen diese Urlaubsartikel in deiner Sprache?**

1 die Fahrkarten .... ☐   5 der Führerschein .... ☐
2 die Sonnencreme .... ☐   6 die Medikamente .... ☐
3 der Regenschirm .... ☐   7 der Ausweis .... ☐
4 der Pass .... ☐   8 die Reise-Apps .... ☐

> Look for words and parts of words you recognise, and separate out compound nouns. Think about the context too. This is a travel checklist. What sort of items would you expect to find?

---

2 **Lies den Text und sieh dir Aufgabe 1 noch mal an.**
Welche <u>fünf</u> Urlaubsartikel nehmen die Mädchen mit?

Ich habe vor, im Frühling mit meiner Schwester einen Strandurlaub in Bali zu machen. Ich habe eine Reise-Checkliste geschrieben, um mich an alles zu erinnern. Ich nehme natürlich meinen Pass mit, aber ich nehme den Führerschein nicht mit, weil ich noch zu jung bin, ein Auto zu mieten.

Wir planen, in einer Jugendherberge zu übernachten, also müssen wir die Adresse und die Telefonnummer von der Jugendherberge mitnehmen und auch die Fahrkarten für die Strecke mit dem Bus vom Flughafen. Wir würden nie dorthin fahren, ohne die richtigen Impfungen zu bekommen, also waren wir schon früh beim Arzt. Alles ist in Ordnung!

Meine Schwester hat vor, Kopfschmerztabletten und ein Mittel gegen Durchfall mitzunehmen, weil sie im Urlaub oft krank wird. Wir haben Lust, ein

paar Ausflüge zu machen. Wir laden auch Reise-Apps herunter, denn meine Schwester würde gern die traumhaftesten Strände und schönsten Tempel besichtigen. Das interessiert mich auch sehr, aber ich wünsche mir gutes Wetter, denn ich hoffe, am Hotelschwimmbad zu liegen, mich dort zu sonnen und zu lesen. Sonnencreme muss ich unbedingt mitnehmen, weil ich letztes Jahr keine nach Portugal mitgenommen hatte und einen Sonnenbrand bekommen habe.

> ***einen Sonnenbrand bekommen*** = rot wegen der Sonne werden

---

Infinitivsätze mit *zu*   > *Seite 232*

The following verbs can be used to express intentions: ***planen, hoffen, Lust haben*** and ***vorhaben***. They are usually followed by an infinitive construction with **zu**:
*Ich **habe vor**, nach Spanien **zu** fliegen.*
*Er **hat Lust**, einen Wanderurlaub **zu** machen.*
If the infinitive verb is separable, **zu** is positioned between the prefix and the verb:
*Ich **plane**, Reise-Apps herunter**zu**laden.*

The conjunctions **um** and **ohne** are also used with **zu** plus an infinitive:
*Ich habe eine Reise-Checkliste geschrieben, **um** mich an alles **zu** erinnern.*
*Wir fahren hin, **ohne** ein Bett **zu** buchen.*

---

3 **Hör zu. Schreib die Tabelle ab und füll sie aus. (1–5)**

> When you hear a compound noun, such as here *Regenmantel*, break it down to help your understanding. How many compound words can you hear in this exercise? Transcribe them to uncover their meaning.

Lukas	Theo	Rebecca	Tina	Steffi

Name	plant, ...	hofft, ...	hat Lust, ...
Tina	mit ihrem Bruder an die Nordsee zu fahren		

122 *hundertzweiundzwanzig*

4 **Schreib die richtige Form des Wortes in Klammern. Welches Wort war schon richtig?**

1 Ich [planen] schon, nächstes Jahr nach Neuseeland zu [reisen].
2 Letztes Jahr [haben] ich viele Fotos von den Sehenswürdigkeiten [machen].
3 Wenn meine Mutter ins Ausland [fahren], [aufpassen] sie immer gut auf den Ausweis [...].
4 Letztes Jahr [haben] er vor, eine Schiffsreise zu machen, aber es [geben] keine Karten.
5 Ich [werden] nach Japan fliegen, wenn ich zuerst genug Geld sparen [können].

5 **Lies die Forumsbeiträge. Was ist Realität und was ist Traum? Schreib die Tabelle ab und füll sie aus.**

	Realität	Traum
1	Urlaub zu Hause	

 1 Ich habe vor, diesen Sommer einen Urlaub bei mir zu machen, aber wenn ich mehr Geld hätte, würde ich bestimmt einen Strandurlaub in Asien machen.

 2 Ich habe Lust, etwas sehr Aufregendes zu machen! Wenn ich mehr Zeit hätte, würde ich vielleicht einen Abenteuerurlaub in Südamerika machen. Leider habe ich keine Zeit (und nicht viel Geld) und plane, während der Ferien meine Großeltern zu besuchen.

 3 Meine Freunde hoffen, diesen Sommer nach Griechenland zu fliegen, weil das Klima dort sehr gut ist. Wenn ich keine Flugangst hätte, würde ich bestimmt mitfliegen. Griechenland klingt so schön… Weil ich aber doch Angst habe, fahre ich mit meinen Eltern an die Nordsee, wo das Wetter bestimmt kalt und windig sein wird.

 4 Mein Bruder wird nächsten Monat seinen Geburtstag feiern. Ich würde eine Übernachtung in einem Luxushotel organisieren, wenn ich reich wäre. Ich würde auch die ganze Familie einladen. Da ich aber kein Geld habe, planen wir, einen preiswerten Tagesausflug hier in der Nähe zu machen.

6 **Hör zu. Richtig (R) oder falsch (F)?**

1 Thomas wird nächsten Sommer in die Türkei fahren.
2 Er würde gern nach Amerika fliegen.
3 Thomas' Eltern haben genug Geld, einen Urlaub in China zu machen.
4 Katja würde gern Ski fahren, wenn sie mehr Zeit hätte.
5 Thomas hat keine Lust, Ski zu fahren.
6 Thomas freut sich nicht auf die Winterferien.

> Remember, to say what would happen if something else happened (e.g. I would …, if I had / were …), use the subjunctive of **haben** or **sein** + the conditional (see page 98):
> *Wenn ich mehr Geld **hätte**, **würde** ich einen Urlaub in Asien **machen**.*
> *Ich **würde** eine große Party **organisieren**, wenn ich reich **wäre**.*

7 **Partnerarbeit. Diskussion: Urlaube.**

● *Was sind deine Urlaubspläne?*
■ *Ich plane, nächsten Sommer (nach Indonesien) zu fahren. Ich hoffe, (einen Strandurlaub) zu machen …*
● *Was würdest du machen, wenn du (mehr Geld hättest)?*
■ *Wenn ich (mehr Geld hätte), würde ich …*

> Wenn ich mehr Geld / mehr Zeit / keine (Flug-)Angst hätte, würde ich …
> Wenn ich reicher / älter wäre, würde ich …

 nach Australien
 auf Safari
zum Mond
 in einem Luxushotel

4 WILLKOMMEN AUF SYLT

LERNZIELE
- Wohnorte beschreiben
- Negative

A1 LIFE IN THE TOWN AND RURAL LIFE

Kulturzone

Sylt ist eine Insel in der Nordsee und ein beliebtes Urlaubsziel. Man kann nicht mit dem Auto hinfahren, aber man kann mit dem Auto auf einen Zug (den Sylt-Shuttle) fahren. Der Zug bringt die Autos vom Festland auf die Insel. Westerland ist ein Badeort und die größte Stadt auf der Insel. Am Strand kann man einen Strandkorb mieten.

Westerland
Hindenburgdamm
SYLT

das Festland = keine Insel sondern ein größeres Land in der Nähe einer Insel
der Badeort = ein Ort an der Küste

1 hören

Hör Max zu. Was gibt es auf Sylt und was gibt es nicht?

 **a**
 **b**
 **c**
 **d**

 **e**
 **f**
 **g**
 **h**

2 hören

Hör noch mal zu. Wähl die richtige Antwort aus.

1 Sylt liegt im Süden / im Norden / in der Nähe von Dänemark.
2 Max wohnt seit sechs / sechzehn / siebzehn Jahren auf Sylt.
3 Es gibt viel / nicht viel / nichts für die Einwohner zu tun.
4 Es gibt keine / eine kleine / eine große Straße vom Festland bis auf die Insel.
5 Im Herbst / In der Nebensaison / In der Hauptsaison gibt es viele Touristen.
6 Max ist glücklich / ist verärgert / langweilt sich, wenn die Touristen Sylt verlassen.
7 Auf Sylt gibt es im Winter / im Sommer / nie Sturm.

3 schreiben

Schreib <u>sechs</u> Sätze über Sylt. Benutz Negative.
Sieh dir deine Antworten (Aufgabe 1) an.

Challenge yourself by including adjectives in your work. Make sure they have the correct endings:

Mask.	Fem.	Neut.	Pl.
groß**en**	groß**e**	groß**es**	groß**e**

Negative
> Seite 217

Use *es gibt* with *kein* (+ accusative case) to say what there is not.

	keinen	*Flughafen / Busbahnhof / Bahnhof.*
Es gibt **Es gab**	keine	*Autobahn / Schule / Universität / Kegelbahn.*
	kein	*Fußballstadion / Kino.*
	keine	*Fußgängerzonen / Touristen.*

Other ways of giving a negative include:

nicht
*Es gibt **nicht** viele Autos.*

nie
*Bei uns gibt es **nie** Stürme.*

nichts
*Es gibt **nichts** für die Einwohner.*

4 lesen **Lies die Kommentare über Sylt. Wer erwähnt das? (a–j)**

1 Mein Bruder Lorenz und ich haben letzten Sommer auf Sylt Urlaub gemacht. Wie immer gab es Vor- und Nachteile. Wir haben auf dem Campingplatz weit außerhalb der Stadt übernachtet und das Wetter war ziemlich wechselhaft – es war oft sehr windig. Die Insel ist jedoch malerisch. Es gibt viele interessante Sehenswürdigkeiten, z. B. Museen und Leuchttürme. Es gibt auch ein tolles Freizeitbad mit Hallenbad und Freibad. Alles ist schön und ruhig auf Sylt, weil es fast keine Industrie und nicht viele Autos gibt.
Anna, 18 Jahre alt

> **malerisch** = schön wie ein Bild

2 Mit meinen Eltern bin ich immer wieder nach Sylt gefahren. Es gibt keine Straße zwischen dem Festland und Sylt, aber es gibt einen Zug und wir mussten das Auto auf den Zug laden. Vor hundert Jahren gab es gar keine Brücke. Als ich jünger war, war ein Strandurlaub auf Sylt ein schöner Urlaub für Familien mit Kindern, weil es viel zu tun gab. Ich brauche aber jetzt mehr Aufregung, die Sylt nicht bietet. Es gibt eine Fußgängerzone, wo man montags bis samstags einkaufen kann, aber das interessiert mich gar nicht.
Jan, 15 Jahre alt

> **Aufregung** = etwas Spannendes

3 Ich habe früher auf Sylt gewohnt, aber wir sind auf das Festland gezogen, als ich acht Jahre alt war. Als Kind hat mir das Leben auf Sylt total gut gefallen. Es gab ein Eiscafé mit leckerem Eis und ich habe die schönen Strände mit den Strandkörben geliebt. In Westerland waren mein Kindergarten und meine Grundschule. Die Vorteile von einem Leben auf Sylt waren die besondere Landschaft, das Meer und das gesunde Klima. Es gab aber auch Nachteile. Es gab im Winter nicht viel zu tun und ich habe mich oft gelangweilt.
Franziska, 23 Jahre alt

4 Ich plane, nächsten Sommer mit meinem Freundeskreis nach Sylt zu fahren. Wir haben vor, mit dem Flugzeug zu fliegen, denn es gibt einen Flughafen auf der Insel. Vielleicht wird es in Zukunft eine Autobrücke vom Festland bis auf die Insel geben. Ich freue mich besonders auf die Eishalle, wo man gut Schlittschuh laufen kann, und natürlich auf lange Wanderungen. In der Zukunft wird es wahrscheinlich noch mehr Aktivitäten und gute Restaurants für Touristen geben, aber hoffentlich wird es nicht mehr Autos geben als jetzt.
Frank, 17 Jahre alt

a Gebäude mit historischen Gegenständen drinnen
b die erste Schule
c wo man draußen schwimmt
d eine autofreie Straße
e ein Gebäude, wo man einen Wintersport machen kann
f die Küste
g woher ein Licht über das Meer brennt
h worüber Autos eine Wasserstrecke überqueren
i wo man Eis bestellen kann
j wo man drinnen schwimmt

5 lesen **Lies die Kommentare (Aufgabe 4) noch mal. Schreib die Tabelle ab und füll sie aus.**

	es gibt …		es gab …		es wird … geben	
	✔	✗	✔	✗	✔	✗
1	Museen			Brücke		

6 hören **Hör zu. Finde die vier richtigen Sätze.**

1 Die Stadt befindet sich im Herzen Englands.
2 Zurzeit gibt es keine Sportanlagen in der Stadt.
3 In der Stadt gibt es ein tolles Kino.
4 In der Stadt gibt es wenige Arbeitsgelegenheiten.
5 Früher gab es in der Stadt keinen Bahnhof.
6 In Zukunft wird man mehrere Häuser in der Stadt bauen.
7 Die Arbeitsgelegenheiten werden sich nicht verbessern.
8 In Zukunft wird es mehr für die jüngere Generation geben.

7 sprechen **Mach einen kurzen Videoclip über deinen Wohnort.**

• Was gibt es (nicht) in deiner Stadt / deinem Dorf?
• Was gab es früher?
• Was wird es in Zukunft geben, deiner Meinung nach?

1 lesen **Lies die Ausschnitte. Was bedeuten die fett gedruckten Wörter?**

Ich wohne ein bisschen außerhalb der Stadt **auf einem Bauernhof, wo es Hühner, Enten, Schafe und Pferde gibt**. Es ist aber nicht weit **bis zum nächsten Dorf**, wo man Lebensmittel kaufen kann. Dort gibt es eine Bäckerei, eine Metzgerei, eine Apotheke und eine Post. Glücklicherweise haben wir guten Anschluss ans Internet, also kann ich online shoppen. Im Allgemeinen genieße ich das ruhige Leben und die Landschaft ist sehr schön. Ich wohne schon immer hier, **seit meiner Geburt**, also ist das für mich total normal. Marie

In dieser Großstadt wohne ich seit eineinhalb Jahren mit meinem Vater und meiner Schwester. Wir haben eine kleine Wohnung direkt in der Stadtmitte. Für mich ist der größte Vorteil, dass **ich überall zu Fuß hinkomme**: in die Fußgängerzone mit den großen Kaufhäusern, aber auch zum Fußballplatz. Es gibt hier in der Nähe sowohl ein Kino als auch tolle Sportanlagen. Es gibt aber auch Nachteile: Es ist oft laut, es gibt **viel Verkehr und Staus**, es wirkt manchmal gefährlich und es liegt viel Müll herum.
Maximilian

Ich wohne seit dem Frühling **in einem großen Vorort**. Wenn wir ins Stadtzentrum gehen, fahren wir mit der Straßenbahn. Wir haben früher **in einer Kleinstadt** gewohnt. Im Großen und Ganzen hat es mir dort besser gefallen, denn ich hatte viele Leute kennengelernt. Es gab **weder Freibad noch Tennisplatz** und auch keine Fußgängerzone, aber das war mir egal. Ich hoffe, in Zukunft wieder in die Kleinstadt zu ziehen. **Florian**

Ich wohne in einer historischen Stadt, wo es ein Schloss und einen uralten Dom gibt. Es gibt ein **vielseitiges Kulturangebot**, aber ich finde es ziemlich altmodisch und zu ruhig, denn es gibt **in der Umgebung** kein Sportzentrum und keine Diskos. Es gibt **fast nichts für die jungen Leute**. In Zukunft werde ich vielleicht in einer Großstadt leben, wo ich mich nie langweilen werde. Es wird dort bestimmt viele moderne Cafés und Geschäfte geben. Na ja, wenn ich reich wäre, würde ich eine tolle Wohnung in München kaufen! Lea

> **eineinhalb Jahre** = 1½ Jahre
> **ziehen** = in einem anderen Haus wohnen
> **uralt** = sehr sehr alt

2 lesen **Lies die Ausschnitte noch mal. Wer meint oder sagt das? Es können auch mehrere Personen oder keine Person sein.**

Wer …

1 findet den Abfall und den Lärm problematisch?
2 fährt gern mit den öffentlichen Verkehrsmitteln in die Stadt?
3 hat früher anderswo gewohnt?
4 hat eine gute Auswahl an Sportmöglichkeiten?
5 findet den Ort nicht immer sicher?
6 wohnt in der Ruhe?

> You always need a comma before **wo** and it sends the verb to the end of the sentence or clause.
> *Ich wohne in einer Stadt. Man <u>kann</u> Lebensmittel kaufen.*
> *Ich wohne in einer Stadt, **wo** man Lebensmittel kaufen <u>kann</u>.*

3 hören **Hör zu. Mach Notizen für Niklas, Sarah und Dennis. (1–3)**

1 Wo wohnt er/sie?
2 Seit wann?
3 Was sind die Vorteile?
4 Was sind die Nachteile?
5 Wo hat er/sie früher gewohnt?
6 Wo wird er/sie in Zukunft wohnen?

> Listen carefully and focus on the details. For example, to identify the tense, listen for verbs and also time expressions like *früher* and *in Zukunft*. Listen carefully for negatives too – the difference between *ein* and *kein* is vital!

4 lesen Sieh dir die Poster an. Was passt zusammen?

WIE KÖNNTE MAN DAS LEBEN IN UNSERER STADT VERBESSERN?

1 Man sollte vielseitige Aktivitäten für Jugendliche anbieten.
2 Man könnte neue Parkplätze am Stadtrand bauen.
3 Man sollte die öffentlichen Verkehrsmittel verbessern.
4 Man könnte mehr Wohnungen bauen.
5 Wir sollten mehr Fahrradwege haben.
6 Man könnte Autos in der Innenstadt verbieten, um Staus zu reduzieren.
7 Man sollte die Straßen sauber halten.

5 hören Hör zu. Beantworte die Fragen für Pellworm und Tübingen. (1–2)

1 Welche Vorteile vom Ort gibt es?
2 Welche Nachteile vom Ort gibt es?
3 Wie könnte man das Leben dort verbessern?
4 Welches Bild ist es?

6 sprechen Partnerarbeit. Sieh dir das Bild an. Stell dir vor, du hast gerade diesen Ort besucht. Beschreib den Ort.

- Wie ist der Ort, deiner Meinung nach?
- Was sind die Vorteile, meinst du?
- Was sind die Nachteile vielleicht?
- Was gibt es dort für junge Leute?
- Wie könnte man das Leben in diesem Ort verbessern?

> **man könnte, sollte, würde ...** ❯ Seiten **215, 235**

To talk generally about what **could** or **should** be done, use **könnte / sollte** with the pronoun **man** and an infinitive verb at the end of the sentence:

*Man **könnte** Autos in der Innenstadt verbieten.*

*Man **sollte** mehr Wohnungen bauen.*

You can use **ich würde** + infinitive to say what you **would** do:

*Ich **würde** einen Jugendclub gründen.*

7 schreiben Schreib an den Stadtrat. Beschreib, wie man das Leben in deiner Stadt verbessern sollte.

Sehr geehrte(r) ...,

meiner Meinung nach ist der größte Nachteil in meiner Stadt ... Man sollte ... und man könnte ...

Try to include these useful expressions:
im Großen und Ganzen
im Allgemeinen
ein großer Vorteil ist
der größte Nachteil ist

EXAM PRACTICE: LISTENING

Ein Tagesausflug

INTERPRETATION DECISION MAKING

1 **Hör zu. Mach Notizen über den Ausflug.**
Schreib die Tabelle ab und füll sie auf Deutsch aus.

Beispiel: Grund für den Ausflug: *Geburtstag*

a	Wer feiert: _____	**(1)**
b	Wann genau: _____	**(1)**
c	Wo genau: _____	**(1)**
d	Wie das Wetter sein soll: _____	**(1)**
e	Mögliches Problem: _____	**(1)**
f	Wer mitkommen soll: _____	**(1)**

(Total for Question 1 = 6 marks)

Urlaub im Ausland

INTERPRETATION DECISION MAKING

2 **Hör zu. Was sagt der Reiseexperte?**
Schreib A (angenehm), B (billig) oder (P) perfekt.

Beispiel: Südfrankreich ist im Juni ___P___ .

a Die Temperaturen dort sind _____ .
b Die Flüge nach Frankreich sind _____ .
c Die Flüge nach Griechenland sind _____ .

d Der Reiseexperte findet Fliegen _____ .
e In Griechenland sind die Temperaturen _____ .
f Das griechische Essen ist _____ .

(Total for Question 2 = 6 marks)

Pläne für die Sommerferien

ANALYSIS DECISION MAKING

3 **Hör zu. Was sagen Herr Klein und Johanna?**
Wähl die richtige Antwort aus.

Beispiel: Dieses Jahr macht Herr Klein Urlaub ___B___ .

| **A** im Inland | **B** im Ausland |
| **C** in Berlin | **D** zu Hause |

a Die Familie Klein wohnt _____ .

| **A** auf einem Campingplatz | **B** in einem Hotel |
| **C** in einer Ferienwohnung | **D** in einer Pension |

b Die Kleins fahren mit dem _____ .

| **A** Bus | **B** Flugzeug |
| **C** Auto | **D** Zug |

c Herr Klein war _____ im Ausland.

| **A** oft | **B** nie |
| **C** mehrmals | **D** selten |

d Vor dem Urlaub musste Herr Klein _____ bekommen.

| **A** ein Hotelzimmer | **B** ein Handy |
| **C** Reise-Apps | **D** einen Pass |

e Johanna möchte _____ in den Urlaub fahren.

| **A** mit der ganzen Familie | **B** mit Geschwistern |
| **C** mit Kameraden | **D** mit der Oma |

f Johannas Eltern finden ihre Pläne _____ .

| **A** unakzeptabel | **B** in Ordnung |
| **C** toll | **D** seltsam |

(Total for Question 3 = 6 marks)

EXAM PRACTICE: READING

Donaueschingen: die Stadt an der Donau

1 Was steht im Text? Wähl die richtige Antwort aus.

Da wo der Fluss Donau beginnt, liegt Donaueschingen – eine lebendige, aber historische Stadt. Einerseits Kulturstadt, andererseits moderner Lebensraum für aktive Menschen. Sehenswert sind unter anderem die Donauquelle im Schlosspark, der Fürstenberg-Palast sowie ein internationales Reitturnier.

Die Residenzstadt bietet auch ein tolles Freizeitangebot: vom Eislaufen im Winter über einen 45-Loch-Golfplatz bis zum Badesee mit Campingplatz. Sportlich aktive Gäste finden ein gut ausgezeichnetes Radwegenetz sowie den Beginn des berühmten Donauradwanderweges vor.

Neben dem vielfältigen Freizeitangebot der Stadt ist Donaueschingen der ideale Ausgangspunkt für Tagesausflüge in die Umgebung. So können Sie von hier aus zahlreiche interessante Ausflugsziele im Schwarzwald sowie am Bodensee einfach und schnell erreichen.

A alt	B zelten	C Radweg
D Palast	E weit	F Wanderweg
G Donau	H praktisch	I Ski fahren
J ruhig	K schwer	L Park
M leicht		

Beispiel: Donaueschingen liegt an der ___G___ .

a Donaueschingen ist ziemlich _____ .

b Die Donau beginnt in einem _____ .

c In Donaueschingen kann man _____ .

d Ein langer _____ beginnt in der Stadt.

e Um andere Orte zu besuchen, liegt Donaueschingen sehr _____ .

f Den Schwarzwald kann man _____ erreichen.

(Total for Question 1 = 6 marks)

Die Sommerferien

2 Wer sagt das? L (Lotte), J (Justin) oder S (Stefanos)? Schreib die richtigen <u>acht</u> Buchstaben. Vorsicht! Einige Antworten gibt vielleicht keine oder mehr als eine Person.

● ○ ○

Umfrage: Was machst du in den Sommerferien?

Lotte (13), Sophie Scholl-Hauptschule Sie fährt mit ihrer Mutter und ihrem Bruder nach Österreich, um Urlaub zu machen. Ihre Großeltern wohnen dort. Sie sind vor fünf Jahren umgezogen, weil der Großvater in Innsbruck einen neuen Arbeitsplatz gefunden hat. Sonst hat sie nicht viel vor, vielleicht etwas mit Freunden unternehmen.

Justin (16), Friedrich von Schiller-Realschule Er fährt eine Woche mit Freunden nach Kroatien, viel mehr hat er aber danach nicht vor. Abends wird er wohl ins Kino gehen, ein bisschen feiern, aber vor allem soll er sich natürlich von der Schule erholen!

Stefanos (17), Gymnasium am Schlossberg Am Anfang der Ferien will er sich erstmal entspannen. Im Prinzip sollte er auch mal für die Schule lernen, zuerst geht's aber drei Wochen zu seinen Verwandten nach Griechenland. Meer, Sonne, Strand, was gibt's Besseres?

Beispiel: Ich plane eine Party. ___J___

a Ich muss Geld verdienen.

b Ich finde heißes Wetter toll.

c Ich will relaxen.

d Ich gehe mit Verwandten in den Urlaub.

e Ich sollte eigentlich Schularbeit machen.

f Ich habe nach dem Urlaub keine festen Pläne.

g Mein Opa arbeitet im Ausland.

(Total for Question 2 = 8 marks)

EXAM SKILLS

If you cannot find an answer, do not worry. Return to it at the end. Then if you still cannot find it, take a guess. It is better than leaving an answer blank.

1 lesen **Lies die lange Schreibaufgabe. Notiere für jeden der vier Punkte:**

- welche Zeitform und welche andere Strukturen du benutzen sollst
- weitere Einzelheiten, die die Antwort verbessern.

Meine Stadt

Schreib einen Brief über deine Stadt für eine Webseite.

Du musst Folgendes erwähnen:

- wo und wie lange du schon dort wohnst
- eine Beschreibung deiner Stadt jetzt und früher
- was die Vor- und Nachteile dieser Stadt sind
- ob du auch in Zukunft dort wohnen möchtest (oder nicht) und warum.

Schreib zwischen 130–150 Wörter **auf Deutsch**.

(Total = 20 marks)

---

2 lesen **Lies Julias Antwort und beantworte die Fragen.**

SAMPLE ANSWER

Ich wohne *seit meiner Geburt* in einer Stadt in Mittelengland. *Ich fühle mich hier sehr wohl*, weil ich viele Leute kenne und die Landschaft echt schön ist.

Die Stadt ist weder besonders klein noch besonders groß, und hat keine historischen Gebäude, denn *ich wohne in einer Industriestadt*. Meine Eltern haben entschieden, *wegen der Arbeit* hier zu wohnen, obwohl *wir früher in einer viel schöneren Stadt gewohnt haben*.

Meine Stadt hat viele Vorteile, zum Beispiel die freundlichen Leute, die hier wohnen. In der Stadt gibt es eine Fußgängerzone mit guten Geschäften, *wenn man gern einkaufen geht*. Aber für mich sind die Nachteile, dass die Stadt nicht sehr schön ist und es nicht viele Parks gibt.

Ich glaube, dass ich später studieren möchte. *Dann werde ich irgendwo anders wohnen*, denn es gibt hier keine Universität. *Es würde mir gut gefallen*, im Ausland zu wohnen.

(142 Wörter)

a Was bedeuten die *kursiv gedruckten* Ausdrücke in der Antwort? Vielleicht könntest du diese Ausdrücke in deinen Aufsätzen benutzen.

b Finde mit Hilfe vom Answer Booster **acht** Beispiele von Wörtern und Ausdrücken, die Julia benutzt, um ihre Antwort zu verbessern.

EXAM SKILLS

If you are asked to write a description in an essay, use your imagination. For example, if you are writing about a town, use the appropriate vocabulary and phrases you know. It does not have to be the truth!

---

3 schreiben **Schreib jetzt deine Antwort auf die lange Schreibaufgabe auf der nächsten Seite. Denk an den Answer Booster.**

EXAM PRACTICE: WRITING

ADAPTIVE LEARNING CREATIVITY

Long writing task

Eine Reise

Schreib einen Bericht über eine Reise für dein Schulmagazin.

Du musst Folgendes erwähnen:
- welches Land und welche Städte du besucht hast
- wie das Wetter war und ob das eine Wirkung auf deine Pläne hatte
- inwiefern Reisen deiner Meinung nach wichtig ist
- wohin du gerne in Zukunft fahren möchtest.

Schreib zwischen 130–150 Wörter **auf Deutsch**.   **(Total = 20 marks)**

CRITICAL THINKING ANALYSIS

Grammar

Schreib die Form des Wortes (a)–(j), damit das Wort im Satz richtig ist. Vorsicht! Es ist nicht immer nötig, die Form in Klammern zu ändern.

Meine Stadt Villingen-Schwenningen

Ich wohne hier in Villingen-Schwenningen seit **(a) [der]** Geburt **(b) [mein]** Bruders und es **(c) [gefallen]** mir sehr hier. Ich **(d) [haben]** zuerst gedacht, dass es sehr langweilig sein **(e) [werden]**, aber inzwischen ist es mir klar, dass das nicht der Fall ist. Trotz **(f) [der]** kalten Winterwetters ist es eine Stadt, wo man sich wohl fühlt. Ich **(g) [müssen]** mich natürlich daran gewöhnen, aber es war nicht schwer. Ich **(h) [können]** im Park relaxen oder schwimmen gehen. Ja, Villingen-Schwenningen ist eine Stadt mit vielen **(i) [groß]** Vorteilen. Ich bin froh, hier zu **(j) [leben]**.

(Total = 10 marks)

Answer Booster	Aiming for a solid level	Aiming higher	Aiming for the top
Verbs	**Different tenses (past, present and future)**	**Different persons of the verb Imperfect tense of *sein*:** *es war* **Separable verbs:** *einkaufen* **Reflexive verbs:** *sich entspannen, sich amüsieren* **Extended infinitive clauses:** *Ich habe vor, … zu … Ich hoffe, … zu …*	**Conditional:** *würde + inf, Es würde mir gut gefallen* **Imperfect subjunctive:** *wenn ich … hätte* **Modal verbs in the imperfect:** *Wir mussten* **Pluperfect:** *ich hatte … gehofft* **Separable reflexive verbs:** *sich anschauen*
Opinions and reasons	*weil / denn ich glaube ich finde für mich*	**Add more variety:** *ich habe keine Lust, mir gefällt …, ich habe mich nicht sehr für … interessiert, die Menschen scheinen …*	**Expressions:** *Ich freue mich (nicht) darauf. Mir gefällt das. Ich finde persönlich … Wenn ich die Wahl hätte … Ich hätte keine Lust …* **Pairs of connecting phrases:** *auf der einen Seite … auf der anderen Seite, erstens … zweitens*
Conjunctions	*und, aber, oder, da, denn, weil*	*wenn (man sportlich) ist, wenn ich erwachsen bin … ich glaube, dass …*	**Different tenses with subordinating conjunctions:** *als, obwohl, um … zu, da, obwohl wir früher in einer viel schöneren Stadt gewohnt haben.*
Other features	**Negatives:** *nicht, kein* **Qualifiers:** *ziemlich, sehr, bestimmt, besonders* **Adjectives:** *aktiv, anstrengend, lustig*	**Declined adjectives:** *keine historischen Gebäude, mit guten Geschäften, meinen letzten Urlaub* **Inverted word order:** *Letztes Jahr bin ich mit einer Jugendgruppe nach Wales gefahren.*	**Prepositions with the genitive:** *wegen des kalten Wetters* **Relative pronouns:** *die freundlichen Leute, die hier wohnen* **Infinitive clauses:** *Ich habe es aber schön gefunden, Zeit mit meiner Klasse zu verbringen.*

Picture-based discussion

1 *hören*

Sieh dir Bild 1 und die Fragen auf der nächsten Seite an, dann hör dir Christians Antwort auf Frage 1 an. Notiere vier Reflexivverben, die die folgenden Bedeutungen haben:

a hier sein **b** Spaß haben **c** ansehen **d** sich entschließen

2 *hören*

Hör dir Christians Antwort auf Frage 2 an.

a Notiere **drei** Adjektive, die Christian benutzt.
b Warum, glaubt Christian, ist der Mann auf dem Markt?
c Was bedeutet vielleicht der letzte Satz: „Ich hätte bestimmt keine Lust, hier herumzulaufen"?

3 *hören*

Hör dir Christians Antwort auf Frage 3 an.

a Füll die Lücken aus.

Sie sind **1** _____ hier auf Urlaub in der Stadt und möchten **2** _____ für ihre Familie kaufen. Heute Abend **3** _____ sie wahrscheinlich in einem **4** _____ Restaurant in der Stadtmitte essen. Gestern **5** _____ sie in einem italienischen Restaurant **6** _____ und heute haben sie **7** _____ , in ein **8** _____ Restaurant zu gehen. Wenn sie viel Geld **9** _____ , **10** _____ sie auch ins Theater **11** _____ , aber stattdessen werden sie **12** _____ des Abends einen Stadtbummel machen.

b Welche Zeitformen benutzt Christian?

4 *hören*

Hör dir Christians Antwort auf Frage 4 an.

a Welche Ausdrücke benutzt Christian, um seine Ideen zu äußern?
b Finde **zwei** Paare von Ausdrücken, die die Sätze zusammenbinden.

5 *hören*

Hör dir Christians Antwort auf Frage 5 an.

a Notiere mit Hilfe vom Answer Booster, wie Christian seine Meinungen begründet.
b Wie viele Modalverben hörst du in Christians Antwort? Notiere sie.

6 *sprechen*

Sieh dir Bild 2 und die Fragen auf der nächsten Seite an. Beantworte die Fragen für dich.

General conversation

1 *hören*

Hör dir Fatimas Antwort auf Frage 1 an. Richtig (R) oder falsch (F)?

a Fatima hat einen Abenteuerurlaub gemacht.
b Sie haben in den Bergen gewohnt.
c Sie haben sich am Strand entspannt.
d Sie mag Aktivurlaub.
e Nächstes Jahr macht sie Prüfungen.
f Sie möchte nächstes Jahr in die Berge fahren.

2 *hören*

Hör dir Fatimas Antwort auf Frage 2 an und notiere, wie sie ihre Ideen in ihrer Antwort entwickelt. Welche „versteckten" Fragen beantwortet sie?

3 *hören*

Hör dir Fatimas Antwort auf Frage 3 an und finde mit Hilfe vom Answer Booster sechs Beispiele von Wörtern und Ausdrücken, die sie benutzt, um ihre Antwort zu verbessern.

4 *sprechen*

Lies Fragen 4–6 auf der nächsten Seite und beantworte sie für dich.

EXAM PRACTICE: SPEAKING

Task A Picture-based discussion

Photo 1
A1 Life in the town and rural life

1 Was kannst du hier auf diesem Bild sehen?
2 Beschreib bitte den Mann hier links vorne.
3 Was wird der Mann hier mit der roten Mütze und die Frau wohl heute Abend machen?
4 Was sind die Vor- und Nachteile von kleinen Märkten wie hier?
5 Was braucht eine Stadt, um ein guter Wohnort zu sein?

Photo 2
A1 Life in the town and rural life
A2 Holidays, tourist information and directions

1 Beschreib mir bitte dieses Bild.
2 Was macht die Gruppe hier links vorne?
3 Was haben wohl einige dieser Leute früher am Tag gemacht?
4 Was kann man tun, um eine Stadt für Touristen attraktiver zu machen?
5 Inwiefern kann Tourismus für eine Stadt negativ sein?

(Total for Task A = 12 marks)

Task B/C General conversation

1 Erzähl mir von deinem letzten Urlaub.
2 Was für einen Urlaub findest du besonders toll?
3 Hast du schon einmal Urlaub ohne deine Eltern gemacht?
4 Wie findest du deinen Wohnort?
5 Wie würdest du deinen Wohnort verbessern?
6 Wo möchtest du vielleicht in Zukunft wohnen?

(Total for Task B/C = 28 marks)

WÖRTER

Länder und Orte — *Countries and places*

Länder und Orte	Countries and places	Ich fahre / reise / fliege …	I go / travel / fly …
im Ausland	abroad	nach Deutschland	to Germany
Bayern	Bavaria	in die Türkei	to Turkey
die Ostsee	the Baltic Sea	an einen See	to a lake
die Nordsee	the North Sea	an das (ans) Meer	to the sea
Spanien	Spain	an den Strand	to the beach / seaside
Italien	Italy	an die Küste	to the coast
die Türkei	Turkey	auf eine Insel	to an island
Österreich	Austria	in den Wald	to the forest / woods
Griechenland	Greece	in die Berge	to the mountains
Frankreich	France		
die Schweiz	Switzerland		
Großbritannien	Great Britain		

Himmelsrichtungen — *Points of the compass*

Himmelsrichtungen	Points of the compass		
der Kompass	compass	der Süden	south
der Norden	north	der Südwesten	south west
der Nordosten	north east	der Westen	west
der Osten	east	der Nordwesten	north west
der Südosten	south east	in der Mitte	in the middle

Das Wetter — *The weather*

Das Wetter	The weather	Es gibt …	There is (are) …
Es ist …	It is …	Nebel	fog
heiß	hot	Regen (–schauer)	rain (showers)
kalt	cold	einen Sturm	a storm
sonnig	sunny	ein Gewitter	a thunderstorm
trocken	dry	Die Temperaturen liegen zwischen	Temperatures lie between (15) and
regnerisch	rainy	(15) und (18) Grad.	(18) degrees.
windig	windy	Die Temperatur ist hoch / niedrig.	The temperature is high / low.
wolkig	cloudy	Es wird windig / neblig sein.	It will be windy / foggy.
neblig	foggy	Es wird frieren / regnen / schneien.	It will freeze / rain / snow.
frostig	frosty	Es wird … geben.	There will be …
stürmisch	stormy	(keinen) Regen	(no) rain
wechselhaft	changeable	(keine) Wolken	(no) clouds
Es …	It's …		
friert / hagelt	freezing / hailing		
regnet / schneit	raining / snowing		

Die Jahreszeiten — *The seasons*

Die Jahreszeiten	The seasons		
der Frühling / das Frühjahr	spring	der Herbst	autumn
der Sommer	summer	der Winter	winter

Urlaubsarten — *Types of holidays*

Urlaubsarten	Types of holidays	Ich gehe (nicht) gern zelten, weil ich …	I (don't) like going camping because I …
Ich mache (nicht) gern …	I (don't) like …	abenteuerlustig bin	am adventurous
Pauschalurlaub	a package holiday	gern draußen bin	like being outdoors
Aktivurlaub	an active holiday	gern in der Sonne liege	like sunbathing
Erlebnisurlaub	an adventure holiday	gern andere Kulturen erlebe	like experiencing other cultures
Strandurlaub	a beach holiday	mich für die Natur interessiere	am interested in nature
Winterurlaub	a winter holiday	mich entspannen will	want to relax
Sightseeingurlaub	a sightseeing holiday	mich schnell langweile	get bored easily
Urlaub auf Balkonien	a staycation / a holiday at home	nichts tun will	don't want to do anything

Wie war der Urlaub? — *How was the holiday?*

Wie war der Urlaub?	How was the holiday?	Während des Urlaubs …	During the holiday …
Die Reise …	The journey …	sind wir in den Bergen wandern gegangen	we went walking in the mountains
war furchtbar	was awful	war das Wetter wunderschön	the weather was beautiful
hat ewig gedauert	lasted forever	hat es jeden Tag geregnet	it rained every day
Wir mussten stundenlang im Auto sitzen.	We had to sit in the car for hours.	Wir haben den Urlaub genossen.	We enjoyed the holiday.
Es gab einen Stau auf der Autobahn.	There was a traffic jam on the motorway.	Die Landschaft war sehr schön.	The scenery was very beautiful.
Wir haben uns die ganze Zeit gestritten.	We argued / quarrelled the whole time.	Das Essen hat mir sehr gut geschmeckt.	I really liked the food.
Der Zug hatte Verspätung.	The train was delayed.	außerhalb	outside of
Das Bad war dreckig.	The bath was dirty.	innerhalb	inside / within
Die Dusche hat nicht funktioniert.	The shower didn't work.	statt	instead of
Die Ferienwohnung war …	The holiday apartment was …	trotz	in spite of
gut eingerichtet	well-furnished	während	during
sehr sauber	very clean	wegen	because of

Eine Übernachtung organisieren
Organising an overnight stay

Mein Cousin hatte mich eingeladen.	My cousin had invited me.
Ich hatte ... organisiert.	I had organised ...
den Urlaub	the holiday
das Essen	the food
das Wochenende	the weekend

Meine Freunde hatten ... gekauft. das Essen / die Schlafsäcke	My friends had bought ... the food / the sleeping bags.
Wir haben (Spaß gehabt / gegessen).	We (had fun / ate).
Ich war (zum Bahnhof) gefahren.	I had gone (to the station).
Ich hatte (mein Handy) vergessen.	I had forgotten (my mobile phone).

Urlaubsartikel
Holiday items

die Fahrkarten	tickets
der Ausweis	identity card
der Pass	passport
die Medikamente	medicines

der Führerschein	driving licence
die Sonnencreme	suncream
der Regenschirm	umbrella
die Reise-Apps	travel apps
die Kreditkarte	credit card

Absichten äußern
Expressing intentions

planen	to plan
hoffen	to hope
Lust haben	to be keen

vorhaben	to intend
um ... zu	in order to
ohne ... zu	without

Wenn ...
If ...

Wenn ich mehr Geld / mehr Zeit / keine (Flug-)Angst hätte, ...	If I had more money / more time / no fear (of flying) ...
Wenn ich mutiger / reicher wäre, ... würde ich ...	If I were braver / richer ..., I would ...

nach Australien / zum Mond fliegen	fly to Australia / to the moon
auf Safari gehen	go on safari
in einem Luxushotel übernachten	stay in a luxury hotel

Wo ich wohne
Where I live

Es gibt einen Flughafen / Bahnhof.	There is an airport / a station.
Es gab keine Autobahn / Schule / Universität.	There was no motorway / school / university.
Es wird ... geben.	There will be ...
ein Fußballstadion / Kino	a football stadium / cinema
Fußgängerzonen / Touristen	pedestrian precincts / tourists

Leuchttürme / Museen	lighthouses / museums
nicht so viele Autos	not so many cars
nicht	not
nichts	nothing
nie	never
kein(e)	not a

Meine Stadt: Vor- und Nachteile
My town: advantages and disadvantages

Ich wohne in einer Stadt / in einem Vorort, wo ...	I live in a town / suburb where ...
man (Lebensmittel) kaufen kann	you can buy (groceries)
es (eine Bäckerei) gibt	there's a (bakery)
ich überall zu Fuß hinkomme	I can get everywhere on foot
ich mich nie langweile	I never get bored
es oft zu laut ist	it is often too noisy
es zu viel Verkehr / Müll gibt	there is too much traffic / rubbish
Es gibt in der Umgebung ...	In the neighbourhood there is ...
fast nichts für junge Leute	virtually nothing for young people
ein vielseitiges Kulturangebot	a varied cultural offering
Wir haben früher ... gewohnt.	Before, we lived ...
in einer Kleinstadt / Großstadt	in a small town / city
außerhalb der Stadt	outside the town

Es gab weder Freibad noch Tennisplatz.	There was neither an open-air pool nor a tennis court.
Man sollte / könnte ...	We should / could ...
vielseitige Aktivitäten für Jugendliche anbieten	offer varied activities for young people
neue Parkplätze am Stadtrand bauen	build new car parks on the outskirts
die öffentlichen Verkehrsmittel verbessern	improve public transport
mehr Wohnungen bauen	build more flats
mehr Fahrradwege haben	have more cycle paths
Autos in der Innenstadt verbieten, um Staus zu reduzieren	ban cars from the town centre to reduce traffic jams
die Straßen sauber halten	keep the streets clean

7 RUND UM DIE ARBEIT

LERNZIELE
- Arbeitsstellen und -plätze beschreiben
- Maskulinum und Feminimum (Nomen)

STARTPUNKT 1 ARBEITERINNEN UND ARBEITER   B4 WORK, CAREERS AND VOLUNTEERING

1 lesen **Lies und vervollständige die Sätze. Welche Arbeitsplätze bleiben übrig?**

1 Ich bin Schauspielerin und ich arbeite im …

2 Ich bin Bäcker und ich arbeite in der …

3 Ich bin Klempner und ich arbeite …

4 Ich bin Ärztin und ich arbeite …

5 Ich bin Ingenieur und ich arbeite …

6 Ich bin Metzger und ich arbeite …

7 Ich bin Beamtin und ich arbeite …

der Keller / Laden
die Bäckerei / Metzgerei / Fabrik / Schule
das Büro / Krankenhaus / Labor / Theater

Use *in* + the dative case to describe **where** you do something:
in + *der* → *in dem (im)*
in + *die* → *in der*
in + *das* → *in dem (im)*

2 hören **Hör zu. Welchen Job machen sie? Wo arbeiten sie? (1–10)**

Beispiel: **1** Lehrer – Schule

Ich bin … / Ich arbeite als …

Bäcker(in)	Schauspieler(in)
Chef(in)	Verkäufer(in)
Informatiker(in)	
Ingenieur(in)	Arzt/Ärztin
Kellner(in)	Koch/Köchin
Klempner(in)	
Lehrer(in)	Steward(ess)
Mechaniker(in)	
Metzger(in)	Bankangestellter/ Bankangestellte
Polizist(in)	Beamter/Beamtin

Don't use the indefinite article to describe the jobs people do:
Er ist ~~ein~~ Mechaniker.
Sie ist Ingenieurin. ✓
Use the indefinite article with an adjective to describe the person specifically:
*Er ist **ein guter** Mechaniker.*
*Sie ist **eine bekannte** Sängerin.*

Maskulinum und Feminimum (Nomen) ❯ Seiten **218, 237**

It's not just *der* that changes to *die*. Most feminine jobs also end with *–in*:

Maskulinum		**Feminimum**	
der Lehrer	der Bäcker	die Lehrer**in**	die Bäcker**in**

There are some exceptions, e.g.:

der Arzt	der Friseur	die Ärzt**in**	die Friseuse

Adjectival nouns, such as *der Angestellte* (employee), need to have an ending to match the article:

der Angestellte	ein Angestellter	die Angestellte	eine Angestellte

Ich bin Kellner.
Ich bin ein guter Kellner!

3 schreiben

Schreib die richtige Form des Wortes in Klammern. Welches Wort war schon richtig?

1 Meine **[klug]** Schwester möchte Tierärztin sein.
2 Ich würde nie Beamtin **[sein]**, weil ich Büros nicht **[mögen]**.
3 Meine Tante **[sein]** eine **[ausgezeichnet]** Künstlerin.
4 Mein Cousin **[arbeiten]** als Kellner; dieser **[anstrengend]** Job gefällt ihm nicht.
5 Vor 20 Jahren **[sein]** seine **[lieb]** Großmutter Zahnärztin.
6 Herr Welter **[sein]** ein **[begabt]** Journalist.

> Use a dictionary to look up any jobs you don't know. A dictionary gives the masculine noun first, and the feminine ending:
> *Lehrer(in)* teacher
> *Tierarzt/–ärztin* vet

 4 sprechen

Gruppenarbeit. Wie viele Jobs und Arbeitsplätze kannst du in fünf Minuten sammeln?

● *Was macht deine Mutter / dein Onkel als Beruf?*
■ *Er/Sie ist Lehrer(in).*
● *Wo arbeitet er/sie?*
■ *Er/Sie arbeitet in der Schule.*

der Supermarket / Markt / Kindergarten
die Apotheke / Autowerkstatt / Bank / Küche / Polizeiwache
das Flugzeug / Labor / Reisebüro / Restaurant

5 lesen

Lies die Texte. Wer ist das (a–d)?

1 Meine Stelle ist gut bezahlt und interessant, weil **sie** auch kreativ ist. Leider ist man bei dieser Arbeit gar nicht aktiv, weil man den ganzen Tag vor dem Bildschirm sitzt.

3 Ich mache Schichtarbeit und arbeite während des Tages oder der Nacht, und das passt nicht gut zum Familienleben. Ich arbeite entweder in einem Krankenhaus oder in einem Altersheim und ich komme sehr gut mit meinen Kollegen aus.

2 Mein Beruf ist abwechslungsreich, aber man langweilt sich manchmal, wenn man stundenlang auf den Notruf wartet. Man muss fit und stark sein, um diesen Job zu machen, weil **er** sehr anstrengend und gefährlich ist.

4 Ich mache meinen Job sehr gern, weil ich dabei kostenlos um die Welt reise! Das Schlechteste daran ist, dass ich eine schreckliche Uniform tragen muss. Das Hemd hasse ich besonders, weil **es** so unbequem ist.

a Feuerwehrmann/Feuerwehrfrau

b Pilot(in)

> Look at the words for 'it' highlighted in bold in exercise 5: *er*, *sie* and *es*.
>
> *er* for masculine nouns:
> *der Job → er*
>
> *sie* for feminine nouns:
> *die Stelle → sie*
>
> *es* for neuter nouns:
> *das Hemd → es*

c Krankenpfleger/Krankenschwester

d Programmierer(in)

 6 lesen

Lies die Texte noch mal. Finde eine positive und eine negative Meinung zu jedem Job und schreib sie in deiner Sprache auf.

STARTPUNKT 2 WAS MACHT MAN BEI DER ARBEIT?

B4 WORK, CAREERS AND VOLUNTEERING

LERNZIELE
■ Über das Arbeitspraktikum sprechen
■ Konjunktionen und Intensitätspartikeln

 1 **Hör zu. Was musste man beim Arbeitspraktikum machen? (1–6)**

Beispiel: **1** c

Listen carefully for what each person had to do – not the things they were pleased they <u>didn't</u> have to do!

2 **Partnerarbeit. Diskussion: Was musstest du machen?**

● *Was musstest du beim Arbeitspraktikum machen?*

■ *Ich musste Dokumente zu den Akten legen und ich musste auch Telefonate machen. Glücklicherweise musste ich keine Formulare ausfüllen! Und du?*

Beim Arbeitspraktikum musste ich …
Glücklicherweise musste ich keine …
Kunden anrufen
Telefonate machen
Dokumente zu den Akten legen
Formulare ausfüllen
E-Mails schreiben
Gäste bedienen
Autos waschen
Termine / Verabredungen organisieren
Ich musste auch (keinen) …
Tee / Kaffee machen

Konjunktionen   > *Seite* **230**

Conjunctions are used to make sentences longer and to join ideas together: *und, aber, oder, auch.*

 3 **Hör zu. Wähl zu jeder Kategorie die richtige Antwort aus. (1–3)**

Beispiel: **1** d, …

Job:	Erfahrung	Wann
a Tennistrainer	e Sportzentrum	i letztes Jahr
b Kellner	f Einkaufszentrum	j samstags
c Bürokraft	g Schule	k zu Ostern
d Babysitter	h Kinderkrippe	l letzten Sommer

Charaktereigenschaften	Lohn	Frage
m sehr freundlich und hilfsbereit	q 8,50 Euro pro Stunde	u die Kleidung
n lustig und besonders ordentlich	r 80 Euro pro Tag	v die Sprachen
o ziemlich selbstsicher und ordentlich	s 10 Euro pro Tag	w die Verantwortlichkeiten
p fit und äußerst geduldig	t 10 Euro pro Stunde	x die Arbeitsstunden

 4 **Hör noch mal zu. Schreib die Antwort zur letzten Frage auf. (1–3)**

Beispiel: **1** das Abendessen vorbereiten, …

1 Was muss ich genau machen? **2** Was sind die Arbeitsstunden? **3** Was muss ich tragen?

5 sprechen

Partnerarbeit. Wähl einen Job aus und bewirb dich.

Stellenangebote

Babysitter(in)	Kellner(in)	Trainer(in)
€12 pro Stunde	€77 pro Tag	€16 pro Stunde
Mo. Do. 15–19 Uhr	Sa. So. 10–17 Uhr	Di. Mi. Fr. 14–16 Uhr

● *Für welchen Job interessieren Sie sich?*
■ *Ich interessiere mich für den Job als …*
● *Haben Sie schon als (Babysitter(in)) gearbeitet?*
■ *Ich arbeite als … / Letztes Jahr/Letzten Sommer habe ich als …*
   im/in der … gearbeitet.
● *Was für Charaktereigenschaften haben Sie?*
■ *Ich bin (besonders fit) und (wirklich freundlich).*
● *Sie verdienen (X). Haben Sie eine Frage an mich?*
■ *Was muss ich genau machen? / Was sind die Arbeitsstunden? / Was muss ich tragen?*

> Use *Sie* in a job interview, because it is a formal occasion and you do not know the interviewer.

Intensitätspartikeln

Intensifiers add detail to adjectives and help you to express yourself more fully:

ziemlich, sehr, zu, echt, besonders, wirklich, höchst, (gar) nicht, ein bisschen

*Das ist ein **echt** guter Job.*

*Er hatte eine **besonders** gute Frage.*

6 sprechen

Partnerarbeit. Stell und beantworte Fragen zum Bild.

- Was machen die Leute?
- Was tragen die Leute?
- Was sind die nötigen Charaktereigenschaften für diese Arbeit, deiner Meinung nach?
- Hast du schon Arbeitserfahrung gesammelt? Was hast du gemacht?
- Was möchtest du in Zukunft als Beruf machen? Warum?

Make sure you use conjunctions and intensifiers!

1 BERUFSBILDER

LERNZIELE

- Berufsbilder beschreiben
- *zuerst, dann, ...*

B4 WORK, CAREERS AND VOLUNTEERING

---

1 sprechen

Partnerarbeit. Wie heißen die Berufe in deiner Sprache?

- ● *Was bedeutet „Übersetzer"?*
- ■ *Tja, übersetzen bedeutet „translate" auf Englisch, denke ich. Vielleicht bedeutet Übersetzer „translator".*
  Schauen wir im Wörterbuch nach?

1 Übersetzer(in)	**2** Fahrer(in)	**3** Arzt/Ärztin
4 Elektriker(in)	**5** Journalist(in)	**6** Krankenpfleger/Krankenschwester
7 Kellner(in)	**8** Architekt(in)	

---

2 lesen

Lies die Berufsbilder und finde den passenden Jobtitel aus der Liste in Aufgabe 1.

> Even with some words missing, look for connections in the texts to the jobs in activity 1. *Bauwerke* and *technisch* have a connection with which of the eight jobs?

Berufsbilder im Überblick

a Sie entwerfen, planen und organisieren Bauwerke. Sie sind für die technischen und ökologischen Aspekte verantwortlich. Ihr **1** ▢▢▢ ist großzügig, und die Arbeitsbedingungen sind **2** ▢▢▢ gut. Sie brauchen eine gute Ausbildung.

b Sie haben **3** ▢▢▢ Deutschkenntnisse, die Sie täglich für Ihre Reportagen aus aller Welt brauchen. Sie decken Skandale auf, interviewen die Prominenten und berichten über viele aktuelle Themen. Ein Universitätsabschluss ist nicht notwendig, aber wenn Sie den absolvieren, **4** ▢▢▢ Sie schneller ein höheres Gehalt.

c Sie beschäftigen sich mit Strom und **5** ▢▢▢ auf Baustellen und in privaten Häusern. Sie müssen gute Kommunikationsfähigkeiten haben, weil Sie oft den **6** ▢▢▢ alles erklären müssen. Sie verdienen ein Gehalt, das niedrig ist, und es gibt wenige Aufstiegsmöglichkeiten.

d Sie haben hervorragende Sprachkenntnisse und sind in Deutsch und noch einer **7** ▢▢▢ fließend. Sie müssen zuverlässig sein, um Ihre Arbeit pünktlich abzuliefern. Sie können entweder freiberuflich von zu Hause aus oder bei einer **8** ▢▢▢ im Büro arbeiten. Laut einer Umfrage ist dieser Job der beste Job in Deutschland!

> *die Ausbildung* = *die Lehre; hier: das Studium*
> *absolvieren* = *schaffen, erreichen*
> *niedrig* = *nicht hoch*

---

3 lesen

Lies die Berufsbilder in Aufgabe 2 noch mal.
Welches Wort passt in welche Lücke? Manche Wörter brauchst du nicht.

a verlieren	**b** besonders	**c** Ärzten	**d** Firma
e Gehalt	**f** schlafen	**g** Sportart	**h** Kunden
i Büro	**j** furchtbare	**k** ausgezeichnete	**l** Schule
m arbeiten	**n** gar nicht	**o** verdienen	**p** Sprache

---

4 hören

Hör zu. Wähl die richtige Antwort aus. (1–6)

1 Diese Person hofft, bei der Presse / in der Bibliothek / in der Schule zu arbeiten.

2 Ein Vorteil hier sind die kostenlosen Kleider / Bücher / Mahlzeiten.

3 Diese Person arbeitet am liebsten in einem Team / alleine / im Büro.

4 Diese Person wird ein guter Arbeitnehmer / Arbeitgeber / Auszubildender sein.

5 Diese Person wird in einem Labor / Geschäft / Krankenhaus arbeiten.

6 Diese Person interessiert sich für das Geld / Gebäude / Interview.

5 hören
Tanja, Kamal, Emma und Olaf besprechen ihren Weg ins Berufsleben. Hör zu und mach Notizen zu den Stichpunkten. (1–4)

a **zuerst**
b **dann / danach**
c **anschließend**
d **jetzt**
e **Zukunftsziele**

> **zuerst, dann ...** > *Seite 230*

Sequencers help writing and speaking passages flow: *erst, zuerst, danach, dann, anschließend, endlich*. Sequencers and other time phrases are also a useful indicator of tenses and time frames.

As with other expressions of time, sequencers are followed by the verb if they start the sentence:

Zuerst habe ich als Kellnerin gearbeitet und dann habe ich einen Job als Managerin gefunden.

6 lesen
Lies das Interview mit Ben, einem Engländer in der Schweiz. Beantworte die Fragen.

UNTER DER LUPE! DIESEN MONAT:

Ben aus Großbritannien, Informatiker und DJ

Was haben Sie an der Schule gelernt?
Nach der Mittleren Reife habe ich zuerst zwei Jahre lang Deutsch, Physik und Werken in der Oberstufe in England gelernt.

Was haben Sie dann gemacht?
Dann habe ich den Universitätsabschluss gemacht. Ich habe Informatik und Wirtschaft mit Französisch studiert. Ich habe zwei Praktikumsjahre gemacht. Das zweite Jahr habe ich in der Pharmaindustrie in der Schweiz verbracht. Danach habe ich bei einer Firma meinen ersten Job als Informatiker bekommen.

Was machen Sie jetzt als Beruf?
Ich arbeite jetzt in Teilzeit als Informatiker in der Schweiz. Ich verbringe den Rest der Woche mit der Musik bei meinem Lieblingsjob. Das heißt, ich arbeite nachts als DJ. Während des Tages unterrichte ich auch Leute, die sich für elektronische Musik interessieren.

Was sind Ihre Zukunftsziele?
Ich werde weniger als Informatiker arbeiten, um mehr Zeit mit der Musik zu verbringen. Ich werde ein kreativeres Leben führen.

Was möchten Sie anschließend machen?
Ich würde gern in einer Hütte in den Schweizer Alpen wohnen. Ich würde dort einige Tiere sowie ein Musikstudio haben. Das wäre mein Traumleben!

1 Wo hat Ben eine Naturwissenschaft gelernt?
2 Was hat er an der Universität studiert? Gib **zwei** Details.
3 Was hat er im Ausland gemacht?
4 Was sind seine Arbeitsstunden?
5 Was macht er tagsüber?
6 Welche Tätigkeit gefällt ihm am besten?
7 In welcher Landschaft möchte er wohnen?

7 sprechen
Gruppenarbeit. Du bist Ben. Deine Gruppe stellt dir Fragen. Mach dein Buch zu und beantworte die Fragen.

● *Ben, was haben Sie zuerst gemacht?*
■ *Ich habe zuerst Deutsch, Physik und Werken gelernt.*
▲ *Und was haben Sie dann gemacht?*
■ *Ich ...*

If you don't know *Werken*, type it into an online dictionary. Give yourself a good chance of finding out the meaning of this word. Double-check it against the context.

2 DIE BEWERBUNG

LERNZIELE
- Die Bewerbung vorbereiten
- *weil* + zwei Verben

B4 WORK, CAREERS AND VOLUNTEERING

1 lesen **Lies die Profile auf der Jobsuche-Webseite. Was passt zusammen? Wer wird wahrscheinlich keinen Job finden?**

1 Ich habe immer ausgezeichnete Noten, weil ich mich sehr gut konzentrieren kann. Ich arbeite jedes Wochenende als Freiwillige im Altersheim und letzten Sommer habe ich bei einer internationalen Schule als Fremdsprachenassistentin gearbeitet. Ich interessiere mich für Skifahren, Kino und die Natur und ich bin Mitglied im Orchester. **Zehra**

2 Ich bin sehr fleißig und ich bin in Mathe begabt. Ich nehme immer an der Mathe-Olympiade teil und letztes Jahr habe ich den ersten Preis gewonnen. In den letzten Ferien habe ich als Touristenführer in meiner Heimatstadt gearbeitet, weil ich später in der Touristik arbeiten möchte. Im Dezember habe ich auch nachmittags einen Textverarbeitungs-Kurs besucht, um meinen Lebenslauf zu verbessern. **Kai**

3 Meine Sprachkenntnisse, die OK sind, helfen mir viel im Urlaub. Beim Strandurlaub spreche ich zum Beispiel immer Spanisch, um mich mit neuen Freunden zu unterhalten. Seit der 7. Klasse spiele ich in einer Rockband mit. Ich chatte viel mit Freunden online, und das ist mein Lieblingshobby. Ich suche eine gut bezahlte Stelle, weil ich mir ein superschnelles Auto kaufen möchte. **Aloisa**

4 Ich bin sehr verantwortungsbewusst und arbeite in Teilzeit als Babysitter, weil ich finanziell so selbstständig wie möglich sein will. Ich habe viel Berufserfahrung gesammelt, weil ich an mehreren Arbeitsplätzen gearbeitet habe. Ich hatte früher in einer Bäckerei gearbeitet, aber in letzter Zeit habe ich als Handballtrainer im Sportzentrum gearbeitet und ich habe auch oft meinen Eltern im Büro geholfen. **Matthias**

2 lesen **Lies die Profile noch mal.**
Wer ...
1 hat schon Sprachen unterrichtet?
2 will ein hohes Gehalt?
3 hat Touristen die Sehenswürdigkeiten gezeigt?
4 arbeitet ohne Lohn?
5 will eigenes Geld verdienen?
6 hatte Erfolg in einem Wettbewerb?
7 lernt gern neue Leute kennen?
8 arbeitet ab und zu?

> *weil* **+ zwei Verben** > *Seite* **230**

Ich kann mich gut konzentrieren. → Ich habe gute Noten, *weil* ich mich gut *konzentrieren kann*.

Ich möchte in der Touristik arbeiten. → Ich arbeite als Touristenführer, *weil* ich in der Touristik *arbeiten möchte*.

Ich habe an mehreren Arbeitsplätzen gearbeitet. → Ich habe viel Berufserfahrung gesammelt, *weil* ich an mehreren Arbeitsplätzen *gearbeitet habe*.

3 hören **Hör dir die Interviews beim Arbeitsamt an.**
Mach Notizen zu den Stichpunkten. (1–3)
a Interesse   **c** Erfahrung
b Schulbildung   **d** Charaktereigenschaften und Hobbys

Listen patiently. Sometimes when you don't understand something at first, the next sentence may help to explain it. E.g. the first speaker mentions *Nachhilfe*. This new word means 'tutoring'. The speaker then goes on to explain: *ich unterrichte Kinder*.

4 sprechen **Partnerarbeit. Beim Arbeitsamt.**
- *Was für Interessen haben Sie?*
- *Ich interessiere mich für ...*
- *Haben Sie ein gutes Zeugnis?*
- *Ich bekomme gute Noten und meine Durchschnittsnote ist ... / Meine Noten sind leider nicht so gut, aber ...*

- *Haben Sie einen Ferienjob? Haben Sie schon (in Teilzeit) gearbeitet?*
- *Ich habe einen Teilzeitjob / Ferienjob als ... Letzten Sommer habe ich (in Teilzeit) als ... gearbeitet.*
- *Was sind Ihre Charaktereigenschaften und Hobbys?*
- *Ich bin (verantwortungsbewusst / selbstständig / kreativ / musikalisch / geduldig / fleißig / pünktlich).*

5 lesen **Lies die Titel (1–12) und die Informationen (a–l).
Was passt zusammen?**

Lebenslauf

Anschrift: Kupf

Telefonnummer: 0049

E-Mail: adr

1 Name: _____

2 Vorname: _____

3 Geburtsdatum: _____

4 Geburtsort: _____

5 Eltern: _____

6 Schulbildung: _____

7 Schulabschluss: _____

8 Schulleistungen: _____

9 Universitätsabschluss _____

10 Berufserfahrung: _____

11 Freiwillige Arbeit: _____

12 Freizeitaktivitäten: _____

a 1978 Mitarbeiterin im Zentralinstitut für Physikalische Chemie in Berlin; 1991 Bundesministerin für Frauen und Jugend

b 1978 Abschluss als Physikerin

c Horst Kasner: Theologe; Herlind Kasner (geb. Jentzsch): Lehrerin für Englisch und Latein

d Goethe-Schule Templin (1967–69), Erweiterte Oberschule Templin Klasse 8–12 (1969–1973)

e in der Natur sein, Wandern, Langlaufen, klassische Musik, besonders Opern

f Hamburg

g Mitglied der Freien Deutschen Jugend (FDJ); FDJ-Sekretärin in der Schule; nachmittags auf FDJ-Treffen (nicht bezahlt)

h 17. Juli 1954

i Angela Dorothea

j begabt in Russisch, Mathematik and Naturwissenschaften; Gewinnerin Russisch-Olympiade; in der 10. Klasse Lessing-Medaille in Silber für ausgezeichnete Leistungen

k 1973 Abitur (Durchschnittsnote: 1,0)

l Kasner

EXAM SKILLS

Identifying information in complex reading passages is challenging. Don't worry!
You can rely on your existing knowledge and techniques like these:
• look for cognates or near-cognates in your language, to help you work out the German (*Sekretärin, Russisch*)
• separate compound nouns into smaller words (*Telefon + Nummer, Berufs + Erfahrung*)
• look for key words and similarities that will help you to link the texts to the headings (*Schulbildung – Oberschule*).

6 lesen **Lies den Lebenslauf. Welche <u>drei</u> Sätze sind richtig? Was ist diese Person geworden?**

1 Die Person ist im Sommer geboren worden.
2 Ihre Mutter hat in einer Fabrik gearbeitet.
3 Die Person war eine gute Schülerin.
4 Ihre Vorliebe ist Jazzmusik.
5 Sie ist in der Schweiz geboren worden.
6 Sie geht gern spazieren.

Diese Frau ist … geworden.

a Theologin **b** Bundeskanzlerin **c** Ingenieurin

7 schreiben **Schreib dein eigenes Profil für die Jobsuche-Webseite (Aufgabe 1).**

• Charaktereigenschaften
• Schulleistungen
• Berufserfahrung
• Hobbys

3 TRAUM UND WIRKLICHKEIT

LERNZIELE
- Über deinen Traumjob sprechen
- Schwache Nomen

B5 FUTURE PLANS

1 hören · **Hör zu. Was wollten sie als Kind werden? (1–4)**

You have already met modal verbs in the past tense:
*dürfen → durfte, müssen → musste, können → konnte, **wollen → wollte***.
Here, *wollte* is similar. It means 'wanted to', from the modal verb *wollen*
(to want to): *Ich wollte … werden*.

> **EXAM SKILLS**
>
> When listening to German extracts, think about where you might have heard language in different contexts, e.g. *Abitur bestanden* in *Kapitel 1.5*, and *auf die Nerven gehen* from *Kapitel 3.2*. Language is constantly recycled, so make sure you are ready to recognise it wherever it appears.

2 hören · **Hör zu. Robert, Özge, Alexa und Lutz besprechen ihre Kinderträume und die Wirklichkeit. Schreib die Tabelle ab und füll sie aus. (1–4)**

	Traumjob	Problem	Job	Meinung	Zukunftspläne
1 Robert	Feuerwehrmann	er war zu klein			

3 sprechen · **Partnerarbeit. Träume und Pläne.**

- ● *Was wolltest du als Kind werden?*
- ■ *Als Kind wollte ich Tierarzt werden, weil ich mich so für Tiere interessiert habe.*
- ● *Und möchtest du noch Tierarzt werden?*
- ■ *Nein, ich interessiere mich jetzt gar nicht dafür. Ich würde gern in Zukunft Feuerwehrmann werden, weil ich gern Leuten helfe.*

noch = auch jetzt

Als Kind wollte ich … werden.
Feuerwehrmann/-frau / Tierarzt/Tierärztin / Pilot(in) / Klempner(in) / Manager(in) / Übersetzer(in) / Beamter/Beamtin / Chef / Clown

Ich möchte / würde gern … arbeiten.
als Manager(in) / im Ausland / in (den USA) / freiwillig / in einem Elefantenheim / bei der Europäischen Kommission / bei einer (internationalen) Firma / beim Zirkus

Ich möchte / würde gern …
in einer Hütte in den Alpen wohnen / nach (Thailand) reisen / ein Jahr in (Thailand) verbringen / eine Lehre machen / Marketing machen

> **Zeitformen benutzen** ➤ *Seiten 208–215*
>
> **Das Präsens**
> *Das Gehalt **ist** sehr niedrig.*
>
> **Das Perfekt**
> *Nach der Schule **habe** ich eine Lehre als Klempner **gemacht**.*
>
> **Modalverben im Imperfekt**
> *Als Kind **wolltest** du Feuerwehrmann **werden**.*
>
> **Das Konditional**
> *Ich **würde gern** Übersetzer **werden**.*

Kulturzone

Es gibt über 95 Millionen Menschen mit Deutsch als Muttersprache und noch dazu gibt es rund 5,6 Millionen Menschen mit Deutsch als zweite Sprache. Wenn man im deutschsprachigen Raum arbeiten, wohnen, studieren oder reisen will, ist es eine gute Idee, die Sprache zu lernen.

4 Lies die Texte. Wer meint oder sagt das? Es können auch mehrere Personen oder keine Person sein.

Maja Meiner Meinung nach hat man als Lehrling in technischen Berufen bessere Aufstiegschancen als in Bürojobs, also möchte ich mich um eine Lehrlingsstelle als KFZ-Technikerin bei der BMW-Gesellschaft bewerben. Ich gucke im Moment die Stellenanzeigen auf ihrer Webseite an. Ich könnte sogar eines Tages den Präsidenten der Firma ersetzen!

Aafreen Früher wollte ich Archäologe werden, aber ich habe mich jetzt beschlossen, nach der Schulzeit an die Fachhochschule zu gehen, um vier Jahre lang für das Diplom zu studieren. Ich möchte am liebsten Jura studieren, weil ich danach sicher eine gute Karriere haben werde. Mein Traum ist es, in Zukunft bei einer internationalen Firma in Mexiko zu arbeiten.

Sara Im Moment suche ich über soziale Netzwerke einen Job, weil ich gern einige Monate bei einer Wohltätigkeitsorganisation arbeiten würde, bevor ich mit der Karriere anfangen muss. Ich interessiere mich besonders für die Umwelt und würde am allerliebsten in Asien oder Südamerika arbeiten.

1 Ich suche einen Job mit Hilfe des Internets.
2 Ich habe einen Job bekommen.
3 Ich mache eine Pause zwischen Studium und Karriere.
4 Ich freue mich auf ein langes Studium.
5 Ich werde eine Lehre machen.
6 Ich werde auf einem anderen Kontinent arbeiten.

der Lehrling = eine Person, die am Arbeitsplatz trainiert
die Lehrlingsstelle = ein Job, in dem der Lehrling trainiert

5 Der Karrierewechsel. Hör Ralf zu. Wähl die richtige Antwort aus.

Schwache Nomen > *Seite 237*

Der Beamte / Mensch / Junge / Archäologe war freundlich.
Ich sehe *den* Beamt*en* / Mensch*en* / Jung*en* / Archäolog*en*.

	Mask.	Plural
Nom.	der Präsident	die Präsidenten
Akk.	den Präsidenten	die Präsidenten
Gen.	des Präsidenten	der Präsidenten
Dat.	dem Präsidenten	den Präsidenten

Other weak masculine nouns include *der Bär*, *der Held* and *der Prinz*.

1 Ralf hat 2 / 12 / 20 / 30 Jahre als Beamter gearbeitet.
2 Seine Arbeit war im Finanzsektor / technisch / kreativ / im Freien.
3 Er hat ein Auto / Smartphone / Kaninchen / Büro.
4 Ralf interessiert sich nicht für das Gehalt / Jura / das Land / Fremdwörter.
5 Ralf hofft, eine Sprache / eine Sportart / das Kochen / ein Brettspiel zu lernen.
6 Ralf ist mit seinem aktuellen Job unzufrieden / zufrieden / glücklich / unsicher.

6 Schreib über deine Träume und Pläne für die Arbeitswelt.

• Was wolltest du als Kind werden? Warum?
• Was für Berufserfahrung hast du gesammelt? Wie war das?
• Was möchtest du in Zukunft als Beruf machen?

EXAM SKILLS

Use a variety of tenses in your written work: present, perfect, imperfect, future and conditional. Also try to include imperfect modal verbs and the pluperfect if you spot an opportunity!

1 **Was passt zusammen? Zwei Bilder brauchst du nicht.**

● ● ●

Stellenausschreibung

❶ Die Deutsche Post sucht Mitarbeiter/innen.

Eine Karriere bei uns ist Ihr Weg in die Zukunft!

❹ Archivhelfer bei der Stadtbibliothek gesucht.
Bewerbungen von Medienstudenten besonders willkommen.

❷ Cyber-Kriminalisten an der Polizeiwache Bad Laasphe gesucht.
Universitätsabschluss notwendig.

❺ Kommen Sie an Bord und steigen Sie in die faszinierende Welt der Finanzen ein.
Die Sparkasse bietet Ihnen einen Job, der Spaß macht.

❸ Das Fundbüro am Hamburger Flughafen sucht Arbeiter,
um auf unsere Sammlung an Regenschirmen, Handschuhen, Kleidern, Spielzeugen und Koffern aufzupassen.

❻ Kaufhaus am Ufer:
Wir bieten flexible Arbeitszeiten für jeden Menschen, spannende Aufgaben in einem dynamischen Team.
Eine Karriere bei uns ist mehr als ein Job.

Guten Tag, X am Apparat. Wie kann ich Ihnen helfen?
Ich habe … einen Diebstahl gesehen / meine Tasche im Bus verloren / einen Unfall gehabt / ein Buch reserviert.
Ich möchte … ein Konto eröffnen / ein Paket versenden / mich über … beschweren.
Bleiben Sie bitte am Apparat, ich verbinde Sie mit … meinem Kollegen / dem Bankbeamten / der Bibliothek / Polizeiwache / Bank / Sparkasse / Post
dem Fundbüro / Kaufhaus / Krankenhaus.

2 **Hör zu. Welche Organisation aus Aufgabe 1 (a–h) sucht man? Zwei Bilder brauchst du nicht. (1–6)**

Beispiel: **1** d

3 **Partnerarbeit. Mach Telefonate.**

- ● *Guten Tag, wie kann ich Ihnen helfen?*
- ■ *Ich habe gestern meinen Regenschirm im Zug verloren.*
- ● *Bleiben Sie bitte am Apparat, ich verbinde Sie mit dem Fundbüro.*

4 lesen **Lies den Text. Wähl die richtige Antwort aus.**

In this extract from *Der Bankbeamte* by Hermann Ungar, a clerk describes his daily work routine.

> Ich bin von meinem zwanzigsten Lebensjahr an Beamter einer Bank gewesen. Täglich um dreiviertel acht Uhr morgens ging ich in mein Büro. Ich verließ mein Haus Tag für Tag um dieselbe Zeit, niemals um eine Minute früher oder später. Wenn ich aus der Seitengasse, in der ich wohne, hinaustrat, schlug die Uhr vom Turm drei Mal.
> Ich habe in der ganzen Zeit, in der ich Beamter war, weder jemals meine Stellung noch meine Wohnung gewechselt …

*(**halb acht** = 07:30)*
***dreiviertel acht** = 07:45*
***Stellung** = Stelle*

1 Der Mann arbeitete seit 20 / 22 / 25 / 30 Jahren in derselben Arbeitsstelle.
2 Er arbeitete in der Bibliothek / Bank / Schule / Post.
3 Er war nie pünktlich / ungeduldig / verspätet / unordentlich.
4 Er wohnte an einer kleinen / breiten / lauten / schmutzigen Straße.
5 Im Wohnort gab es ein niedriges / ruhiges / modernes / hohes Gebäude.
6 Das Leben des Mannes veränderte sich mit der Zeit sehr / gar nicht / ein bisschen / total.

Das Imperfekt *Seite 233*

The imperfect tense is often used in story-telling.
*Regelmäßige Verbendung = –**te***
*ich wohn**te***
*du mach**test***
*wir spiel**ten***
*Unregelmäßige Verben = **ging** (gehen), **schlug** (schlagen), **trat** (treten), **war** (sein), **verließ** (verlassen)*

5 schreiben **Stell dir vor, du arbeitest seit 30 Jahren bei einer Firma wie aus Aufgabe 1. Schreib einen Tagebucheintrag darüber.**

Beispiel: Ich arbeitete 30 Jahre lang [im Fundbüro am Hauptbahnhof]. Was machte ich? Ich [passte gut auf Regenschirme und Jacken, Taschen und Tablets auf]. Ich [sprach mit Kunden, die etwas verloren hatte]. Ich [machte Telefonate] und [redete mit Menschen aus aller Welt]. Der Job war sehr [interessant].

Look at *Startpunkt 1* and *2* for ideas of what people do at work – and change the ideas into the imperfect tense to reflect what you 'used to do' during all those years.

5 WOHLTÄTIGKEITSORGANISATIONEN

LERNZIELE
- Über Wohltätigkeitsorganisationen sprechen
- Das Passiv
- *etwas, wenig, nichts* + Adjektiv

B5 WORK, CAREERS AND VOLUNTEERING

1 **lesen** **Lies den Text. Vervollständige die Sätze 1–6.**

> Willst du in den Sommerferien für eine Wohltätigkeitsorganisation arbeiten?
> Möchtest du freiwillig arbeiten? Würdest du gern ins Ausland reisen?
> Willst du der Natur, der Umwelt, Kindern, kranken Menschen oder armen Menschen helfen?
> **Kein Problem – wir haben etwas Spannendes für dich!**

> **Du könntest:**
> » freiwillig arbeiten – arbeite mit blinden Kindern in Nepal!
> » etwas Wertvolles mit Kindern machen – unterrichte Deutsch in Bali!
> » bei einer Tierschutzorganisation arbeiten – schütze Schildkröten auf den Malediven!
> » bei einer Umweltschutzorganisation arbeiten – hilf beim Umweltschutz in Costa Rica.
> » bei einer Hilfsorganisation für Straßenkinder arbeiten – treib Sport mit Straßenkindern in Nepal!

1 Diese Webseite bietet Gelegenheiten im ▭.
2 Es gibt Gelegenheiten nicht nur in Deutschland, sondern auch im ▭.
3 In Nepal kann man mit ▭ arbeiten.
4 In Bali könnte man ▭.
5 Auf den Malediven kann man Tiere ▭.
6 In Costa Rica ist es vorteilhaft, wenn man ▭ ist.

> **etwas, wenig, nichts + Adjektiv** > *Seite 237*
>
> To say 'something interesting', etc., use *etwas, wenig, nichts + Adjektiv* with –(e)s at the end:
> *etwas Spannendes, wenig Gutes, nichts Neues.*

2 **hören** **Wer ist das? Hör zu und schreib den richtigen Namen auf. (1–6)**

Karla

Thomas

Sofie

Finn

Pia

David

Wer ...
a würde ein Sportprojekt machen?
b möchte ein Computerprojekt machen?
c will nicht in einer Schule unterrichten?
d möchte freiwillig mit wilden Tieren arbeiten?
e würde in einer Schule unterrichten?
f will mit armen Kindern arbeiten?

3 **sprechen** **Partnerarbeit: Diskussion: Die Ideen auf der Webseite (Aufgabe 1).**

- *Was würdest du machen? Warum?*
- *Ich würde gern ... machen, weil ...*
- *Was würdest du nicht machen?*
- *Ich würde nicht gern ... machen, weil ...*

- *Hast du andere Ideen?*
- *Ich könnte vielleicht auch ... Das wäre etwas Interessantes / Spannendes / Positives ...*

4 lesen

Lies den Text. Korrigiere die Sätze. Sie sind alle falsch.

2013 feierte der WWF Deutschland seinen 50. Geburtstag. Der Geburtstag **wurde** mit kleineren und größeren Aktionen **gefeiert**. Das Motto der Kampagne war „Die Zukunft beginnt heute".

Vielen freiwilligen Helfern **wurde** in einer Fernsehwerbung **gedankt**. Eine Reise durch Deutschland **wurde** „Pandas on Tour" **genannt** und die Freiwilligen sind durch fünfundzwanzig deutsche Städte gefahren. 1.600 Pandaskulpturen **wurden mitgenommen**, weil es noch 1.600 freilebende Pandas gibt. Die Tour war sehr populär und **wurde** von 750.000 Menschen **besucht**.

Die Jubiläumsaktionen waren sehr erfolgreich und 2013 **wurden** 64,2 Millionen Euro an den WWF **gespendet**. Nach den Jubiläumsaktionen **wurden** viele positive Rückmeldungen an die Organisation **geschickt**.

1 Man hat den Helfern kaum gedankt.
2 Die Wohltätigkeitsorganisation hat eine Werbung in der Zeitung gezeigt.
3 Die Tour hat in hundert Städten stattgefunden.
4 Eine Million Personen haben an der Feier teilgenommen.
5 Die Feier war etwas wenig Erfolgreiches.
6 Man hat wenig Geld gespendet.

5 lesen

Lies den Text noch mal und beantworte die Fragen.

1 Wie alt wurde der WWF 2013?
2 Was für Aktionen hat die Organisation gemacht?
3 Wem wurde gedankt?
4 Was hat die Organisation in Deutschland gemacht?
5 Wie viele Besucher haben die Ausstellung gesehen?
6 Was ist nach den Jubiläumsaktionen passiert?

6 hören

Hör zu. Das Albert-Einstein-Gymnasium war zu Besuch bei der Partnerschule in Namibia. Sind die Sätze richtig (R) oder falsch (F)?

1 Die Schule in Deutschland ist kleiner als die Schule in Namibia.
2 Die Schule in Namibia ist in einem Vorort.
3 Die Menschen in Namibia sind ziemlich arm.
4 Die deutschen Schüler sind nicht in Namibia zur Schule gegangen.
5 Heute kommunizieren sie oft mit den Schülern in Namibia.
6 Sie werden in Zukunft sportliche Aktivitäten zusammen machen.

> **Das Passiv** > *Seite 236*

Many of the sentences in exercise 4 use the passive voice. The passive is used to emphasise the action **being done** rather than the person or thing **doing** the action.

To form the passive, use *werden* in the appropriate tense as an auxiliary verb, put the main verb into the past participle form and position it at the end of the sentence:

*Der Geburtstag **wurde** gefeiert.*

*1.600 Pandaskulpturen **wurden** mitgenommen.*

In the examples above, *werden* is used in the imperfect tense. It can also be used in the present tense or in the perfect tense:

Present tense: *Der Geburtstag **wird gefeiert**.*

Perfect tense: *1.600 Pandaskulpturen **sind mitgenommen worden***.*

* Note that in the passive, the past participle of ***werden*** (***geworden***) loses the ***ge–***.

7 sprechen

Partnerarbeit. Stell deinem Partner / deiner Partnerin Fragen.

• Welche Personen sind auf dem Bild?
• Was machen die Personen auf dem Bild?
• Was kann man sonst auf dem Bild sehen?
• Jede Schule in Deutschland sollte eine Partnerschule in Namibia haben. Was meinst du?
• Was würdest du machen, um einer Partnerschule in Namibia zu helfen?

Ein Freiwilliger im Ausland

1 **Was sagt Thomas? Schreib den richtigen Buchstaben auf.**

A gearbeitet	**B** Hilfsorganisation	**C** klein	**D** drei Wochen	**E** gelernt	**F** Lebensprioritäten
G lohnend	**H** lustig	**I** vierzehn Tage	**J** sinnlos	**K** nichts Neues	**L** Universität
M langweilig					

Beispiel: Thomas' Unterkunft war ___C___ .

a Er hat in einer Schule _____ .
b Die Kinder haben Thomas _____ gefunden.
c Er ist mit einer _____ gefahren.
d Er konnte nur _____ bleiben.
e Er hat das Erlebnis _____ gefunden.
f Er hat _____ gelernt.

(Total for Question 1 = 6 marks)

EXAM SKILLS

If you are not sure of the answer, you can often dismiss certain possibilities. For example, what sort of word is probably the answer to **a** in Question 1?

Lilas Beruf

2 **Hör zu. Was sagt Lila?**
Wähl die richtige Antwort aus.

Beispiel: Lila arbeitet schon seit ___C___ Jahren als Beamtin.

A zwei	**B** vier
C zehn	**D** zwanzig

a Lila arbeitet _____ .

A auf einer Baustelle	**B** in einem Büro
C auf einer Unterkunft	**D** in Syrien

b Manchmal findet Lila die Arbeit _____ .

A frustrierend	**B** langweilig
C schlimm	**D** lustig

c Lila war vier Wochen in _____ .

A Syrien	**B** Deutschland
C der Türkei	**D** Saudi Arabien

d Als Kind war Lila _____ im Ausland.

A häufig	**B** immer
C nie	**D** selten

e Lila findet es schade, dass sie die Familien nicht _____ kann.

A verstehen	**B** finanziell unterstützen
C wiedersehen	**D** pflegen

f Lila _____ , wenn sie zur Arbeit geht.

A freut sich	**B** ist skeptisch
C langweilt sich	**D** hat Angst

(Total for Question 2 = 6 marks)

Justins Beruf

3 **Justin spricht über seinen Beruf. Was sagt er?**
Mach Notizen _auf Deutsch_. Vollständige Sätze sind nicht nötig.

	Positiv		**Negativ**	
Beispiel: Arbeit als Ingenieur	sehr kreativ		nicht besonders aktiv	
Deutschland	a	b	d	e
Spanien	c		f	

(Total for Question 3 = 6 marks)

EXAM PRACTICE: READING

Toms Beruf

1 Was steht im Text? Wähl die richtige Antwort aus.

Seit der Grundschule interessiert sich Tom sehr für Fremdsprachen. Hier erzählt er davon:

Mit einer Fremdsprache kann man neue Leute kennen lernen, aber das Beste ist, ich verdiene damit jetzt auch ein gutes Gehalt als Dolmetscher in Genf.

Ich muss ausgezeichnete Fremdsprachenkenntnisse haben, und meine Sprachen sind Italienisch und Französisch.

Ich arbeite immer mit einem Kollegen / einer Kollegin zusammen, denn man darf nicht länger als 30 Minuten ohne Pause dolmetschen. Zu zweit arbeiten wir oft sechs Stunden pro Tag.

Obwohl mein Beruf stressig und schwierig ist, liebe ich ihn, weil er so abwechslungsreich ist und das Beste daran ist, dass ich den ganzen Tag lang immer beschäftigt bin. Ich bin froh, dass ich meinen idealen Beruf gefunden habe. Hoffentlich werde ich noch lange in Genf arbeiten, weil die Stadt und der internationale Lebensstil mir gefallen.

Beispiel: Tom findet ___B___ besonders interessant.
(**A** Genf / **B** andere Sprachen / **C** die Grundschule / **D** Geld)

a Tom findet ___ das Beste an seinem Beruf.
(**A** die Menschen / **B** die Kultur / **C** die Arbeit / **D** den Lohn)

b Tom kann insgesamt ___ Sprachen sprechen.
(**A** zwei / **B** drei / **C** vier / **D** fünf)

c Die Arbeit als Dolmetscher kann ___ sein.
(**A** lang / **B** langweilig / **C** gesellig / **D** anstrengend)

d Tom hat jeden Tag ___ zu tun.
(**A** viel / **B** wenig / **C** nichts / **D** etwas)

(Total for Question 1 = 4 marks)

Ein Arbeitspraktikum im Ausland

2 Beantworte die Fragen <u>auf Deutsch</u>. Vollständige Sätze sind nicht nötig.

Ein Praktikum in Indien oder als Krankenpfleger in Kenia – es gibt viele Möglichkeiten, Berufserfahrung im Ausland zu sammeln.

Hast du vielleicht jemanden in der Familie, der im Ausland gearbeitet hat? Er könnte dir sagen, wie es war. Oder hast du vielleicht schon einmal bei einer deutschen Firma mit Kontakt zu anderen Ländern gearbeitet? Erste nützliche Tipps kannst du hier finden.

Du hast Lust, bei einer EU-Institution zu arbeiten? Dann schreib an die Europäische Kommission. Sie vergibt jährlich etwa 600 Praktikumsplätze.

Manche Agenturen erlauben es dir, dein Auslandspraktikum einfach wie eine Reise zu buchen. Visum, Wohnung – das alles regeln sie für dich, wenn du es möchtest. Oft finden sie auch einen Sprachkurs für dich. Der Service hat seinen Preis. Du musst dafür zwischen 500 und 1100 Euro zahlen. Der Flug und der Sprachkurs kosten dann noch mal extra.

Du solltest dich vorher darüber informieren, wie teuer das Leben in dem gewünschten Land ist. Lebensmittel sind beispielsweise in Amerika viel teurer als in Indien.

Du solltest mindestens 18 Jahre alt sein und die Landessprache, zum Beispiel Englisch, sprechen. Du darfst auch nicht vergessen, vom Arzt die nötigen Medikamente zu bekommen.

a Wo könntest du vielleicht in Kenia arbeiten? (1)
b Wie könnte deine Familie helfen? (1)
c Welche deutschen Firmen könnten helfen? (1)
d Warum würdest du vielleicht an die EU-Kommission schreiben? (1)
e Wann ist es manchmal sehr einfach, ein Auslandspraktikum zu finden? (1)
f Was ist die negative Seite davon? (1)
g Was darf man nicht vergessen, wenn man in einem Land wie den USA arbeiten will? (1)
h Welche **zwei** Dinge musst du erfüllen? (2)
i Warum musst du zum Arzt gehen? (1)

(Total for Question 2 = 10 marks)

EXAM SKILLS

In German you can often work out what a long word means by breaking it down into sections: *Krankenpfleger → krank* (ill) and *pflegen* (to care for). So a *Krankenpfleger* is someone who cares for someone who is ill, so a (male) nurse.

1 **Lies die lange Schreibaufgabe. Notiere für jeden der vier Punkte:**
- welche Zeitform und welche andere Strukturen du benutzen sollst
- weitere Einzelheiten, die die Antwort verbessern.

Arbeit und Beruf

Schreib ein Blog über Arbeit und Berufswünsche
für eine Webseite.

Du musst Folgendes erwähnen:
- was dein Traumjob war, als du ein Kind warst
- welchen Beruf du jetzt wählen willst
- die Vor- und Nachteile von freiwilliger Arbeit
- warum manche Leute gern im Ausland arbeiten wollen.

Schreib zwischen 130–150 Wörter **auf Deutsch**.

(Total = 20 marks)

---

2 **Lies Julias Antwort und beantworte die Fragen.**

> **SAMPLE ANSWER**
>
> Als ich klein war, *wollte ich immer Busfahrerin werden*. Jeden Samstag bin ich mit meiner Mutter mit dem Bus in die Stadt gefahren und *ich wollte so gern* den Bus fahren!
>
> Jetzt möchte ich aber Ärztin werden. Ich hoffe, ausgezeichnete Noten in der Schule zu bekommen, denn es ist nötig, wenn ich Medizin *an der Uni* studieren will. Es ist ein idealer Beruf, weil er *gut bezahlt* ist und ich anderen helfen werde.
>
> In der Schule habe ich freiwillig eine Woche im Krankenhaus gearbeitet. Das war *ein großer Vorteil*, denn ich habe erfahren, wie das Leben von einem Arzt ist. Der Nachteil von freiwilliger Arbeit ist, dass man kein Geld bekommt.
>
> Mein Freund wird ein Jahr in Kenia arbeiten. Ich glaube, viele Leute arbeiten gern im Ausland, um andere Menschen kennen zu lernen und auch *andere Kulturen zu erleben*. Vielleicht mache ich das, bevor ich *einen Job als Ärztin* finde.
>
> (150 Wörter)

a Was bedeuten die *kursiv gedruckten* Ausdrücke in der Antwort? Vielleicht könntest du diese Ausdrücke in deinen Aufsätzen benutzen.

b Finde mit Hilfe vom Answer Booster **acht** Beispiele von Wörtern und Ausdrücken, die Julia benutzt, um ihre Antwort zu verbessern.

EXAM SKILLS

When writing an essay about your future career plans, try to mention why you have chosen a specific career and whether you have already had some experience in that career. Use conjunctions such as *weil* and *um … zu*.

---

3 **Schreib jetzt deine Antwort auf die lange Schreibaufgabe auf der nächsten Seite. Denk an den Answer Booster.**

EXAM PRACTICE: WRITING

B4 WORK, CAREERS AND VOLUNTEERING
B5 FUTURE PLANS

Long writing task

Arbeitspläne

Schreib einen Bericht für dein Schulmagazin. Du musst Folgendes erwähnen:

• was deine Berufspläne sind und warum
• ob du im In- oder Ausland arbeiten möchtest und warum
• ob du ein Arbeitspraktikum gemacht hast
• was dir besonders wichtig bei einem Beruf ist.

Schreib zwischen 130–150 Wörter **auf Deutsch**.

(Total = 20 marks)

Grammar

Schreib die Form des Wortes (a)–(j), damit das Wort im Satz richtig ist. Vorsicht! Es ist nicht immer nötig, die Form in Klammern zu ändern.

Fremdsprachen lernen

Als ich jung **(a) [sein]**, habe ich in der Schule Russisch und Japanisch **(b) [lernen]**. Russisch hat mir Spaß gemacht, aber Japanisch war eine sehr **(c) [schwierig]** Sprache. Die Grammatik und die Schrift waren zu **(d) [kompliziert]**. Am **(e) [gern]** habe ich aber Deutsch studiert. Ich **(f) [haben]** seit der Schulzeit immer gehofft, dass ich in Deutschland arbeiten **(g) [werden]**. Und ich habe die Chance bekommen! Als ich in Berlin **(h) [ankommen]** war, **(i) [müssen]** ich sofort Deutsch sprechen! Es ist so toll, hier in Berlin zu **(j) [arbeiten]**.

(Total = 10 marks)

EXAM SKILLS

Remember to check which tense is required if you are working with a verb. If it is an adjective, think about the gender and the case.

Answer Booster	Aiming for a solid level	Aiming higher	Aiming for the top
Verbs	**Different tenses (past, present and future)**	**Different persons of the verb** **Imperfect tense of *sein*:** *es war* **Separable verbs:** *kennenlernen* **Reflexive verbs:** *sich bewerben, sich langweilen, sich wünschen*	**Conditional:** *würde + inf.* **Modal verbs in the imperfect:** *wir mussten, ich wollte* **Infinitive clauses with *zu*:** *Es wird nicht einfach sein, den Traumjob im Ausland zu finden.*
Opinions and reasons	*weil / denn* *gern, lieber, am liebsten*	**Add more variety:** *ich meine …* *hoffentlich*	**Expressions:** *Das war einmalig. Das hat viel Spaß gemacht. … würde so ein Job ideal für mich sein. das wäre … mir ist es wichtig*
Conjunctions	*und, aber, oder, denn, weil, also*	*um … zu* *wo* *außerdem, sonst*	**Subordinating conjunctions:** *als ich klein war*
Other features	**Negatives:** *nicht, kein* **Qualifiers:** *ziemlich, sehr, mindestens*	**Adjectives:** *einfach, erfolgreich, ausgezeichnet* **Time phrases:** *als Kind, als ich klein war, seit der Schulzeit*	**Declined adjectives:** *ausgezeichnete Noten, ein interessantes Erlebnis* **Word order:** *Jeden Samstag bin ich mit meiner Mutter mit dem Bus in die Stadt gefahren.*

Picture-based discussion

1 *hören*

Sieh dir Bild 1 und die Fragen auf der nächsten Seite an. Dann hör dir Ellies Antwort auf Frage 1 an.

a   Wie beschreibt Ellie das Mädchen?
b   Was macht Ellie, um ihre Antwort zu ergänzen?
c   Welche Zeitformen benutzt Ellie?
d   Notiere Wörter im Text mit dieser Bedeutung:

i   in einem anderen Land
ii   etwas, worin man Tee findet
iii   die Zeit, wenn man arbeitet
iv   ein Ort, wo man etwas trinken kann

2 *hören*

Hör dir Ellies Antwort auf Frage 2 an.

a   Notiere **fünf** Adjektive.
b   Wie sagt Ellie ihre Meinung? Finde **zwei** Ausdrücke, die sie benutzt.

3 *hören*

Hör dir Ellies Antwort auf Frage 3 an und füll die Lücken aus.

Vielleicht **a** ――― die Frau um 11 Uhr oder so bei der Arbeit sein und **b** ――― also den Morgen in der Stadt verbringen. Sie ist vielleicht gegen 7 Uhr **c** ――― und hat sich gewaschen und angezogen. Nach dem Frühstück musste sie sich auf den Tag vorbereiten und ist anschließend mit dem Bus **d** ――― . Ihr Freund und sie haben **e** ――― in der Stadt getroffen und konnten einen **f** ――― Stadtbummel machen. Der Freund **g** ――― Kaffee trinken, also haben sie sich zwei Tassen **h** ――― , bevor das Mädchen zur Arbeit gehen musste.

4 *hören*

Hör dir Ellies Antwort auf Frage 4 an.

a   Notiere Beispiele von Folgendem:

i   ein trennbares Verb
ii   Plusquamperfekt
iii   Konjunktiv
iv   Infinitiv

b   Was bedeuten vielleicht die folgenden Ausdrücke?

i   Tierarztpraxis
ii   die falsche Entscheidung

5 *hören*

Hör dir Ellies Antwort auf Frage 5 an und notiere mit Hilfe vom Answer Booster:

a   Ausdrücke, die Ellie benutzt, um ihre Meinungen zu sagen
b   Bindewörter, die Ellie benutzt, um ihre Antwort zu verbessern.

6 *sprechen*

Sieh dir Bild 2 und die Fragen auf der nächsten Seite an. Beantworte die Fragen für dich.

General conversation

1 *hören*

Hör dir Jochens Antwort auf Frage 1 an. Notiere, wie er seine Antwort entwickelt. Welche „versteckten" Fragen beantwortet er?

2 *hören*

Hör dir Jochens Antwort auf Frage 2 an. In welcher Reihenfolge erwähnt er Folgendes?

a   Arbeit der Eltern
b   was ihm wichtig ist
c   sein Plan als Kind
d   Brasilienbesuch
e   das Land, wo er leben will
f   das Recht zu träumen

3 *hören*

Hör dir Jochens Antwort auf Frage 3 an und finde mit Hilfe vom Answer Booster <u>sechs</u> Beispiele von Wörtern und Ausdrücken, die Jochen benutzt, um seine Antwort zu verbessern.

4 *sprechen*

Lies Fragen 4–6 auf der nächsten Seite und beantworte sie für dich.

EXAM PRACTICE: SPEAKING

Task A Picture-based discussion

Photo 1

B4 Work, careers and volunteering
B5 Future plans

1 Was kannst du auf diesem Bild sehen?
2 Was machen die Jugendlichen hier im Bild?
3 Was hat die Frau, die steht, wohl früher am Tag gemacht?
4 Soll jeder Arbeitserfahrungen machen, deiner Meinung nach?
5 Inwiefern könntest du deine Fremdsprachenkenntnisse in der Berufswelt benutzen?

EXAM SKILLS

Do not forget that you can use constructions and vocabulary from other topic areas in your responses. For example, when Ellie describes the waitress in Picture 1, she mentions her daily routine.

Photo 2

B4 Work, careers and volunteering
B5 Future plans

1 Beschreib mir bitte dieses Bild.
2 Kannst du bitte die Frau hier vorne beschreiben?
3 Was wird der Mann hier links wohl heute Abend machen?
4 Was sind die Vor- und Nachteile der Arbeit als Arzt oder Ärztin?
5 Was für Charaktereigenschaften braucht man, wenn man mit der Öffentlichkeit arbeitet?

(Total for Task A = 12 marks)

Task B/C General conversation

1 Was möchtest du nach den Prüfungen machen?
2 Was für Zukunftspläne hast du danach?
3 Wie wird wohl die Berufswelt für dich sein, meinst du?
4 Was für Erfahrungen hast du schon in der Arbeitswelt gemacht?
5 Worüber sollte man bei der Berufswahl nachdenken?
6 Inwiefern ist es wichtig, auf die Uni zu gehen, wenn man einen guten Beruf will?

EXAM SKILLS

Listen carefully for the tense in the question you are asked and make sure that you respond in the same tense. Of course you may then be able to expand in a different tense.

(Total for Task B/C = 28 marks)

WÖRTER

Berufe / Jobs

Berufe	Jobs
der/die Anwalt/Anwältin	lawyer
der/die Architekt(in)	architect
der/die Arzt/Ärztin	doctor
der/die Bäcker(in)	baker
der/die Bankangestellte	bank clerk
der/die Beamte/Beamtin	civil servant
der/die Bibliothekar(in)	librarian
der/die Chef(in)	boss
der/die Dolmetscher(in)	interpreter
der/die Elektriker(in)	electrician
der/die Feuerwehrmann/-frau	firefighter
der/die Friseur/Friseuse	hairdresser
der/die Informatiker(in)	computer scientist
der/die Ingenieur(in)	engineer
der/die Journalist(in)	journalist
der/die Kellner(in)	waiter/waitress
der/die Klempner(in)	plumber
der/die Koch/Köchin	cook
der/die Kraftfahrer(in)	lorry driver
der/die Krankenpfleger/ Krankenschwester	nurse
der/die Lehrer(in)	teacher
der/die Manager(in)	manager
der/die Mechaniker(in)	mechanic
der/die Metzger(in)	butcher
der/die Pilot(in)	pilot
der/die Polizist(in)	police officer
der/die Programmierer(in)	computer programmer
der/die Schauspieler(in)	actor/actress
der/die Sozialarbeiter(in)	social worker
der/die Tierarzt/Tierärztin	vet
der/die Verkäufer(in)	sales assistant
der/die Übersetzer(in)	translator

Arbeitsorte / Places of work

Arbeitsorte	Places of work
der Keller(–)	cellar
der Laden (Läden)	shop
die Apotheke(n)	chemist's
die Autowerkstatt(–stätten)	garage
die Bäckerei(en)	bakery
die Bank(en)	bank
die Metzgerei(en)	butcher's
die Polizeiwache(n)	police station
das Büro(s)	office
das Flugzeug(e)	aeroplane
das Geschäft(e)	shop
das Krankenhaus(–häuser)	hospital
das Labor(s)	laboratory
das Reisebüro(s)	travel agency
das Restaurant(s)	restaurant
das Theater(–)	theatre

Ein Praktikum / Work experience

Ein Praktikum	Work experience
Beim Arbeitspraktikum musste ich …	For my work experience I had to …
Glücklicherweise musste ich keine …	Fortunately I didn't have to …
Telefonate machen	make phone calls
Dokumente zu den Akten legen	file documents
Formulare ausfüllen	fill in forms
E-Mails schreiben	write emails
Gäste bedienen	serve customers
Autos waschen	wash cars
Termine / Verabredungen organisieren	organise meetings
Ich musste auch (keinen) …	I also did (not) have to …
Tee / Kaffee machen	make tea / coffee

Berufsbilder / Job descriptions

Berufsbilder	Job descriptions
Sie haben ausgezeichnete …	You have an excellent …
Deutschkenntnisse	knowledge of German
Sprachkenntnisse	knowledge of languages
Sie sind in (Deutsch) fließend.	You are fluent in (German).
Sie müssen hervorragende Kommunikationsfähigkeiten haben.	You need to have excellent communication skills.
Sie sind für die technischen Aspekte verantwortlich.	You are responsible for the technical aspects.
Sie beschäftigen sich mit (Strom).	You deal with (electricity).
Sie …	You …
schreiben Reportagen	write reports
decken Skandale auf	uncover scandals
berichten über viele aktuelle Themen	report on lots of current issues
interviewen (die Stars)	interview (the stars)
Sie müssen …	You must …
zuverlässig sein	be reliable
Ihre Arbeit pünktlich abliefern	deliver your work on time
Sie brauchen eine gute Ausbildung.	You need a good education.
Ein Universitätsabschluss / Arbeitserfahrung ist nicht notwendig.	A degree / Work experience is not necessary.
Wenn Sie einen Hochschulabschluss machen, verdienen Sie schneller ein höheres Gehalt.	If you graduate, you earn a higher salary more quickly.
Ihr Gehalt ist niedrig / großzügig / ausgezeichnet.	Your salary is low / generous / excellent.
Die Arbeitsbedingungen sind besonders gut / schlecht.	The working conditions are particularly good / bad.
Es gibt gute / wenige Aufstiegsmöglichkeiten.	There are good / few opportunities for promotion.
Sie arbeiten …	You work …
auf Baustellen	on building sites
bei einer Firma	for a company
freiberuflich von zu Hause aus	freelance from home
in einem Geschäft	in a shop
in einem Altenheim	in a care home for older people
in einem Krankenhaus	in a hospital
zuerst	first(ly)
danach	after that
dann	then
anschließend	finally

Bewerbungen — Applications

Ich interessiere mich für den Job als …, weil …	I'm interested in the job as … because …
ich (in Mathe) begabt bin	I'm good at / gifted in (maths)
ich (in der Touristik) arbeiten möchte	I would like to work in (tourism)
ich verantwortungsbewusst bin	I'm responsible
ich selbstständig sein will	I want to be independent
Seit drei Jahren …	For three years …
bin ich Mitglied im Orchester	I have been a member of an orchestra
bin ich Kapitän der (Handball-)Mannschaft	I have been captain of the (handball) team
gehe ich zum Sportverein	I have been going to a sports club
gehe ich zur Musikgruppe	I have been going to a music group
Ich besuche einen (Computer-)Kurs.	I attend a (computer) course.
Ich habe einen (Textverarbeitungs-)Kurs besucht.	I attended a (word-processing) course.
Ich bekomme gute Noten.	I get good grades.
Meine Noten sind nicht so gut.	My grades are not so good.
Meine Durchschnittsnote ist …	My average grade is …
Ich habe einen Teilzeitjob als (Touristenführer(in)).	I have a part-time job as a (tour guide).
Letzten Sommer habe ich als (Freiwillige(r)) gearbeitet.	Last summer I worked as a (volunteer).
Ich bin …	I am …
kreativ	creative
musikalisch	musical
geduldig	patient
fleißig	hard-working
pünktlich	punctual

Mein Lebenslauf — My CV

die Schulbildung	school education
der Schulabschluss	school-leaving qualification
die Schulleistung	school achievement
die freiwillige Arbeit	voluntary work
der Hochschulabschluss	degree
die Berufserfahrung	professional experience
die Freizeitaktivitäten	leisure activities

Traumberufe — Dream jobs

Als Kind wollte ich (Clown / Feuerwehrmann) werden.	As a child, I wanted to be a (clown / firefighter).
Ich möchte … arbeiten.	I would like to work …
als (Manager(in))	as a (manager)
im Ausland	abroad
in (den USA)	in (the USA)
freiwillig	voluntarily
in einem Elefantenheim	in an elephant home / elephant sanctuary
bei der Europäischen Kommission	for the European Commission
bei einer (internationalen) Firma	for an (international) company
beim Zirkus	for a circus
Ich würde gern …	I would like …
in einer Hütte in den Alpen wohnen	to live in a hut / a cabin in the Alps
nach (Thailand) reisen	to travel to (Thailand)
ein Jahr in (Thailand) verbringen	to spend a year in (Thailand)
eine Lehre machen	to do an apprenticeship
Marketing machen	to do marketing

Bleiben Sie bitte am Apparat — Please hold the line

X am Apparat.	This is X speaking.
Wie kann ich Ihnen helfen?	How can I help you?
Ich habe …	I have …
einen Diebstahl gesehen	seen a robbery
meine Tasche im Bus verloren	lost my bag on the bus
einen Unfall gehabt	had an accident
ein Buch reserviert	ordered a book
Ich möchte …	I would like to …
ein Konto eröffnen	open an account
ein Paket versenden	send a package
mich über … beschweren	complain about …
Bleiben Sie bitte am Apparat.	Please hold the line / stay on the line.
Ich verbinde Sie mit …	I'll put you through to …
meinem Kollegen /	my colleague /
dem Bankbeamten /	the bank clerk /
dem Fundbüro /	the lost-property office /
dem Kaufhaus /	the department store /
dem Krankenhaus	the hospital
der Bibliothek / der Polizeiwache /	the library / the police station /
der Bank / der Sparkasse /	the bank / the savings bank /
der Post	the post office

Wohltätigkeitsorganisationen — Charities

Bali	Bali
Costa Rica	Costa Rica
die Malediven	the Maldives
Namibia	Namibia
Nepal	Nepal
arm	poor
blind	blind
erfolgreich	successful
Du könntest … arbeiten.	You could work …
ehrenamtlich / freiwillig	voluntarily
bei einer Tierschutzorganisation	for an animal protection organisation
bei einer Umweltschutzorganisation	for an environmental organisation
bei einer Hilfsorganisation	for an aid organisation
mit armen / blinden Kindern	with poor / blind children
mit Straßenkindern	with street children
mit wilden Tieren	with wild animals

8 EINE WUNDERBARE WELT

STARTPUNKT 1 FESTIVALS UND EVENTS
A5 EVERYDAY LIFE, TRADITIONS AND COMMUNITIES

1 sprechen **Partnerarbeit. Wähl ein Bild (a oder b) aus und beschreib es.**

a

b

- Welche Personen sind auf dem Bild?
- Was machen die Personen auf dem Bild?
- Was kann man sonst auf dem Bild sehen?
- Deine Meinung: Macht Rockmusik gute Laune?
- Beschreib ein Musikfestival, das du in Zukunft sehen möchtest. Gib Gründe an.

2 lesen **Lies die Texte. Welches internationale Festival oder Event ist das? (a–f)**

1 Dieses Turnier zwischen Nationalmannschaften findet alle vier Jahre statt. Es gibt ein Turnier für Männer und ein Turnier für Frauen. Normalerweise dauert die Endrunde vier Wochen und es spielen zweiunddreißig Mannschaften. Die deutsche Nationalmannschaft hat viermal gewonnen.

2 Das ist ein berühmtes europäisches Musikfestival, das seit 1956 jährlich stattfindet. Normalerweise kann man nur Sänger und Komponisten aus europäischen Ländern hören, aber 2015 hat Australien zum ersten Mal teilgenommen.

3 Es ist das größte Volksfest auf der ganzen Welt. Jedes Jahr begrüßen die Einwohner von München Millionen Besucher aus aller Welt. Man kann bayerische Spezialitäten probieren und spezielle Getränke trinken. Man kann auch tanzen und Volksmusik hören.

4 Zweimal im Jahr, im Februar und im September, kann man hier die neuesten Kollektionen sehen. Im Februar kann man die Kollektionen für den Herbst sehen und im September kann man die Kollektionen für den Frühling sehen. Während der Woche gibt es ungefähr neunzig Modenschauen.

5 Diese Wettkämpfe sind die wichtigsten internationalen Spiele. Sie finden seit 1896 alle vier Jahre im Sommer und im Winter statt. Athleten und Mannschaften aus vielen Ländern spielen und kämpfen gegeneinander, um Gold-, Silber- oder Bronzemedaillen zu gewinnen.

6 Jeden Mai kommen die Stars in diese Kleinstadt im Süden von Frankreich. Eine internationale Jury wählt den besten Film und dieser Film bekommt einen Preis, die „Goldene Palme". Es gibt auch Preise für den besten Schauspieler, die beste Schauspielerin, den besten Regisseur und das beste Drehbuch.

stattfinden = sein

a die Olympischen Spiele
b das Oktoberfest
c die Internationalen Filmfestspiele von Cannes
d die Pariser Modewoche
e der Eurovision Song Contest
f die Fußballweltmeisterschaft

3 hören **Hör zu. Vier junge Leute sprechen über Festivals und Events. Schreib die Tabelle ab und füll sie aus. (1–4)**

	Wie heißt das Festival / Event?	Wann hat es stattgefunden?	Wo hat es stattgefunden?	Was hat man gemacht?	Was war seine / ihre Meinung?
1	Rugby-Union-Weltmeisterschaft				

Interrogativpronomen

> *Seite 228*

When asking open questions, question words are used at the beginning of the sentence:

Was *machen die Personen auf dem Bild?*
Wann *warst du beim Musikfestival?*
Wo *hat es stattgefunden?*
Warum *ist Rock deine Lieblingsmusik?*
Wie *fährst du zum Musikfestival?*

The question word **wer** changes depending on whether it is nominative, accusative or dative:

Nominativ: **Wer** *ist auf dem Bild?*
Akkusativ: **Wen** *hast du beim Musikfestival gesehen?*
Dativ: *Mit* **wem** *bist du gegangen?*

The question word **welch**– follows the same pattern as the definite article (*der, die, das, die*).

	Nominativ	**Akkusativ**	**Dativ**
Mask.	*welcher*	*welchen*	*welchem*
Fem.	*welche*	*welche*	*welcher*
Neut.	*welches*	*welches*	*welchem*
Pl.	*welche*	*welche*	*welchen*

Nominativ: **Welche** *Bands spielen?*
Akkusativ: **Welchen** *Sänger hast du gesehen?*
Dativ: *Mit* **welcher** *Freundin bist du gegangen?*

4 **Schreib die richtige Form des Wortes in Klammern. Welches Wort war schon richtig?**

1 Wann [hören] du heute [laut] Musik?
2 Wo [spielen] deine Freunde im [warm] Wetter Tennis?
3 Welche [neu] Bands [mögen] du im Moment?
4 Warum [finden] er Hockey eine [gefährlich] Sportart?
5 Wen [haben] du beim Event [kennenlernen]?
6 Wie [sind] ihr zum Musikfestival [fahren]?

EXAM SKILLS

Make sure you are familiar with all forms of the interrogative pronouns. They will appear in the reading, listening, speaking and even the writing paper of the exam.

5 **Partnerarbeit. Diskussion:**
Ein Musikfestival / ein sportliches Event.

• Hast du schon ein Musikfestival oder ein sportliches Event besucht? Welches war das?
• Wann hat es stattgefunden?
• Wo hat es stattgefunden?
• Was hast du gemacht?
• Wie war es?

6 **Du warst auf einem Musikfestival oder einem sportlichen Event. Schreib eine E-Mail an einen Freund / eine Freundin.**

• Beantworte die Fragen aus Aufgabe 5, um deinen Text zu strukturieren.
• Benutz das Perfekt und das Imperfekt.
• Begründe alle Meinungen!
• Verlängere deine Sätze mit Konjunktionen.
• Kannst du auch einen Satz im Futur, Konditional oder Plusquamperfekt hinzufügen?

Letzten (Sommer / Mai) Letztes (Jahr / Wochenende)	habe ich bin ich	das (Festival / Event) zum (Festival / Event)	gesehen. gefahren.
Das Festival Das Konzert Das Event Das Turnier	hat	in Deutschland in England in Australien	stattgefunden.
Ich habe	dort	Fußball / Saxofon nette Leute die Sehenswürdigkeiten die Spiele / die Bands	gespielt. kennengelernt. besichtigt. gesehen.
Ich bin		im Meer	geschwommen.
Das Festival Das Konzert Das Event Das Turnier	war fand ich	etwas sehr total ziemlich	langweilig. laut. lustig. spannend.

ich fand = „finden" im Imperfekt

LERNZIELE
- Ein sportliches Event beschreiben
- Akkusativpräpositionen

1 lesen **Sieh dir die Berlin-Marathon-Strecke an. Wo liegt das auf dem Plan? Wie heißt das in deiner Sprache?**

Beispiel: **1** c (checkpoint)

1 der Streckenposten
2 der Informationskiosk
3 der Führungswagen
4 die Ziellinie
5 das Souvenirgeschäft
6 der Massageraum
7 die Kleiderabgabe
8 die Kinderkrippe

Use what you know about compound nouns to work out what the component parts of each word mean:
5 *Souvenirgeschäft = Souvenir + Geschäft* (souvenir shop)

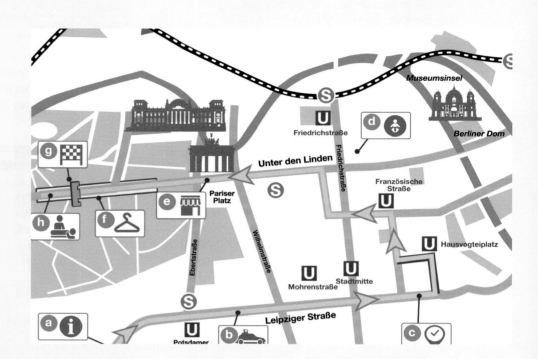

2 hören **Hör zu und sieh dir den Plan noch mal an. Wo helfen sie beim Berlin-Marathon? (1–8)**

Beispiel: **1** e

3 lesen **Lies den Text über Volunteering beim Berlin-Marathon. Sind die Sätze richtig (R) oder falsch (F)?**

Mein Lieblingshobby ist Inlineskating und ich würde gern Profiskaterin werden. Ich muss sehr fit bleiben und gehe oft trainieren.

Ich helfe seit vier Jahren beim Berlin-Marathon und **für** mich ist das immer anstrengend, aber toll. Wir Inlineskater müssen die Straßen **entlang** skaten und den Läuferinnen und Läufern helfen. Wir helfen im Startbereich und im Zielbereich. Wir skaten auch **durch** die Stadt und arbeiten an den Streckenposten. **Ohne** uns gibt es keinen Marathon!

Es gibt auch einen Marathon **für** Inlineskater. Letztes Jahr bin ich **um** das Stadtzentrum geskatet und ich bin **gegen** Teilnehmer aus aller Welt gelaufen. Ich habe mich sehr gut darauf vorbereitet und **wider** alle Erwartungen habe ich gewonnen. Ich war so glücklich!

Anni

1 Anni ist Profiinlineskaterin.
2 Sie hilft seit vier Jahren beim Marathon.
3 Sie hilft gern.
4 Die Arbeit ist für Anni sehr wichtig.
5 Sie hat nie am Marathon teilgenommen.
6 Letztes Jahr hat sie keinen Spaß gehabt.

4 lesen

Lies den Text in Aufgabe 3 noch mal. Übersetze die blauen Wörter in deine Sprache. Was für Wörter sind es?

Beispiel: für (for)

Akkusativpräpositionen
❯ *Seite* **222**

These prepositions are always followed by the accusative case:

für	entlang	durch	ohne

um	gegen	wider

Here is a reminder of the definite and indefinite articles in the accusative case:

Mask.	Fem.	Neut.	Pl.
den	*die*	*das*	*die*
einen	*eine*	*ein*	*–*

Wir skaten durch **die** *Stadt.*
Ich bin um **das** *Stadtzentrum geskatet.*

If the preposition is followed by a pronoun, this must also be in the accusative case:

Nom.	ich	du	er	sie	es	wir	ihr	Sie	sie
Akku.	mich	dich	ihn	sie	es	uns	euch	Sie	sie

Für **mich** *ist das anstrengend.*
Ohne **uns** *gibt es keinen Marathon!*

EXAM SKILLS

In exercise 5, use the structure of the questions to help you form your answers. You can change the word order to give you the beginning of a sentence. For example:

Question: *Was machen* **die Personen auf dem Bild**?
Answer: **Die Personen auf dem Bild** … + plural form of a verb in the present tense to replace *machen*.

---

5 schreiben

Beschreib das Bild. Schreib einen kurzen Text.

- Welche Personen sind auf dem Bild?
- Was machen die Personen auf dem Bild?
- Was kann man sonst auf dem Bild sehen?
- Deine Meinung: Macht Sport Spaß?
- Beschreib ein sportliches Event, das du gesehen hast oder wo du geholfen hast.

How many of the prepositions did you use to answer the questions? When you have written your answers, highlight the prepositions you used. Did you remember to use the accusative after each preposition?

---

6 sprechen

Partnerarbeit. Diskussion: Wie findest du Marathon laufen?

- Würdest du an einem Marathon teilnehmen? Warum (nicht)?
- Wie würdest du dich darauf vorbereiten?
- Würdest du Inlineskating machen? Warum (nicht)?
- Würdest du bei einem sportlichen Event helfen? Bei welchem?
- Wie würdest du am liebsten helfen?

To say how you would prepare for the marathon, use *sich vorbereiten*:
Ich würde **mich** *gut* **vorbereiten** *– ich würde zum Beispiel hart trainieren und viel Wasser trinken.*

1 Partnerarbeit. Sieh dir die Statistik an und erfinde fünf Fragen für deinen Partner / deine Partnerin.

Die besten Nationen bei den Olympischen Winterspielen (bis 2018)

Land	Gold-medaillen	Silber-medaillen	Bronze-medaillen	Alle Medaillen
1 Norwegen	132	125	111	368
2 USA	105	110	90	305
3 Deutschland	92	86	60	238
4 Russland	78	57	102	194
5 Kanada	73	64	62	199

- Welche Nation hat zweiundneunzig Goldmedaillen gewonnen?
- Welche Nation hat die meisten Bronzemedaillen gewonnen?
- Welche Nation hat mehr Silbermedaillen als Norwegen gewonnen?
- Welche Nation ist die erfolgreichste Nation?

 2 Hör zu und lies. Vervollständige den Text mit den Zahlen aus dem Kasten.

Im Jahr **1** .... fanden die 23. Olympischen Winterspiele statt. Sie fanden vom **2** .... bis **3** .... Februar in Pyeongchang, Südkorea statt. Das war das zweite Mal, dass die Olympischen Spiele in Südkorea stattgefunden haben. **4** .... fanden die Olympischen Sommerspiele in Seoul statt. Das Olympiastadion hatte eine Kapazität von **5** .... Zuschauern. Zirka **6** .... Sportler aus **7** .... Ländern haben an den Olympischen Winterspielen in Pyeongchang teilgenommen. Man konnte fast **8** .... Medaillen gewinnen und die Norweger haben die meisten Medaillen gewonnen, insgesamt **9** ....

307	9.	2018
35.000	25.	92
2.900	39	1988

fanden ... statt = „stattfinden" im Imperfekt

 3 Partnerarbeit. Wähl einen Text (a oder b) aus und lies ihn vor. Dein(e) Partner(in) macht das Buch zu und schreibt die Zahlen auf.

a

1976 fanden die 12. Olympischen Winterspiele in Innsbruck (Österreich) statt. Das war das zweite Mal, dass die Olympischen Winterspiele in Innsbruck stattgefunden haben. Sie fanden vom 4. bis 15. Februar statt. Ungefähr 1.200 Sportler aus 37 Ländern haben an diesen Olympischen Winterspielen teilgenommen. Es gab Wettbewerbe in 6 Sportarten.

b

1928 fanden die 2. Olympischen Winterspiele in St. Moritz in der Schweiz statt. Sie fanden vom 11. bis 19. Februar statt. 464 Sportler aus 25 Ländern haben an diesen Olympischen Winterspielen teilgenommen. Es gab Wettbewerbe in 4 Sportarten. 20 Jahre später fanden die Winterspiele wieder in St. Moritz statt.

Zahlen und Daten

Remember that numbers in the 20s, 30s, 40s, 50s, 60s, 70s, 80s and 90s are always said smaller number first and larger number second:

33 *drei*und*dreißig*
88 *acht*und*achtzig*

Numbers in the hundreds and thousands work in a similar way to English but you can leave out 'one' when you say 'one hundred' or 'one thousand':

124 *hundertvierundzwanzig* (100 → 24)
1.300 *tausend**drei**hundert* (1000 → 300)
40.000 *vierzig*tausend

Years starting with 19– are always said in hundreds, and years starting with 20– are usually said in thousands:

1980 *neunzehnhundertachtzig* (1900 → 80)
2016 *zweitausendsechzeh*n (2000 → 16)

Ordinal numbers add *–ten* to the number for dates up to 20, and *–sten* from 20 onwards:

7. *sieb**ten***
23. *dreiundzwanzig**sten***

4 Übersetze entweder Text **a** oder Text **b** in deine Sprache.

5 hören

Der Eurovision Song Contest. Hör zu. Wie viele Punkte haben diese Länder von der deutschen Jury bekommen? Füll die Lücken aus.

❖ Albanien	Georgien	Montenegro	Serbien
Armenien	Griechenland	Norwegen 7	Slowenien
Australien 1	Großbritannien	Österreich	Spanien
Belgien 2	Israel 4	Polen	Ungarn 10
Deutschland	Italien 5	Rumänien	Zypern
Estland 3	Lettland 6	Russland 8	
Frankreich	Litauen	Schweden 9	

6 sprechen

Partnerarbeit. Stell deinem Partner / deiner Partnerin Fragen zu den Ländern in Aufgabe 5.

- Wie viele Länder gibt es?
- Was ist das größte Land?
- Was ist das kleinste Land?
- Wo liegt Albanien / Armenien / ...?
- Welche Sprache spricht man in ...?

If you don't know the answer to a question you are asked, use one of these simple phrases:
Ich weiß nicht.
Ich bin mir nicht sicher.
Es hängt davon ab ...

Das liegt		im Norden im Osten im Süden im Westen	von Afrika. von Amerika. von Asien. von Australien. von Europa.
In	Australien Belgien Deutschland Frankreich Großbritannien Italien Österreich Spanien *usw.*	spricht man	Deutsch. Englisch. Französisch. Italienisch. Spanisch. *usw.*

7 lesen

Lies den Text. Sind die Sätze richtig (R) oder falsch (F)?

Der Eurovision Song Contest ist das größte Musikfest in Europa. Es gibt viel Interessantes über den Eurovision Song Contest zu sagen und die Stimmung ist immer toll! Aber wie hat das angefangen?
Am ersten Eurovision Song Contest **1956** haben sieben Länder teilgenommen: die Schweiz, die Niederlande, Belgien, Deutschland, Frankreich, Luxemburg und Italien. Heute dürfen alle EU-Mitglieder teilnehmen, wenn sie sich qualifizeren und Israel nimmt auch seit **1978** teil. Fünf Länder (Deutschland, Frankreich, Spanien, Italien und Großbritannien) können automatisch teilnehmen, weil sie den größten Teil der Kosten bezahlen. **2015** ist etwas Neues passiert: Australien qualifizierte sich als Jubiläumsgast direkt für das Finale.

Eine Deutsche hat zum letzten Mal **2010** gewonnen. **2015** hat die Deutsche Anne Sofie keinen einzigen Punkt bekommen und **2016** hat die Deutsche Jamie-Lee Kriewitz elf Punkte bekommen und war damit die Letzte. Der erfolgreichste Teilnehmer ist der Ire Johnny Logan, der zweimal als Sänger und einmal als Komponist gewonnen hat.

Wer gewinnt, muss im folgenden Jahr Gastgeberland werden. Das kann viele Probleme verursachen, weil es sehr teuer ist, Gastgeberland zu sein. Ein Nachteil ist, dass der Wettbewerb oft ein Fokus für Konflikte oder politische Probleme ist. Aber das Gute daran ist, dass er europäische Nationen zusammenbringt.

der Ire = ein Mann aus Irland
das Gastgeberland = das Land, in dem das Event stattfindet
verursachen = machen

1 EU-Mitglieder müssen am Eurovision Song Contest teilnehmen.
2 Alle Länder qualifizieren sich automatisch.
3 Manchmal dürfen Länder aus der EU teilnehmen.
4 Der letzte Gewinner ist aus Deutschland gekommen.
5 Johnny Logan hat dreimal gewonnen.
6 Für das Gastgeberland bringt der Eurovision Song Contest hohe Kosten.

1 hören Hör die Umfrage an. Was ist für sie am Hochzeitstag wichtig? (1–8)

a
die Einladungen

b
die Blumen

c
die Location

d
das Brautkleid

e
der Trauzeuge und die Brautjungfer

f
die Hochzeitstorte

g
das Hochzeitsauto

h
die Eheringe

2 lesen Lies den Text und sieh dir die Bilder aus Aufgabe 1 an. Wann organisiert man das?

Beispiel: 12 Monate – c, …

> **die Braut** = die Frau, die heiratet
> **der Bräutigam** = der Mann, der heiratet

Mit unserem Hochzeitskalender kann nichts Schlechtes passieren!

12 Monate vor der Hochzeit:
- ❤ Man **legt** den Termin **fest**.
- ❤ Man **wählt** die Location **aus**.
- ❤ Man entscheidet Trauzeugen und Brautjungfern.
- ❤ Man schreibt die Gästeliste.

6 Monate vor der Hochzeit:
- ❤ Man **sucht** das Brautkleid **aus**.
- ❤ Man bucht Flitterwochen.
- ❤ Man **wählt** die Hochzeitstorte **aus**.

4 Monate vor der Hochzeit:
- ❤ Man **lädt** Gäste **ein**.
- ❤ Man bucht die Band oder den DJ.
- ❤ Man **wählt** das Hochzeitsmenü **aus**.
- ❤ Man **legt** die Sitzordnung für das Hochzeitsessen **fest**.

2 Monate vor der Hochzeit:
- ❤ Man **stellt** einen Fotografen **ein**.
- ❤ Man reserviert das Hochzeitsauto.
- ❤ Man **schafft** Dekorationen und Blumen **an**.

4 Wochen vor der Hochzeit:
- ❤ Man **druckt** Programmhefte für die Zeremonie **aus**.
- ❤ Man **holt** die Eheringe **ab**.
- ❤ Man **bereitet** die Tischrede **vor**.

Am Hochzeitstag:
- ❤ Die Gäste **nehmen** an der Hochzeit **teil**.
- ❤ Die Hochzeit **findet statt**.
- ❤ Man heiratet!

3 hören Hör zu. „Meine perfekte Hochzeit". Wer erwähnt das? Schreib J (Jutta), S (Sofia), M (Marlene) oder L (Lucia). (1–4)

1 Sie würde gern eine große Party organisieren.
2 Sie möchte an ihrem Hochzeitstag schwimmen gehen.
3 Sie interessiert sich für eine historische Hochzeit.
4 Sie möchte Fisch essen.
5 Sie würde gern ganz hoch oben heiraten.
6 Sie wird an der Küste heiraten.

> **die Verlobte** = die Frau, bevor sie den Mann heiratet
> **der Verlobte** = der Mann, bevor er die Frau heiratet

> Separable verbs are made up of a prefix + a verb:
> *festlegen* → Man **legt** den Termin **fest**.
> *einladen* → Man **lädt** die Gäste **ein**.

Adjektive als Nomen   Seite **237**

Adjectival nouns have the same ending as the adjective would:
der *deutsche Mann* → *der* **D**eutsche
bekannt (adj.) → *der / die Bekannte* (noun)
verlobt (adj.) → *der / die Verlobte* (noun)
alt (adj.) → *der / die Alte* (noun)

4 lesen **Lies die Texte. Welches Wort passt in welche Lücke? Manche Wörter brauchst du nicht.**

1

Meine Eltern fahren oft auf Arbeitsreisen und müssen weg von zu Hause sein. Das finde ich schade, aber sie **1** ▢ sich besonders gut, wenn sie hier zusammen sind, denn sie haben ein tolles Verhältnis.

Pius

Meine Eltern haben vor zwanzig Jahren geheiratet und haben eine wunderschöne Traumhochzeit gehabt. Sie haben eine Hochzeitsplanerin angestellt und sie hat viel **2** ▢ . Meine Mutter hat eine leckere Torte ausgewählt und mein Vater hat die Eheringe abgeholt.

Für mich ist die Ehe sehr wichtig und ich bin sicher, dass ich eines Tages heiraten werde. Man verspricht, dass man mit einer Person das ganze **3** ▢ zusammen verbringen wird. Ich möchte meine eigene Hochzeit planen, weil ich das wirklich **4** ▢ finde.

Pius

2

Meine Schwester und ihr **5** ▢ haben letzten Juli an der Fernsehsendung „Die perfekte Hochzeit" teilgenommen. Meine Schwester und ich haben das Thema ausgewählt und wir haben ein schönes Hochzeitskleid ausgesucht.

Lotte

Die Hochzeit hat in einem Palast stattgefunden und sie haben mehr als hundert **6** ▢ eingeladen.

Meiner Meinung nach kann eine Hochzeit eine große Geldverschwendung sein. Das Brautkleid, die Location und das Hochzeitsauto – alle diese Sachen sind unglaublich **7** ▢ . Ich werde hoffentlich heiraten, weil ich das wunderbar finde, aber bestimmt werde ich eine preiswerte Zeremonie organisieren. Wenn man sich verliebt, ist eine Hochzeit eigentlich wichtig, die **8** ▢ zu beweisen.

Lotte

a	Mann	**e**	Gäste	**i**	vorbereitet	**m**	Vater
b	Leben	**f**	Hühnchen	**j**	geschlafen	**n**	Jahr
c	teuer	**g**	blöd	**k**	romantisch	**o**	Liebe
d	Identität	**h**	heiraten	**l**	amüsieren	**p**	preiswert

5 schreiben **Stell dir vor, du hast an „der perfekten Hochzeit" teilgenommen. Wie war deine Hochzeit? Was hast du vorbereitet?**

> When using separable verbs in the perfect tense, place **ge** between the prefix and the past participle of the verb: aus**ge**wählt.
>
> Use the separable verbs from the texts in exercise 4 to help you describe your wedding day in exercise 5.

6 sprechen **Gruppenarbeit: Eine Debatte. Eine Gruppe ist für die Ehe und die andere Gruppe möchte nicht heiraten. Sieh dir Aufgabe 4 zur Hilfe an.**

> Meiner Meinung nach ist die Ehe wichtig, weil …

> Du hast gesagt, dass die Ehe wichtig ist, aber …

> Auf der einen Seite …, aber auf der anderen Seite …

Kulturzone

Besondere Hochzeitstage!
Nach 6½ Jahren feiert man die Zinnhochzeit.
Nach 12½ Jahren feiert man die Petersilienhochzeit.
Nach 33⅓ Jahren feiert man die Knoblauchhochzeit.

Meiner Ansicht / Meinung nach …
… ist / sind (mir) wichtig, weil …
Sie haben / Du hast gesagt, dass …, aber ich denke …
Auf der einen Seite …, aber auf der anderen Seite …
Ein großer Vorteil / Nachteil ist, dass …

3 UMWELT MACHT SCHULE

D1 ENVIRONMENTAL ISSUES

1 *hören* Die Umwelt schützen. Hör zu. Welche Umweltaktionen besprechen sie? Würde man das in der Schule bestimmt (✓), vielleicht (?) oder nie (✗) machen? (1–8)

Beispiel: **1** c ✗

a den Müll trennen (die Müllscouts)

b Biomüll kompostieren

c eine Solaranlage installieren

d abfallfrei leben

e Druckerpatronen und Kopierkartuschen recyceln

f ökologische Produkte benutzen

g eine Fahrradwoche organisieren

h Energie sparen

> Make sure you know the past participles of the verbs in exercise 1 and look up any that you are unsure of.

2 *sprechen* Partnerarbeit. Diskussion: Umweltaktionen in der Schule.

- ● *Welche Umweltaktionen sollte man in der Schule machen?*
- ■ *Meiner Meinung nach sollte man ökologische Produkte kaufen, weil man alle Tier- und Pflanzenarten schützen sollte.*

To talk generally about what you **should**, **could** or **would** do, remember to use these useful verb forms:

Man **sollte** Man **könnte** Man **würde**	die Natur / die Umwelt / die Tierarten	schützen.

3 *hören* Hör zu. Die Umweltsprecher von jeder Klasse besprechen Umweltschutz für das Schuljahr. Wer will was machen? Mach Notizen. (1–5)

Beispiel: **1** Katja: öfter den Müll trennen und …

1 Katja **2** Thomas **3** Marlene **4** Chris **5** Kim

> Listen for the comparative and superlative adjectives and adverbs and note them down. These details are important when doing listening tasks.

4 *schreiben* Schreib die richtige Form des Wortes in Klammern. Welches Wort war schon richtig?

1 Energie zu sparen **[finden]** ich effektiver als **[ökologisch]** Produkte zu kaufen.
2 Meiner Meinung nach **[sein]** der Müll das **[groß]** Problem.
3 Man **[sollen]** weniger mit dem Flugzeug **[fliegen]**.
4 Ich passe auf, dass ich immer eine **[recycelt]** Tüte mit in die Stadt **[nehmen]**.
5 Ich **[haben]** eine Fahrradwoche an meiner Schule **[organisieren]**.
6 In Zukunft **[werden]** man öfter **[elektronisch]** Autos haben.

Komparative und superlative Adverbien ❯ *Seite 226*

Comparative adjectives: add **–er** to the adjective:
*Naturschutz ist **wichtiger** als Müll trennen.*
Superlative adjectives: use the correct definite article and add **–ste** or **–te** to the adjective:
*Der Müll ist **das wichtigste** Problem in der Schule.*
Some one-syllable adjectives add an umlaut:
*das gr**ö**ßte Problem*
Adverbs (words that describe verbs) can also be used to make comparisons:

gut	besser	am besten
oft	öfter	am öftesten
viel	mehr	am meisten
wenig	weniger	am wenigsten

*Man könnte **öfter** den Müll trennen.*
*Man sollte die Umwelt **effektiver** schützen.*
*Man sollte **am wenigsten** Wasser sparen.*
*Man fährt **am ökologischsten** mit dem Rad.*
Use **mehr** or **weniger** as an adjective or adverb to say 'more' or 'less':
*Man könnte **mehr** zu Fuß gehen.*
*Man sollte **weniger** Auto fahren.*

5 sprechen **Partnerarbeit. Beschreib das Bild.**

- Welche Personen sind auf dem Bild?
- Was machen die Personen auf dem Bild?
- Was kann man sonst auf dem Bild sehen?
- Deine Meinung: Ist es wichtig, in der Schule umweltfreundlich zu sein?
- Beschreib eine Umweltaktion, die du in der Schule gemacht hast.

6 lesen **Lies den Text und wähl die richtige Antwort aus.**

Ich besuche die Schule am Waldblick in Mahlow und bin sehr stolz auf meine Schule. Früher hat meine Schule einen Deutschen Klimapreis gewonnen. Das Preisgeld war 10.000 Euro! Meine Klasse, die neunte Klasse, hat unser Projekt „Schule spart Energie – Schüler unterrichten Schüler" genannt.

Zuerst sind wir zum Institut für Umweltfragen gegangen und haben dort gelernt, wie man in der Schule Energie sparen könnte. Wir haben Informationen über Lüften, Licht ausschalten und Raumtemperaturen bekommen.

Weil das so einfach und interessant war, haben wir entschieden, eine Unterrichtsstunde für die vierten und fünften Klassen der Herbert-Tschäpe-Grundschule zu planen. Danach haben wir diese Stunde unterrichtet. Es war oft schwierig und anstrengend, mit den Grundschulkindern zu arbeiten, aber es hat trotzdem sehr viel Spaß gemacht.

Seit dem Projekt bin ich Umweltsprecher für meine Klasse geworden und ich versuche, ein gutes Vorbild zu sein. Ich schalte das Licht aus und trenne den Müll.

Was für ein Projekt könnte man in deiner Schule machen?

Stefan

eine Unterrichtsstunde = eine Stunde an der Schule
ein Umweltsprecher = jemand, der für eine Klasse über die Umwelt spricht

1 Die Schule am Waldblick in Mahlow hat die Lotterie / einen Preis / einen Wettbewerb gewonnen.
2 Die 9. Klasse hat ein Bild / einen Austausch / ein Umweltprojekt gemacht.
3 Zuerst haben sie gelernt, wie man Energie / Wasser / Tiere sparen kann.
4 Im Projekt haben sie in Grundschulklassen / im Gymnasium / in der neunten Klasse unterrichtet.
5 Das hat viel Spaß gemacht, aber das war auch langweilig / nicht einfach / lustig.
6 Seit dem Projekt ist Stefan umweltfreundlicher / glücklicher / weniger umweltfreundlich geworden.

7 schreiben **Stell dir vor, du machst ein Umweltprojekt mit deiner Klasse. Schreib einen Bericht.**

- Was macht ihr dieses Jahr?
- Warum macht ihr das?
- Was könnte man in der Zukunft besser machen?

Adapt the language from pages 166 and 167:
- Use *man sollte … / man könnte … / man würde …*
- Use comparative and superlative adjectives and adverbs to give more complex opinions and reasons.
- You could also use the perfect tense to explain something you have done in the past.

4 UNSERE ERDE IN GEFAHR

- Über Umweltprobleme sprechen
- *jemand, niemand*

D1 ENVIRONMENTAL ISSUES

1 hören **Hör zu. Was, finden sie, ist das größte Problem? (1–8)**

Beispiel: **1** b

die Luftverschmutzung

die globale Erwärmung

die Abholzung

die Lärmbelastung

die Dürre

die Überschwemmungen

das Aussterben von Tierarten

die Überbevölkerung

2 hören **Hör noch mal zu und verbinde die Probleme und die Konsequenzen.**

Beispiel: **1** d viii

das Problem
a Die Abholzung des Regenwaldes ist sehr alarmierend,
b Die Überschwemmungen sind sehr gefährlich,
c Die Überbevölkerung ist das wichtigste Problem,
d Die globale Erwärmung ist das größte Problem,
e Das Aussterben von Tierarten ist sehr traurig,
f Die Lärmbelastung ist auch wichtig,
g Die Luftverschmutzung ist das schlimmste Problem,
h Ich finde, die Dürre ist das ernsteste Problem,

die Konsequenz
i weil man dadurch krank werden kann!
ii weil so viele Menschen an Hungersnot leiden.
iii weil sie das Leben und die Infrastruktur bedrohen.
iv weil die Menschen dadurch krank werden und das Ozonloch größer wird.
v weil der Planet nicht unendlich viele Menschen ernähren kann.
vi weil wir in Zukunft diese schönen Tiere nie mehr sehen werden.
vii weil die Wälder weniger Kohlendioxid aus der Luft absorbieren und der saure Regen die Meere vergiftet.
viii weil die Gletscher schmelzen und der Meeresspiegel steigt.

3 sprechen **Was ist für dich das größte Problem? Besprich die Probleme mit deinem Partner / deiner Partnerin.**

- *Was ist für dich das größte Problem? Warum?*
- ▪ *Für mich ist das größte / wichtigste / ernsteste / schlimmste Problem ..., weil ...*
- *Was ist für dich nicht so wichtig? Warum?*
- ▪ *Für mich ist ... nicht so wichtig, weil ...*

- Useful expressions:
  Ich denke / meine / finde, ...
  Ich denke / meine / finde, dass ... + verb at the end
  Meiner Meinung / Ansicht nach, ...
  Zum Beispiel, ...
- To ask for more information or a justification:
  Was denkst du? Warum sagst du ...?

- To agree or disagree:

Übereinstimmung	Nichtübereinstimmung
Ja, das stimmt!	*Nein, das stimmt nicht!*
Ja, ich finde das auch!	*Nein, das finde ich nicht!*
Du hast recht!	*Da hast du nicht recht!*

4 lesen **Lies den Auszug aus dem Roman „Somniavero".
Beantworte die Fragen.**

In Anja Stürzer's novel, *Somniavero*, Jochanan is a boy living in 2121. He and his parents take a holiday back to 2031 to see what the world was like.

Dort, wo er herkam, gab es keine Mücken. Auch keinen Wald und keine Wölfe oder irgendwelche anderen Raubtiere. Eben überhaupt keine wilden Tiere mehr. Darum musste man in die Vergangenheit reisen, wenn man welche sehen wollte. Jochanan grinste. Das würde er aufschreiben! […] „Wenn man Natur erleben will, dann muss man in der Zeit zurückreisen."

die Mücke(-n) = ein Insekt, das sticht
darum = deshalb

1 Welche Tiere existieren nicht im Jahre 2121?
2 Welcher Ort existiert nicht im Jahre 2121?
3 Was muss man machen, um wilde Tiere zu sehen?
4 Was beschließt Jochanan zu tun?

5 lesen **Was passt zusammen? Schreib die Sätze auf und übersetze sie in deine Sprache.**

Beispiel: **1** c

1 Wenn jemand die Luftverschmutzung reduzieren will,
2 Wenn niemand die Meere vergiftet,
3 Wenn jemand weniger Öl, Kohle oder Gas nutzen will,
4 Wenn wir Tierarten nicht verlieren wollen,
5 Wenn wir das Kohlendioxid in der Luft reduzieren wollen,
6 Wenn niemand Atomkraftwerke bauen will,

> **jemand, niemand** > *Seiten* **217, 218**

Wenn **jemand** *Natur erleben will, muss er durch die Jahre zurückreisen.*
Wenn **niemand** *die Natur erleben kann, ist das eine Katastrophe.*

a könnte er in erneuerbare Energien investieren.
b sollten wir die Natur schützen.
c könnte er öfter mit dem Rad oder öffentlichen Verkehrsmitteln fahren.
d könnten wir Windkraftanlagen, Solaranlagen oder Wasserkraftwerke bauen.
e sollten wir die Regenwälder nicht zerstören.
f würden die Fischarten nicht verschwinden.

6 hören **Sind die Deutschen umweltbewusster als wir? Hör zu und wähl die richtige Antwort aus.**

1 2015 / 2005 / 2010 hat das Bundesministerium für Umwelt, Naturschutz, Bau und Reaktorsicherheit eine Studie gemacht.
2 71 / 91 / 81 % der Deutschen finden den Umweltschutz wichtig.
3 80 / 60 / 40 % glauben, dass der Mensch für die globale Erwärmung verantwortlich ist.
4 Die Deutschen finden es ziemlich / sehr / nicht wichtig, in erneuerbare Energien zu investieren.
5 Sie würden gern / nicht gern Ökostrom oder Biokraftstoffe kaufen.
6 58 / 85 / 45 % denken, dass man Windkraftanlagen, Solaranlagen oder Wasserkraftwerke bauen sollte.
7 Sie würden / würden nicht mehr Geld für energiesparende oder umweltfreundliche Geräte ausgeben.

EXAM SKILLS

Use logic to work out the meaning of new vocabulary:

• Can you work out the meaning from the general theme of the passage?

• Can you use your knowledge of linked vocabulary? For example, *verantwortlich* is an adjective from the noun *die Verantwortung* (responsibility).

• Can you spot any cognates?

das Gerät(-e) = *die Maschine(-n)*

7 schreiben **Schreib einen Artikel: Deine Meinungen zu Umweltproblemen.**

• Welche Umweltprobleme sind dir wichtig? Warum?
• Was könnte man dagegen tun?
• Was macht deine Schule?
• Was könnte deine Schule besser machen?

EXAM PRACTICE: LISTENING

Ein deutscher Nationalsportler

INTERPRETATION
DECISION MAKING

1 **Hör zu und mach Notizen. Lisa ist die Partnerin eines deutschen Sportlers: Was sagt sie? Schreib die Tabelle ab und füll sie auf Deutsch aus.**

Beispiel: Sport: Rodeln

a Vorname des Sportlers: ▬▬▬ (1)

b Was gewonnen: ▬▬▬ (1)

c Warum Natalie und Tobi ruhig waren: ▬▬▬ (1)

d Warum der 2. März 2010 wichtig ist: ▬▬▬ (1)

e Wie Lisa die Einstellung des Partners findet: ▬▬▬ (1)

f Verhältnis der Sportler untereinander (gib **ein** Detail): ▬▬▬ (1)

(Total for Question 1 = 6 marks)

Eine Umweltkonferenz für Jugendliche

ANALYSIS
DECISION MAKING

2 **Hör zu. Was sagt man im Bericht? Wähl die richtige Antwort aus.**

Beispiel: Der Gipfel findet zum ▬*C*▬ Mal statt.

A zweiten	B vierten
C ersten	D dritten

a Die Jugendlichen kommen ▬▬▬ .

A nur aus Berlin	B nur aus Deutschland
C nur aus Europa	D aus der ganzen Welt

b Die Jugendlichen treffen sich für den Gipfel, um ▬▬▬ Probleme zu besprechen.

A ernste	B unwichtige
C wenige	D lustige

c Die Jugendlichen machen sich Sorgen um die ▬▬▬ .

A Berliner Luft	B Stromversorgung
C bedrohten Tierarten	D Verkehrsmittel

> **EXAM SKILLS**
>
> Read the questions before you listen to the text. It gives you an idea about the content of the text and helps you to understand it.

d Sie beschäftigen sich auch mit der ▬▬▬ .

A Landwirtschaft	B Atomkraft
C Wasserverschmutzung	D Luftfahrt

e Die Jugendlichen arbeiten oft ▬▬▬ .

A allein	B in der Stadt
C in Gruppen	D als Paar

f Nach dem Gipfel hatten die Jugendlichen ▬▬▬ .

A wenige Fortschritte gemacht	B Ideen mit nach Hause zu nehmen
C keine konkreten Ideen	D genauso viel Angst

(Total for Question 2 = 6 marks)

Neujahr in Deutschland und China

ANALYSIS
INTERPRETATION

> **EXAM SKILLS**
>
> Listen out for important details and make notes as you listen. This will help you to answer the questions correctly.

3 **Li spricht über das Neujahrsfest. Was sagt er? Mach Notizen auf Deutsch. Vollständige Sätze sind nicht nötig.**

	Deutschland	China
Beispiel: wann im Jahr	am 1. Januar	Ende Januar / Anfang Februar
Ein Aspekt von der Feier	a	d
Was Li an der Feier gut findet	b	e
Was Li an der Feier nicht gut findet	c	f

(Total for Question 3 = 6 marks)

A HOME AND ABROAD
A4 CUSTOMS
A5 EVERYDAY LIFE, TRADITIONS AND COMMUNITIES
D THE WORLD AROUND US
D1 ENVIRONMENTAL ISSUES

KAPITEL 8

EXAM PRACTICE: READING

DECISION MAKING

Der Wiener Marathon

1 Wähl die richtige Antwort aus.

Nach Berlin, London und Paris einer der besten Marathons Europas

Die Streckenposten
Hier bekommen Sie Informationen über die Strecke. Man kann auch Erste Hilfe bekommen, wenn man sich nicht wohl fühlt. Wenn das Wetter wirklich schlecht ist, geben wir Ihnen Regenponchos.

Der Informationskiosk
Hier können sie uns nach allem fragen. Wenn wir die Antwort nicht wissen, dann werden wir sie schnell herausfinden.

Der Massageraum
Sind Sie müde? Tun die Beine weh? Hier arbeitet unser Team von Physiotherapeuten, wenn alle das Ziel erreicht haben. Massagebetten stehen jedem Läufer zur Verfügung.

Die Ziellinie
Hier stehen hunderte von Fans, Familie und Freunde. Nachdem Sie mit dem Marathon fertig sind, bieten unsere Freiwilligen Tee, Wasser, Saft und Obst an.

a Wenn man sich krank fühlt, geht man ———— .

| **A** zum Streckenposten | **B** zum Informationskiosk |
| **C** zum Massageraum | **D** zur Ziellinie |

b Ponchos bekommt man, ———— .

| **A** wenn es eiskalt ist | **B** wenn es zu warm ist |
| **C** wenn es regnet | **D** wenn die Sonne scheint |

c Am Informationskiosk kann man ———— alle Fragen beantworten.

| **A** nicht immer | **B** sofort |
| **C** eventuell | **D** in kurzer Zeit |

d Die Physiotherapeuten arbeiten ———— .

| **A** vor und nach dem Marathon | **B** nach dem Marathon |
| **C** vor dem Marathon | **D** während des Marathons |

e Die Massagebetten sind für ———— da.

| **A** die Fans | **B** die Fans und die Läufer |
| **C** die Läufer | **D** das Personal |

f An der Ziellinie kann man wohl ———— bekommen.

| **A** Schokolade | **B** Chips |
| **C** Kekse | **D** einen Apfel |

(Total for Question 1 = 6 marks)

INTERPRETATION

Umweltprobleme

2 Wer sagt das? S (Silvia), B (Bernd) oder M (Mohammed)? Schreib die richtigen <u>acht</u> Buchstaben. Vorsicht! Einige Antworten gibt vielleicht keine oder mehr als eine Person.

Silvia (15, Zürich)
Bei uns in der Schweiz schmelzen die Gletscher und das führt zu Überschwemmungen in anderen Teilen von unserem Land. Ich bin Mitglied in einem Umweltverein und finde, unsere Regierung tut nichts, um dieses Problem zu lösen.

Bernd (17, Aachen)
Bei uns in der Nähe ist ein altes Kernkraftwerk. Leider liegt es in Belgien, also im Ausland, und es ist für uns sehr schwer, dagegen zu protestieren. Hier in Deutschland haben wir aber unsere eigenen Umweltprobleme, wie zum Beispiel Waldsterben und das Aussterben von Raubvögeln und Fröschen.

Mohammed (16, Wien)
Ich finde es sehr wichtig, dass wir Probleme lösen, die die ganze Welt betreffen, zum Beispiel globale Erwärmung. Unsere Politiker nehmen das nicht ernst genug, meiner Meinung nach. Ich habe Angst um die Eisbären in der Arktis, die bald kein Zuhause mehr haben werden, weil das Eis im Norden so schnell verschwindet.

Beispiel: Ich wohne in der Schweiz. ——S——

a Atomkraft macht mir Sorgen.
b Politiker machen zu wenig für die Umwelt.
c Zu viele Bäume verschwinden in meinem Land.
d Ich habe Angst um den ganzen Planeten.
e Ich sehe keine großen Umweltprobleme.
f Ich gehöre einer Umweltorganisation an.
g Ich sehe Tiere als bedroht.

(Total for Question 2 = 8 marks)

EXAM SKILLS

Make sure you have given eight answers, not more and not fewer.

1 lesen

Lies die lange Schreibaufgabe. Notiere für jeden der vier Punkte:

- welche Zeitform und welche andere Strukturen du benutzen sollst
- weitere Einzelheiten, die die Antwort verbessern.

Die Umwelt

Schreib einen Brief über den Umweltschutz.

Du musst Folgendes erwähnen:
- was für globale Umweltprobleme es gibt
- was deiner Meinung nach das größte Problem ist
- was man in deiner Schule gemacht hat, um die Umwelt zu schützen
- was die Regierung machen sollte, um die Umwelt zu schützen.

Schreib zwischen 130–150 Wörter **auf Deutsch**.

(Total = 20 marks)

---

2 lesen

Lies Silvias Antwort und beantworte die Fragen.

SAMPLE ANSWER

Meiner Meinung nach gibt es viele Umweltprobleme. Die Luftverschmutzung, die globale Erwärmung und das Aussterben von Tierarten sind *wichtige Probleme in vielen Ländern. Wenn wir die Umwelt schützen wollen, sollten wir diese Probleme lösen.*

Für mich ist das größte Problem die globale Erwärmung, weil die Gletscher schmelzen und der Meeresspiegel steigt. Auch wichtig ist das Aussterben von Tierarten. *Ich finde es echt traurig,* weil wir diese Tiere nie mehr sehen werden.

Wir haben in der Schule viele Umweltaktionen gemacht. Jede Klasse hat Umweltsprecher gewählt und wir haben eine sehr gute Umwelt-AG. Wir haben den Müll öfter getrennt und mehr Energie gespart. Das war sehr erfolgreich. *Man könnte aber mehr Druckerpatronen recyceln.*

Meiner Meinung nach sollte die Regierung in erneuerbare Energien investieren und weniger Atomkraftwerke bauen. *Um die Tiere zu schützen,* sollte man weniger abholzen. Wenn man die globale Erwärmung reduzieren will, könnte man Windkraftanlagen oder Wasserkraftwerke bauen.

(147 Wörter)

a Was bedeuten die *kursiv gedruckten* Ausdrücke in der Antwort? Vielleicht könntest du diese Ausdrücke in deinen Aufsätzen benutzen.

b Finde mit Hilfe vom Answer Booster **acht** Beispiele von Wörtern und Ausdrücken, die Silvia benutzt, um ihre Antwort zu verbessern.

---

 3 schreiben

Schreib jetzt deine Antwort auf die lange Schreibaufgabe auf der nächsten Seite. Denk an den Answer Booster.

EXAM SKILLS

Make sure that you keep to the word limit when writing your essay. You need to answer all four bullet points but you also need to be concise.

EXAM PRACTICE: WRITING

CREATIVITY

Long writing task

Ein Musikfest

Schreib einen Artikel über ein Musikfest in deiner Stadt.

Du musst Folgendes erwähnen:

- was du beim Fest gesehen und gemacht hast
- was dir am besten gefallen hat
- wie man vielleicht das Fest verbessern könnte
- inwiefern ein solches Fest für eine Stadt oder Region vorteilhaft ist.

Schreib zwischen 130–150 Wörter **auf Deutsch**.

(Total = 20 marks)

ANALYSIS

Grammar

Schreib die Form des Wortes (a)–(j), damit das Wort im Satz richtig ist. Vorsicht! Es ist nicht immer nötig, die Form in Klammern zu ändern.

Bedrohte Tiere

Ich bin der Meinung, dass die Rettung **(a) [die]** bedrohten Tierarten in unserer Welt etwas sehr **(b) [wichtig]** ist. Wenn zum Beispiel Bienen **(c) [aussterben]** sind, können wir auch nicht lange **(d) [leben]**. Man **(e) [sollen]** mit anderen Personen mit **(f) [diese]** Sorgen eine Umweltgruppe gründen, um die Probleme zu besprechen. Was ist wohl das **(g) [schlimm]** Problem und wie **(h) [können]** man zusammen das Problem lösen? In **(i) [unsere]** Schule haben wir schon eine Gruppe, wo wir **(j) [sich]** oft über Umweltprobleme in der Welt unterhalten.

(Total = 10 marks)

Answer Booster	Aiming for a solid level	Aiming higher	Aiming for the top
Verbs	**Different tenses (past, present and future)**	**Different persons of the verb** **Imperfect tense of *sein*:** *es war* **Separable verbs:** *aussterben, stattfinden, abholzen, teilnehmen* **Reflexive verbs:** *sich leisten, sich befinden*	**Imperfect:** *ich fand …* **Modal verbs in the imperfect** **Subjunctive of modal verbs:** *man könnte, man wollte, die Regierung sollte* **Infinitive clauses:** *Sport im Fernsehen zu sehen*
Opinions and reasons	**Adverbs:** *nicht sehr gern*	**Verbs:** *das war* *ich finde*	**Add more variety:** *ein Vorteil ist, der Nachteil war* *es kann sein, dass …*
Conjunctions	*weil, wenn, dass, und*	*um … zu* *obwohl*	**Conjunctions with two verbs:** *weil wir diese Tiere nie mehr sehen werden, Wenn man … reduzieren will, könnte man …, die sie recyceln möchte*
Other features	**Negatives:** *nicht, nie* **Adjectives:** *wichtig, traurig*	**Comparative and superlative of adjectives:** *früher, weniger, mehr, schlimmste, schnellere* *das größte Problem, die meisten Schüler* **Comparative adverbs:** *öfter, mehr, weniger* **Time phrases:** *in der Zukunft, als*	**Declined adjectives:** *öffentlichen, erneuerbare, kompostierbare* **Adjectives as nouns:** *etwas Wichtiges* **Genitive:** *wegen der Verschmutzung des Wassers* **Demonstrative articles:** *dieser, dieses, diese* *diese schönen Tiere*

EXAM PREPARATION: SPEAKING

A HOME AND ABROAD
A4 CUSTOMS
A5 EVERYDAY LIFE, TRADITIONS AND COMMUNITIES
D THE WORLD AROUND US
D1 ENVIRONMENTAL ISSUES

Picture-based discussion

1 *hören*

Sieh dir Bild 1 und die Fragen auf der nächsten Seite an. Dann hör dir Kevins Antwort auf Frage 1 an.

a Auf welche **zwei** Sachen konzentriert sich Kevin in seiner Antwort?
b Wie erweitert er seine Antwort?
c Welche Rolle in der Schule haben die Schüler, meint Kevin?

2 *hören*

Hör dir Kevins Antwort auf Frage 2 an. Was bedeuten vielleicht die folgenden Ausdrücke?

a alles zum Recyclingcenter bringen   b echt glücklich   c einen Vortrag   d fördern

3 *hören*

Hör dir Kevins Antwort auf Frage 3 an.

a Wie haben die Schüler der Umwelt geholfen? Mach eine Liste von **sechs** Details, die Kevin in seiner Antwort gibt.
b Was bedeutet vielleicht der Ausdruck „autofreie Tage"?

4 *hören*

Hör dir Kevins Antwort auf Frage 4 an.

a Füll die Lücken aus.

Meiner Meinung nach **1** ＿＿ Recyceln sehr wichtig. Wenn wir öfter Papier **2** ＿＿ , werden wir weniger Bäume **3** ＿＿ . Abholzung finde ich das wichtigste Umweltproblem, weil viele Tierarten **4** ＿＿ . Plastikflaschen und Plastiktüten sind sehr gefährlich für Delfine und Schildkröten, wenn sie sich im Meer **5** ＿＿ . Seit mehreren Jahren **6** ＿＿ diese wunderbaren Tiere wegen der Verschmutzung des Wassers. Deswegen **7** ＿＿ wir Plastiktüten auch recyceln. Ich versuche immer, Plastik und Papier zu recyceln. Ich **8** ＿＿ aber mehr Metall und Glas recyceln.

b Finde mit Hilfe vom Answer Booster **acht** Beispiele von Wörtern und Ausdrücken, die Kevin benutzt, um seine Antwort zu verbessern.

5 *hören*

Hör dir Kevins Antwort auf Frage 5 an. Was macht Kevin, um die Sätze in seiner Antwort zu verlängern? Antworte mit Hilfe vom Answer Booster.

6 *sprechen*

Sieh dir Bild 2 und die Fragen auf der nächsten Seite an. Beantworte die Fragen für dich.

General conversation

1 *hören*

Hör dir Ceciles Antwort auf Frage 1 an. Welche <u>vier</u> von diesen Punkten erwähnt Cecile in ihrer Antwort?

a ihr Lieblingsevent
b wo es stattfindet
c wie oft es stattfindet
d was sie letztes Jahr gemacht hat
e warum sie letztes Jahr gegangen war
f ihre Hoffnungen für die Zukunft

2 *hören*

Hör dir Ceciles Antwort auf Frage 2 an.

a Welche „versteckten" Fragen beantwortet Cecile in ihrer Antwort? Notiere sie.
b Notiere **zwei** Sätze mit einem Infinitiv.

3 *hören*

Hör dir Ceciles Antwort auf Frage 3 an. Notiere mit Hilfe vom Answer Booster <u>sechs</u> Beispiele von Wörtern und Ausdrücken, die Cecile benutzt, um ihre Antwort zu verbessern.

4 *sprechen*

Lies Fragen 4–6 auf der nächsten Seite und beantworte sie für dich.

EXAM PRACTICE: SPEAKING

Task A Picture-based discussion
Photo 1
D1 Environmental issues

INITIATIVE

1 Was kannst du hier auf diesem Bild sehen?
2 Beschreib bitte die Schülerin hier links.
3 Was haben die Schüler vielleicht schon in der Schule für die Umwelt gemacht?
4 Inwiefern ist Recycling wichtig, meinst du?
5 Wie könnten junge Leute sonst der Umwelt helfen?

Photo 2
A4 Customs
A5 Everyday life, traditions and communities

INITIATIVE

EXAM SKILLS

Although you will not be expected to know all about the traditions in German-speaking countries, it is still a good idea to use whatever knowledge you have. For example, if you have read about *Karneval*, or even been to see it, refer to it when discussing Photo 2.

1 Was kannst du hier auf diesem Bild sehen?
2 Beschreib bitte den Mann hier mit dem gelben Hut.
3 Was werden wohl die fünf Männer in den Kostümen hier vorne nach dem Karneval machen?
4 Was hältst du von lokalen Traditionen und warum?
5 Inwiefern ist es wichtig, solche traditionellen Feste zu behalten?

(Total for Task A = 12 marks)

Task B/C General conversation

INITIATIVE

1 Warst du schon bei einem Sportfest?
2 Was sind die Vorteile von internationalen Festivals und Events?
3 Was könnte man machen, um den Umwelteinfluss von Festivals und Events zu reduzieren?
4 Sind die Menschen in deinem Land umweltfreundlich? Warum oder warum nicht?
5 Welches Festival oder Event möchtest du in Zukunft besuchen? Warum?
6 Möchtest du in Zukunft heiraten? Warum oder warum nicht?

(Total for Task B/C = 28 marks)

EXAM SKILLS

Always give full answers to the questions. Listen carefully to your teacher or the examiner. What questions does he/she ask? Can you use words and structures from those questions in your answers?

WÖRTER

Festivals und Events | Festivals and events

Festivals und Events	Festivals and events
Letzten Sommer / Mai …	Last summer / May …
Letztes Jahr / Wochenende …	Last year / weekend …
habe ich das (Festival) gesehen	I saw the (festival)
bin ich zum (Event) gefahren	I went to the (event)
Ich habe dort …	I … there.
Fußball / Saxofon gespielt	played football / saxophone
nette Leute kennengelernt	met nice people
die Sehenswürdigkeiten besichtigt	visited the sights
die Spiele / die Bands gesehen	saw the games / bands
Das Konzert / Turnier hat in … stattgefunden.	The concert / tournament took place in …
Deutschland / England / Australien	Germany / England / Australia
Ich bin im Meer geschwommen.	I swam in the sea.
Das Festival war / fand ich …	The festival was / I found the festival …
etwas langweilig	a bit boring
sehr lustig	very funny
total spannend / super / toll	totally exciting / super / great
ziemlich laut	quite loud

Ein sportliches Event | A sporting event

Ein sportliches Event	A sporting event
der Streckenposten(–)	checkpoint
der Informationskiosk(e)	information stand
der Führungswagen(–)	lead car
die Ziellinie(n)	finish line
das Souvenirgeschäft(e)	souvenir shop
der Massageraum(–räume)	massage room
die Kleiderabgabe	cloakroom
die Kinderkrippe(n)	crèche

Traditionen in meinem Land | My country's traditions

Traditionen in meinem Land	My country's traditions
(1976) fanden die Olympischen Spiele in (Innsbruck) statt.	(In 1976) the Olympic Games took place in (Innsbruck).
(1.200) Sportler aus (37) Ländern haben teilgenommen.	(1,200) sportspeople from (37) countries took part.
Es gab Wettbewerbe in (6) Sportarten	There were competitions in (6) sports.
Ein Vorteil ist / war …	An advantage is / was …
Ein Nachteil ist / war …	A disadvantage is / was …
die Baustelle(n)	building site / construction site
die Gastgeberstadt(–städte)	host city
die Lärmbelastung	noise pollution
die Luftverschmutzung	air pollution
der Stau(s)	traffic jam
der Tourist(en)	tourist
der Zeitdruck	time pressure

Die Länder | Countries

Die Länder	Countries		
Albanien	Albania	Litauen	Lithuania
Armenien	Armenia	Montenegro	Montenegro
Australien	Australia	die Niederlande	the Netherlands
Belgien	Belgium	Norwegen	Norway
Deutschland	Germany	Österreich	Austria
England	England	Polen	Poland
Estland	Estonia	Rumänien	Romania
Frankreich	France	Russland	Russia
Georgien	Georgia	Schweden	Sweden
Griechenland	Greece	die Schweiz	Switzerland
Großbritannien	Great Britain	Serbien	Serbia
Israel	Israel	Slowenien	Slovenia
Italien	Italy	Spanien	Spain
Kanada	Canada	Ungarn	Hungary
Lettland	Latvia	Zypern	Cyprus

Hohe Zahlen | Large numbers

Hohe Zahlen	Large numbers		
einundzwanzig	twenty-one (21)	siebenundachtzig	eighty-seven (87)
zweiunddreißig	thirty-two (32)	achtundneunzig	ninety-eight (98)
dreiundvierzig	forty-three (43)	hundertvierundzwanzig	one hundred and twenty-four (124)
vierundfünfzig	fifty-four (54)	tausenddreihundert	one thousand three hundred (1,300)
fünfundsechzig	sixty-five (65)	zweitausendsechzehn	two thousand and sixteen (2016)
sechsundsiebzig	seventy-six (76)	vierzigtausend	forty thousand (40,000)

Eine Debatte | A debate

Eine Debatte	A debate
Meiner Meinung nach …	In my opinion …
Sie sind mir wichtig, weil …	They are important to me because …
Sie sind mir nicht wichtig, weil …	They aren't important to me because …
Du hast gesagt …, aber ich denke …	You said …, but I think …
Auf der einen Seite …, aber auf der anderen Seite …	On the one hand …, but on the other hand …

Wo liegt das? | Where is that?

Wo liegt das?	Where is that?
Das liegt …	It is situated …
im Norden von Asien	in the north of Asia
im Osten von Australien	in the east of Australia
im Süden von Europa	in the south of Europe
im Westen von Afrika / Amerika	in the west of Africa / America
In … spricht man …	In … they speak …
Deutsch	German
Englisch	English
Französisch	French
Italienisch	Italian
Spanisch	Spanish

Meine perfekte Hochzeit — *My perfect wedding*

die Blumen (pl)	flowers
die Braut (Bräute)	bride
der Bräutigam(e)	bridegroom
der Trauzeuge(n)	best man
die Brautjungfer(n)	bridesmaid
das Brautkleid(er)	wedding dress
der Ehering(e)	wedding ring
die Einladung(en)	invitation
die Flitterwochen (pl)	honeymoon
der Fotograf(en)	photographer
der Gast (Gäste)	guest
das Hochzeitsauto(s)	wedding car
der Hochzeitstag(e)	wedding day / wedding ceremony
die Hochzeitstorte(n)	wedding cake
die Location	venue
der Termin(e)	(wedding) date
die Tischrede(n)	speech
der Verlobte(n)	fiancé
die Verlobte(n)	fiancée
abholen	to collect
anschaffen	to buy, to get
ausdrucken	to print out
aussuchen	to choose
auswählen	to select
einladen	to invite
einstellen	to take on, to appoint
festlegen	to set (a date)
stattfinden	to take place
teilnehmen	to take part
vorbereiten	to prepare
Für mich ist die Ehe (nicht) sehr wichtig.	Marriage is (not) very important to me.
Ich finde eine Hochzeit …	I find a wedding …
wirklich romantisch	really romantic
altmodisch	old-fashioned
unglaublich teuer	unbelievably expensive
eine große Geldverschwendung	a big waste of money

Umwelt macht Schule — *Setting environmental standards at school*

Man könnte / sollte / würde …	We could / should / would …
die Umwelt / Tierarten / Natur schützen	protect the environment / animal species / nature
den Müll trennen	sort the rubbish
Biomüll kompostieren	compost organic waste
eine Solaranlage installieren	install solar panels
abfallfrei leben	live waste-free
Druckerpatronen / Kopierkartuschen recyceln	recycle printer / copier cartridges
ökologische Produkte benutzen	use eco-friendly products
eine Fahrradwoche organisieren	organise a bike week
Energie sparen	save energy
das Licht ausschalten	turn the light off
die Natur schützen	protect nature
(Naturschutz) ist wichtiger als (Müll zu trennen).	(Protecting nature) is more important than (sorting rubbish).
Der Müll ist das wichtigste Problem.	Rubbish is the most important problem.
Man sollte weniger Auto fahren.	We should drive less.
Man könnte öfter den Müll trennen.	We could sort the rubbish more often.

Unsere Erde in Gefahr — *Our earth in danger*

das Aussterben von Tierarten	the extinction of animal species
die Abholzung	deforestation
die globale Erwärmung	global warming
die Lärmbelastung	noise pollution
die Luftverschmutzung	air pollution
die Überbevölkerung	over-population
die Überschwemmungen	flooding
die Wüstenbildung	desertification
… ist sehr alarmierend / gefährlich / traurig, weil …	… is very alarming / dangerous / sad because …
… ist das wichtigste / größte Problem, weil …	… is the most important / biggest problem because …
man krank werden kann	people can become ill
so viele Menschen an Hungersnot leiden	so many people suffer from starvation
sie das Leben / die Infrastruktur bedrohen	they threaten life / the infrastructure
das Ozonloch größer wird	the hole in the ozone layer gets bigger
der Planet nicht unendlich viele Menschen ernähren kann	the planet cannot feed unlimited numbers of people
wir in Zukunft diese Tiere nie mehr sehen werden	we won't see these animals any more in the future
die Wälder weniger Kohlendioxid aus der Luft absorbieren	the forests absorb less carbon dioxide from the air
der saure Regen die Meere vergiftet	acid rain poisons the oceans
die Gletscher schmelzen	the glaciers melt
der Meeresspiegel steigt	the sea level rises
Wenn man …	If we …
die Luftverschmutzung reduzieren will	want to reduce air pollution
weniger Öl / Kohle / Gas nutzen will	want to use less oil / coal / gas
das Kohlendioxid in der Luft reduzieren will	want to reduce carbon dioxide in the air
keine Atomkraftwerke bauen will	don't want to build nuclear power stations
die Meere nicht vergiften will	don't want to poison the oceans
Tierarten nicht verlieren will	don't want to lose animal species
… sollte / könnte man …	… we should / could …
in erneuerbare Energien / Windenergie / Sonnenenergie investieren	invest in renewable energies / wind energy / solar energy
öfter mit dem Rad / öffentlichen Verkehrsmitteln fahren	travel more often by bike / public transport
weniger Ölkatastrophen verursachen	cause fewer oil spills
die Natur schützen	protect nature
Windkraftanlagen / Solarkraftwerke / Wasserkraftwerke bauen	build wind power stations / solar power stations / hydroelectric power stations
effektiver Energie und Geld sparen	save energy and money more effectively
die Wälder nicht zerstören	not destroy the forests

1 *sprechen*

Erinnerungshilfe **Partnerarbeit. Wie viele Schulfächer kannst du ohne Pause nennen? Sieh dir zur Hilfe *Wörter* auf Seite 22–23 an.**

● *Deutsch …*
■ *Englisch …*

2 *lesen*

Erinnerungshilfe **Verbinde die Satzhälften. Übersetze die Sätze in deine Sprache.**

1	Peter	**a**	habt Religion am Dienstag um elf Uhr.
2	Wir	**b**	findet seinen Mathelehrer prima.
3	Ihr	**c**	werde auf Klassenfahrt fahren.
4	Silke	**d**	dürfen keine Jeans tragen.
5	Ich	**e**	bleibst dieses Jahr sitzen.
6	Du	**f**	hat ihre Hausaufgaben nicht gemacht.

3 *hören*

Erinnerungshilfe **Sechs Schüler reden über das Positive an der Grundschule. Hör zu und mach Notizen. (1–6)**

Beispiel: **1** keine Hausaufgaben

B2 School rules and pressures

4 *sprechen*

INNOVATION
INITIATIVE

Sieh dir das Bild an und beantworte die Fragen.

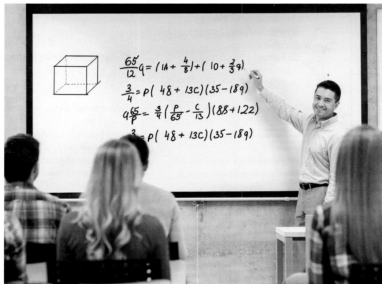

1 Was machen die Schüler(innen) hier im Bild?
2 Was trägt der Lehrer?
3 Was haben die Schüler(innen) wohl heute vor dem Schulanfang gemacht?
4 Gute Noten sind wichtig. Was meinst du?
5 Warum finden manche Schüler(innen) das Schulleben stressig?

(Total for Question 4 = 12 marks)

EXAM SKILLS

Listen carefully to each question. Even though you choose which photo to talk about in the exam, you cannot guess exactly what the examiner will ask you about it.

Schule

5 *schreiben*

PRODUCTIVITY
COMMUNICATION

Schreib 60–75 Wörter <u>auf Deutsch</u> über eine Klassenfahrt. Du musst alle Wörter unten benutzen.

Klassenfahrt	Spaß	schwimmen	letztes Jahr

(Total for Question 5 = 10 marks)

EXAM SKILLS

Check your work once you have finished:
- Have you included all four key terms?
- Is your text within the word count?

Schule

Wähl die richtige Antwort aus.

Der Schultag

Am Freitag hatte ich meinen ersten Schultag in meiner neuen Schule, und ich war überraschend locker! Meine Eltern waren nervöser als ich, und ich war froh, als ich endlich aus dem Wohnblock gekommen bin! Es ist eine Schule ohne strenge Schulordnung, das habe ich sofort herausgefunden, und wir dürfen die Lehrerinnen und Lehrer z. B. „Irene" oder „Helmut" nennen.

An der Schule gibt es auch nicht viel Druck, weil weder das Zeugnis noch die Noten im Mittelpunkt stehen. In der ersten Stunde hatte ich amerikanische Geschichte mit Birgit (Lehrerin), die uns erstaunliche Bilder von vor langer Zeit, und zwar von der Eiszeit in Amerika, gezeigt hat.

In der zweiten Stunde hatte ich Biologie – unser Lehrer ist verrückt! Ich hatte gehört, dass er in seiner Freizeit für jede Klasse Lieder über die Organe schreibt, aber ich habe das nicht geglaubt! Nach der Mittagspause bin ich mit einer Freundin zum Musikraum gegangen, um an der Chor-AG teilzunehmen. Am Ende des Schuljahrs wird diese Gruppe ein Konzert für die Mütter und Väter aufführen. Ich möchte unbedingt mitmachen!

Rella

Beispiel: **a** B

a Rella schreibt über …
   A Schulgebäude.
   B Schulerlebnisse.
   C ihre alte Schule.
   D ihren Wohnort.

b Rella fühlte sich …
   A wohl.
   B sehr ängstlich.
   C wie ihre Eltern.
   D gelangweilt.

c An Rellas Schule ist alles …
   A langweilig.
   B locker.
   C ziemlich streng.
   D wie in jeder Schule.

d Rella fand die Geschichtsstunde …
   A stressig.
   B schwierig.
   C interessant.
   D lang.

e Rella findet den Biologielehrer …
   A unfair.
   B streng.
   C normal.
   D komisch.

f Rella würde gern an … teilnehmen.
   A einer musikalischen Aufführung
   B dem Elternsprechabend
   C einem sportlichen Nachmittag
   D einer neuen Stunde

(Total for Question 6 = 6 marks)

Schüleraustausch

Herr Krause spricht über einen Austausch mit der russischen Partnerschule. Was sagt er? Mach Notizen <u>auf Deutsch</u>. Vollständige Sätze sind nicht nötig.

	Vorteile	**Nachteile**
Beispiel: Für den Lehrer	eindrucksvolles Erlebnis	das Wetter
Für die Klasse	a	c
	b	
Für die Gastfamilien	d	f
	e	

(Total for Question 7 = 6 marks)

1 *schreiben*

Erinnerungshilfe **Wie oft machst du das? Schreib die Sätze ab und ergänze sie.
Sieh dir zur Hilfe *Wörter* auf Seite 44–45 und das Kästchen unten an.**

Beispiel: **1** Ich höre jeden Tag Musik.

1 Ich höre _____ Musik.
2 Meine Schwester hat _____ Taschenbücher gelesen.
3 Als Kind habe ich _____ Comics gekauft.
4 Meine Geschwister gehen _____ ins Konzert.
5 Im Kindergarten haben wir _____ klassische Musik gehört.
6 Ich muss _____ Flöte spielen.
7 Ich möchte _____ Livemusik hören.
8 Ich werde _____ im Sommer ins Hallenbad gehen.

immer	ab und zu
nie	zweimal pro Jahr
einmal pro Monat	montags
oft	

2 *hören*

Erinnerungshilfe **Hör zu. Was haben diese Leute gestern online gemacht? Finde das passende Bild und mach Notizen. (1–6)**

Beispiel: **1** c – OK, aber zu viele Lieder vom letzten Jahr

EXAM SKILLS

Listen for cognates and key words here – you don't need to understand every word, but get the gist to identify the correct picture for each one. Then on a second listening, concentrate on opinions to note down.

3 *lesen*

Erinnerungshilfe **Verbinde die Satzhälften.**

1 Ich habe Rodeln noch nie ausprobiert,
2 Wir werden zu Weihnachten eislaufen fahren,
3 Sie würde nie in den Alpen klettern gehen,
4 Ich möchte unbedingt einen Marathon laufen,

a bevor ich das dreißigste Lebensjahr erreiche.
b weil sie das gefährlich findet.
c denn man wird eine Eishalle in der Stadt bauen.
d weil ich Angst davor habe.

E2 Hobbies, interests, sports and exercise

4 *sprechen*

CREATIVITY INITIATIVE

Sieh dir das Bild an und beantworte die Fragen.

1 Was kannst du auf diesem Bild sehen?
2 Was trägt das Mädchen in der Mitte?
3 Was werden die Jugendlichen vielleicht später machen?
4 Welche Sportart würdest du nie ausprobieren? Warum nicht?
5 Warum ist Sport für Jugendliche wichtig, deiner Meinung nach?

(Total for Question 4 = 12 marks)

EXAM SKILLS

You have chosen the photo. Make sure you prepare plenty to say about it: for example, a description of the content and action, scenarios for before and after the photo was taken, and your opinion about the topic.

Musik

5 lesen

INTERPRETATION ANALYSIS

Lies den Auszug aus dem Text. Mach Notizen. Schreib die Tabelle ab und füll sie <u>auf Deutsch</u> aus, oder benutz Zahlen.

Die Toten Hosen: Am Anfang war der Lärm von Philipp Oehmke

[**1982**] Ihr Aussehen war zum Davonlaufen. Ihr Benehmen inakzeptabel, ihre Musik dröhnte. Vier von fünf konnten kein Instrument spielen. Wie wurde aus diesen Typen die erfolgreichste Rockband Deutschlands?

Frühjahr 2014: *Die Toten Hosen* haben das erfolgreichste Jahr ihrer Geschichte hinter sich, sie haben mehr Platten verkauft als jemals zuvor, und auf ihrer Tournee erschienen sie vor mehr Menschen als je eine andere Band in diesem Land.

Als Punks spielten sie in der Anfangszeit für nur eine kleine Gruppe Musikfans, heute ist ihre Musik überall zu hören und man betrachtet sie als normal wie jede andere Band in der modernen Musikszene. Doch das wollten sie eigentlich nie. Die Band hat sich in den letzten dreißig Jahren verändert. Alle Mitglieder sind inzwischen über fünfzig Jahre alt – aber Deutschland hat sich auch gewandelt.

Beispiel: Jahr: 1982

a wie die Band aussah: ▬▬ (1)
b wie ihre Lieder waren: ▬▬ (1)
c die Fähigkeit eines Bandmitglieds: ▬▬ (1)
d welche Musikart die Band spielte: ▬▬ (1)
e in welchem Jahr der Erfolg kam: ▬▬ (1)
f Höhepunkte des erfolgreichsten Jahres: ▬▬ und ▬▬ (2)

EXAM SKILLS

Look carefully at the number of marks for each answer. Here, answer f requires two pieces of information to gain two marks.

g die Zuschauer am Anfang der Karriere: ▬▬ (1)
h wie die Band geworden ist: ▬▬ (1)
i das heutige Alter der Bandmitglieder: ▬▬ (1)

(Total for Question 5 = 10 marks)

Film

6 hören

CRITICAL THINKING ADAPTABILITY

Was hört man im Bericht? Schreib den richtigen Buchstaben auf.

Beispiel: Die Hauptfigur im Film ist ▬L▬ .

a Die Geschichte findet in der ▬▬ statt.
b Für die Charaktere waren die Ereignisse ▬▬ .
c Diesen Film sieht man am besten auf einem ▬▬ Bildschirm.
d Im Film war es draußen ▬▬ .
e Die Stimmung im Film ist ▬▬ .
f Man empfielt, diesen Film zu ▬▬ .

A	stürmisch	**H**	schön
B	vermeiden	**I**	aufregend
C	Schule	**J**	überraschend
D	normal	**K**	kleinen
E	sehen	**L**	weiblich
F	großen	**M**	langsam
G	Dunkelheit		

(Total for Question 6 = 6 marks)

EXAM SKILLS

In Question 6, read the gapped sentences before you listen. What type of word (noun, verb, adjective) will you need to look for?

Technologie

7 schreiben

ADAPTIVE LEARNING CREATIVITY

Schreib ein Blog über Technologie für die Schülerwebseite. Schreib zwischen 130–150 Wörter <u>auf Deutsch</u>.

Du musst Folgendes erwähnen:
• was du am Handy machst
• was du letztes Wochenende am Computer gemacht hast
• warum Technologie für dich (un)wichtig ist
• wie du in der Zukunft Technologie benutzen wirst.

(Total for Question 7 = 20 marks)

EXAM SKILLS

Make sure you include a variety of tenses in your blog. Use the questions to guide you.

1 hören

Erinnerungshilfe **Mila beschreibt ihre Freunde. Wen beschreibt sie? Was sagt sie?
Hör zu und mach Notizen. (1–6)**

Beispiel: **1** c – Vanessa, besucht nicht dieselbe Schule …

 a
 b
 c
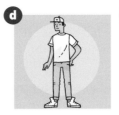 d
 e
 f

2 schreiben

Erinnerungshilfe **Schreib die Sätze in die richtige Reihenfolge auf. Übersetze sie in deine Sprache.
Sieh dir zur Hilfe *Wörter* auf Seite 66–67 an.**

1 werde meinen Sonntag besuchen Großvater Am ich .
2 gehen du Wirst in Stadt die ?
3 im Fußball Park werden spielen Wir .
4 teilnehmen Theater-Wettbewerb einem werde Ich an .
5 Ihr ins werdet Sonntag gehen am Freibad .
6 Schule der seine wird morgen Er Hausaufgaben in machen .

> You can start with a time phrase (*Am Sonntag*) or the subject (*ich*), but make sure you always place the main verb (a form of *werden*) in second place, unless you are asking a question.

3 sprechen

Erinnerungshilfe **Partnerarbeit. Person A beschreibt etwas, was er/sie jetzt macht.
Person B beschreibt diese Aktivität in der Vergangenheit.**

● *Jetzt esse ich nur ab und zu Kekse.*
■ *Früher habe ich jeden Tag Kekse gegessen.*

fahren	spielen	streiten
trinken	lesen	essen

E1 Special occasions

4 sprechen

INNOVATION ADAPTABILITY

Sieh dir das Bild an und beantworte die Fragen.

1 Erzähl mir etwas über dieses Bild.
2 Was machen die zwei Personen im Vordergrund?
3 Was werden sie vielleicht auf dem Markt kaufen?
4 Was hältst du von Märkten?
5 Warum sind Weihnachtsmärkte besonders wichtig für den Tourismus?

(Total for Question 4 = 12 marks)

EXAM SKILLS

Make sure you can talk both specifically and generally about the photo you choose.

Die Familie

Lies den Artikel über die Organisation der modernen Familie. Welche Familie ist das? E (Eidner), D (Deblitz) oder K (Kern)? Schreib die richtigen <u>acht</u> Buchstaben. Vorsicht! Einige Antworten passen vielleicht für keine oder mehr als eine Familie.

Die Familien-Organisation

Familie Eidner

Jeden Sonntagabend gibt es bei mir und meinen Schwestern dieselbe Szene in der Küche: Unsere Eltern haben beide ihre Kalender auf ihrem Smartphone und sie holen auch den großen Familienplaner von der Wand zum Tisch. Auf dem Kalender steht schon am Montag mein Elternsprechabend und zur gleichen Zeit ein Arbeitsvideoanruf für Mutti.

Familie Deblitz

Bei mir stehen als Hilfe manchmal Verwandte zur Verfügung. Meine Mutter organisiert genau, wann

Omi kommt, um das Mittagessen vorzubereiten, weil sie selber nachmittags noch auf der Arbeit ist. Als Einzelkind gefällt mir das sehr, da ich nie einsam werde.

Familie Kern

Mein Vater sagt mir und meiner Schwester am Montag in der Früh, wie die Woche für uns alle laufen wird, und dass er vielleicht nicht zum Schulkonzert kommen kann. Wenn das vorkommt, wird wahrscheinlich mein Onkel mich dabei unterstützen, weil er mit meinen Cousinen in der Nähe wohnt.

Beispiel: Ich wohne bei meinem Vater und meiner Mutter. __E__

a Ich habe keine Geschwister. _____
b Die Planung findet am Wochenende statt. _____
c Meine Tante hilft beim Kochen. _____
d Die weitere Familie hilft in der Woche. _____
e Meine Mutter hat eine Stelle. _____
f Die Technologie spielt bei der Planung eine Rolle. _____
g Ich fühle mich nie alleine. _____

(Total for Question 5 = 8 marks)

> **EXAM SKILLS**
>
> Double-check your answers. The total number of letters you write should be eight.

Freundschaften

Hör zu. Mach Notizen über die Freundschaftsumfrage. Schreib die Tabelle ab und füll sie <u>auf Deutsch</u> aus.

Beispiel: das Thema: Freundschaft(en)

a Prozentzahl für „Zeit füreinander haben": _____ (1)
b die negativste Charaktereigenschaft: _____ (1)
c die Eigenschaft, die 24% suchen: _____ ; und die Eigenschaft, die sie selber haben: _____ (2)
d eine wenig verlangte Eigenschaft: _____ (1)
e die beliebteste Charaktereigenschaft: _____ (1)

(Total for Question 6 = 6 marks)

> **EXAM SKILLS**
>
> When you hear German numbers, remember that the smallest number is given first: with 56%, for example, you hear '6 and 50'. Make sure you get the digits in the correct order.

Freizeitstunden

Schreib eine E-Mail an deine deutsche Freundin / deinen deutschen Freund. Schreib zwischen 130–150 Wörter <u>auf Deutsch</u>.

Du musst Folgendes erwähnen:
• was du in der Freizeit machst
• was du letztes Wochenende gemacht hast
• warum Fitness für dich (un)wichtig ist
• wie du dich in der Zukunft amüsieren wirst.

> You should include at least three tenses for this long writing task in the exam: present, past and future.

(Total for Question 7 = 20 marks)

WIEDERHOLUNG

1 lesen *Erinnerungshilfe* **Schreib das Gedicht ab und ergänze es mit den Wörtern aus dem Kasten.**

Ein Zuhause, was **1** ____ das bloß?
Mal ist es **2** ____, mal ist es groß
Eine **3** ____ am Rande der **4** ____
Eine Villa die endlose **5** ____ hat
Ein **6** ____ Häuschen mitten **7** ____ Wald
Ein **8** ____ in bescheidner Gestalt
Ein Schloss **9** ____ einen Fürsten **10** ____
11 ____ Hütte, die jeder gerne **12** ____

anschaut	Appartement		Eine	
für	gebaut	im	ist	klein
kleines	Räume		Stadt	Wohnung

mal *= manchmal*
das Häuschen *= kleines Haus*
in bescheidner Gestalt *= mit einem modesten Aussehen*
der Fürst *= der Prinz*

2 sprechen *Erinnerungshilfe* **Partnerarbeit. Person A beschreibt das Zuhause. Person B zeichnet einen Plan davon. Sieh dir zur Hilfe *Wörter* auf Seite 88–89 an.**

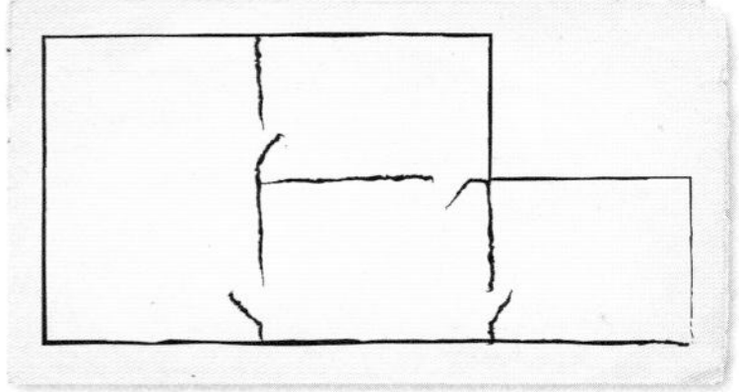

- *Auf der linken Seite gibt es ein Badezimmer.*
- *Gibt es ein Wohnzimmer bei dir?*
- *Nein, aber neben dem Badezimmer gibt es …*

3 lesen *Erinnerungshilfe* **Welches Wort passt nicht? Warum?**

1 Dusche / Lehrerzimmer / Küche / Schlafzimmer / Arbeitszimmer
2 Gebäck / Torte / Schokoladenroulade / Lachs / Kuchen
3 Kartoffeln / Erbsen / Zwiebeln / Kirschen / Blumenkohl
4 auf / hinter / mal / zwischen / neben
5 auswählen / vorbereiten / unterstützen / einkaufen / anklicken

4 sprechen

C2 Daily routines and helping at home

Sieh dir das Bild an und beantworte die Fragen.

INNOVATION INITIATIVE

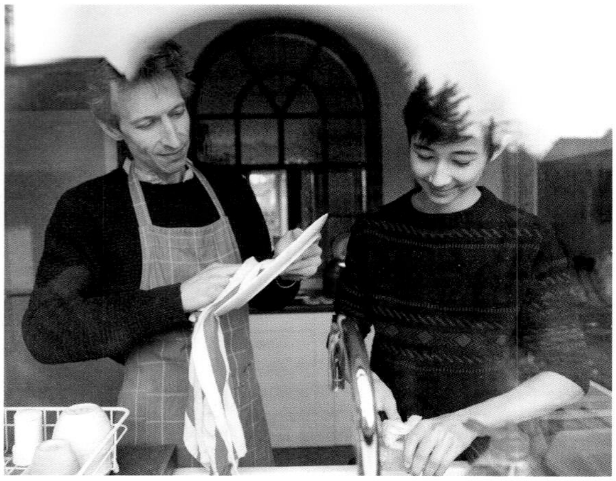

1 Was machen die Familienmitglieder in diesem Bild?
2 Wie sehen sie aus?
3 Wie hat der Junge letzte Woche sonst noch im Haushalt geholfen?
4 Eine Spülmaschine ist das wichtigste Gerät in der Küche. Was meinst du?
5 Warum sollten Kinder im Haushalt helfen?

(Total for Question 4 = 12 marks)

EXAM SKILLS

Listen carefully to each question the examiner asks, so that you can answer them properly. Do not just pour out your prepared sentences in the hope that this is what the examiner is after.

5 schreiben

Das Essen bei mir

Schreib einen Bericht über die Mahlzeiten in deiner Familie. Schreib zwischen 130–150 Wörter auf Deutsch.

REASONING / ARGUMENTATION

Du musst Folgendes erwähnen:
- was deine Familie gern isst und trinkt
- warum Mahlzeiten zu Hause (un)wichtig für dich sind
- welche Mahlzeit ein Familienmitglied letzte Woche vorbereitet hat
- wie Familien in der Zukunft essen werden.

(Total for Question 5 = 20 marks)

Das Zuhause

Was steht im Text? Wähl die richtige Antwort aus.

Das intelligente Haus: „Smart Home" liegt im Trend

Können Sie die Kaffeemaschine auf dem Weg nach Hause vom Handy aus anschalten? Oder das Wohnzimmer von der Stadtmitte aus aufwärmen?

Das vernetzte Zuhause ist eine positive Entwicklung: In den kommenden Jahren soll sich diese Industrie bis 2020 von zwei auf sieben Milliarden Dollar erhöhen.

Bis dahin werden wir 26 Milliarden Geräte mit dem Netz verbinden – von der Waschmaschine bis zur Ampel.

Im Wohnbereich sieht man schon seit Jahren Smart-TVs. Aber jetzt werden auch die Lampen klüger: Man kann sie per Timer oder mithilfe einer App aktivieren. Bei der Heizung geht es auch so: Wenn es kalt wird, aktiviert man von der Arbeit aus die Heizung. Dann wird die Wohnung schön warm sein, wenn man später dort ankommt.

Diese Vernetzung im Haus ist aber nicht billig – das intelligente Haus ist immer noch eine Frage des Geldes.

A reduzieren	**F** Straße	**K** See
B Heizung	**G** Klimaanlage	**L** Schlechtes
C einzukaufen	**H** einzuschalten	**M** verstärken
D Gutes	**I** unwichtig	
E unbezahlbar	**J** Getränk	

Beispiel: Manche Leute machen in der Ferne ein ⎯ J ⎯ .

a Die Technologie hilft bei der ⎯⎯ .

b Die Entwicklung der Technologie im Haushalt ist etwas ⎯⎯ .

c Die Nutzung von Technologie wird sich ⎯⎯ .

d Die Technologie merkt man zu Hause sowie auf der ⎯⎯ .

e Man muss heute nicht zu Hause sein, um ein Gerät ⎯⎯ .

f Diese Technologie ist für manche Leute ⎯⎯ .

> **EXAM SKILLS**
>
> Know your bigger numbers: *hundert* (hundred), *tausend* (thousand), *Million* (million) and *Milliarde* (billion)!

(Total for Question 6 = 6 marks)

Die Mahlzeiten

Was sagt Herr Werner? Hör zu. Wähl die richtige Antwort aus.

a Heute essen viele Leute außerhalb des …
- **A** Schulgeländes.
- **B** Hauses.
- **C** Restaurants.
- **D** Arbeitsplatzes.

b In den letzten Jahren ist die Zahl der Mahlzeiten zu Hause um … gesunken.
- **A** 2.000.000
- **B** 3.000
- **C** 300
- **D** 3.000.000.000

c Viele Deutsche finden das Kochen eine …
- **A** Entspannung.
- **B** Zeitverschwendung.
- **C** Freude.
- **D** Geldverschwendung.

d An einem Arbeitstag isst … der jungen Erwachsenen kein Frühstück.
- **A** die Hälfte
- **B** ein Viertel
- **C** ein Drittel
- **D** die Mehrheit

e Schüler nehmen … keine Mahlzeit am Tagesanfang zu sich.
- **A** immer
- **B** ab und zu
- **C** oft
- **D** selten

f Bei den Kindergärtnern frühstückt noch die …
- **A** Minderheit.
- **B** geringste Prozentzahl.
- **C** größte Zahl.
- **D** Mehrheit.

(Total for Question 7 = 6 marks)

1 *sprechen*

Erinnerungshilfe **Gruppenarbeit. Jeder gibt eine Alternative zum Satz. Sieh dir zur Hilfe *Wörter* auf Seite 112–113 an.**

- *Der Bus ist schneller als das Rad.*
- ■ *Ja, du hast recht, aber das Rad ist billiger als das Auto.*
- ▲ *Ja, das stimmt auch, aber das Auto ist bequemer als das Rad.*

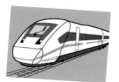   

2 *hören*

Erinnerungshilfe **Sechs Passagiere kaufen Fahrkarten. Schreib die Tabelle ab. Hör zu und füll sie aus. (1–6)**

	Verkehrsmittel	nach / zu	Abfahrt	Ankunft	Problem
1	Zug				

3 *schreiben*

Erinnerungshilfe **Schreib Weganweisungen im richtigen Register.**

Beispiel: **1** Biegen Sie …

1 Sie ←   **2** ihr ↑   **3** du ⬁   **4** ihr →   **5** du ⊣⊢   **6** Sie ←

D3 Travel and transport

4 *sprechen*

INNOVATION INITIATIVE

Sieh dir das Bild an und beantworte die Fragen.

1 Was kann man auf diesem Bild sehen?
2 Welche Kleidung trägt die Frau im Vordergrund?
3 Beschreib das letzte Mal, als der Mann mit dem Rucksack mit den öffentlichen Verkehrsmitteln gefahren ist.
4 Was meinst du, ist es besser, mit dem Fahrrad oder mit dem Auto zu fahren? Warum?
5 Wie wichtig ist es, die öffentlichen Verkehrsmittel zu benutzen?

(Total for Question 4 = 12 marks)

Einkaufen

5 *schreiben*

COMMUNICATION REASONING / ARGUMENTATION

Man hat ein Einkaufszentrum am Stadtrand in deiner Nähe eröffnet. Schreib ein Blog über das Einkaufszentrum. Schreib zwischen 130–150 Wörter <u>auf Deutsch</u>.

Du musst Folgendes erwähnen:
- eine Beschreibung des Einkaufszentrums
- wie dein erster Besuch dort war
- ob ein Einkaufszentrum am Stadtrand gut oder schlecht für eine Stadt ist
- wie dein ideales Einkaufszentrum aussehen würde.

(Total for Question 5 = 20 marks)

Reisen

6 lesen

Wähl die richtige Antwort aus.

Eine Städtereise richtig planen

Wenn du bald einen Kurztrip machen wirst, musst du dich richtig darauf vorbereiten: Zeitpunkt, Unterkunft, Verkehrsmittel … und was wirst du dir ansehen?

Das solltest du vorher machen:

- Einen Reiseführer finden: Wirst du ihn unterwegs lieber in traditioneller Buchform oder online lesen, zum Beispiel auf dem Smartphone?
- Hast du schon an die Unterkunft gedacht? Wirst du sie im Voraus reservieren? Muss sie zentral liegen? Oder fährst du lieber mit den öffentlichen Verkehrsmitteln zum ruhigeren Stadtrand? Vielleicht suchst du ein Hotel oder eine Jugendherberge mitten im Clubviertel?

- Wie wirst du reisen: per Flugzeug, Bus, Bahn oder Auto? Vergiss nicht, es muss nicht immer mit dem Flugzeug sein. Und der Bus kann eine billigere Alternative zur Bahn sein und ist nicht so stressig wie eine Fahrt mit dem Auto.
- Wie lang wird die Städtereise dauern? Für einen Besuch von einer europäischen Stadt reichen wahrscheinlich vier oder fünf Tage. Drei Tage sind zu knapp, um die Stadt gut kennenzulernen. Das ist einfach zu kurz.
- Geld nicht vergessen! Städtereisen können ganz schön teuer werden, also wird es nötig sein, die Bankkarte oder Geld mitzunehmen, besonders, wenn du schöne Andenken mit nach Hause bringen möchtest!

a Dieser Artikel gibt Rat über …
- **A** die besten Städte.
- **B** Vorbereitungen für eine Städtereise.
- **C** Pläne für nächstes Jahr.
- **D** Wohnungen in Wien.

b Man muss …
- **A** Fahrkarten kaufen.
- **B** alle Sehenswürdigkeiten besichtigen.
- **C** alles im Voraus planen.
- **D** zur Stadtmitte fahren.

c Wichtig an der Unterkunft ist …
- **A** die Gegend.
- **B** der Preis.
- **C** die Sauberkeit.
- **D** die Aussicht.

d Der Artikel empfiehlt für die Anreise …
- **A** den Zug.
- **B** das Flugzeug.
- **C** das Auto.
- **D** den Bus.

e Drei Tage für einen europäischen Städtebesuch sind …
- **A** großzügig.
- **B** nicht genug Zeit.
- **C** ideal.
- **D** ausreichend.

f Auf einer Städtereise ist es gut, …
- **A** einkaufen zu gehen.
- **B** eine Bahnkarte zu haben.
- **C** Geld zu sparen.
- **D** Geld nach Hause zu bringen.

(Total for Question 6 = 6 marks)

EXAM SKILLS

Use word families to help you understand a text: *die Sauberkeit* is the noun associated with *sauber* (clean), so what do you think it means? *Im Voraus* comes from the preposition *vor* (in front of, before), so what do you think this means?

Restaurants

7 hören

Hör zu. Mach Notizen über das Restaurant. Schreib die Tabelle ab und füll sie **auf Deutsch** aus.

Beispiel: Stadt des Restaurants: Wien

a Öffnungszeit: ▬▬ (1)
b Sehenswürdigkeit im Blick aus dem Fenster: ▬▬ (1)
c Unterhaltung am Samstag: ▬▬ (1)
d Hauptgerichte auf der Speisekarte: ▬▬ und ▬▬ (2)
e Tag eines Sonderangebotes: ▬▬ (1)

(Total for Question 7 = 6 marks)

EXAM SKILLS

Read the headings first – what sort of information do you need to listen for each time?

1 lesen *Erinnerungshilfe* **Verbinde die Urlaubsberichte mit den Urlaubsarten.**

1 Ilka hat ihre Großeltern in London besucht. Das war ein toller Urlaub, weil sie die Stadt richtig gut kennengelernt hat.

2 Asim ist mit der Klasse in die Alpen gefahren, um Snowboarden zu lernen. Leider war er nicht sehr erfolgreich, und er ist mit einem gebrochenen Arm nach Hause gekommen!

3 Emily hat die drei Wochen in Asien echt gut gefunden, weil sie jeden Tag im Meer geschwommen ist und es jeden Tag irrsinnig heiß war. Ihre Freunde zu Hause waren sehr eifersüchtig!

4 Mario ist nicht ins Ausland gefahren – er ist einfach zu Hause geblieben, weil seine Eltern sich keinen Urlaub leisten konnten.

5 Franziskas Urlaub war total anstrengend. Sie hat viele neue Sportarten ausprobiert. An einem Tag hat sie eine lange Wanderung in den Bergen gemacht und musste dann noch draußen im Zelt übernachten!

a Urlaub auf Balkonien

b Aktivurlaub   **c Winterurlaub**

d Erlebnisurlaub   **e Strandurlaub**

f Sightseeingurlaub

2 schreiben *Erinnerungshilfe* **Du warst auf einem Urlaub aus Aufgabe 1! Beschreib den Urlaub. Die Texte oben helfen dir dabei.**

Beispiel: Ich habe eine Woche in der Schweiz verbracht …

3 hören *Erinnerungshilfe* **Hör zu. Was hätten diese Leute gern in ihrer idealen Stadt? (1–6)**

a  **b** 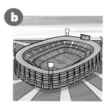 **c**  **d**  **e**  **f**

A1 Life in the town and rural life

4 sprechen

ADAPTIVE LEARNING
COMMUNICATION

Sieh dir das Bild an und beantworte die Fragen.

1 Beschreib dieses Bild, bitte.
2 Was tragen die Radfahrer?
3 Welchen Wohnort werden diese Teenager vielleicht in Zukunft wählen? Warum?
4 Was meinst du, ist es besser, auf dem Land oder in der Stadt zu wohnen?
5 Was sind die Vorteile davon, wenn man auf dem Land wohnt?

(Total for Question 4 = 12 marks)

Aim to sound enthusiastic and polite in the speaking exam. You must also speak clearly. Don't speak too fast.

Wohnort

5 lesen

ADAPTIVE LEARNING ANALYSIS

Lies den Auszug aus dem Text.

Mach Notizen. Schreib die Tabelle ab und füll sie <u>auf Deutsch</u> aus.

> Watch out for 'false friends' (*falsche Freunde*). *Das Lokal* means 'pub', not 'local'!

Sylt, Nordseeinsel
von Hans-Jürgen Fründt

Wind. Überall Wind! Der neu Angekommene spürt nichts deutlicher. Man wird von einer frischen Brise empfangen – oder von einem kühlen Lüftchen – oder von einem steifen Nordwest, je nachdem.

Der Wind bläst Abgase und schlechte Laune und den Alltagsstress weg. Auf die Frage, warum man gerade Sylt als Urlaubsziel wählt, kommt immer als Antwort: „Die Luft, das Klima".

Sylt, das ist das Zusammenspiel von Wellen und Strand, Natur und Klima. Sylt, das bedeutet endlose Strandspaziergänge und Herumliegen im Strandkorb. Sylt heißt aber auch Scampi und Fischbrötchen, Radtouren und das Wetter genießen.

Doch Sylt begeistert nicht nur im Sommer. Gerade im Herbst oder auch zur Jahreswende kommen viele Fans hoch nach Sylt. Neben den Naturschönheiten bietet Sylt schrille Lokale, ruhige Ferienhäuser und stille Dörfer, wo jeder seinen Traumplatz finden kann.

Beispiel: Wetter: windig

a wann man das Wetter merkt: ____ (1)

b aus welcher Richtung der Wind kommt: ____ (1)

c was durch das Wetter verschwindet: ____ und ____ (2)

d warum Besucher auf die Insel kommen: ____ (1)

e wo man die Besucher findet: ____ (1)

f woher das Essen kommt: ____ (1)

g was die Besucher weg vom Strand machen: ____ (1)

h in welchen Jahreszeiten die Besucher kommen: ____ (1)

i wo die Einwohner wohnen: ____ (1)

(Total for Question 5 = 10 marks)

Reiseziele

6 hören

INTERPRETATION DECISION MAKING

Hör zu. Wohin fährt man am besten in den Urlaub?
Schreib G (Gastein), B (Bannewitz) oder (S) Starnberger See.

Beispiel: Bergsteiger ____ G

a Tänzer ____

b Schwimmer ____

c Fahrer ____

d Babys ____

e Internetfans ____

f Museumsfans ____

(Total for Question 6 = 6 marks)

Urlaub

7 schreiben

REASONING / ARGUMENTATION EXECUTIVE FUNCTION

Schreib einen Bericht über deinen besten Urlaub. Schreib zwischen 130–150 Wörter <u>auf Deutsch</u>.

Du musst Folgendes erwähnen:
• eine Beschreibung des Urlaubs
• welche Aktivitäten du gemacht hast
• warum der Tourismus für manche Urlaubsziele negativ ist
• deine Pläne für einen Urlaub mit Freunden.

(Total for Question 7 = 20 marks)

> **EXAM SKILLS**
>
> Use your imagination to respond to the bullet points. For example, the first bullet asks you to describe your holiday. This could include a description of location, time spent there, the cost, accommodation, fellow travellers. What do you think is interesting?

1 *schreiben*

Erinnerungshilfe **Finde 10 Berufe in der Wortschlange. Beschreib dann jeden dieser Berufe.**

Beispiel: Die Bäckerin arbeitet in einer Bäckerei.

BäckerinKellnerKlempnerÄrztinPolizistinVerkäuferBeamtinInformatikerSchauspielerinKöchin

2 *lesen*

Erinnerungshilfe **Lebenslauf. Verbinde die Titel (1–4) mit den richtigen Ausschnitten (a–d).**

a
Letzten Sommer habe ich beim Sommersportclub in meiner Stadt gearbeitet. Ich war Assistentin und ich habe die Arbeit sehr interessant gefunden.

c
Ich bin fleißig in der Schule und ich nehme oft an den Sprachwettbewerben teil, weil Englisch mein Lieblingsfach ist. Letztes Jahr habe ich den Wettbewerb an der Schule gewonnen und ich werde nächsten Monat in der zweiten Runde mitmachen.

b
Ich bin großer Sportfan und ich gehe dreimal pro Woche in den Sportverein, um mit der Handballmannschaft zu trainieren. Letztes Jahr hatten wir großen Erfolg, weil wir das Turnier gewonnen haben.

d
Ich besuche ein gemischtes Gymnasium in Köln und ich bin in der neunten Klasse. Ich hoffe, in die Oberstufe zu gehen, weil ich später an der Uni Fremdsprachen studieren möchte.

| **1 die Schulbildung** | **2 die Schulleistung** | **3 die Berufserfahrung** | **4 die Freizeitaktivitäten** |

3 *sprechen*

Erinnerungshilfe **Klassenumfrage: Berufe. Was wollten deine Mitschüler(innen) in der Kindheit machen? Was möchten sie jetzt machen? Mach eine Top-Job-Liste.**

● *Was wolltest du als Kind werden?*
■ *Ich wollte Lehrer werden, weil ich die Schule so wunderbar gefunden habe.*
● *Und was möchtest du jetzt werden?*
■ *Jetzt möchte ich Physiker werden, weil Physik mein Lieblingsfach ist.*

B4 Work, careers and volunteering

4 *sprechen*

INNOVATION INITIATIVE

Sieh dir das Bild an und beantworte die Fragen.

1 Erzähl mir etwas über dieses Bild.
2 Die Schülerin in der Mitte arbeitet freiwillig. Was macht sie?
3 Was werden die kleinen Kinder vielleicht morgen hier machen?
4 Welche Erfahrung hast du mit freiwilliger Arbeit gesammelt?
5 Findest du freiwillige Arbeit wichtig? Warum (nicht)?

(Total for Question 4 = 12 marks)

Zukunftspläne

5 lesen

CRITICAL THINKING / PROBLEM SOLVING

Wer sagt das? L (Liam), T (Tuana) oder D (Dario)? Schreib die richtigen <u>acht</u> Buchstaben. Vorsicht! Einige Antworten sind vielleicht niemand oder mehr als eine Person.

Nach dem Abitur

Liam Ich habe mir lange überlegt, ob ich lieber ein Studium, eine Ausbildung oder einen direkten Berufseinstieg machen möchte. Am Ende habe ich beschlossen, zuerst Zeit im Ausland zu verbringen, denn das machen wohl viele.

Tuana Ich habe mich gefragt: Studium, Ausbildung oder ins Ausland? Soll ich Geld verdienen, freiwillig arbeiten oder ein Auslandsjahr in Australien verbringen? Ich habe noch keine Ahnung, also denke ich lieber nie darüber nach! Meine Bekannten dagegen haben alle schon feste Pläne.

Dario Meine Freunde gehen alle studieren, aber ich möchte lieber direkt in den Beruf einsteigen. Meiner Meinung nach ist das kein Problem, denn es gibt viele spannende Ausbildungsberufe in diesem Land, die ich machen könnte.

Beispiel: Ich möchte eine Entscheidung in Bezug auf die Karriere treffen. __D__

a Ich werde sofort einen Job suchen. ____
b Ich werde weiterstudieren. ____
c Ich habe Zukunftspläne. ____
d Fernreisen ist eine Möglichkeit für mich. ____
e Ich mache etwas anders als meine Klassenkameraden. ____
f Ich freue mich nicht auf den ersten Beruf. ____
g Ich fahre zuerst ins Ausland. ____

(Total for Question 5 = 8 marks)

Berufswünsche

6 hören

INTERPRETATION / DECISION MAKING

Was hört man im Bericht? Wähl den richtigen Buchstaben aus.

Beispiel: Bei diesem Job arbeitet man mit __C__ .

a Nele ist eine gute ____ .
b Eine wichtige Charaktereigenschaft ist die ____ .
c Nele hat genügende ____ .
d Nele war schon Mitarbeiterin in einer ____ .
e Am Ende der Woche bekam Nele etwas ____ .
f Für Nele war die Woche zu ____ .

A	Klinik	**H**	Qualifikationen
B	Erfahrung	**I**	kurz
C	Kindern	**J**	Freundlichkeit
D	anstrengend	**K**	Schönes
E	Schule	**L**	Sauberkeit
F	Athletin	**M**	Köchin
G	Nützliches		

(Total for Question 6 = 6 marks)

EXAM SKILLS

In Question 6, read the sentences first to see if you can eliminate any of the answer options. Then listen carefully to identify the correct word for each gap.

Arbeitserfahrung

CREATIVITY / REASONING / ARGUMENTATION

Schreib ein Blog über deine Arbeitserfahrungen. Schreib zwischen 130–150 Wörter <u>auf Deutsch</u>.

Du musst Folgendes erwähnen:
• die Beschreibung eines Ferienjobs
• was du auf der Arbeit gemacht hast
• warum die Arbeitserfahrung wichtig für die Zukunft ist
• warum du (nicht) gern freiwillig arbeiten würdest.

(Total for Question 7 = 20 marks)

Erinnerungshilfe **Hör zu und ergänze die fehlenden Zahlen. (1–5)**

1 das Alter des ältesten Olympiateilnehmers (Jahre): _____
2 das Alter des jüngsten Olympiateilnehmers (Jahre/Tage): _____
3 das Jahr der ersten Fernsehausstrahlung des Spieles: _____
4 das Jahr ohne Spiele: _____
5 das Jahr der ersten Paralympischen Spiele: _____

Erinnerungshilfe **Hör noch mal zu und schreib je ein weiteres Detail auf.**

Erinnerungshilfe **Ordne die Umweltprobleme und sag deine Meinung darüber.**

Beispiel: **1** die globale Erwärmung – Ich finde, die globale Erwärmung ist ein riesiges Problem, wiel sie das Leben auf unserem Planeten bedroht.

1 die globale **wärrenmug**
2 die **ughblazon**
3 die **zestfultvchurnmug**
4 die **bümmwrechunges**
5 das **abruteness** von Tierarten
6 die **gleämasblurtn**
7 die **bluröverkeenbüg**
8 die **rüder**

Die Umwelt

4 lesen

ANALYSIS
INTERPRETATION

Lies den Auszug aus dem Text. Beantworte die Fragen <u>auf Deutsch</u>. Vollständige Sätze sind nicht nötig.

Ökofimmel **von Alexander Neubacher**

Ich bin für Umweltschutz, die Natur liegt mir am Herzen. Ich mag die Tiere und die Pflanzen, den blauen Himmel und das Meer. Ich möchte, dass meine Kinder in einer intakten Umgebung aufwachsen, und ich gehe mit gutem Beispiel voran. Ich habe niemals ein Papiertaschentuch auf den Boden geworfen. Zum Brötchenholen fahre ich mit dem Rad; auf Arbeitsreisen im vorigen Jahr habe ich jedes Mal den Zug genommen. Ich kaufe lieber Milchprodukte, die ein Biosiegel tragen, auch wenn sie ein paar Cent teurer sind. Eier von Batteriehennen sind mir nie ins Haus gekommen, und wenn ich Wurst oder Fleisch esse, plagt mich [...] ein schlechtes Gewissen.

Ich habe meinen Müll immer getrennt. Auf unserer Einfahrt stehen, symmetrisch geordnet, vier Tonnen: rechts blau für Papier und gelb für Plastik, links braun für Gartenabfälle und grau für den Rest. Das sieht nicht schön aus. Es riecht auch etwas streng, zumal an Sommertagen, wenn ich gern draußen wäre.

---

a Was unterstützt der Autor?   (1)
b Welche Rolle spielt er in der Familie?   (1)
c Wie benimmt er sich der Umwelt gegenüber?   (1)
d Mit welchen Verkehrsmitteln fährt er? Gib **zwei** Details.   (2)

e Was ist für ihn beim Lebensstil nicht wichtig?   (1)
f Womit hat er Schwierigkeiten?   (1)
g Worauf ist er besonders stolz?   (1)
h Welche schlechten Folgen gibt es davon? Gib **zwei** Details.   (2)

(Total for Question 4 = 10 marks)

EXAM SKILLS

Break down compound words to crack their meaning:

Papier + Taschentuch → paper handkerchief

Arbeits + Reisen → work trips

Cognates are also very useful when working with unfamiliar texts. What do you think a *Batteriehenne(n)* is when talking about environmental issues?

A5 Everyday life, traditions and communities

5 speaking / INNOVATION INITIATIVE

Sieh dir das Bild an und beantworte die Fragen.

1 Was siehst du hier im Bild?
2 Was trägt der erste Athlet?
3 Wie haben die Athleten sich gestern vielleicht auf das Event vorbereitet?
4 Wie wichtig ist es für dich, immer auf den ersten Platz zu kommen?
5 Erfolg bei Weltmeisterschaften hat welche Vorteile für dein Land?

(Total for Question 5 = 12 marks)

EXAM SKILLS

Have a good supply of useful words and expressions to drop into your speaking exam: *zweifellos* (doubtless), *vielleicht* (perhaps), *ich stelle mir vor* (I imagine).

Umweltschutz

6 hören / DECISION MAKING PROBLEM SOLVING

Hör zu. Was sagt Herr Gröschel? Wähl die richtige Antwort aus.

a Die Leute, die sich verbessert haben, sind die …
 A Jungen.
 B Mädchen.
 C Eltern.
 D Lehrer.

b Eine vorteilhafte Kooperation fand mit den … statt.
 A Großeltern
 B Geschwistern
 C Eltern
 D Mitschülern

c Die Schüler konzentrierten sich auf …
 A Wasserverschmutzung.
 B Lehrer.
 C Recycling.
 D Fahrzeuge.

d Der Zielbereich umfasste …
 A 2 Kilometer.
 B 1 Kilometer.
 C 3 Kilometer.
 D nur das Schulgelände.

e Herr Gröschel fand die Ergebnisse …
 A wie erwartet.
 B uninteressant.
 C normal.
 D überraschend.

f Für die Klasse ist es wichtig, dass die Kampagne …
 A aufhört.
 B stillsteht.
 C weitergeht.
 D scheitert.

(Total for Question 6 = 6 marks)

EXAM SKILLS

Get into the habit of learning vocabulary as you come across new topics. Words from one topic often crop up in a completely different topic, so *je* more vocabulary you pick up, *desto* better!

Events

7 schreiben / ADAPTIVE LEARNING CREATIVITY

Du warst neulich auf einem traditionellen Event in deinem Land. Schreib ein Blog darüber. Schreib zwischen 130–150 Wörter <u>auf Deutsch</u>.

Du musst Folgendes erwähnen:
• eine Beschreibung des Events
• was dich besonders beeindruckt hat
• die Vor- und Nachteile von einem Event heute
• wie du das Event verbessern würdest.

(Total for Question 7 = 20 marks)

Schreib die Form des Wortes **(a)–(j)**, damit das Wort im Satz richtig ist. Vorsicht! Es ist nicht immer nötig, die Form in Klammern zu ändern.

Kapitel 1   Schule
Eine Schule ohne Stress existiert nicht

Schulstress gehört zur Schule, seit es diese Institution **(a) [geben]**. Und es wird noch lange **(b) [dauern]**. Zum Teil ist er „hausgemacht", weil der/die Schüler(in) nicht rechtzeitig **(c) [beginnen]** hat, für die nächste Klassenarbeit zu lernen. Oder weil er/sie die **(d) [richtig]** Lernstrategie nicht hat oder auch, weil er/sie trotz Schule kein Hobby oder Freizeitvergnügen aufgeben **(e) [wollen]**. Viele Jugendliche **(f) [setzen]** sich selbst unter großem Druck, aber oft entsteht Schulstress auch durch unrealistische Erwartungen der Eltern.

Früher waren Eltern zufrieden, wenn ihre **(g) [lieb]** Kinder das Klassenziel bzw. den Abschluss erreichten. Heute aber glauben viele, dass in der **(h) [modern]** Wettbewerbsgesellschaft für den späteren Lebenserfolg möglichst gute Noten nötig **(i) [sein]**, beispielsweise eine sehr **(j) [gut]** Abiturdurchschnittsnote.

(10 marks)

Kapitel 2   Technologie
Das moderne Leben

Stell dir vor, es gibt kein **(a) [einzig]** Handy in der Welt. Tja, vor relativ wenigen Jahren **(b) [sein]** das Leben genau so – deine Großeltern hatten bestimmt eine technologiefreie Kindheit.

Aber im 21. Jahrhundert **(d) [geben]** es jetzt überall Technologie: an der Arbeit, an der Schule, zu Hause und auf der Straße. Das **(e) [haben]** sich alles schnell entwickelt. Und heute muss man **(f) [lernen]**, gut damit auszukommen. Mangelnde Computerkenntnisse signalisieren **(g) [wenig]** Berufschancen. Niemand **(h) [dürfen]** heute Technologie vermeiden.

Sicher hat sie neue Probleme für die Gesellschaft mit sich **(i) [bringen]**, aber man kann die riesigen Vorteile nicht **(j) [ignorieren]**.

(10 marks)

Kapitel 3   Feste
Familienfeste

Ein **(a) [schön]** Familienfest zu organisieren, ist gar nicht einfach. Man muss nicht nur die Vorbereitung genau planen, sondern auch an alle **(b) [möglich]** Eventualitäten denken: was **(c) [können]** vielleicht am Tag passieren?

Frau Czysch berichtet, was ihr passiert **(d) [sein]**, als sie letztes Jahr eine Familienfeier zu Silvester organisiert hat: „Tja, erstens habe ich viele Familienmitglieder per E-Mail und SMS zum Fest **(e) [einladen]**. Sofort die feste Gästezahl mir klar geworden ist, habe ich dann das Essen bestellt und die Übernachtungen für **(f) [manch]** Gäste reserviert.

In der Nacht vor der Feier **(g) [kommen]** plötzlich einen riesigen Sturm vom Osten. Sogar die **(h) [groß]** Straßen in der Umgebung wurden schnell überflutet. Als Resultat konnte niemand uns erreichen. Früh am Tag des Festes musste ich allen Gästen **(i) [erzählen]**, dass die Party nicht stattfinden könnte. Die ganze Familie **(j) [sein]** total enttäuscht."

(10 marks)

Kapitel 4   Wohnort
Einen Wohnort wählen

Letztes Wochenende **(a) [sein]** wir bei meinen Großeltern. Sie **(b) [wohnen]** seit vielen Jahren in einem **(c) [alt]** Haus auf dem Land. Früher **(d) [geben]** es dort keine Heizung und ich fand das schrecklich. Mit der Zeit **(e) [haben]** sie das Haus aber schön renoviert. Wenn ich jetzt bei ihnen zu Besuch bin, schlafe ich am liebsten unten im **(f) [groß]** Kellerraum.

Wenn ich älter bin, werde ich aber bestimmt nie auf dem Land **(g) [leben]**. Ich besuche wohl gern den Ort, aber ich **(h) [wollen]** lieber mitten in einer Stadt wohnen, wo alles viel interessanter ist. Es stimmt, dass man in einer ländlichen Gegend sich ein **(i) [schön]** Haus leisten kann, aber eine kleine Stadtwohnung **(j) [werden]** mir in Zukunft gerade richtig passen.

(10 marks)

Schreib die Form des Wortes **(a)–(j)**, damit das Wort im Satz richtig ist. Vorsicht! Es ist nicht immer nötig, die Form in Klammern zu ändern.

Kapitel 5   Einkaufen
Einkaufsparadies Hannover

Letzten Sommer hat Moritz aus Augsburg das Einkaufsparadies des Nordens **(a) [entdecken]**: „In Hannover **(b) [geben]** es alles, was ich beim Einkaufen suchte: Lebensmittel, Souvenirs, Kleider usw. Ich besuchte besonders gern viele **(c) [klein]** Geschäfte, die sehr interessant waren. Ich denke, ich würde später sehr gern in Hannover **(d) [wohnen]**!"

Die Stadt ist ideal für einen **(e) [angenehm]** Einkaufsbummel und die Auswahl der **(f) [wunderbar]** Waren sowie die ausgezeichneten öffentlichen Verkehrsmittel haben Moritz besonders gefallen.

Die Georgstraße zählt zu den TOP 10 der **(g) [best]** Einkaufsstraßen und -zonen im ganzen Bundesland. Fast keine **(h) [ander]** Stadt in Deutschland hat so viele Einkaufszentren, Restaurants und Imbissstuben im Umkreis von nur 400 Metern. Und noch wichtiger für die Touristen **(i) [sein]** es, dass man ab und zu in Hannover auch verkaufsoffene Sonntage geniessen **(j) [können]**.

(10 marks)

Kapitel 6   Urlaube
Tourismus in Österreich

Seit Jahren ist Österreich ein sehr **(a) [beliebt]** Reiseziel. Letztes Jahr haben Touristen fast 150 Millionen Übernachtungen dort **(b) [machen]**. Mehr als ein Drittel dieser Gäste sind aus Deutschland **(c) [kommen]**.

Österreich ist zu jeder Jahreszeit ein Land, das Sie besuchen **(d) [können]**. Im Winter gibt es natürlich die **(e) [zahlreich]** Pisten durch wunderschöne Berge, und im Sommer stehen Ihnen **(f) [ruhig]** Orte zur Verfügung. Ob Sie zum nächsten Besuch lieber am Bauernhof, in einer modernen Ferienwohnung oder sogar in einer isolierten Hütte übernachten **(g) [mögen]**, werden Sie im Alpenland sicher etwas Interessantes finden.

Heute **(h) [sein]** die Großstädte mit ihren sauberen öffentlichen Verkehrsmitteln ideal für eine Wochenendreise. Familien so wie Einzelreisende fahren gern dorthin, um mehr über die **(i) [interessant]** Geschichte herauszufinden und die **(j) [berühmt]** Sehenswürdigkeiten zu sehen.

(10 marks)

Kapitel 7   Berufe
Das Lehrer-Studium

Sonja aus Bamberg **(a) [haben]** sich in der Kindheit entschieden, Lehrerin zu werden: „Nach der Oberstufe **(b) [sein]** das Lehrer-Studium an der Uni ideal. Während des Studiums habe ich viel Neues **(c) [lernen]**. Ich musste an Arbeitspraktika an verschiedenen Schulen **(d) [teilnehmen]**. Das war alles wunderbar!"

Ungefähr 10% der deutschen Studenten wollen, wie Sonja, Lehrer(in) werden. Man bekommt danach einen **(e) [sicher]** Job, meinen viele. Aber dieser Beruf **(f) [passen]** nicht jeder Person.

Man **(g) [müssen]** sich zuerst entscheiden, wen man in Zukunft am liebsten unterrichten **(h) [mögen]**. Würde man am besten mit den **(i) [klein]** Kindern in der Grundschule arbeiten, oder wäre es besser, in der Sekundarstufe zu **(j) [unterrichten]**?

(10 marks)

Kapitel 8   Umwelt
Grün an der Schule

Unser **(a) [modern]** Lebensstil belastet die Umwelt und hat eine immer größere Auswirkung auf das Klima. Extremes Wetter **(b) [werden]** „normal", wie zum Beispiel Dürren in Afrika, Hitzewellen in Europa, Überflutungen in Amerika oder Gewitter in Australien. Vor knapp 20 Jahren **(c) [geben]** es solche Wetterereignisse nur selten. Jetzt **(d) [erscheinen]** sie fast täglich in den Nachrichten.

Man sollte aber nicht glauben, dass wir jetzt nichts dagegen **(e) [tun]** könnten! Im Gegenteil kann man gerade heute als Schüler(in) viele **(f) [wichtig]** Dinge dagegen machen. Erstens muss man das nicht alleine machen: Motiviere deine Mitschüler(innen) – zusammen **(g) [können]** ihr echt vieles schaffen.

Wie ist es in deiner Schule? **(h) [haben]** ihr schon eine Umwelt-AG gegründet? Wie viele Plastikflaschen habt ihr letzte Woche in deiner Klasse **(i) [benutzen]**? Habt ihr schon an Solarenergie **(j) [denken]**?

(10 marks)

1 Lies Kristians Text. Wähl die richtige Antwort aus.

Ich freue mich auf das neue Schuljahr, denn ich werde alle meine Freunde wiedersehen.

Dieses Jahr sind wir in der neunten Klasse und wir müssen viele Schularbeiten schreiben. Das werde ich stressig finden. Englisch ist mein Lieblingsfach, weil ich immer gute Noten bekomme. Ich mag Naturwissenschaften aber nicht, weil ich sie sehr schwierig finde.

Unsere Schule ist eine gemischte Realschule und es gibt über tausend Schülerinnen und Schüler und etwa fünfundfünfzig Lehrerinnen und Lehrer. Die Schule hat gute Ausrüstung und wir haben tolle Computer- und Kunstsäle, aber wir haben leider keine Schulbibliothek.

Die Schulordnung finde ich oft ärgerlich: Man darf zum Beispiel keine Jacken im Klassenzimmer tragen und das finde ich unfair.

Letztes Jahr habe ich am Schulaustausch teilgenommen. Das war ein tolles Erlebnis. Wir haben einen Tagesausflug nach London gemacht und wir haben die Sehenswürdigkeiten besichtigt.

Nächste Woche werden wir auf Klassenfahrt zur Zirkusschule fahren. Ich freue mich irrsinnig darauf, denn ich werde das echt interessant finden. Hoffentlich werde ich den Wettbewerb im Jonglieren gewinnen!

Kristian, der Jongleur

1 Im Vergleich zu Physik findet Kristian Englisch schwierig / einfach / langweilig / doof.
2 An der Schule gibt es ungefähr 100 / 1.000 / 2.000 / 10.000 Schüler(innen).
3 Kristian stimmt der Schulordnung total / manchmal / nicht immer / nie zu.
4 Der Schulaustausch war doof / schrecklich / OK / positiv.
5 Kristian wird keineswegs / sicher / vielleicht / nicht im Turnier erfolgreich sein.

> Use a dictionary (print or online) or the *Wörter* section on pages 22–23 to help you when working through a text on your own. Remember, you don't need to understand every word to do the activity, so don't spend ages translating the text word for word.

2 Lies den Text noch mal und beantworte die Fragen.

1 Worauf freut sich Kristian im Moment?
2 In welcher Klasse ist Kristian?
3 Welche Fächer mag Kristian nicht?
4 Wie viele Lehrer(innen) gibt es an der Schule?
5 Was gibt es an der Schule nicht?
6 Wie findet Kristian die Schulordnung?
7 Woran hat Kristian letztes Jahr teilgenommen?
8 Wie viel Zeit hat er in London verbracht?
9 Wie wird Kristian die Klassenfahrt finden?

3 Schreib über deine ideale Schule. Beantworte folgende Fragen:

• Worauf freust du dich dieses Jahr (nicht)?
• Was machst du in der Pause / nach der Schule?
• Wie viele Schüler(innen) und Lehrer(innen) gibt es an der Schule?
• Wie ist die Schulordnung?
• Was hast du letztes Jahr in der Schule gemacht?
• Wohin wirst du auf Klassenfahrt fahren?

> Use the questions to help form your answers.
> *Worauf freust du dich dieses Jahr (nicht)?* → *Dieses Jahr freue ich mich (nicht) sehr auf …*
>
> Look back through *Kapitel 1* for ideas and support.

1 schreiben Lies den Text. Welche Wörter brauchst du noch? Schreib sie auf.

In meiner Freizeit

Ich lese jeden **1** [____] eine Stunde in einem Buch oder auf einem **2** [____] Gerät. **3** [____] ist auch sehr wichtig für mich. Ich höre oft Reggae und Jazz, **4** [____] sie so lebhaft sind. Ich spiele **5** [____] zwei Jahren Gitarre und ich **6** [____] gern in einer Band spielen.

Ich bin nicht sehr **7** [____], aber im **8** [____] fahre ich **9** [____] meinen Freunden Ski, denn wir wohnen in den **10** [____]. Ich habe Klettern **11** [____], aber ich finde es zu gefährlich.

Ich sehe nie **12** [____], weil die Sendungen mich nicht interessieren, aber ich gehe einmal im Monat ins **13** [____] – meine **14** [____] sind Komödien, weil sie immer sehr **15** [____] sind.

2 lesen Lies die Kommentare. Wer meint oder sagt das? Es können auch mehrere Personen oder keine Person sein.

● ● ●

Gina
Als Kind habe ich sehr gern Fußball gespielt, aber jetzt bevorzuge ich Basketball, weil meine Freunde das gern spielen. Im Sommer mache ich hier gern Leichtathletik mit einem Verein. Das ist prima, weil ich gern laufe und das Springen und Werfen finde ich besonders toll.

Deniz
Seit der Kindheit singe ich sehr gern – ich singe immer dienstags mit einer Musikgruppe, weil das Spaß macht. Ich musiziere sonst nicht, weil mich Klavier, Trommel usw. spielen, nicht interessiert. Ich gehe auch oft ins Konzert, um Bands zu hören.

Lilly
Das Lesen gefällt mir, da es ruhig und interessant ist. Ich lese besonders gern vor dem Schlafen Taschenbücher oder Biografien. Letztes Jahr habe ich eine neue Freizeitaktivität entdeckt. Ich mache jetzt montags, mittwochs und samstags Gewichtstraining im Sportzentrum. Das ist prima.

1 Ich habe ein musikalisches Hobby.
2 Meine Hobbys sind jetzt nicht genau dieselben wie früher.
3 Ich mache mein Hobby zu Hause.

4 Mein Hobby ist sportlich.
5 Ich trainiere dreimal pro Woche.
6 Ich hatte ein Hobby, als ich jung war.

3 schreiben Beschreib deine Lieblingshobbys. Benutz folgende Wörter:

Hobbys	pro Woche
gern	letztes Jahr

EXAM SKILLS

Check your writing at the end to make sure you have included all four items given.

1 lesen **Lies den Text. Richtig (R) oder falsch (F)? Korrigiere die falschen Sätze.**

Guten Tag. Ich bin Britta und ich möchte meine gute Freundin, Rosa Sesemann, vorstellen. Wir sind beide fünfzehn Jahre alt und gehen auf die Realschule in Tübingen in Baden-Württemberg.

Rosas Eltern sind sehr abenteuerlustig. Als Rosa erst drei Jahre alt war, ist sie zwei Monate lang mit ihnen durch Australien gereist.

Sieht Rosa ihrer Mama oder ihrem Papa ähnlicher?

Viele Menschen sind der Meinung, dass Rosa ein Vaterkind ist. Ihre Haare sind fast so dunkel wie seine. Sie hat auch so schöne, blaue Augen wie er.

Rosas Eltern haben seit vier Monaten ein neues Baby. Es heißt Heinrich und Rosa liebt ihren Bruder. Er hat schwarze Haare und ein schönes Gesicht, wenn er nicht weint!

1 Britta ist älter als Rosa.
2 Rosas Eltern entdecken gern neue Orte.
3 Rosas Mutter hat keine Reise gemacht.
4 Rosa und ihr Vater haben eine ähnliche Haarfarbe.

5 Rosa hat grüne Augen.
6 Rosa hat zwei Brüder.
7 Im Haus gibt es ein sehr kleines Kind.

2 lesen **Lies das Poster und Svens Eintrag zum Wettbewerb. Beantworte die Fragen.**

> When you read German texts you are bound to come across unfamiliar language. Focus on words and phrases you know or recognise to help you understand the gist.

Wir suchen die besten Freunde dieses Jahres!

Schick uns deine Nominierung und erzähl uns, warum dein(e) beste(r) Freund(in) einfach der/die Beste ist. Die besten Freunde werden unseren Starpreis gewinnen: ein tolles, kostenloses Wochenende in New York!

Ich möchte meinen Freund Ludo nominieren, denn er ist einfach der beste Freund in der Welt. Seit vier Jahren sind wir beste Freunde und wir haben uns nie gestritten. Ich verstehe mich immer sehr gut mit ihm, weil er so geduldig und ehrlich ist.

Letztes Jahr hatte ich viele Probleme zu Hause. Meine Mutter war krank, und da mein Vater zu dieser Zeit im Ausland arbeitete, musste ich meine Mutter und meine Geschwister unterstützen. Ich habe viel zu Hause geholfen und konnte mich nicht so gut auf die Schule konzentrieren. Ich habe die Prüfungen nicht bestanden und jetzt bin ich sitzen geblieben. Das finde ich schwierig.

Ludo hat immer Zeit für mich und ich kann mit ihm über alles reden. Ich habe nicht viel Freizeit, weil meine Familie mich braucht, aber er ist nie eifersüchtig. Wenn ich bei Ludo bin, kann ich meine Probleme vergessen. Er hilft mir sehr bei der Schularbeit und meine Noten werden langsam besser – ich werde hoffentlich ein gutes Zeugnis bekommen.

Ich würde sehr gern den Preis für Ludo gewinnen. Ein Wochenende in New York ist ein perfektes Danke an Ludo für alles, das er für mich gemacht hat.

1 Seit wann sind Sven und Ludo beste Freunde?
2 Was haben sie nie gemacht?
3 Warum musste Sven letztes Jahr viel zu Hause helfen? (**zwei** Details)
4 Was war der Effekt auf seine Schularbeit?

5 Warum sind Sven und Ludo nicht viel zusammen?
6 Was passiert, wenn Sven bei Ludo ist?
7 Warum hat Sven jetzt bessere Noten?
8 Warum möchte Sven die Reise gewinnen?

3 schreiben **Schreib eine Nominierung für deinen besten Freund / deine beste Freundin.**

| Charaktereigenschaften | was er/sie gemacht hat | warum er/sie gewinnen sollte | warum der Preis ideal für euch ist |

1 lesen **Lies das Gedicht von Johannes Trojan. Korrigiere den Fehler in jedem Satz (1–6).**

Die Wohnung der Maus

Ich frag die Maus:
Wo ist dein Haus?
Die Maus darauf erwidert mir:
Sag's nicht der Katz, so sag ich's dir.
Treppauf, treppab,
erst rechts, dann links,
dann wieder rechts,

und dann gradaus –
da ist mein Haus,
du wirst es schon erblicken!
Die Tür ist klein,
und trittst du ein,
vergiß nicht, dich zu bücken.

gradaus = geradeaus
erblicken = sehen

1 Eine Schildkröte wohnt in der Wohnung.
2 Die Katze kennt die Adresse.
3 Der Wohnblock hat nur ein Stockwerk.
4 Zum Eingang geht man zweimal links.

5 Die Anweisungen führen zu einem Garten.
6 Große Leute können problemfrei durch die Eingangstür gehen.

2 lesen **Lies Viktors Tagebucheintrag und wähl die richtige Antwort aus.**

Ein schrecklicher Mittwoch

Es ist halb acht und ich bin noch in meinem Bett im Schlafzimmer. Wir wohnen in einer kleinen Wohnung in der Stadtmitte und meine Eltern sind schon zur Arbeit gefahren. Warum habe ich gestern Abend bis so spät Videos auf meinem Tablet gesehen? OK. Ich stehe auf und gehe ins Badezimmer. Ich verbringe fünf Minuten unter der Dusche. Dann muss ich etwas essen. In der Küche gibt es noch die Gulaschsuppe und das Brot von gestern. Ich esse schnell die kalte Suppe und gehe dann unten in den Keller. Ich werde jetzt mein Fahrrad holen und dann in die Schule fahren. Ich simse meinem besten Freund, dass ich sehr spät zur Schule komme. Dann muss ich schnell das Spiel auf meinem Handy spielen, weil es Probleme in der virtuellen Stadt gibt. Das wird nicht lange dauern ... ach nein, es ist jetzt halb neun. Ich werde ein großes Problem haben, wenn ich endlich zur Schule komme! Hilfe!!

1 Um halb acht ist Viktor in der Schule / im Bus / zu Hause.
2 Viktor wohnt in einer Wohnung / in einem Hochhaus / auf dem Land.
3 Gestern ist er früh / spät / pünktlich ins Bett gegangen.
4 Er steht auf und zuerst frühstückt er / sieht er sein Tablet an / wäscht er sich.
5 In der Küche isst er kalte Speisereste / frisches Brot / nichts.

6 Sein Fahrrad ist in der Schule / in der Küche / im Keller.
7 Er simst, dass er unpünktlich / krank / nicht zur Schule kommt.
8 Das Spiel am PC / auf dem Handy / vor dem Wohnblock ist ihm wichtig.
9 Er ist nervös, dass er das Fahrrad nicht finden / ein Problem in der Schule haben / das Spiel verlieren wird.

3 schreiben **Schreib einen Tagebucheintrag über einen schrecklichen Tag, den du erlebt hast. Adaptiere den Text in Aufgabe 2 und benutz folgende Wörter:**

Katastrophe   fahren   traurig   war

1 lesen Lies das Gedicht und beantworte die Fragen.

das Gerund von *reisen*

der internationale Flughafen in Wien

österreichisches Dialektswort für *möchte*, das sich auf *Schwechat* reimt

Städte in Deutschland oder Österreich haben manchmal andere Namen als in deiner Sprache. Welche Stadt ist das?

ein Gebiet (Viertel / Bezirk) am nordwestlichen Stadtrand von Wien

Reisendes Känguru

Ein Känguru landet in Schwechat ,
Da es Wien liebend gern sehen mechat .
Doch es kommt nicht dazu,
Weil das Buschkänguru
In Grinzing den ganzen Tag tschechat .

Ingo Baumgartner

ein österreichisches Dialektsverb, das sich auf *Schwechat* reimt. Was könnte es bedeuten?

1 Was macht das Tier im Gedicht?
2 Welches Transportmittel hat es benutzt?
3 Wofür interessiert sich das Tier?
4 Warum ändert das Tier seine Pläne?

2 lesen Lies Kais Blog und korrigiere den Fehler in jedem Satz. (1–8)

Kais Blog

Sonntag, 11:15 Uhr

Letztes Jahr bin ich mit vier Freunden nach Wien gefahren. Wir sind mit dem Bus gefahren, weil das am billigsten war, aber die Reise war schrecklich lang. Unterwegs hatte ich Rückenschmerzen, weil es im Bus so unbequem war. Bei der Ankunft am Busbahnhof sind wir zuerst zum Informationsbüro gegangen, um Hotelzimmer zu reservieren. Wir sind dann mit der Straßenbahn zum Hotel gefahren. Das Hotel war leider sehr schmutzig und laut, aber Wien war die wunderschönste Stadt und das Essen war echt lecker. Wenn ich mehr Geld hätte, würde ich nächstes Jahr gern wieder dahin fahren. Ich würde aber in einem besseren Hotel übernachten!

1 Kai hat eine Reise mit seiner Familie gemacht.
2 Sie sind mit dem Flugzeug geflogen.
3 Die Busreise war teurer als eine Zugreise.
4 Kai hatte im Bus Kopfweh.
5 Kai ist zum Informationsbüro gegangen, um einen Diebstahl zu melden.
6 Sie sind zu Fuß zum Hotel gegangen.
7 Das Wiener Essen hat Kai nicht geschmeckt.
8 Kai möchte nie wieder nach Wien fahren.

3 schreiben Schreib ein Blog über eine Reise mit Freunden. Beantworte folgende Fragen:

- Wann bist du gefahren?
- Wie bist du dorthin gefahren?
- Wo hast du übernachtet?
- War die Reise erfolgreich? Warum (nicht)?

1 schreiben **Bilde so viele Sätze wie möglich über deine Urlaubspläne.**

Beispiel: Wir werden in den Schulferien mit dem Flugzeug nach Griechenland fliegen.

1	2	3	4
Wir werden …	nächsten Winter	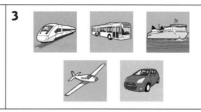	nach Griechenland
Ich plane, …	in den Schulferien		in die USA
Wir hoffen, …	im Frühling		nach Bayern
Ich habe vor, …	diesen Sommer		an die Ostsee
Wir haben Lust, …	im Oktober		in die Berge

Achtung! Deutsche Wortstellung: *wann? wie? wo(hin)?*

2 lesen **Lies den Auszug und beantworte die Fragen.**

In this extract, the author is recalling memories of his childhood holidays.

Als ich Kind war, fuhr ich jeden Sommer mit dem Zug in die schweizerischen Alpen, um bei meinen Großeltern zu bleiben. Meine Eltern brachten mich zum Bahnhof, fanden einen geeigneten Sitzplatz für mich und verabschiedeten sich schnell. Wenn ich Glück hatte, durfte ich die sechsstündige Reise in diesem Platz bleiben, bis ich zum Gleis in den Bergen ankam, wo der Opa geduldig auf mich wartete.

Die Bahnfahrt war wunderbar und in der Tasche hatte ich den Fahrschein, Pass, Leckerbissen und Lesestoff. Ich war total alleine und sehr glücklich. Für mich war das ein echtes Abenteuer!

1 In welchem Land hat der Autor Urlaub gemacht?
2 Wie ist er dorthin gereist?
3 Wie lange dauerte die Reise?
4 Wer hat ihn am Zielort getroffen?
5 Wie hat er die Reise gefunden?
6 Was hat er unterwegs gemacht?

3 schreiben **Schreib die richtige Form des Wortes in Klammern. Welches Wort war schon richtig?**

1 Unser [klug] Plan war, während des Urlaubs viel draußen zu [sein].
2 Ich hatte einen [schön] Platz an der Küste [buchen].
3 Aber dann kam ein [wild] Sturm und die [dunkel] Wolken waren schrecklich.
4 Am Ende [haben] die ganze Familie in einer Pension im Dorf [übernachten].
5 Und wir [sein] am nächsten Morgen wieder nach Hause [fahren].
6 Wir haben jetzt [groß] Lust, [nächst] Jahr mit unserem Zelt nach Spanien zu fahren.

1 lesen **Lies *Das Lied von der Arbeit* von Detlef Cordes. Welche <u>vier</u> Sätze passen zum Lied?**

Das Lied von der Arbeit

Wer Geld verdienen will, muss zur Arbeit gehen
und meistens dafür morgens früh aufstehen.
Oft dauert die Arbeit bis abends spät,
so ist das, wenn man zur Arbeit geht.

Refrain:
Ich geh zur Arbeit, ich geh zur Arbeit,
ich geh zur Arbeit, um Geld zu verdienen.
Ich geh zur Arbeit, ich geh zur Arbeit,
ich geh zur Arbeit und verdiene Geld.

Geld verdienen ist gar nicht so leicht,
man hat viel zu tun, bis man es erreicht,
dass man sich all die Dinge kaufen kann,
die man braucht oder haben möchte dann und wann.

Refrain …

Wer Geld verdienen will, ist meistens nicht zu Haus,
weil man dann zur Arbeit geht, tagein, tagaus.
Manchmal ist die Arbeit schwer,
zu spielen hat man dann keine Zeit mehr.

Refrain …

DETLEF CORDES

1 Alle Arbeiter(innen) müssen früh aus dem Haus kommen.
2 Wenn man Geld verdient, bleibt man meistens nicht zu Hause.
3 Man geht zur Arbeit, um Freunde zu treffen.
4 Ein Arbeitstag ist sehr einfach.
5 Man kann allerlei Sachen kaufen, wenn man Geld verdient.
6 Man geht nicht jeden Tag zur Arbeit.
7 Arbeiter(innen) haben keine Zeit zum Spielen.
8 Die Arbeitsstunden sind oft lang.

2 lesen **Lies die Texte. Ist das Luise oder Alexander?**

Luise
Als Bäuerin hat Luise eine strenge Arbeitsroutine, weil das Wetter und die Tiere ihren Tag bestimmen! Anstrengend ist die Arbeit, obwohl es heute viele Maschinen zur Hilfe gibt. Luise liebt es, jeden Tag draußen zu sein und sie würde nie in einem Büro mit Kollegen arbeiten! Das Beste am Bauernhof, findet sie, ist die frische Luft!

Alexander
„Das war eine tolle Arbeit oben!", so sagt der Astronaut, der jetzt wieder zur Erde gekommen ist. Er hat sechs Monate an Bord der ISS verbracht, wo es sehr eng und unbequem war: er musste sogar im Stehen schlafen! Die Aussicht vom Fenster war aber etwas Wunderschönes!

Wer …
1 arbeitet nicht gern drinnen?
2 konnte nicht auf normale Weise schlafen?
3 benutzt bei der Arbeit Geräte?
4 findet den Ausblick vom Arbeitsplatz prima?

3 lesen **Lies die Texte noch mal. Beschreib für jede Person:**
a den Beruf
b was gut und schlecht an der Arbeit ist
c was der Höhepunkt ist

4 schreiben **Wähl zwei Familienmitglieder oder Freunde/Freundinnen aus und schreib zwei Absätze, um ihre Arbeit zu beschreiben.**

er/sie + spielt, macht, hört …
isst, fährt, hilft …

1 lesen Lies das Gedicht. Übersetze die 14 unterstrichenen Wörter in deine Sprache.

Der Tropenwald

Es **war** einmal ein <u>Tropenwald</u>
mit <u>Bäumen</u> grün, sehr hoch und alt.
Ganz warm und feucht, er wunderbar
für groß und klein die <u>Heimat</u> war.

Fernab in einem reichen <u>Land</u>
der Appetit auf Steak **entstand**.
Man **brauchte** <u>Platz</u>. Wozu ein <u>Wald</u>?
Man **schlug** das <u>Holz</u>. Ganz kahl war's bald.

Die Sonne scheint, der <u>Affe</u> **stirbt**.
Der <u>Boden</u> blank jetzt erodiert.
Ein <u>Vogel</u> **legt** ein letztes Ei.
Das <u>Rind</u> es rülpst, Methan wird frei.

Nun **sitzt** er da am Teakholztisch,
Der <u>reiche</u> Mensch, das <u>Hemd</u> nicht frisch.
Der Schweiß, der <u>läuft</u>, das Asthma **plagt**.
War das OK?, er sich nun **fragt**.

BEATE MASSMANN

fernab = weit weg
kahl = leer, nackt
rülpsen = ein Geräusch aus dem Mund

der Schweiß = die Flüssigkeit, die jemand produziert, wenn es ihm/ihr zu heiß ist
plagt = stört

2 lesen Lies das Gedicht noch mal. Übersetze die fett gedruckten Verben in deine Sprache.

As well as working out what each verb means, you will need to decide what tense it is in. Use your understanding of grammar and the clues in the text such as *es war einmal* to help you work out which tenses are being used. Can you spot where in the poem the tense changes from the imperfect tense to the present tense?

3 lesen Lies das Gedicht zum letzten Mal und beantworte die Fragen.

1 Wie waren die Bäume? Gib **zwei** Details.
2 Wie waren die Einwohner?
3 Was wollte man in anderen Ländern essen?
4 Was hat man zerstört?

5 Welche **zwei** Tierarten konnten nicht an diesem Ort leben?
6 Welches Tier bleibt noch an diesem Ort?
7 Wer herrscht jetzt an diesem Ort?
8 Welche Probleme gibt es an diesem Ort?

4 schreiben Schreib ein Gedicht oder eine Kurzgeschichte über eine Umweltkatastrophe. Beschreib das Problem, die Konsequenzen und eine mögliche Lösung.

Früher / Es war einmal …	Jetzt …	In Zukunft …
Das war …	Es ist …	Es wird … sein.
Es gab …	Es gibt …	Es könnte … geben.
Man brauchte …	Man braucht …	Man muss … bauen / machen / schützen.

Before you start writing a poem or a short story, think about the verbs you could use and make a grid like this one. You could start your poem or story in the imperfect tense (i.e. what the place or the world was like <u>before</u> the environmental issue), use the present tense to describe what it is like now, and finish in the future tense (i.e. what it will be like <u>in future</u>).

ALLGEMEINES GESPRÄCH

The Pearson Edexcel International GCSE is made up of several **sub-topics** (e.g. school life and routine, house and home), which are grouped under five **topics**:

- Topic A   Home and abroad
- Topic B   Education and employment
- Topic C   Personal life and relationships
- Topic D   The world around us
- Topic E   Social activities, fitness and health

The following sub-topics are not assessed in your speaking examination:

- A3 Services (e.g. bank, post office)
- C3 Role models
- C5 Childhood
- D2 Weather and climate
- E4 Accidents, injuries, common ailments and health issues.

For the speaking examination, you have to do **three** tasks (A, B and C). For task A, you have to choose a photo/picture from any of the **sub-topics** that can be assessed. The picture must contain people, objects and interactions. You will have to describe the picture and possible past or future events related to the people in it. You will also have to answer questions on the related topic of the picture.

For tasks B and C, you will be required to answer questions on another **two** topics, both different to your picture-related topic. You can answer the questions below in order to help you prepare.

Topic A Home and abroad

Sub-topics: life in the town and rural life; holidays, tourist information and directions; customs; everyday life, traditions and communities

1. Was kann man in deiner Region machen?
2. Was sind die Vor- und Nachteile der Region?
3. Was hast du in letzter Zeit in deiner Stadt / in deinem Dorf gemacht?
4. Was möchtest du in deiner Stadt / in deinem Dorf verbessern? Warum?
5. Was sind die Vorteile vom Leben in der Stadt oder auf dem Land?
6. Was machst du gern in den Ferien?
7. Wo hast du letztes Jahr Urlaub gemacht?
8. Erzähl mir von einem Problem, das du in Urlaub gehabt hast.
9. Was machst du besonders gern in Urlaub?
10. Welches Land möchtest du am liebsten besuchen? Warum?
11. Was sind die Vor- und Nachteile vom Tourismus deiner Meinung nach?
12. Welche Traditionen sind wichtig in deinem Land?
13. Was hast du das letzte Mal gemacht, als du bei einem Fest warst?
14. Was machst du gern, wenn du in einer Großstadt bist?
15. Ist es wichtig, einen nationalen Feiertag zu haben?
16. Findest du, dass nationale Feste wichtiger für ältere Menschen sind?

Topic B Education and employment

Sub-topics: school life and routine; school rules and pressures; school trips, events and exchanges; work, careers and volunteering; future plans

1. Beschreib mir deine Schule.
2. Was sind deine Lieblingsfächer?
3. Welche Fächer möchtest du nächstes Jahr lernen? Warum?
4. Erzähl mir von einem typischen Schultag.
5. Wie findest du die Schulregeln?
6. Was hältst du von einer Schuluniform?
7. Erzähl mir von einem Schulausflug, den du in letzter Zeit gemacht hast.
8. Hast du schon einen Schüleraustausch gemacht? Wie war er?
9. Was ist dein idealer Beruf? / Was möchtest du später werden?
10. Welche Fächer findest du besonders wichtig? Warum?
11. Was möchtest du auch noch in der Zukunft machen?
12. Möchtest du später auf die Universität gehen? Warum? / Warum nicht?
13. Willst du später heiraten? Warum? / Warum nicht?
14. Ist es wichtig, Fremdsprachen zu lernen?
15. Welche Eigenschaften braucht ein guter Lehrer / eine gute Lehrerin, meinst du?
16. Möchtest du später freiwillige Arbeit machen? Was und wo?

Topic C Personal life and relationships

Sub-topics: house and home; daily routines and helping at home; relationships with family and friends

1 Beschreib mir dein Haus oder deine Wohnung.
2 Wie sieht dein Schlafzimmer aus?
3 Wie wäre dein ideales Haus?
4 Hast du einen Garten? Beschreib ihn.
5 Erzähl mir über deine Tagesroutine.
6 Was ist dein Lieblingstag? Warum?
7 Wie hilfst du zu Hause?
8 Was hast du in letzter Zeit gemacht, um zu Hause zu helfen?
9 Findest du es wichtig, dass Jugendliche zu Hause helfen?
10 Was machst du gern mit deiner Familie zusammen?
11 Was wirst du am Wochenende mit der Familie machen?
12 Wie verstehst du dich mit deiner Familie?
13 Beschreib mir deinen besten Freund / deine beste Freundin.
14 Was für Eigenschaften braucht ein guter Freund oder eine gute Freundin?
15 Was hast du letztes Wochenende mit deinen Freunden gemacht?
16 Wohin gehst du gern mit Familie oder Freunden?

Topic D The world around us

Sub-topics: environmental issues; travel and transport; the media; information and communication technology

1 Was machst du persönlich für die Umwelt?
2 Was sind die größten Umweltprobleme, deiner Meinung nach?
3 Was könntest du sonst noch machen, um die Umwelt zu schützen?
4 Was hast du neulich für die Umwelt in deiner Schule gemacht?
5 Was ist dein Lieblingsverkehrsmittel? Warum?
6 Wie kommst du in die Schule?
7 Wie könnte man die öffentlichen Verkehrsmittel verbessern?
8 Warum fahren viele Leute lieber mit dem Auto? Was sind die Nachteile eines Autos?
9 Was sind deine Lieblingsfernsehsendungen?
10 Was willst du heute Abend im Fernsehen sehen?
11 Erzähl mir von einem Film, den du neulich gesehen hast.
12 Liest du eine Zeitung? Liest du sie lieber online? Warum? / Warum nicht?
13 Wie findest du die sozialen Medien?
14 Hast du ein Handy oder ein Smartphone? Wie wichtig ist es für dich?
15 Findest du, dass die neue Technologie negative Aspekte hat? Wenn ja, welche?
16 Deiner Meinung nach, wie wird die Technologie der Zukunft aussehen?

Topic E Social activities, fitness and health

Sub-topics: special occasions; hobbies, interests, sports and exercise; shopping and money matters; food and drink

1 Erzähl mir von einem Familienfest, das du neulich gefeiert hast.
2 Wie möchtest du deinen nächsten Geburtstag feiern?
3 Was hast du dieses Jahr gemacht, um das Neue Jahr zu feiern?
4 Was machst du normalerweise in deiner Freizeit?
5 Was hast du gerne gelesen, als du jünger warst?
6 Was für Sport treibst du gern?
7 Ist es dir wichtig, Sport zu treiben? Warum? / Warum nicht?
8 Was möchtest du nächstes Wochenende machen, um dich zu amüsieren?
9 Gehst du gern shoppen?
10 Was sind die Vor- und Nachteile vom Einkaufen online?
11 Bekommst du Taschengeld von deinen Eltern? Was kaufst du damit?
12 Sparst du dein Geld? Wenn ja, wofür?
13 Was isst und trinkst du gern?
14 Was soll man essen und trinken, um gesund zu bleiben?
15 Was hast du heute Morgen zum Frühstück gegessen und getrunken?
16 Warum sind viele Jugendliche Vegetarier oder Veganer, meinst du?

GRAMMAR CONTENTS

What is it and when do I use it?
Use the present tense to talk about actions you are doing now and actions you do regularly. You can also use the present tense to indicate a future action, if you use it with a time expression such as *heute* (today), *morgen* (tomorrow) or *später* (later).

Why is it important?
Verbs are the building blocks of language. Once you have mastered the present tense, the other tenses will make more sense.

Things to watch out for
German makes no distinction between 'I play', 'I **am** play**ing**' and 'I **do** play' – all three versions are *ich spiele*.

How does it work?
The ending of the verb changes according to the subject of the verb. Once you know these endings, they are the same for all regular verbs and almost all irregular verbs.

Regular verbs

	spielen (to play)	*arbeiten* (to work)
ich (I)	spiel**e**	arbeit**e**
du (you)	spiel**st**	arbeit**est**
er/sie/es/man (he/she/it/one)	spiel**t**	arbeit**et**
wir (we)	spiel**en**	arbeit**en**
ihr (you)	spiel**t**	arbeit**et**
Sie (you)	spiel**en**	arbeit**en**
sie (they)	spiel**en**	arbeit**en**

Verbs with a stem ending in –*d* (*finden*) or –*t* (*arbeiten*) add –*e* before –*st* and –*t*.

- *du* is singular; use it for a friend or family member. *ihr* is the plural of *du*.
  Sie can be singular or plural; use it in formal situations.
- *er* also means 'it' when referring to a masculine noun. *sie* also means 'it' when referring to a feminine noun.
- *man* can mean 'one', 'we', 'you', 'they', 'people'; *man* uses the same verb endings as *er/sie/es*.

Irregular verbs
Irregular verbs change their vowels in the *du* and *er/sie/es/man* forms – but the endings are regular. There are three ways the vowels might change.

	fahren (to go)	*sehen* (to see)	*nehmen* (to take)
du	f**ä**hrst	s**ie**hst	n**i**mmst
er/sie/es/man	f**ä**hrt	s**ie**ht	n**i**mmt

The verb *haben* (to have) is slightly irregular, and *sein* (to be) is very irregular, as it is in English.

	haben (to have)	*sein* (to be)
ich	habe	**bin**
du	**hast**	**bist**
er/sie/es/man	**hat**	**ist**
wir	haben	**sind**
ihr	habt	**seid**
Sie	haben	**sind**
sie	haben	**sind**

You can check on other irregular verbs included in the verb tables (pages 238–240).

1 Verbinde die Satzhälften.

1	Mein Lieblingsfach	**a**	ihr nach der Schule?
2	In der Schule trage	**b**	spielt Fußball für die Schule.
3	Meine Freundin	**c**	Sie mein Heft?
4	Welches Fach hast	**d**	ist Mathe.
5	Was macht	**e**	sind langweilig.
6	Normalerweise essen	**f**	ich eine schwarze Hose.
7	Meine Hausaufgaben	**g**	wir nicht in der Schule.
8	Frau Müller, haben	**h**	du in der zweiten Stunde?

2 Schreib die richtige Form der Verben in Klammern in die Lücken.

1 Ich ▭ Esma und meine Familie ▭ aus der Türkei. (*heißen, kommen*)

2 Wir ▭ jetzt in Hamburg und wir ▭ eine schöne Wohnung. (*wohnen, haben*)

3 Ich ▭ zu Fuß zur Schule, denn sie ▭ nur 20 Minuten von der Wohnung entfernt. (*gehen, liegen*)

4 Meine beste Freundin ▭ den Bus und viele Schüler ▭ mit der S-Bahn. (*nehmen, fahren*)

5 Herr Schmidt und Frau Esser ▭ meistens sehr nett, aber meine Klassenlehrerin ▭ zu streng. (*sein, sein*)

6 Wie ▭ du die Schule? Und was ▭ ihr normalerweise? (*finden, tragen*)

7 In Deutschland ▭ es keine Schuluniform; das ▭ Vor- und Nachteile. Was ▭ Sie dazu? (*geben, haben, meinen*)

8 Jedes Jahr ▭ man eine Klassenfahrt. Dieses Jahr ▭ die Klasse eine Woche in Rom. (*machen, verbringen*)

3 Bilde Sätze. Ordne die Wörter und schreib die richtige Form des Verbs in Klammern.

1 was – du – in der Schule – (essen) – ?

2 die Klassenlehrerin – zu – schnell – (sprechen)

3 er – im Bus – (schlafen). warum – er – nicht – (lesen) – ?

4 ihr – mit dem Bus – (fahren) – und – er – den Zug – (nehmen)

5 wo – du – ein Problem – (sehen) – ?

6 mein Freund – (helfen) – bei den Hausaufgaben

Things to watch out for

Word order is important for reflexive, separable and modal verbs, but in each case for different reasons.

Reflexive verbs

These need an accusative reflexive pronoun that matches the subject:

sich treffen (to meet)	
ich treffe **mich** du triffst **dich** er/sie/es/man trifft **sich**	wir treffen **uns** ihr trefft **euch** Sie treffen **sich** sie treffen **sich**

Some reflexive verbs (*sich die Zähne putzen, sich die Haare bürsten*) use a dative pronoun. Dative pronouns are the same as the accusative pronouns above, apart from in the *ich* and *du* forms, where *mich* and *dich* change to **mir** and **dir**: *Ich putze **mir** die Zähne. Hast du **dir** die Haare gebürstet?*

The reflexive pronoun usually goes immediately after the verb: *Wir treffen **uns** um 20 Uhr.*

If the subject and verb are inverted (e.g. in a question), the reflexive pronoun goes after both: *Wo treffen wir **uns**?*

Separable verbs

These are made up of a prefix and a verb. The prefix separates from its verb and goes to the **end** of the clause:

 fernsehen (to watch TV) *Ich **sehe** heute Abend **fern**.*
 vorbereiten (to prepare) *Er **bereitet** das Abendessen **vor**.*

But watch out! When a conjunction like *weil* (because) sends the verb to the end of the clause, the two parts join up again: *Ich gehe nicht in die Stadt, **weil** ich heute Abend fern**sehe**.*

Impersonal verbs

These are verbs used in expressions mostly with a dative pronoun (*sein, schmecken, gefallen, Spaß machen*):

 *Es ist **mir** kalt. / **Mir** ist kalt.* *Schmeckt **dir** diese Nachspeise?*
 *Das macht **ihm** Spaß. Der Film gefällt **mir** nicht / gut.*

Modal verbs

Modal verbs are irregular. They work with another verb in its infinitive form at the <u>end</u> of the clause:

	müssen (to have to, 'must')	**können** (to be able to, 'can')	**dürfen** (to be allowed to)	**wollen** (to want to)	**sollen** (ought to)	**mögen** (to like to)
ich	muss	kann	darf	will	soll	mag
du	musst	kannst	darfst	willst	sollst	magst
er/sie/es/man	muss	kann	darf	will	soll	mag
wir	müssen	können	dürfen	wollen	sollen	mögen
ihr	müsst	könnt	dürft	wollt	sollt	mögt
Sie	müssen	können	dürfen	wollen	sollen	mögen
sie	müssen	können	dürfen	wollen	sollen	mögen

 *Ich **muss** Handball **spielen**.* *Man **soll** in der Schule Sportschuhe **tragen**.* ***Darfst** du im Klassenzimmer **essen**?*

Use *ich darf nicht …* to say 'I must not … / I'm not allowed to …'. (*Ich **muss** nicht …* means 'I don't **have** to …').

seit + present tense

 *Ich **wohne** seit fünf Jahren in Berlin.* I **have lived** in Berlin for five years.
 *Wir **warten** seit 18 Uhr im Regen.* We **have waited** since 6 p.m. in the rain.

1 Ergänze die Verben und wähl das richtige Reflexivpronomen aus.

1 Karl langweil____ mich / dich / sich nie in der Schule.
2 Wir treff____ uns / euch / sich mit Sophie um 10 Uhr.
3 Wie entspann____ du mich / dich / sich am Nachmittag?
4 Ich hoffe, ihr freu____ mich / sich / euch auf die Klassenfahrt.
5 Ich setz____ mich / dich / euch abends an den Computer.
6 Sandra versteh____ mich / dich / sich sehr gut mit ihren Eltern.
7 Man drück____ mich / dich / sich per E-Mail besser aus, finde ich.
8 Sie schreib____ uns / dich / mich oft Briefe.

2 Schreib die trennbaren Verbteilen auf und schreib sie dann in der Infinitivform auf. Übersetze sie in deine Sprache.

Beispiel: **1** nehme ... teil: teilnehmen (to take part)

1 Ich nehme dieses Jahr an einem Spendenlauf teil.
2 Normalerweise komme ich um 14 Uhr zurück.
3 Siehst du heute Abend fern?
4 Mein Bruder bereitet das Abendessen vor.
5 Im Restaurant wähle ich die Pizza aus.
6 Wir stehen jeden Morgen um sechs Uhr auf.
7 Kauft ihr das Gemüse auf dem Markt ein?
8 Pfirsiche klicke ich im Online-Supermarkt nicht an, weil sie zu teuer sind.
9 Wann kommst du an?
10 Wir gehen nicht in die Aula, weil dort ein Konzert stattfindet.

3 Schreib die richtige Form des Modalverbs in Klammern in die Lücken.

1 Im Labor ____ man tolle Experimente machen. (*können*)
2 Du ____ eine Klassenarbeit schreiben. Ich freue mich seit gestern darauf! (*müssen*)
3 Was ____ ihr in der Pause essen? (*dürfen*)
4 Die Schülerinnen und Schüler ____ einen Ausweis mitbringen. (*sollen*)
5 Ich ____ meine Hausaufgaben nicht finden! (*können*) ____ Sie das glauben? (*können*)
6 Meine Freundin ____ rote Schuhe zur Schule tragen. (*dürfen*)
7 Im Klassenzimmer ____ wir nicht essen. (*sollen*)
8 Ich ____ in der Pause nicht auf dem Schulhof spielen. (*wollen*)

> Remember the 'verb second' rule. In these sentences, that means the modal verb is the second idea.

What is it and when do I use it?

Use the perfect tense to talk about actions you <u>have done</u> or <u>did</u> in the past.

Why is it important?

A lot of what you hear and read is about things that happened in the past. You will frequently be expected to talk about the past.

Things to watch out for

In German, the perfect tense is often used to convey, e.g. 'I bought', 'I have bought' and 'I did buy'. You always have to include the German for 'have'.

How does it work?

The perfect tense is made up of two parts: the auxiliary, and the past participle (at the end of the clause).

- Most verbs form the perfect with a part of the auxiliary *haben* (to have).
- Regular verbs form the past participle with **ge...t** around the stem.
- Irregular verbs often have **ge...en**, and the stem sometimes changes. (See pages 238–240 for a list of some common irregular verbs.)

infinitive		auxiliary		past participle
kaufen	ich	habe	einen Kuli	ge**kauf**t
lernen	du	hast	Mathe	ge**lern**t
spielen	er/sie/es/man	hat	Fußball	ge**spiel**t
machen	wir	haben	Hausaufgaben	ge**mach**t
tragen	ihr	habt	eine Jeans	ge**trag**en
essen	Sie/sie	haben	Brot	ge**gess**en

- Verbs ending in *–ieren* and those beginning with *be–, ge–, emp–, ent–* or *ver–* do not add *ge–* to the past participle:
  *telefonieren → ich habe **telefoniert**; beginnen → es hat **begonnen**; verpassen → sie haben **verpasst***
- Some verbs form the perfect with a part of *sein* ('to be' – but you still translate the auxiliary as 'have'). These are mostly verbs showing movement:

infinitive		auxiliary		past participle
gehen	ich	bin	in die Stadt	gegangen
fahren	du	bist	mit dem Bus	gefahren
fallen	er/sie/es/man	ist	beim Fußballspielen	gefallen
fliegen	wir	sind	nach Spanien	geflogen
kommen	ihr	seid	nach Hause	gekommen
laufen	Sie/sie	sind	zur Schule	gelaufen

- **Separable verbs** form the past participle with *–ge–* between the two parts:
  teil|nehmen   Ich habe am Spiel teil**ge**nommen.   zurück|kommen   Ich bin um 17 Uhr zurück**ge**kommen.
  fern|sehen   Sie hat gestern Abend fern**ge**sehen.   auf|stehen   Wir sind früh auf**ge**standen.
- **Reflexive verbs** place the reflexive pronoun after the part of *haben*:
  sich treffen   Ich habe **mich** gestern mit Freunden getroffen.
  sich setzen   Sie hat **sich** an den PC gesetzt.

1 Welche <u>sechs</u> Sätze sind im Perfekt? Übersetze sie in deine Sprache.

1 Du hast eine neue Tasche für die Schule gekauft.
2 Ich habe jeden Tag zu Hause Filme gesehen.
3 Ich mache meine Hausaufgaben nicht.
4 Er liest ein Buch.
5 Wir sind zur Bibliothek gegangen.
6 Ich fahre mit dem Bus zur Schule.
7 Meine Schwester ist um 20 Uhr zurückgekommen.
8 Wir sind sehr früh aufgestanden.
9 Ich sehe jeden Abend fern.
10 Ich habe ein gutes Zeugnis bekommen.

2 Schreib die vier anderen Sätze aus Aufgabe 1 im Perfekt auf.

3 Ergänze die Sätze mit der richtigen Form von *haben* oder *sein* und dem Partizip Perfekt des Verbs in Klammern.

1 Du ▨▨▨▨ viele neue Sachen für die Schule ▨▨▨▨. (*kaufen*)
2 Die Lehrerin ▨▨▨▨ früh nach Hause ▨▨▨▨. (*gehen*)
3 Ich ▨▨▨▨ den Film schon zweimal ▨▨▨▨. (*sehen*)
4 Meine Eltern ▨▨▨▨ jeden Tag mit mir ▨▨▨▨. (*telefonieren*)
5 Er ▨▨▨▨ die Arbeit anstrengend ▨▨▨▨. (*finden*)
6 Man ▨▨▨▨ auf der Klassenfahrt sehr gut ▨▨▨▨. (*essen*)
7 Wir ▨▨▨▨ gestern beim Wettbewerb ▨▨▨▨. (*schwimmen*)
8 Ich ▨▨▨▨ mich danach mit Freunden ▨▨▨▨. (*treffen*)
9 Ihr ▨▨▨▨ nicht am Spiel ▨▨▨▨. (*teilnehmen*)
10 Wann ▨▨▨▨ Sie den Bus ▨▨▨▨? (*nehmen*)

4 Schreib die Sätze im Perfekt auf.

1 Sie spielen Fußball, dann sehen sie einen Film.
2 Ich lese ein Buch.
3 Wir kommen um 11 Uhr zurück.
4 Ich beginne mit meinen Hausaufgaben, aber ich finde sie sehr langweilig.
5 Sie setzt sich an den Computer und ihre Freundin fährt mit dem Bus nach Hause.

What is it and when do I use it?
Use the imperfect tense to <u>describe</u> things in the past.

Why is it important?
A few common verbs are frequently used in the imperfect tense, especially in written German, so you need to recognise them and use the main ones.

Things to watch out for
You mainly need *haben* and *sein* and the modal verbs, so there are not too many to learn.
(See page 233 for more.)

How does it work?
These are the main verbs to learn:

	haben	*sein*	*müssen*	*dürfen*	*können*	*wollen*
ich	*hatte*	*war*	*musste*	*durfte*	*konnte*	*wollte*
du	*hattest*	*warst*	*musstest*	*durftest*	*konntest*	*wolltest*
er/sie/es/man	*hatte*	*war*	*musste*	*durfte*	*konnte*	*wollte*
wir	*hatten*	*waren*	*mussten*	*durften*	*konnten*	*wollten*
ihr	*hattet*	*wart*	*musstet*	*durftet*	*konntet*	*wolltet*
Sie/sie	*hatten*	*waren*	*mussten*	*durften*	*konnten*	*wollten*

es gibt → es gab

seit + imperfect tense
 Es **gab** seit Jahrzehnten eine Brücke dort. There **had been** a bridge there for centuries.

Auf die Plätze!

1 Präsens (P) oder Imperfekt (I)? Übersetze die Sätze in deine Sprache.

1 Ich muss zur Schule gehen.
2 Ich hatte viele Freunde.
3 Wir durften nicht zur Party gehen.
4 Es gibt ein richtiges Problem.
5 Ich kann diese Person nicht leiden.

6 Das war so schwierig.
7 Mona ist meine beste Freundin.
8 Ich habe lange, dunkle Haare.
9 Sie wollte nicht schwimmen.
10 Ich durfte mein Handy benutzen.

Fertig!

2 Schreib die Sätze im Präsens aus Aufgabe 1 im Imperfekt auf.

Los!

3 Ergänze die Sätze im Imperfekt. Es gibt mehrere Möglichkeiten. Übersetze deine Sätze in deine Sprache.

 Beispiel: **1** Ich musste zur Party gehen. (I had to go to the party.)

1 Ich ____ zur Party gehen.
2 Wir ____ nicht in die Schule gehen.
3 Meine besten Freunde ____ Dario und Lena.

4 Es ____ viele Freunde.
5 Ich ____ meine Schwester nicht leiden.
6 Das Problem ____ schwierig.

What are they and when do I use them?

Use the future tense to talk about what you <u>will</u> do.

Use the conditional to say what you <u>would</u> (or <u>would not</u>) do.

Why are they important?

You will be expected to talk about future plans (e.g. next year, in five years' time). This can also include what you would or would not do.

Things to watch out for

Both the future tense and the conditional use a form of *werden* with an infinitive at the end of the clause.

How do they work?

Future tense: use the present tense of *werden* with an infinitive.

Conditional: use *würde* (+ endings) with an infinitive.

	future	(conditional)		infinitive
ich	*werde*	*(würde)*	*die Stadt*	*besichtigen*
du	*wirst*	*(würdest)*	*ins Hallenbad*	*gehen*
er/sie/es/man	*wird*	*(würde)*	*heute Abend*	*fernsehen*
wir	*werden*	*(würden)*	*uns um 10 Uhr*	*treffen*
ihr	*werdet*	*(würdet)*	*ziemlich spät*	*zurückkommen*
Sie	*werden*	*(würden)*	*eine Radtour*	*machen*
sie	*werden*	*(würden)*	*sich gut*	*amüsieren*

Separable verbs stay joined up in the infinitive. Reflexive pronouns go after the part of *werden*.

To say what you <u>would (not) like</u> to do, use *würde gern* or *möchte*:

*Ich **würde** (nicht) **gern** Pizza essen. Ich **möchte** (nicht) nach Italien fahren.*

Auf die Plätze!

1 Futur (F) oder Konditional (K)?

  1 Ich würde bestimmt nicht fliegen.
  2 Wir werden einen Austausch machen.
  3 Wie viel wird das kosten?
  4 Was würdest du gern besichtigen?

  5 Was wirst du nächstes Jahr machen?
  6 Ich würde nie in einem Büro arbeiten.
  7 Ihr werdet eine Radtour machen.
  8 Wir würden uns gut amüsieren.

Fertig!

2 Ordne die Sätze und übersetze sie in deine Sprache.

  1 gehen / Felix / ins Hallenbad / wird .
  2 wird / Man / verbringen / in Wien / den Tag .
  3 du / fernsehen / Wirst / am Wochenende ?

  4 amüsieren / Ihr / euch / bestimmt / werdet .
  5 werde / Ich / an den PC / setzen / mich .
  6 Sie / zurückkommen / später / werden .

Los!

3 Schreib Sätze 1–3 im Futur und Sätze 4–6 im Konditional auf.

  1 Sara macht nie einen Austausch.
  2 Wann geht ihr in die Stadt?
  3 Herr Schmidt, Sie amüsieren sich bestimmt.

  4 Das kostet bestimmt viel.
  5 Ich komme gern um 23 Uhr zurück.
  6 Machst du gern eine Radtour?

DER IMPERATIV / THE IMPERATIVE

GUT KÖNNEN!

What is it and when do I use it?
Use the imperative to give commands and instructions.

Why is it important?
Knowing how to use the imperative will allow you to understand instructions better.

Things to watch out for
You need to know the difference between the words for 'you' – *du*, *ihr* and *Sie*.

How does it work?
The imperative has a different form, depending on who is receiving the command. Remember how to use present tense verbs with the three forms of 'you' because the imperative is based on them.

person receiving the command	present tense	imperative	meaning
du (one friend or family member)	*du gehst*	*geh!*	go!
	du stehst auf	*steh auf!*	get up!
	du setzt dich	*setz dich!*	sit down!
ihr (two or more friends or family members)	*ihr geht*	*geht!*	go!
	ihr steht auf	*steht auf!*	get up!
	ihr setzt euch	*setzt euch!*	sit down!
Sie (formal – one or more adults)	*Sie gehen*	*gehen Sie!*	go!
	Sie stehen auf	*stehen Sie auf!*	get up!
	Sie setzen sich	*setzen Sie sich!*	sit down!

To be more polite, you can start or end with *bitte*: *Bitte setzen Sie sich!* or *Setzen Sie sich, bitte!*

Auf die Plätze!

1 *du*, *ihr* oder *Sie*?

Beispiel: **1** Sie

1 ein Deutschlehrer
2 zwei Lehrer
3 ein Verkäufer
4 deine Eltern

5 eine Seniorengruppe
6 drei Jungen in der Klasse
7 ein Baby
8 deine Katze

Fertig!

2 Schreib die Sätze als Befehle im Imperativ auf.

1 Du gehst hier rechts.
2 Sie biegen dann links ab.
3 Ihr überquert den Platz.

4 Sie fahren an der Ampel geradeaus.
5 Du nimmst die zweite Straße rechts.
6 Du freust dich darauf.

Los!

3 Gib Befehle in allen Formen: *du*, *ihr*, *Sie*.

1 Fenster (*öffnen*)
2 Tür (*zumachen*)
3 Pizza (*auswählen*)

4 (*sich waschen*)
5 Platz (*nehmen*)
6 Gemüse (*essen*)

216 *zweihundertsechzehn*

What are they and when do I use them?
Use negatives when you want to say 'not (a)', 'nothing', 'never', 'nobody', etc.

Why are they important?
If you use a range of different negatives, you can make your speech or text more varied and appealing.

Things to watch out for
You can't say *nicht ein* before a noun; you have to use *kein* (with the correct endings).

How do they work?
- To make a sentence negative, add *nicht* (not).
  - Place *nicht* after the verb if there is no object: *Ich gehe **nicht** ins Kino.*
  - If there is an object (including a reflexive pronoun), *nicht* comes directly after it:
    *Ich mag den Film **nicht**.*
    *Ich freue mich **nicht** darauf.*
- Other negatives are *nie* (never), *nichts* (nothing) and *niemand* (nobody).
  *Er hat den Film **nie** gesehen.*
  *Wir haben **nichts** gemacht.*
  ***Niemand** kommt mit in die Stadt.*
  *Ich habe **niemanden** gesehen.*
- To say 'not a / not any / no', use *kein/keine*; it follows the same pattern as *ein* (see page 218).
  *Das ist **keine** Komödie. Ich habe **kein** Geld. Wir haben **keinen** Fußball gekauft.*

Auf die Plätze!

1 Welche Sätze sind negativ?

1 Das würde ich nie machen.
2 Er hat mir nichts gegeben.
3 Mein Vater arbeitet nachts.

4 Ich habe einen kleinen Hamster.
5 Sie wird nicht an die Uni gehen.
6 Wir haben keine Zeit dafür.

Fertig!

2 Bilde negative Sätze mit dem Wort in Klammern.

1 Ich würde gern Golf spielen. (*nicht*)
2 Wir haben das Spiel gewonnen. (*nicht*)
3 Man darf in der Aula essen. (*niemand*)
4 Ich lese im Zug. (*nie*)
5 Ich setze mich an den PC. (*nicht*)
6 Ich habe eine Katze. (*kein–*)

Los!

3 Bilde negative Sätze. Es gibt mehrere Möglichkeiten.

1 Mein Vater arbeitet.
2 Wir würden das machen.
3 Er liest im Bett.
4 Sie hat den Film gesehen.
5 Ich habe viele Haustiere.
6 Jemand war im Garten.

> Use *nie, nichts, niemand* and *kein* as well as *nicht* to express a negative.

What are they and when do I use them?

Nouns are used to name things, people and ideas. You use them all the time.

Articles are words such as 'the' (the definite article) and 'a' (the indefinite article).

Why are they important?

They form the basis of a language, so you cannot speak German without them.

Things to watch out for

All nouns have a <u>gender</u> (masculine, feminine, neuter) and a <u>number</u> (singular, plural). These affect the form of the <u>article</u> (*der*, *ein*, etc.).

The function of a noun in a sentence (its <u>case</u>), often indicated by its position, also affects the article: for example, the subject is in the nominative case, the direct object is in the accusative case (but only the masculine form changes).

How do they work?

Definite article (the)

Nominative: *Der* Roman / *Die* Komödie / *Das* Buch *ist gut.*
Die Comics *sind gut.*

Accusative: *Ich lese* **den** Roman / **die** Komödie / **das** Buch /
die Comics.

Demonstrative articles (*dieser* this/these, *jener* that/those)

Nominative: **Dieser** Zug / **Diese** Bahn / **Dieses** Auto *fährt schnell.*
Diese Leute *gehen langsam.*

Accusative: *Ich mag* **jenen** Lehrer / **jene** Lehrerin / **jenes** Tier /
jene T-Shirts.

Indefinite article (a, an)

Nominative: **Ein** Mann / **Eine** Frau / **Ein** Kind *geht ins Kino.*

Accusative: *Ich sehe* **einen** Mann / **eine** Frau / **ein** Kind.

Here is a summary of the changes in the articles:

	masc.	fem.	neut.	pl.
definite article: the				
nom.	*der*	*die*	*das*	*die*
acc.	**den**	*die*	*das*	*die*
indefinite article: a, an				
nom.	*ein*	*eine*	*ein*	–
acc.	**einen**	*eine*	*ein*	–

The negative article (*kein* – no, not a) and possessive adjectives (*mein*, *dein*, *sein*, *ihr* – my, your, his, her) follow the same pattern as *ein*.

Nominative: *Kein Mann / Keine Frau / Kein Kind* **geht ins Kino.**
Mein Roman / Meine Komödie / Mein Buch **ist gut.**

Accusative: *Ich sehe* *keinen Mann / keine Frau / kein Kind.*
Ich lese *meinen Roman / meine Komödie / mein Buch.*

Noun gender

The **gender** of people is usually easy to work out – but watch out for **das** Mädchen. You need to learn the gender of other nouns, but there are patterns to help you:

- *–er* endings are usually masculine.
- *–in* endings for jobs are feminine (*die Lehrerin, die Metzgerin*).
- *–e* endings are usually feminine; *–ung*, *–heit*, *–keit*, *–ik* <u>always</u> are.
- nouns from verbs (*das Ess**en***) and nouns ending in *–chen* are neuter.

jemand, niemand

These follow the same pattern as the masculine definite article.
Nominative: *Niemand / Jemand ist zu Hause.*
Accusative: *Ich sehe niemand**en** / jemand**en**.*

Plural nouns

There are lots of ways to form plurals, but there are patterns you can follow:

(–e) / (¨e)	(–n) / (-en)	(–) / (¨)	(–er) / (¨er)	(–s)
Filme Würste	Komödien Sendungen	Spieler Mütter	Bilder Wörter	Kinos Shows
	(mostly feminine)			(mostly foreign)

Dative plurals

Plural nouns in the dative case add the ending –(e)n.
Ich habe zwei Brüder. Ich spiele mit meinen Brüdern.
Was siehst du in den Bildern?
Nouns that already end in –n or –s do not change in the dative plural.

Auf die Plätze!

1 Sind die Nomen im Maskulinum (M), Femininum (F) oder Neutrum (N)?

1 Freund	**7** Zeitung	**13** Zeugnis
2 Freundin	**8** Mädchen	**14** Snowboarden
3 Fete	**9** Vergangenheit	**15** Musik
4 Lehrer	**10** Sitzenbleiben	**16** Lehrer
5 Geschenk	**11** Sehenswürdigkeit	
6 Direktorin	**12** Serie	

> If you're not sure of the gender of a noun, check in a dictionary. After the noun it will usually give the gender (*m, f, n*) or the definite article (*der, die, das*).

Fertig!

2 Schreib diese Pluralnomen im Singular auf.

Beispiel: **1** die Filme – der Film

1 die Filme	**4** die Zuschauer	**7** die Bäume	**10** meine Fahrräder
2 die Schulen	**5** meine Klassen	**8** ihre Autos	
3 die Bücher	**6** seine Schwestern	**9** keine Wörter	

3 Wähl den richtigen Artikel aus.

1 Der / Den / Die / Das Film war furchtbar!
2 Hast du der / den / die / das Spiel gesehen?
3 Ich sehe jeden Tag ein / einen / eine Dokumentation.
4 Es gibt morgen ein / einen / eine tollen Festzug.
5 Ich habe kein / keinen / keine Zeit zum Lesen gehabt.
6 Ich lese kein / keinen / keine Zeitschriften.
7 Mein / Meinen / Meine Lieblingssportart ist Hockey.
8 Wo hast du dein / deinen / deine Geburtstag gefeiert?

Los!

4 Ergänze die Sätze mit Pluralnomen.

1 Meine Lieblingssendungen sind ▢▢▢. (*die Serie*)
2 Ich sehe jeden Monat sechs ▢▢▢. (*der Film*)
3 Ihr Kind hat ▢▢▢ (*das Rad*) gesehen.
4 Das Mädchen hat ▢▢▢ (*kein Buch*) gelesen.
5 Hast du mit vielen ▢▢▢ (*Spielzeug*) gespielt?

Cases

What are they and when do I use them?

Nouns and pronouns have a different case, depending on their function in a sentence. There are four cases. You use the **nominative** and **accusative** most of the time, the **dative** less often and the **genitive** least of all.

Why are they important?

They give structure to a sentence and make the meaning clear. Using the wrong case can completely change the meaning.

Things to watch out for

Articles, possessive adjectives and adjectives change to match the case of the noun. Prepositions also change the case (see page 222).

How do they work?

- **Nominative:** used for the subject of a sentence, the person or thing doing the action of the verb:
  Der Film beginnt um 19 Uhr. Eine Frau trinkt ein Glas Wasser.
- **Accusative:** used for the direct object, the person or thing to which the verb is 'done':
  Mein Bruder isst einen Hamburger. Ich habe das Spiel gesehen. Eine Frau trinkt ein Glas Wasser.
- **Dative:** used for the indirect object: 'to' or 'for' somebody or something:
  Ich gebe dem Lehrer ein Buch. Er stellt der Schülerin eine Frage.
- **Genitive:** used to show possession ('of'); masculine and neuter nouns often add –s or –es:
  Das Rad meines Bruders ist alt. Das ist die Firma meiner Mutter. Am Ende des Jahres feiern wir Silvester.

> The verbs *helfen* (to help) and *danken* (to thank) use the dative for the object: *Sie hilft dem Mann. Er dankt der Frau.*

Pronouns

What are they and when do I use them?

Pronouns replace nouns so you don't repeat things too much.

Things to watch out for

They change case just like nouns.

How do they work?

subject (nom.)	*ich* (I)	*du*	*er*	*sie*	*es*	*wir*	*ihr*	*Sie*	*sie*
direct object (acc.)	*mich* (me)	*dich*	*ihn*	*sie*	*es*	*uns*	*euch*	*Sie*	*sie*
indirect object (dat.)	*mir* (to me)	*dir*	*ihm*	*ihr*	*ihm*	*uns*	*euch*	*Ihnen*	*ihnen*

Er ist mein Vorbild.   *Ich finde ihn ein gutes Vorbild.*   *Gute Vorbilder sind ihm wichtig.*

Relative pronouns: *der/die/das* (who, which), *den/die/das* (who(m), which)
Use these to refer back to someone or something. They send the verb to the end of the clause:

masc.	*Ein Mann, der ... ist*	A man **who** is ...
fem.	*Eine Frau, die ... war*	A woman **who** was ...
neut.	*Ein Event, das ... hilft*	An event **which** helps ...
pl.	*Leute, die ... inspirieren*	People **who** inspire ...

For masculine nouns, change **der** to **den** (accusative) when it is the direct object of that clause:
Ein Mann, den ich bewundere.   A man **whom** I admire.

Auf die Plätze!

1 Ist das unterstrichene Wort das Subjekt (N – Nominativ) oder das direkte Objekt (A – Akkusativ) des Satzes?

1 <u>Meine Freizeit</u> ist mir sehr wichtig.
2 Mein Freund kauft <u>eine Eintrittskarte</u> für das Konzert.
3 Ich höre sehr gern <u>Musik</u>.
4 Wir haben <u>den Wettkampf</u> toll gefunden.
5 <u>Die Schwestern</u> spielen gern Fußball.
6 Leo hat gestern <u>seinen Geburtstag</u> gefeiert.
7 Am 6. Dezember bekommen <u>die guten Kinder</u> kleine Geschenke.
8 Meine Freundin würde <u>das Buch</u> nie lesen.
9 Samstag wird <u>die Familie</u> das Spiel sehen.
10 <u>Den Film</u> habe ich schon gesehen.

> Think carefully about the part played by the underlined nouns and the case of other nouns in the sentences. Adjectives can also help you recognise the correct gender and case (see page 224).

Fertig!

2 Tausch die unterstrichenen Nomen aus Aufgabe 1 mit den richtigen Pronomen aus.

3 Wähl den richtigen Artikel aus.

1 Ein / Einen / Einem guter Lehrer muss freundlich sein.
2 Abends sieht dem / der / die Familie immer fern.
3 Wir essen eines / einer / einen Hamburger.
4 Ich brauche keine / keiner / keinem beste Freundin.
5 Maja und ich lieben der / die / das gleichen Fächer.
6 Meinen / Meinem / Meines Geburtstag habe ich gut gefeiert.
7 Am Ende dem / des / das Tages lese ich gern einem / eine / einer Zeitschrift.
8 Er hilft seine / seinem / seiner Mutter bei der Arbeit.

Los!

4 Schreib die Sätze mit Pronomen statt der unterstrichenen Wörter.

1 Wie sieht <u>das Wochenende</u> aus?
2 Sonntags mache ich <u>eine Radtour</u>.
3 <u>Mein Bruder und ich</u> haben <u>den Wettkampf</u> im Fernsehen gesehen.
4 <u>Die Schülerinnen und Schüler</u> stellen <u>den Lehrern</u> viele Fragen.
5 <u>Leila</u> hat <u>ihrer Freundin</u> ein Geschenk gegeben.
6 <u>Meinen Freund</u> habe ich in der Stadt gesehen.

5 Schreib die Sätze mit Relativpronomen. Übersetze sie dann in deine Sprache.

Beispiel: 1 Ich habe eine Katze, die sehr süß ist. (I have a cat that is very sweet.)

1 Ich habe eine Katze. <u>Sie</u> ist sehr süß.
2 Ich habe mehrere Vorbilder. <u>Sie</u> sind echt beeindruckend.
3 Gandhi war ein Politiker. <u>Er</u> hat viel für sein Land gemacht.
4 Ich habe Respekt vor der Schauspielerin. <u>Sie</u> spielt die Hauptrolle im Film.
5 Wir haben ein Spiel gesehen. <u>Es</u> war wirklich spannend.
6 Das ist der Fußballer. Ich bewundere <u>ihn</u> für seinen positiven Einfluss.
7 Kennst du die Sportlerin? Wir haben <u>sie</u> gestern im Fernsehen gesehen.

What are they and when do I use them?
Prepositions tell you more about the relative position of a noun or pronoun ('on', 'with', 'by', 'in', etc.). You use them frequently.

Why are they important?
You need to understand them to make the meaning of a sentence clear.

Things to watch out for
They affect the case of the noun or pronoun. Some have a different meaning when used with a different case.

How do they work?
There are three main groups of prepositions:

always with accusative		always with dative		dual case: accusative or dative	
bis	until	*aus*	out of	*an*	to (acc.), at (dat.)
durch	through	*außer*	except for	*auf*	onto (acc.), on (dat.)
für	for	*bei*	at (the house of)	*hinter*	behind
gegen	against	*mit*	with	*in*	into (acc.), in (dat.)
ohne	without	*nach*	after, to	*neben*	next to, near
um	around	*seit*	since	*über*	over, above
wider	against (contrary to)	*von*	from, by	*unter*	under, below
entlang	along	*zu*	to	*vor*	in front of
		gegenüber	opposite	*zwischen*	between

A few prepositions use the genitive case: *außerhalb* (outside), *innerhalb* (inside), *statt* (instead of), *trotz* (in spite of), *während* (during), *wegen* (because of):
> **während des** Tages; **wegen des** Wetters

More things to watch out for
- There are short forms of some prepositions and articles:
  bei dem → **beim** (at the); *von dem* → **vom** (from the); *zu dem* → **zum** (to the); *zu der* → **zur** (to the)
  an das → **ans** (to the); *an dem* → **am** (at the); *in das* → **ins** (into the); *in dem* → **im** (in the)
- For the dual case prepositions:
  - use the accusative when there is <u>movement</u> towards a place:
    *Ich gehe **ins Sportzentrum**.* I go **to the sports centre**.
    *Er stellt das Buch **auf den Tisch**.* He puts the book **onto the table**.
  - use the dative when there is <u>no movement</u> towards a place:
    *Ich trainiere **im Sportzentrum**.* I train **at the sports centre**.
    *Das Buch ist **auf dem Tisch**.* The book is **on the table**.
- *entlang* and *gegenüber* usually follow the noun or pronoun:
  *die Straße **entlang*** – **along** the road
  *der Bank **gegenüber*** – **opposite** the bank
- When prepositions are used after certain verbs they don't always have their usual meaning:
  *sich freuen **auf*** – to look forward **to**: *Ich freue mich auf den Urlaub.*
  *Angst haben **vor*** – to be afraid **of**: *Ich habe Angst vor ihm.*

Auf die Plätze!

1 Wähl die richtige Präposition aus. Sieh dir zur Hilfe die Nomen und Pronomen genau an.

1 Ich gehe durch / aus dem Haus und laufe die Straße entlang / gegenüber.
2 Seit / Für einer Stunde warte ich um / auf dem Marktplatz.
3 Ohne / In der Stadt kaufe ich ein Geschenk von / für meine Mutter.
4 Bis / Nach der Fete fahren wir mit / gegen dem Taxi ins / zum Bahnhof.
5 Ich habe Angst für / vor ihnen.
6 Ich fahre gern mit / gegen dem Rad von / durch den Wald.
7 Trotz / Zwischen des Wetters haben wir schöne Ferien bei / für meiner Oma verbracht.
8 Wir fahren ohne / seit einer halben Stunde um / nach die Stadt.

Fertig!

2 Wähl den richtigen Artikel im Akkusativ oder Dativ aus.

1 Wir wohnen in ein / einem kleinen Dorf neben eine / einer Kirche.
2 In mein / meinem Zimmer habe ich einen Tisch vor das / dem Fenster.
3 An die / der Wand hängt ein großes Poster.
4 Die Post liegt zwischen die / der Bank und einen / einem Supermarkt.
5 Er wäscht das Auto vor die / der Garage.
6 Wir mussten meine Schwester ins / im Krankenhaus bringen.
7 Ich lade viel Musik auf mein / meinem neues Handy herunter.
8 Er hat sich zuerst auf den / dem Stuhl gesetzt. Jetzt sitzt er auf das / dem Sofa.

Los!

3 Ergänze die Sätze mit den Wörtern in Klammern. Füg die richtigen Endungen hinzu, wenn nötig.

1 Ich habe zehn Tage ▢▢ ▢▢ deutschen Freund verbracht.
(bei / mein)
2 ▢▢ ▢▢ Reise war ich sehr müde.
(nach / die)
3 Ich habe ein Geschenk ▢▢ ▢▢ Eltern gebracht.
(für / sein)
4 Wir sind ▢▢ ▢▢ Schwester ▢▢ Schule gegangen.
(mit / sein; zu / die)
5 ▢▢ Wochenende sind wir ▢▢ ▢▢ Stadt gefahren.
(an / das; aus / die)
6 Wir sind ▢▢ ▢▢ Bruder ▢▢ ▢▢ Wald gefahren.
(mit / sein; durch / der)
7 Sara ist ▢▢ ▢▢ Regens zu Hause geblieben.
(wegen / der)
8 Ich freue mich ▢▢ ▢▢ nächsten Besuch.
(auf / der)

> Check the gender of the nouns so you choose the correct form of the articles and possessive adjectives. For extra support refer to Kapitel 3.2 and 3.3.

What are they and when do I use them?
Use adjectives to say more about a person, thing or idea, to describe its colour, size, characteristics, etc.

Why are they important?
They add variety to your work and make it more personal.

Things to watch out for
In German, adjectives have to 'agree' with the noun when placed before it. They have different endings for masculine, feminine, neuter, plural and for different cases.

How do they work?
- Do not add endings to adjectives used by themselves, usually with the verb 'to be':
  *Meine Schwester ist **sportlich**, aber ich bin **faul**.*

- **Adjectives used with the definite article** (*der/die/das*) or with *dieser/diese/dieses* (this), *jener/jene/jenes* (that), *jeder/jede/jedes* (every) and *welcher/welche/welches* (which) follow this pattern:

	nominative	accusative	dative
masc.	der gut**e** Freund	den gut**en** Freund	dem gut**en** Freund
fem.	die gut**e** Freundin	die gut**e** Freundin	der gut**en** Freundin
neut.	das gut**e** Kind	das gut**e** Kind	dem gut**en** Kind
plural	die gut**en** Kinder	die gut**en** Kinder	den gut**en** Kindern

Just five of these end in *–e*, and the rest end in *–en*: not too difficult after all!

- **Adjectives used with the indefinite article** (*ein/eine/ein*), the negative *kein* and possessive adjectives *mein* (my), *dein* (your), *sein* (his), *ihr* (her), *unser* (our), *euer* (your), *Ihr* (your), *ihr* (their) follow this pattern:

	nominative	accusative	dative
masc.	ein / kein / mein gut**er** Freund	einen / keinen / meinen gut**en** Freund	einem / keinem / meinem gut**en** Freund
fem.	eine / keine / meine gut**e** Freundin	eine gut**e** Freundin	einer gut**en** Freundin
neut.	ein / kein / mein gut**es** Kind	ein / kein / mein gut**es** Kind	einem / keinem / meinem gut**en** Kind
plural	keine gut**en** / meine gut**en** Kinder	keine gut**en** / meine gut**en** Kinder	keinen / meinen gut**en** Kindern

Again, there are just five to learn, as the rest end in *–en*.

- **Adjectives used with no article** follow this pattern:

	nominative	accusative	dative
masc.	heiß**er** Kaffee	heiß**en** Kaffee	heiß**em** Kaffee
fem.	kalt**e** Milch	kalt**e** Milch	kalt**er** Milch
neut.	gut**es** Wetter	gut**es** Wetter	gut**em** Wetter
plural	klein**e** Kinder	klein**e** Kinder	klein**en** Kindern

- **Possessive adjectives used without a noun** follow this pattern:

masc.	fem.	neut.
meiner	meine	meines

*Unser Haus ist groß, aber **ihres** ist größer.*

Auf die Plätze!

1 Wähl das richtige Wort aus.

1 Der neue / neuer Parkplatz war zu klein.
2 Ich habe das alte / altes Restaurant toll gefunden.
3 Ich habe die letztes / letzten Bücher in der Serie nicht gelesen.
4 Sie trägt heute diesen schwarzer / schwarzen Rock, weil der rote / roter Rock nicht passt.
5 Ich mag diese blaues / blauen T-Shirts nicht. Die andere / anderen Farben sind besser.

2 Wähl das richtige Wort aus.

1 Wie findest du meine neue / neuen Schuluniform?
2 Die Jungen tragen eine graue / grauen Hose, ein weiße / weißes Polohemd und einen blauer / blauen Pullover.
3 Am Montag gibt es keine langweiligen / langweiliges Fächer.
4 Ich habe tolle / tollen Lehrerinnen und Lehrer.
5 Nach der Schule trinke ich gern einen kalter / kalten Milchshake, aber heiße / heißem Schokolade schmeckt mir nicht.

3 Wähl das richtige Wort aus.

1 Ich komme mit meiner kleiner / kleinen Schwester gut aus.
2 Von der erste / ersten Minute an war das Spiel toll. Welche neue / neuen Spieler gibt es?
3 Wir waren mit der ganze / ganzen Klasse im neues / neuen Schwimmbad.
4 Ich möchte gern mit kleine / kleinen Kindern arbeiten.
5 Bei schlechtes / schlechtem Wetter können wir nicht snowboarden.

Fertig!

4 Ergänze die Beschreibung mit dem richtigen Adjektiv aus dem Kästchen. Achte auf die Endungen.

Ein **1** ▨▨▨ Freund oder eine **2** ▨▨▨ Freundin spielt eine **3** ▨▨▨ Rolle im Leben. Er oder sie muss die **4** ▨▨▨ Interessen haben, finde ich. Ein **5** ▨▨▨ Kind mit **6** ▨▨▨ Haaren und ein **7** ▨▨▨ Hund wohnen in einer **8** ▨▨▨ Wohnung – beide brauchen keine **9** ▨▨▨ Geschenke; sie brauchen nur **10** ▨▨▨ Freunde.

alter	kleinen
guter	gute
liebe	lockigen
wichtige	kleines
gleichen	teuren

Los!

5 Ergänze die Sätze mit der richtigen Form des Adjektivs.

1 Ich habe dieses (*weiß*) T-Shirt und einen (*neu*) Pullover gekauft.
2 Es gibt keine (*andere*) Farben.
3 Ich gehe zum (*neu*) Kino mit meinen (*gut*) Freunden.
4 (*Kalt*) Kaffee schmeckt mir nicht. Magst du (*dein*)?
5 Das ist aber eine (*einfach*) Aufgabe. Ist (*dein*) auch so einfach?

DER KOMPARATIV UND DER SUPERLATIV / COMPARATIVE AND SUPERLATIVE

What are they and when do I use them?

They are forms of adjectives ('smaller', 'more interesting', 'the best', 'the most useful') and adverbs that you use when comparing things.

- Use **comparative** adjectives to compare two things and say one is bigger, better, etc. than the other.
- Use **superlative** adjectives to compare more than two things and say one is the biggest, best, etc.

Why are they important?

Comparing things adds more value to your work than just describing them.

Things to watch out for

Comparative and superlative adjectives need endings when used before a noun.

How do they work?

- The **comparative**: just add –er to the adjective:
  interessanter: Meine Geschichte ist interessanter; kleiner: Mein Hund ist kleiner.
  Some shorter adjectives also add an umlaut to the vowel.
  alt → älter; kalt → kälter; groß → größer; kurz → kürzer; jung → jünger
  Learn this irregular form: *gut → besser.*

- When used before a noun, add the correct ending to the adjective:
  interessanter: eine interessantere Geschichte; kleiner: Ich habe einen kleineren Hund.

- To say 'bigger than', etc., use *als: Berlin ist **größer als** Köln. Bücher sind **besser als** Filme.*

- The **superlative**: use *am* before the adjective and add –sten at the end (or –esten if the adjective ends in a vowel or –t):
  *Das Fach ist **am** langweiligsten.*

- When used before a noun, don't add *am* but add –st (or –est) plus the correct ending:
  das langweiligste Fach; die sportlichsten Kinder; der neueste Film

- If the comparative adjective adds an umlaut to the vowel, then the superlative does so, too.
  alt → (am) ältest(en); groß → (am) größt(en)
  Note: *gut* becomes **bester/beste/bestes.**

Adverbs

- In German, these often look the same as adjectives, but they tell you more about the <u>verb</u>:
  *Ich laufe **schnell**.* I run quickly.
  *Sie arbeiten **gut**.* You/They work well.

- **Comparative adverbs** add –er, just like the adjectives:
  Ich laufe schneller als du. I run faster than you.
  Sie arbeiten besser als ich. You/They work better than I do.

- **Superlative adverbs** have *am* before them and they add –sten (or –esten):
  *Ich laufe **am** schnellsten.* I run fastest.
  *Sie arbeiten **am besten**.* You/They work best.

- Two useful adverbs are *mehr* (more) and *am meisten* (the most), *weniger* (less) and *am wenigsten* (the least).

- Use the adverbs *gern, lieber, am liebsten* to say you like, prefer, and like most of all doing something:
  *Ich esse **gern** Äpfel, ich esse **lieber** Bananen, aber **am liebsten** esse ich Kuchen.*
  I like eating apples, I prefer eating bananas, but I like eating cake the most.

1 Schreib Sätze mit *gern* ✓, *lieber* ✓✓, *am liebsten* ✓✓✓.

Beispiel: **1** Ich lese gern Bücher, aber ich sehe lieber Filme. Am liebsten höre ich Musik.

1 ✓ Bücher – ✓✓ Filme – ✓✓✓ Musik
2 ✓ Fisch – ✓✓ Hamburger – ✓✓✓ Karotten
3 ✓ Tennis spielen – ✓✓ schwimmen – ✓✓✓ Ski fahren
4 ✓ in die Stadt gehen – ✓✓ Rad fahren – ✓✓✓ fernsehen

2 Ergänze die Sätze mit den Komparativen der Adjektive in Klammern. Übersetze sie dann in deine Sprache.

1 Mathe ist ▓▓▓ als Deutsch. (*schwierig*)
2 Ein Fahrrad ist ▓▓▓ als ein Auto. (*umweltfreundlich*)
3 Mit dem Zug ist es ▓▓▓ als mit dem Bus. (*bequem*)
4 Mein bester Freund ist ▓▓▓ als ich. (*alt*)
5 Filme sind ▓▓▓ als Bücher. (*gut*)

3 Ergänze die Sätze mit den Wörtern in Klammern.

Beispiel: **1** Berlin ist eine größere Stadt als München.

1 Berlin ist eine ▓▓▓ Stadt als München.
(Komparativ: *groß*)
2 Meiner Meinung nach ist das Leben in der Stadt ▓▓▓ ▓▓▓ das Leben auf dem Land.
(Komparativ: *interessant*)
3 Ich finde, das Auto ist das ▓▓▓ Verkehrsmittel.
(Superlativ: *praktisch*)
4 Ich glaube, Meerschweinchen sind die ▓▓▓ Tiere.
(Superlativ: *freundlich*)
5 Ich bin das ▓▓▓ Mitglied der Familie und ich arbeite ▓▓▓ ▓▓▓.
(Superlativ: *jung, fleißig*)
6 Mit dem Zug kommt man ▓▓▓ ▓▓▓ von Hamburg nach Köln.
(Superlativ: *schnell*)

4 Bilde mit Hilfe der Wörter <u>vier</u> Sätze im Komparativ oder Superlativ.

Beispiel: Ein Bauernhof auf dem Land ist ruhiger als eine Wohnung in der Stadtmitte.
Der Abfall an Bushaltestellen ist am schlimmsten in der Stadt.

Themen:	Adjektive:
das Land	gut
der Abfall	ruhig
das Problem	langsam
das Verkehrsmittel	bequem
	umweltfreundlich
	groß
	schlimm

What are they and when do I use them?
Questions are used all the time as a way of finding out information.

Why are they important?
You can't get far in any language without being able to understand and ask questions.

Things to watch out for
The subject and verb are usually swapped round in questions.

How do they work?

- To ask a question, just put the verb first, then the subject (inversion):
  Gehst du heute in die Stadt? Will you go into town today?
  Hast du meine Tasche gesehen? Have you seen my bag?

- It is often useful to adapt your intonation when asking questions. Typically, questions should be asked with rising intonation in German, especially if it is a yes/no-question.

  Gehst du heute in die Stadt?

- Some questions need a question word in front of the verb:

wer?	who?
was?	what?
wo?	where?
wohin?	where (to)?
woher?	where from?
wann?	when?
warum?	why?
wie?	how?
was für?	what sort of?
wie viel?	how much?
wie viele?	how many?
um wie viel Uhr?	at what time?
wie oft?	how often?

  Warum gehst du in die Stadt?
  Wo hast du meine Tasche gesehen?

- The interrogative adjective *welcher* (which) changes in the same way as *der* (the), depending on the gender, number and case of the noun:
  Welcher Lehrer unterrichtet Sport? (masculine, nominative)
  Welchen Rock trägst du heute Abend? (masculine, accusative)
  Mit welchem Zug fahren wir? (masculine, dative)

- Be careful with *wer* – this sometimes changes to *wen* (accusative) and *wem* (dative):
  Wer möchte ein Eis? (subject) **Who** would like an ice cream?
  Wen hat er gesehen? (direct object – whom) **Who(m)** did he see?
  Mit wem wirst du Tennis spielen? (indirect object / dative after *mit* – with whom) **With whom** will you play tennis?

Auf die Plätze!

1 Ändere den Satzbau, um Fragen zu bilden.

1 Du hast in der ersten Stunde Deutsch.
2 Mathe ist dein Lieblingsfach.
3 Der Lehrer kommt später.
4 Wir lernen heute kein Französisch.
5 Die Pause beginnt um elf Uhr.

Practise saying questions out loud with rising intonation.

Fertig!

2 Verbinde die Fragen und die Antworten.

1 Für wann möchten Sie das Zimmer reservieren?
2 Wie viel kostet das?
3 Woher kommst du?
4 Um wie viel Uhr ist das Frühstück?
5 Wie fahren wir am besten nach München?
6 Warum willst du nach Thailand fahren?
7 Welches Zimmer ist das?

a Ich komme aus der Schweiz.
b Das ist Zimmer 103.
c Ich möchte es vom 4. April für drei Nächte reservieren.
d Sie fahren am besten mit dem Zug.
e Das kostet 100 Euro.
f Um sieben Uhr.
g Weil es dort sehr schön ist.

3 Ergänze die Fragen mit einem passenden Fragewort.

1 _____ trägst du morgen zur Schule?
2 _____ fährst du nach Berlin?
3 _____ kostet die Fahrkarte?
4 _____ geht es dir heute?
5 _____ Filme siehst du gern?
6 _____ verbringst du gern deine Ferien?

Los!

4 Schreib passende Fragen zu diesen Antworten. Es gibt mehrere Möglichkeiten, aber konzentriere dich auf die richtige Grammatik.

1 Mein(e) Sporttrainer(in) ist mein Vorbild.
2 Der Zug kommt um 10 Uhr an.
3 Ich habe einen Fußballstar gesehen.
4 Weil das interessant ist.
5 Ich werde ein gelbes Kleid tragen.
6 Wir gehen nach Hause.

What are they and when do I use them?
Use conjunctions (also known as connectives) to link shorter sentences together.

Why are they important?
Using conjunctions allows you to make extended sentences, which sound more natural.

Things to watch out for
Word order – some conjunctions send the verb to the end of the clause.

How do they work?
- **Coordinating conjunctions: *und*** (and), ***aber*** (but), ***denn*** (because), ***oder*** (or)
  Just add these between sentences. They do not affect word order at all. Remember to put a comma before
  aber and *denn*:
  *Ich gehe gern ins Kino, **aber** ich finde es sehr teuer.*
  *Ich freue mich auf die Klassenfahrt, **denn** wir fahren in die Alpen.*

- **Subordinating conjunctions: *weil*** (because), ***dass*** (that), ***wenn*** (if, whenever), ***als*** (when – in the past),
  ob (whether, if), ***obwohl*** (although)
  These send the verb to the end of their clause. Always put a comma before them:
  *Wir fahren in den Ferien nach Italien, **weil** es dort heiß **ist**.*
  *Ein Problem ist, **dass** kleine Kinder zu oft am Bildschirm **sind**.*

- When a subordinating conjunction is followed by two verbs, it is the main verb or modal which appears last in
  the sentence:
  *Ich bin traurig, **weil** ich nicht gewonnen **habe**.*
  *Er ist erstaunt, **dass** er in die USA fahren **darf**.*

- You can use most question words in the same way: *wo, wann, was, wer*:
  *Ich weiß nicht, **was** ich zum Geburtstag bekomme.*
  *Ich wohne in einer Stadt, **wo** es kein Kino gibt.*

- If you start a sentence with a subordinating conjunction, this clause becomes the first 'idea' in the sentence, so
  the second idea must be a verb ('verb second' rule). This gives the pattern **verb – comma – verb** in the middle
  of the sentence:
  *Wenn ich in die Stadt **fahre**, **nehme** ich immer den Bus.*
  *Als ich klein **war**, **hatte** ich ein tolles Fahrrad.*

Word order
Remember the main rules about word order.
- **Verb second in a main clause** – the verb is the second 'idea'; the first part can be more than one word.
  Ein sehr großes Problem *ist der Müll.*

- **Verb at the end of a subordinate clause** (see above).

- **Infinitives go to the end of a clause**. They sometimes have *zu* before them.
  *Ich hoffe, in Urlaub **zu fahren**.*

- When you use two or more adverbs together, they follow the order **Time – Manner – Place** (ask yourself:
  when? how? where?).
  Ich fahre morgen mit dem Fahrrad zur Schule.
       time   manner   place

Sequencers
Sequencers help to structure your work. They appear as the 'time' element of a sentence: *jetzt, als Erstes, zuerst,
dann, danach, anschließend, endlich.*

1 Verbinde die Satzhälften. Schreib die Sätze auf und unterstreiche die Verben.

1 Meine Lehrerin ist nett
2 Ein guter Freund hilft mir
3 Ich freue mich auf Samstag, denn
4 Ich freue mich auf die Ferien, weil
5 Der Direktor ist sehr streng,
6 Ich finde es sehr wichtig,
7 Ich spiele gern Tennis,
8 Wir wissen noch nicht,

a dass Frauen erfolgreich sind.
b ich gehe auf ein Konzert.
c und ich finde sie sympathisch.
d ob das Spiel morgen stattfindet.
e wenn das Wetter gut ist.
f aber er ist auch fair.
g oder unterstützt mich.
h wir keine Schule haben.

2 Schreib die Sätze richtig auf.

1 Es regnet stark, <u>aber</u> …   gehen / zum Fußballspiel / wir / .
2 Ich gehe oft ins Kino, <u>weil</u> …   mag / Filme / ich / .
3 Gib deine Meinung, <u>ob</u> …   wichtig / Vorbilder / sind / .
4 Ein großer Nachteil ist, <u>dass</u> …   bleibt / das Leben / nie privat / .
5 Wir sind in den Europa-Park gegangen, <u>denn</u> …   habe / gefeiert / meinen Geburtstag / ich / .
6 Ich werde im Restaurant essen, <u>obwohl</u> …   ich / habe / Geld / wenig / .
7 Ich würde um die Welt reisen, <u>wenn</u> …   Geld / hätte / ich / mehr / .
8 Ich war der Älteste in der Klasse, <u>als</u> …   ich / war / Grundschule / in der / .

3 Schreib jedes Satzpaar als einen Satz auf. Beginn jedes Mal mit der Konjunktion.

1 (*wenn*) Das Wetter ist gut. Ich mache eine Radtour auf dem Lande.
2 (*als*) Ich war klein. Meine Oma war mein Vorbild.
3 (*obwohl*) Ich werde auf ein Konzert gehen. Ich werde nicht spät zurückkommen.
4 (*wenn*) Man steht im Winter früh auf. Es ist oft dunkel.
5 (*ob*) Man kann genug für die Umwelt machen. Ich weiß nicht.

> Be careful with separable verbs. What happens to the prefix and the verb when the word order changes?

4 Bilde Sätze mit je mindestens zwei Wörtern aus dem Kasten.

Beispiel: Zuerst fahre ich zum Flughafen, dann fliege ich nach Barbados.

> jetzt
> als Erstes
> zuerst
> dann
> danach
> anschließend
> endlich

INFINITIVSÄTZE / INFINITIVE CONSTRUCTIONS

EINDRUCK MACHEN!

What are they and when do I use them?
Use infinitive constructions with another verb to complete its meaning or to add more detail.

Why are they important?
You can make your sentences more interesting by using infinitive constructions.

Things to watch out for
The infinitive goes to the end of the clause, as usual, but you need *zu* before it.

How do they work?
- Use **zu** with an infinitive after these verbs:

hoffen (to hope)	*Ich hoffe, eine Woche in Südkorea **zu verbringen**.*
planen (to plan)	*Wir planen, Reise-Apps **mitzunehmen**.*
vorhaben (to intend)	*Ich habe vor, an die Nordsee **zu fahren**.*
Lust haben (to be keen)	*Er hat (keine) Lust, nach Mexiko **zu fliegen**.*

> Watch out! Separable verbs add *zu* between the prefix and the verb.

- Make more complex sentences using *um … zu* (in order to) or *ohne … zu* (without (do)ing) and the infinitive:
  *Ich arbeite als Babysitterin, **um** Geld **zu** verdienen.   Ich lerne Deutsch, **um** das Land besser kennen**zu**lernen.*
  *Wir fahren hin, **ohne** ein Hotel **zu** buchen.*

Auf die Plätze!

1 Bilde Infinitivsätze mit den Verben in Klammern.

Beispiel: Ich gehe in die Stadt. (*vorhaben*) Ich habe vor, in die Stadt zu gehen.

1 Ich mache ein paar Ausflüge in der Gegend. (*vorhaben*)
2 Ich verbringe viel Zeit in der Stadtmitte. (*planen*)
3 Ich stehe jeden Morgen sehr früh auf. (*hoffen*)
4 Wir kommen um 10 Uhr zurück. (*planen*)
5 Sie isst jeden Tag Eier und Tomaten zum Frühstück. (*vorhaben*)
6 Wir machen eine Radtour. (*Lust haben*)

Fertig!

2 Bilde Infinitivsätze mit *um … zu* (1–3) und *ohne … zu* (4–6).

Beispiel: Ich arbeite als Babysitterin, weil ich Geld verdienen will. Ich arbeite als Babysitterin, **um** Geld **zu verdienen**.
Ich arbeite als Babysitterin. Ich verdiene kein Geld. Ich arbeite als Babysitterin, **ohne** Geld **zu verdienen**.

1 Ich lerne Deutsch, weil ich später in Berlin arbeiten will.
2 Ich werde auf die Uni gehen, weil ich Arabisch studieren will.
3 Er fliegt nach Brasilien, weil er sich an den Strand legen will.
4 Du bekommst gute Noten. Du arbeitest nicht sehr fleißig.
5 Er ist in die Stadt gefahren. Er hat nicht auf mich gewartet.
6 Ich mache einen tollen Ausflug. Ich gebe kein Geld aus.

Los!

3 Bilde Infinitivsätze.

1 ich – 3 Wochen – in Deutschland – verbringen – vorhaben
2 wir – ein Hotel – in der Stadtmitte – reservieren – hoffen
3 mein Freund – in den Ferien – arbeiten – um … zu – Geld verdienen

4 du – am Wochenende – fernsehen – planen – ?
5 ich – in die Stadt – fahren – ohne … zu – viel Geld ausgeben – hoffen

DAS IMPERFEKT / THE IMPERFECT TENSE (2)

EINDRUCK MACHEN!

Why is it important?

Some texts, especially stories, use the imperfect tense of more verbs than modals, *hatte(n)*, *war(en)* and *es gab* (see page 214), so you need to be able to recognise and use them.

How does it work?

	regular verbs	irregular verbs (see pages 238–240 for a full list)		
	't' in the endings	stem usually changes, no 't'		stem changes, but regular 't' endings
	wohnen (to live)	**sehen** (to see)	**fahren** (to go)	**wissen** (to know)
ich	*wohnte* (lived / used to live)	*sah* (saw / used to see)	*fuhr* (went / used to go)	*wusste* (knew / used to know)
du	*wohntest*	*sahst*	*fuhrst*	*wusstest*
er/sie/es/man	*wohnte*	*sah*	*fuhr*	*wusste*
wir	*wohnten*	*sahen*	*fuhren*	*wussten*
ihr	*wohntet*	*saht*	*fuhrt*	*wusstet*
Sie	*wohnten*	*sahen*	*fuhren*	*wussten*
sie	*wohnten*	*sahen*	*fuhren*	*wussten*

When *seit* (for, since) is used with the imperfect it is translated as 'had been … for', etc.
   *Er **wohnte seit** 15 Jahren in Hamburg.* He **had been living** in Hamburg **for** 15 years.

Auf die Plätze!

1 Wähl das richtige Wort aus. Alle Sätze sind im Imperfekt.

1 Er kauft / kaufte / kauften / kaufen nur Bioprodukte.
2 Als Kind spielt / spielen / spielten / spielte das Mädchen gut Blockflöte.
3 Zu Ostern machen / machten / macht / machte die Schülerinnen und Schüler einen Austausch.
4 Der Junge nimmt / nahmen / nehmen / nahm den ersten Bus.
5 Zu Mittag aßen / essen / aß / isst meine Großeltern Brot und Käse.
6 Die Dame bringt / brachten / brachte / bringen seit der Kindheit eine alte Tasche mit.

Fertig!

2 Übersetze diese Sätze in deine Sprache.

1 Max feierte seinen Geburtstag in Hamburg.
2 Um Mitternacht hörten sie lautes Feuerwerk.
3 Lena aß zu viele Chips und trank zu viel Cola.
4 Ich fand das Konzert toll.
5 Thomas blieb zu Hause, weil er krank war.
6 Am nächsten Tag gingen sie alle spazieren.
7 Am Wochenende sprachen wir Italienisch.
8 Sie arbeiteten seit vier Stunden, als die Fete begann.

Los!

3 Schreib diese Sätze im Imperfekt auf.

1 Meine Eltern wohnen in der Stadtmitte.
2 Jeden Abend sieht die Familie eine Stunde fern.
3 Sie finden Dokumentationen interessant.
4 Der Deutschlehrer spricht mit der Direktorin.
5 Am Samstagmorgen gehen seine Freunde in die Stadt.
6 Mein Opa wohnt seit vier Jahren bei uns.

DAS PLUSQUAMPERFEKT / THE PLUPERFECT TENSE

What is it and when do I use it?
Use the pluperfect tense to say what <u>had</u> happened before something else in the past.

Why is it important?
Using the pluperfect tense enables you to talk about events further back in the past.

How does it work?
It is formed in exactly the same way as the perfect tense, except that the auxiliary verb is the imperfect tense of *haben* or *sein* (instead of the present tense):

	verbs with *haben* as auxiliary		**verbs with *sein* as auxiliary**	
ich	hatte	*gemacht* (had done)	war	*gegangen* (had gone)
du	hattest	*genommen* (had taken)	warst	*geblieben* (had stayed)
er/sie/es/man	hatte	*sich gewaschen* (had washed)	war	*gekommen* (had come)
wir	hatten	*telefoniert* (had phoned)	waren	*gefahren* (had driven / gone)
ihr	hattet	*ferngesehen* (had watched TV)	wart	*geschwommen* (had swum)
Sie	hatten	*vorbereitet* (had prepared)	waren	*geworden* (had become)
sie	hatten	*gesprochen* (had spoken)	waren	*gestorben* (had died)

Be careful! To say somebody <u>had been doing</u> something <u>for</u> or <u>since</u> a certain time, use *seit* with the <u>imperfect</u> tense (see pages 214 and 233).

Auf die Plätze!

1 Übersetze die Sätze in deine Sprache.

  1 Sie hatte einen tollen Ort gewählt.
  2 Er hatte sein Handy nicht mitgenommen.
  3 Du hattest deinen Pass verloren.
  4 Wir waren mit dem Taxi gefahren.
  5 Hatten Sie uns angerufen?
  6 Ihr wart spät angekommen.

Fertig!

2 Ergänze die Plusquamperfektsätze mit *haben* oder *sein*.

  1 Es _____ jeden Tag geschneit.
  2 Die Fluglinie _____ mein Gepäck verloren.
  3 Du _____ alleine in die Stadt gefahren.
  4 Wir _____ in einem billigen Hotel übernachtet.
  5 Die Reise _____ sehr lange gedauert.
  6 Was _____ am Abend vorher passiert?

Los!

3 Bilde Plusquamperfektsätze.

Beispiel: Ich – planen – einen tollen Urlaub. Ich hatte einen tollen Urlaub geplant.

  1 Meine Mutter – wählen – das Hotel
  2 Ich – lassen – meine Brieftasche – zu Hause
  3 Wie? – ihr – kommen – zum Flughafen
  4 Meine Eltern – bleiben – in Deutschland
  5 In Spanien – ich – schwimmen – im Meer
  6 Frau Arndt – verbringen – Sie – die Ferien – Wo?

DER KONJUNKTIV / THE SUBJUNCTIVE

What is it and when do I use it?
The subjunctive is used to convey hypothesis (e.g. If I were / had …, I would / could / should …).

Why is it important?
Used correctly, it shows an excellent grasp of grammar and makes your work more interesting.

Things to watch out for
Word order: sentences starting with *wenn* (if) need the 'verb – comma – verb' pattern in the middle.

How does it work?
The subjunctive looks very similar to the imperfect tense, but usually has an umlaut added to the vowel.
It is often used in a sentence along with *würde* (would) + infinitive. The *ich* and *er/sie/es/man* forms are exactly the same. Here are five common verbs:

haben: *Wenn ich Zeit **hätte**, würde ich mehr Bücher lesen.* If I **had** time I would read more books.

sein: *Wenn ich reich **wäre**, würde ich ein großes Haus kaufen.* If I **were** rich I would buy a big house.

mögen: *Wenn ich in Urlaub fahren **möchte**, muss ich zuerst Geld verdienen.* If I want / would like to go on holiday, I must earn money first.

sollen: *Wenn man gute Noten haben will, **sollte** man fleißig arbeiten.* If you want to have good grades you **should** work hard.

können: *Wenn man im Hotel arbeiten will, **könnte** man in den Ferien ein Praktikum machen.* If you want to work in a hotel you **could** do work experience in the holidays.

Auf die Plätze!

1 Verbinde die Satzhälften.

1 Wenn man eine saubere Stadt haben will,	**a** könnte ich eine Weltreise machen.
2 Wenn ich mehr Zeit hätte,	**b** würde ich ein Auto kaufen.
3 Wenn sie genug Geld hätten,	**c** würde es mehr Tierarten geben.
4 Wenn ich meinen Führerschein hätte,	**d** würde man mehr Sport treiben.
5 Wenn das Wetter besser wäre,	**e** sollte man Autos in der Stadtmitte verbieten.
6 Wenn wir umweltfreundlicher wären,	**f** wären sie zufrieden.

Fertig!

2 Ergänze die Sätze mit einem Wort aus dem Kästchen.

1 Wenn ich älter ▭, würde ich im Ausland wohnen.
2 Wenn sie kein Geld ▭, würde sie einen Job finden.
3 Wenn man Sportler sein will, ▭ man viel trainieren.
4 Wenn ihr mehr Geld ▭, ▭ ihr im Restaurant essen.
5 Wenn du reich ▭, ▭ du mir ein tolles Rad kaufen.
6 Wenn wir keinen Job ▭, ▭ wir nicht glücklich.

hätte	hätten	hättet
könntet	sollte	wäre
wären	wärst	würdest

Los!

3 Ergänze die Sätze selber.

1 Wenn ich kein Geld hätte, würde ich …
2 Ich möchte ein sehr großes Haus kaufen, wenn …
3 Wenn ich mehr Zeit hätte, …
4 Wenn man … will, sollte man …
5 Man könnte viel für die Umwelt machen, wenn …
6 Wenn wir keine Politiker hätten, …

DAS PASSIV / THE PASSIVE

What is it and when do I use it?
Use the passive to say that something is or was done (by somebody or something).

Why is it important?
It can add a different perspective to your work and provide more variety.

Things to watch out for
You need to know past participles (see the perfect tense, page 212).

How does it work?
Use part of the verb *werden* with a past participle:

- **present tense:** *wird/werden* + past participle:
  *Der Müll **wird** in einer Fabrik **getrennt**.* The rubbish **is sorted** in a factory.
  *Die Hausaufgaben **werden gemacht**.* The homework **is (being) done**.
- **imperfect tense:** *wurde/wurden* + past participle:
  *Die Fische **wurden vergiftet**.* The fish **were poisoned**.
  *Das Kind **wurde** zur Schule **gefahren**.* The child **was driven** to school.
- **perfect tense:** *ist/sind* + past participle + *worden**:
  *Ein Kraftwerk **ist** an der Küste **gebaut worden**.* A power station **has been built** on the coast.

The passive can be avoided by using *man* with the appropriate verb:

Man trennt den Müll. They sort the rubbish. / The rubbish is sorted.

Man vergiftete die Fische. They poisoned the fish. / The fish were poisoned.

Man hat ein Kraftwerk gebaut. They built a power station. / A power station was built.

*Note that in the passive, the past participle of **werden** (**geworden**) loses the **ge–**.

Auf die Plätze!

1 Präsens (Pr), Imperfekt (I) oder Perfekt (P)?

1 Viel Energie wurde gespart.
2 In unserer Schule wird der Müll nicht getrennt.
3 Solaranlagen sind überall installiert worden.
4 Eine autofreie Woche ist organisiert worden.
5 Druckerpatronen werden regelmäßig recycelt.
6 Den Schülern wurde herzlich gratuliert.

Fertig!

2 Übersetze die Passivsätze aus Aufgabe 1 in deine Sprache.

Los!

3 Schreib die Sätze aus Aufgabe 1 ohne das Passiv und mit *man*.

Beispiel: **1** Man hat viel Energie gespart.

> Notice that in the passive the subject (nominative) becomes the object of the sentence (accusative). Check the gender of each noun and whether it is plural. Watch out for the tense of the verbs!

What are they and when do I use them?

- Adjectival nouns are, not surprisingly, nouns made from adjectives! Use them as an alternative to an adjective + a noun: e.g. 'a small boy' is *ein Kleiner* (rather than *ein kleiner Junge*).
- Weak nouns are a group of masculine nouns that change slightly depending on the case.

Things to watch out for

Adjective endings are just as important for these nouns as they are for the adjectives.

How do they work?

- **Adjectival nouns:** imagine there is a noun after the adjective, but don't use the noun. Put a capital letter on the adjective and make sure the ending is correct (see page 224), depending on the article which precedes it:

  der deutsch**e** *Mann* → *der Deutsch**e*** (the German man)

  ein deutsch**er** *Mann* → *ein Deutsch**er*** (a German man)

  mit einem deutsch**en** *Mann* → *mit einem Deutsch**en*** (with a German man)

- Use adjectival nouns after *etwas* (something), *nichts* (nothing), *viel* (lots), *wenig* (little); you usually add –*es* to the adjective: *etwas Neues, nichts Gutes, viel Teures, wenig Nutzbares*

- **Weak nouns:** there are not many of these, but some are quite common. They are always masculine and add –*n* or –*en* in every case <u>except the nominative</u>:

  people: *der Junge, der Herr, der Tourist, der Student, der Polizist*

  animals: *der Affe, der Bär, der Löwe*

  *Der Tourist hat **den** Student**en** und **den** Polizist**en** mit **einem** Aff**en** gesehen.*

  The tourist saw the student and the police officer with a monkey.

Auf die Plätze!

1 Füg wo nötig –*n* oder –*en* zu den schwachen Nomen hinzu.

1 Der Affe⬚ hat einen Löwe⬚ gesehen und ist weggelaufen.
2 Viele Tourist⬚ fragen einen Polizist⬚, wenn sie den Weg nicht finden.
3 Ein alter Herr⬚ spricht mit diesem Student⬚, aber der Student⬚ versteht den Herr⬚ nicht.
4 Im Zoo haben wir viele Affe⬚ und einen Eisbär⬚ gesehen, aber der Löwe⬚ ist drinnen geblieben.

Fertig!

2 Übersetze die Satzteile in deine Sprache. Achte auf das Genus: Maskulinum oder Femininum.

1 für einen Alten
2 von dieser Deutschen
3 mit den Besten
4 mit diesem Deutschen
5 das Interessante
6 nichts Neues
7 etwas Interessantes

Los!

3 Ergänze die Sätze mit den Wörtern in Klammern.

1 Er hat (*viel – gut*) gemacht.
2 Ich habe mit (*eine Deutsche*) gesprochen.
3 Das Beste ist, dass wir (*nichts – interessant*) verpasst haben.
4 Ich kaufe (*etwas – teuer*) für die Kleinen.
5 Ich sehe (*ein Polizist*), der mit (*ein Tourist*) spricht.

VERBTABELLEN

Note: The present tense stem change shown is for the *er/sie/es* forms. This also applies to the *du* form, but it usually ends in −*st* instead of −*t*.

infinitive	stem changes in present tense er/sie/es/(man)	imperfect	perfect	English
befehlen	befiehlt	befahl	hat befohlen	*to command*
beginnen	–	begann	hat begonnen	*to begin*
biegen	–	bog	hat gebogen	*to bend*
bieten	–	bot	hat geboten	*to offer*
bitten	–	bat	hat gebeten	*to ask, request*
bleiben	–	blieb	**ist** geblieben	*to stay*
brechen	bricht	brach	**ist** gebrochen	*to break*
bringen	–	brachte	hat gebracht	*to bring*
denken	–	dachte	hat gedacht	*to think*
dürfen	darf	durfte	hat gedurft	*to be allowed*
empfehlen	empfiehlt	empfahl	hat empfohlen	*to recommend*
essen	isst	aß	hat gegessen	*to eat*
fahren	fährt	fuhr	**ist** gefahren	*to go, drive*
fallen	fällt	fiel	**ist** gefallen	*to fall*
fangen	fängt	fing	hat gefangen	*to catch*
finden	–	fand	hat gefunden	*to find*
fliegen	–	flog	**ist** geflogen	*to fly*
fliehen	–	floh	**ist** geflohen	*to flee*
gebären	gebärt/gebiert	gebar	hat geboren	*to give birth*
geben	gibt	gab	hat gegeben	*to give*
gehen	–	ging	**ist** gegangen	*to go, walk*
gelten	gilt	galt	hat gegolten	*to count, be worth*
genießen	–	genoss	hat genossen	*to enjoy*
geschehen	geschieht	geschah	**ist** geschehen	*to happen, occur*
gewinnen	–	gewann	hat gewonnen	*to win*
haben	hat	hatte	hat gehabt	*to have*
halten	hält	hielt	hat gehalten	*to hold*
heißen	–	hieß	hat geheißen	*to be called*
helfen	hilft	half	hat geholfen	*to help*
kennen	–	kannte	hat gekannt	*to know*
kommen	–	kam	**ist** gekommen	*to come*
können	kann	konnte	hat gekonnt	*to be able, can*
laden	lädt	lud	hat geladen	*to load*
lassen	lässt	ließ	hat gelassen	*to let, leave*
laufen	läuft	lief	**ist** gelaufen	*to run, walk*
leiden	leidet	litt	hat gelitten	*to suffer*

infinitive	stem changes in present tense *er/sie/es/(man)*	imperfect	perfect	English
lesen	liest	las	hat gelesen	*to read*
liegen	–	lag	hat gelegen	*to lie*
lügen	–	log	hat gelogen	*to (tell a) lie*
mögen	mag	mochte	hat gemocht	*to like*
müssen	muss	musste	hat gemusst	*to have to, must*
nehmen	nimmt	nahm	hat genommen	*to take*
raten	rät	riet	hat geraten	*to advise*
rennen	–	rannte	**ist** gerannt	*to run*
rufen	–	rief	hat gerufen	*to call*
schlafen	schläft	schlief	hat geschlafen	*to sleep*
schlagen	schlägt	schlug	hat geschlagen	*to hit, beat*
schließen	–	schloss	hat geschlossen	*to close, shut*
schreiben	–	schrieb	hat geschrieben	*to write*
schwimmen	–	schwamm	**ist** geschwommen	*to swim*
sehen	sieht	sah	hat gesehen	*to see*
sein	ist	war	**ist** gewesen	*to be*
singen	–	sang	hat gesungen	*to sing*
sitzen	–	saß	hat gesessen	*to sit, be sitting*
sollen	–	sollte	hat gesollt	*to be supposed to, should*
sprechen	spricht	sprach	hat gesprochen	*to speak*
springen	–	sprang	**ist** gesprungen	*to jump*
stehen	–	stand	hat gestanden	*to stand*
steigen	–	stieg	**ist** gestiegen	*to climb*
sterben	stirbt	starb	**ist** gestorben	*to die*
streiten	–	stritt	hat gestritten	*to quarrel, argue*
tragen	trägt	trug	hat getragen	*to wear*
treffen	trifft	traf	hat getroffen	*to meet*
treiben	–	trieb	hat getrieben	*to do (sport)*
trinken	–	trank	hat getrunken	*to drink*
tun	–	tat	hat getan	*to do*
vergessen	vergisst	vergaß	hat vergessen	*to forget*
verlieren	–	verlor	hat verloren	*to lose*
waschen	wäscht	wusch	hat gewaschen	*to wash*
werden	wird	wurde	**ist** geworden	*to become*
wissen	weiß	wusste	hat gewusst	*to know*
wollen	will	wollte	hat gewollt	*to want*
ziehen	–	zog	hat gezogen	*to pull*

VERBÜBERBLICK

infinitive	present tense	imperfect tense	perfect tense	future tense
Regular verbs (see page 208)				
wohnen to live	*ich wohne* *du wohnst* *er/sie/es wohnt* *wir wohnen* *ihr wohnt* *Sie/sie wohnen*	*ich wohnte* *du wohntest* *er/sie/es wohnte* *wir wohnten* *ihr wohntet* *Sie/sie wohnten*	*ich habe gewohnt*	*ich werde wohnen*
arbeiten to work	*du arbeitest* *er/sie/es arbeitet* *ihr arbeitet*	*ich arbeitete*	*ich habe gearbeitet*	*ich werde arbeiten*
Key irregular verbs (see page 208)				
haben to have	*ich habe* *du hast* *er/sie/es hat* *wir haben* *ihr habt* *Sie/sie haben*	*ich hatte* *du hattest* *er/sie/es hatte* *wir hatten* *ihr hattet* *Sie/sie hatten*	*ich habe gehabt*	*ich werde haben*
sein to be	*ich bin* *du bist* *er/sie/es ist* *wir sind* *ihr seid* *Sie/sie sind*	*ich war* *du warst* *er/sie/es war* *wir waren* *ihr wart* *Sie/sie waren*	*ich bin gewesen*	*ich werde sein*
werden to become	*ich werde* *du wirst* *er/sie/es wird* *wir werden* *ihr werdet* *Sie/sie werden*	*ich wurde* *du wurdest* *er/sie/es wurde* *wir wurden* *ihr wurdet* *Sie/sie wurden*	*ich bin geworden*	*ich werde werden*
fahren to go (drive)	*ich fahre* *du fährst* *er/sie/es fährt* *wir fahren* *ihr fahrt* *Sie/sie fahren*	*ich fuhr*	*ich bin gefahren*	*ich werde fahren*
Modal verbs (other modal verbs follow a similar pattern – see page 210)				
müssen to have to, must	*ich muss* *du musst* *er/sie/es muss* *wir müssen* *ihr müsst* *Sie/sie müssen*	*ich musste* *du musstest* *er/sie/es musste* *wir mussten* *ihr musstet* *Sie/sie mussten*	*ich habe gemusst*	*ich werde müssen*
Separable verbs (see page 210)				
fernsehen to watch TV	*ich sehe fern*	*ich sah fern*	*ich habe ferngesehen*	*Ich werde fernsehen*
Reflexive verbs (see page 210)				
sich duschen to shower	*ich dusche mich* *du duschst dich* *er/sie/es duscht sich* *wir duschen uns* *ihr duscht euch* *Sie/sie duschen sich*	*ich duschte mich*	*ich habe mich geduscht*	*Ich werde mich duschen*